旅游城市

每个城市都包括城市解读、旅游片区、旅游资讯三大板块。

旅游片区

每个城市划分为若干旅游片区，全面介绍，同时突出重要旅游点。

旅游景点

每个旅游景点包括介绍、攻略、链接等板块，力求景点收录全面。

旅游资讯

每个城市旅游资讯板块，包括住宿、就餐、购物、娱乐等内容。

如何使用本书

1 多角度解读

全书从风光、文化、风物等多个角度呈现江西之美，发现不一样的江西。

分色标签 每个城市都有一个特定的检索色，便于翻阅。

2 专题知识

对于认识江西具有重要意义的关键词条，书中特设专题，图文并茂，让读者迅速读懂词条。

3 精华景点

三维立体图更深度地引导读者鉴赏那些尤为重要的必游景点。

4 攻略

大部分景点配有位置、交通、门票、链接等丰富的实用攻略。

5 资讯

每个城市都包括交通、美食、住宿、购物、娱乐等资讯。

发现者旅行指南

江西（第3版）

北京·旅游教育出版社

目录
CONTENTS

地图目录

专题目录

最美
江 西

潦水尽，烟光凝

滕王阁与湖北黄鹤楼、湖南岳阳楼并称为"江南三大名楼"。王勃的《滕王阁序》让它名扬天下，而它像个宠辱不惊的君子静默伫立，带给世人"落霞与孤鹜齐飞，秋水共长天一色"的美丽景致。

平凡生活中的仪式感

清晨的薄雾还带有丝丝凉意，这个美丽的村庄却已经醒了过来。集市是热闹的，在赶集的时候，能听到集市上的吆喝声和此起彼伏的讨价还价声；也能看到人群熙熙攘攘，宛如一条蜿蜒的河流，成为独特的风景。

遗世独立，神来之笔

望江亭兀立在如宝塔般的层层堆叠的峭壁危岩之上。凭栏下视，剪刀峡壑谷中云腾雾涌，变化万千，时而云雾如梯田层层堆叠，时而云雾如征帆眼前飞渡。由此极目，长江犹如一条蜿蜒的银色缎带，从天际冉冉飘来。

夕阳西下，渔舟唱晚

鄱阳湖景色十分优美，拥有江南最密集的湖、最高贵的鸟、最多姿的水、最诗意的草。站在蜿蜒的鄱水岸边，看空中水面候鸟悠闲盘旋，湖面上渔船点点，在夕阳的映照下，充满了诗情画意。

天上草原，人间仙境

武功山以“天苍苍，野茫茫，风吹草低见牛羊”的草原风光而著名，春夏绿油油，秋季金灿灿，冬天白皑皑，游人无须远赴边陲，便可领略北国风光。一年一度的武功山帐篷节更是独具特色，已成为“驴友”们亲近自然、相互交流的一个重大节日。

古村美如梦

程村三面都有古枫树环抱，一面是石灰岩小山坡，所以程村的精彩在深秋。深秋的清晨，晨雾悬挂在树腰，红叶在晨雾中若隐若现，加上早晨村民的炊烟、烧油茶壳燃起的烟雾，构成了如梦幻般的仙境。

印象江西

文化符号

景德镇

中国古老的“瓷都”，历史上是官窑之地，景德镇陶瓷享誉全世界。

龙虎山

龙虎山是中国道教的发源地之一，是中国道教四大名山之一。

井冈山

保存着众多的井冈山斗争时期革命遗迹，是工农红军的星火燎原之地。

滕王阁

素有“西江第一楼”之誉，因王勃的《滕王阁序》而誉满天下。

庐山

庐山文化内涵深厚，集教育名山、文化名山、宗教名山、政治名山于一身。

书院

江西书院的影响深度和广度领冠中华，著名古书院有白鹿洞书院、象山书院等。

印象
江西

锦绣山水

三清山

由花岗岩构成，山上石峰千姿百态，有“高凌云汉江南第一仙峰”之殊誉。

鄱阳湖

中国第一大淡水湖，世界上最大的鸟类保护区，被称为“珍禽王国”。

武功山

武功山高山草甸绵延于海拔1600多米的高山之巅，堪称天下无双。

婺源

徽文化的发祥地之一，有纯粹的田园风光，被外界誉为“中国最美乡村”。

龟峰

龟峰风景优美，奇峰如画，素有“江上龟峰天下稀”之美誉。

仙女湖

湖中有大小岛屿近百座，还有独特的奇峰挂泉瀑，风光秀丽，婀娜多姿。

印象
江 西

赣北古村

瑶里古村

富有古徽州风情，素有“瓷之源、茶之乡、林之海”的美称。

安义古村

由京台、罗田和水南三大古村落组成，融古郡风韵与田园风光为一体。

流坑古村

村内数目众多的匾额楹联和家藏文物，使流坑古村有“千古第一村”之称。

白鹭古村

这里保留着大量完整的明清古建筑，也深深烙印着客家文化的痕迹。

渼陂古村

古村布局错落有致，八卦巷道，卵石铺路，一砖一石都渗透着历史的韵味。

江湾古村

村庄位于山环水抱的河谷地带，黑瓦白墙的徽派民居夹杂在一片金黄的油菜花之间。

印象 江西

江西风物

景德镇瓷器

以白瓷著称，素有“白如玉，明如镜，薄如纸，声如磬”的美称。

庐山云雾茶

绿茶的一种，香气鲜爽持久，滋味醇厚甘甜，汤色清澈明亮。

李渡毛笔

已有1700多年的生产历史，制法独特，工艺精湛，备受古今文人墨客的青睐。

四特酒

四特酒的身世可以追溯到殷商时期，该酒以风味独特著称于世，为特香型白酒。

通心白莲

广昌通心白莲颗粒大而圆润，久煮不散，汤色清，香气浓，甘醇可口，为莲中珍品。

夏布

一种历史悠久的汉族传统手工艺品，以苎麻为原料编织而成，布面平整美观。

自驾江西

线路 1

赣东北
仙山古村寻美之旅

婺源

龙虎山 贵溪 → 三清山 玉山、德兴 → 李坑 婺源 → 景德镇古窑民俗博览区 景德镇

这条线路景点密集，景色优美，不仅有龙虎山、龟峰、三清山三座名山，更有婺源、上下晓起、瑶里、景德镇等让人如痴如醉的乡村风光，可谓江西美景最集中的旅游线路，可安排一周行程。

第一站 龙虎山。龙虎山是中国道教发祥地。景区有99峰、24岩、108处景点，由上清宫、仙水岩、正一观三个景区组成。龙虎山附近的龟峰也已列入世界自然遗产名录，属丹霞地貌景观，有“中华第一佛洞”南岩寺、登山书院、方志敏故居等风景名胜。

第二站 三清山。游览三清山的最佳旅游时间是春、秋两季，尤以秋季为佳。秋季天气干爽，是观日出、赏云雾奇景的好时节，而少见的佛光也会不时出现。

第三站 婺源。婺源被誉为中国最美丽的乡村，婺源周边有很多著名的古村落，李坑、晓起、江湾、延村、理坑等乡村风情都值得一看，春季油菜花盛开的季节，这里更是人山人海。婺源博物馆是一栋中国殿宇式的建筑，被誉为“中国县级博物馆中的第一馆”。

第四站 景德镇。景德镇是中国著名的瓷都，景德镇古窑民俗博览区有历代古陶瓷珍品陈列，以及传统镇窑展示和手工成型制瓷工艺演示，是了解古陶瓷工艺和历史的最佳去处；三闾庙古街是位于景德镇的一条明清古街区，有古码头和众多古建筑。此外，浮梁古县衙是我国江南唯一保存完整的古县衙，如果时间充裕的话不妨去走访一番。

仙女湖

线路 2

赣北
碧水青山休闲之旅

鄱阳 鄱阳湖候鸟保护区

永修 云居山

九江 庐山风景区

庐山是这条线路上最耀眼的明星，云海、绝壁、瀑布让你一览庐山“真面目”；沿途的梅岭、云居山和鄱阳湖等景点也都风光各异，值得一看。这一路山水游强度较大，但景致比较相似，可以有重点地游览，行程安排五天。

第一站 鄱阳湖。鄱阳湖候鸟保护区是世界上最大的白鹤和天鹅越冬地，这里的白鹤占全球总数的 98% 以上，每年还有几十万只天鹅在此过冬，场面非常壮观。鄱阳湖还有众多泥滩、岛屿、池塘等湿地景观，是亚洲湿地面积最大、湿地物种最丰富、湿地景观最美丽、湿地文化最厚重的国家湿地公园。

第二站 云居山。云居山以其秀丽天成的风景和佛教禅宗为人们所称道，莲花城景区是以真如禅寺为中心的佛教文化游览区，百花谷景区以旖旎秀丽的自然景观为主。时间充裕的话还可游览庐山西海景区。

第三站 庐山。庐山是著名避暑胜地，景区面积大，景点丰富，一日之内难以尽览其美，可以有重点地选择性游览或者待上两天。庐山除了主景牯岭景区外，山南、山西还有白鹿洞书院、黄岩、秀峰等许多景点。一年四季到庐山旅游都能欣赏到优美的风景，其中夏季是庐山避暑和观庐山瀑布的最好时节。

自驾江西

线路 3

赣中南
寻访革命圣地之旅

鄱阳湖

新余 仙女湖

萍乡 武功山

井冈山 井冈山

赣州 八镜台

瑞金 沙洲坝

龙南 关西新围

仙女湖和武功山如同两颗璀璨的明珠；中国革命摇篮井冈山、瑞金值得细细品味，在这里可凭吊革命先辈们曾经生活、战斗的地方，磨炼自己的意志；龙南关西新围是赣南围屋中的精华之作，不能错过。这条线路贯穿整个赣中南，路程较远，可安排六天行程。

第一天 上午游览驰名全国的城郊湖泊型风景名胜区仙女湖，下午可去武功山游览，这里有中国最美丽的高山草甸，是户外运动的天堂和摄影胜地，金顶为主景区。

第二天 继续游览武功山景区。

第三天 前往井冈山游览。井冈山是星火燎原的革命圣地，著名的中国革命摇篮。以雄险的山势、奇特的飞瀑、磅礴的云海、瑰丽的日出、烂漫的杜鹃花蜚声中外。

第四天 前往赣州游览。赣州的主要景点有八镜台、古浮桥和通天岩。八镜台是赣州古城墙上的交通要道口；赣州古浮桥是赣州宋城的重要标志之一；通天岩是石窟风景区的中心，山中有很多天然岩洞。

第五天 上午前往瑞金，瑞金是红军二万五千里长征的出发地，市北郊有当年苏维埃临时中央政府所在地，现有沙洲坝、叶坪两处革命遗址群。下午游览会昌山革命战场遗址、邓小平故居。

第六天 前往安远、龙南寻访客家建筑和文化。上午参观安远无为寺塔；下午前往龙南参观著名的关西新围，关西新围建筑宏伟、结构精良，是赣南围屋的典型代表。

景德镇

线路 4

赣西北
观光览胜之旅

新余 仙女湖

宜春 明月山

宜春 酌江风景区

萍乡 安源路矿工人运动纪念馆

这条路线深入赣西北，融自然和人文景观为一体。沿途自然风景秀丽无比，未有一丝一毫的人工雕琢痕迹。而线路中的红色之旅能让我们充分了解并感受那段波澜壮阔的革命历史。沿这条线路游览，既能尽情领略大自然的神奇，又能感受到浓浓的革命风情。可安排四天行程。

第一天 到达新余。上午游览仙女湖景区，仙女湖自然风光秀美朴实，具有“幽、秀、奇、雄”的特点。下午游览九龙山，这里有星罗棋布的革命遗址，自然风光也同样引人入胜。

第二天 到达明月山景区。前往天沐温泉度假村，在这里享受温泉的滋养，使旅途中的疲惫一扫而光。

第三天 伴着日出起床。首先抵达酌江风景区，观赏典型性的岩溶地貌。之后前往宜春博物馆，参观后，前往袁山公园，最后前往宜春鼓楼，这里有世界上现存最早的天文台。

第四天 上午先前往秋收起义广场，游览之后前往具有红色旅游地之称的安源镇，参观游览安源路矿工人运动纪念馆、安源路矿工人俱乐部，以及毛泽东去安源铜像、总平巷口、谈判大楼等景点。下午游览孽龙洞。

解读江西

地理

罗霄山脉

面积和区划

江西简称“赣”，地处中国东南偏中部长江中下游南岸，古称“吴头楚尾，粤户闽庭”，为长江三角洲、珠江三角洲和闽南三角洲经济发达地区的共同腹地。全省土地总面积16.69万平方千米，居华东各省市之首。

江西省辖南昌、九江、上饶、抚州、宜春、吉安、赣州、景德镇、萍乡、新余、鹰潭11个地级市，12个县级市，61个县，27个市辖区。

人口和民族

截至2022年年末，江西全省常住人口约为4518万人。

江西全省共有55个民族，其中汉族人口占99%以上，少数民族中人口最多的为回族和畲族。

地形

江西省内除北部较为平坦外，东西南部三面环山，中部丘陵起伏，形成一个整体向鄱阳湖倾斜而往北开口的巨大盆地。

三清山

江西地貌类型齐全，以山地和丘陵为主，呈不规则环状结构分布。

江西省主要山脉多分布于省境边陲，东北部有怀玉山，东部有武夷山，南部有大庾岭和九连山，西部有罗霄山脉，西北部有幕阜山和九岭山。全省最高点为黄岗山，海拔2160.8米。

江西境内有大小河流2400余条，赣江、抚河、信江、修河和饶河为江西五大河流。鄱阳湖是中国第一大淡水湖。

气候

江西地处北回归线附近，属于亚热带季风气候，全省气候温暖，雨量充沛。江西地势狭长，南北气候差异较大，但总体来看是春秋季短而夏冬季长。

江西夏冬两季气温、湿度皆非适宜，但春夏之交气候宜人，百花盛开；秋季秋高气爽，降水也相对较少，期间很适宜旅游。不过，春季冷暖多变，要注意防寒、防雨；夏秋日照强烈，要注意防晒。

纵贯江西的赣江

赣江位于长江以南、南岭以北，是长江的第七大支流，同时也是江西省最大的河流，古称扬汉（杨汉）、湖汉、赣水等，流域面积8.16万平方千米，占江西省面积的51%。赣江由南至北纵贯江西全境，以万安县、新干县为界，分为上游、中游、下游三段，包括贡水在内全长1200千米。赣江通过鄱阳湖与长江相连，是江西省水运大动脉。

赣江水系支流众多，河流长度大于30千米的干、支流共125条，集水面积大于10平方千米的河流有2000余条，集水面积大于1000

红壤

红壤是在中亚热带湿热气候常绿阔叶林植被条件下，土壤发生脱硅富铝过程和生物富集作用，发育成红色，从而形成的铁铝聚集、酸性、盐基高度不饱和的铁铝土。红壤在我国江南地区分布广泛。其中江西红壤面积很大，约占总土地面积的46%。黏质的红壤旱地俗称黄泥土，砂性的红壤旱地俗称红砂土。

红壤在低丘的地形条件下主要为第四纪红色黏土发育而成。在高丘陵和低山的地形下，成土母质多为千枚岩、花岗石和砂页岩等。红壤是我国水热条件好而面积大的重要土壤资源，不仅能种植粮食作物和经济作物，而且是亚热带经济林木、油料、茶叶、果树的重要产地。有的红壤由于利用不当，水土流失严重，养分含量低。

酸：由于雨水多，土壤中碱性成分大部分因淋湿流走，而不容易流动的铁铝等酸性物质相对聚积。

瘠：由于高温多雨，土块有机质分解快，肥分容易随雨水流失，因而土壤有机质和养分贫乏。

板：下雨时土粒吸水分散成糊状，干旱时土块变得紧实坚硬。

干：土壤结构不良，不存水，干燥。

赣南脐橙

赣州的山地以第四纪红壤为主，兼有少量紫色土和山地黄壤，土层深厚，稍加改造就可以建成高标准的脐橙果园。红壤土具有良好的土壤条件，土层深厚，土质偏酸，有机质含量较低，适合脐橙生长。

赣南脐橙年产量达百万吨，赣州已成为脐橙种植面积世界第一、年产量世界第三的脐橙主产区。

南丰蜜橘

南丰广布红壤丘陵，比较适合蜜橘生长。南丰蜜橘有1300多年的栽培历史，唐宋时屡被列为朝廷贡品。南丰蜜橘是我国名优果树品种之一，以皮薄核少、汁多渣少、色泽金黄、甜酸适口、营养丰富而享誉古今中外，被誉为“橘中之王”。

红壤的种类

根据红壤成土条件、附加成土过程、属性及利用特点，红壤可划分为红壤、黄红壤、棕红壤、山原红壤、红壤性土5个亚类。

红壤的特征

化学风化过程强烈：矿物的水解、脱钾、脱盐基、脱硅等过程能迅速和彻底地进行，最后残留于土体中者仅以高岭石和铁、铝氧化物为主，土体中原生矿物和蚀变矿物很少。

土层剖面深厚：主体土体厚度为1~2米，而这类土体下的风化壳层可达10~20米。

土壤肥力低：红壤有酸、黏、瘦、蚀等不良的物理性状与化学性状，与气候生产力不协调。

色彩红艳：由于高温、多湿，铁的氧化物在土体中表现为红色或红黄色等。

赣江日落

平方千米的有19条。赣江流域呈现以山地丘陵为主体的地貌格局，山地丘陵占流域面积的64.7%（其中山地占43.9%，丘陵20.8%），低丘（海拔200米以下）岗地占31.5%，平原、水域等仅占3.9%，这种地貌格局自南向北沿着赣江的流向呈阶梯状分布。

赣江水能蕴藏量为360万千瓦，位于赣江中游惶恐滩头的万安水电站是江西最大的水力发电站，该水电站地处江西省万安县城上游2千米处，以发电为主，兼有防洪、航运、灌溉、养殖等综合利用效益，是江西南北电力交换中枢。此外，赣江上的水电工程还有石虎塘航电枢纽工程、永泰航电枢纽工程、井冈山水电站、江西江口水电站等。

中国最大的淡水湖——鄱阳湖

鄱阳湖位于江西省北部、长江南岸，跨南昌、新建、进贤、余干、鄱阳、都昌、湖口、九江、星子、德安和永修等市县，是中国第一大淡水湖，也是中国第二大湖，面积仅次于青海湖。鄱阳湖汇集赣江、修水、鄱江（饶河）、信江、抚河等水，经湖口注入长江。湖盆由地壳陷落、不断淤积而成，形似葫芦，南北长110千米，东西宽50~70千米，北部狭窄，仅有5~15千米宽。

鄱阳湖通常以都昌和吴城间的松门山为界，分为南北两湖。松门山西北为北湖，或称西鄱湖，湖面狭窄，实为一狭长通江港道。松门山东南为南湖，或称东鄱湖，湖面辽阔，是湖区主体。平水位时湖面高于长江水面，湖水北泄长江。经鄱阳湖调节，赣江等河流的洪峰可减弱15%~30%，减轻了长江洪峰对沿岸的威胁。

鄱阳湖分丰水、枯水两季。夏秋丰水季节时，鄱阳湖好像汪洋大海一望无际，湖上有浪潮翻腾，周围绿色遍地，十分壮观，靠近南昌一带的湖区遍布着一片片湿地水塘，可以看到沼泽小湖和芦苇水鸟等湿地风光。枯水期的鄱阳湖则有大片的水滩出现，有茂盛的芦苇荡和野草丛，牛羊在其间出没，景色也十分美丽。鄱阳湖是世界上最大的鸟类保护区，每年的秋末来到鄱阳湖，可看到成千上万只候鸟从北方各地前来过冬，其中有白鹤等珍禽，鄱阳湖也因此被称为“白鹤世界”“珍禽王国”。

鄱阳湖平原为长江中下游平原的一部分，地势平缓，海拔多在50米以下，这里河网稠密，小湖泊众多。鄱阳湖平原是江西的重要粮仓，平原上稻田、菜畦、鱼塘、莲湖纵横交错，是江南的粮仓和棉花、油料、生猪等的重要生产基地。鄱阳湖及其周围的青山湖、象湖、军山湖等数十个大小湖泊湖水温暖，水草丰美，湖中盛产鱼类100多种。

十 赣西屏障罗霄山脉

罗霄山脉是万洋山、诸广山和武功山等山地的统称，位于中国湖南和江西的交界，是两省的自然界线，也是湘江和赣江的分水岭。罗霄山脉长400多千米，主要山峰海拔多在1000米以上，组成罗霄山脉的山岭为东北—西南走向，最北端为九岭山，依次向南有武功山、万洋山、八面山和诸广山。由于受“多”字形构造控制，罗霄山脉的地貌特征表现为岭谷相间，镶嵌斜列。

九岭山

九岭山位于江西省西北部，处在罗霄山脉的北端，山脉呈东北—西南走向，是修水、锦江二流域的分水岭，全山脉大多数位于江西省境内，西南尾端延伸至湖南浏阳成为浏阳河的发源地。九岭山主峰九岭尖位于武宁靖安的边界，海拔1794米。九岭山主要由花岗岩和变质岩构成，山区植被茂密，以毛竹最为有名。

武功山

武功山位于江西省中西部，属罗霄山脉北支，山体呈东北—西南走向，绵延120余千米。武功山主要由上古生界及中生界地层和印支—燕山期岩浆岩所组成，呈北东向隆起。武功山是江西著名的名胜景区，景区内自然形成了“峰、洞、瀑、石、云、松、寺”齐备的山色风光，区内10万亩高山草甸绵延于海拔1600多米的高山之巅，与巍峨山势相映生辉，堪称天下无双。

万洋山

万洋山位于湘赣边境南部，坐落于井冈山、宁冈、永新、遂川等市县间，属罗霄山脉中段，为湘江支流洣水和赣江支流遂川江的分水岭。著名的井冈山位于万洋山北端，井冈山既具有辉煌的历史，又有绚丽的自然风光，革命的人文景观与优美的自然景观交相辉映，融为一体，是一个融观光旅游、传统教育为一体的理想旅游避暑胜地。

诸广山

诸广山为东北—西南走向，属罗霄山脉南段，北接万洋山，南与南岭相连，主要由花岗岩组成，为珠江支流北江水系与长江支流洞庭湖水系、鄱阳湖水系的分水岭。诸广山由数十个高峰连接而成，北部高1500~2000米，南部降至1000~1500米，主峰齐云峰海拔2061米，为江西省第三高峰。诸广山植被垂直带谱明显，有三尖杉、黄山松、粤松、建柏等珍贵树种。

武功山

罗霄日出

历史

赣州城墙

鄱阳湖之战

鄱阳湖之战是指元朝末年，在朱元璋统一江南之战中，朱元璋率军在鄱阳湖击败陈友谅军的一场著名水战。这场战役发生在烟波浩渺的鄱阳湖上，陈友谅和朱元璋双方共出动兵力达八十万人，双方进行了一番生死较量，彻底奏响了元朝灭亡的送葬曲，该战也是朱元璋当皇帝、建大明最为关键的一战。

元朝末期，朝政废弛，社会动乱，农民起义如火如荼。1352年，郭子兴起义占据濠州（今安徽凤阳）。郭子兴死后，朱元璋成为这支起义军的领袖，收罗人才，整顿军队，势力日渐壮大。1360年，陈友谅杀死徐寿辉，自立为王，国号为汉，控制了长江中游地区。朱元璋要平定江南，势必要同陈友谅进行激烈的争夺，双方摩擦不断。

1363年，陈友谅造了大批战船，带领60万大军进攻洪都（今江西南昌），意图一举消灭朱元璋。朱元璋率领20万大军援救洪都，陈友谅把水军全部撤到鄱阳湖，朱元璋随即把鄱阳湖出口封锁起来，堵住敌人，决定与陈友谅在湖中决战。

鄱阳湖之战，在兵力上，时年44岁的陈友谅拥兵60万之众，而小他八岁的朱元璋只凑出了20万人的军队；在武器装备上，陈友谅麾下的战舰大多是特大号的，一字排开，竟有十几里长，而朱元璋的则多为一些小船，明显敌强我弱。

经过研究，朱元璋部队找到了陈友谅的水军的软肋，发现敌方船体“块头”虽大却很笨拙，己方船虽小却好掉头，可以其左冲右突的灵活性，有效地扬长避短，击打大块头的软肋。陈友谅部在朱元璋部的持续进攻之下，只得不断后撤，伤亡惨重。

经过一个多月的对峙，陈友谅被困湖中，军粮殆尽，计穷力竭，于是决定孤注一掷，冒死突围。但是湖口早已被朱元璋重兵堵住，重重包围。陈友谅不惜冒死冲锋，结果被朱军的乱箭射死。

鄱阳湖之战以朱元璋一方的完胜落下帷幕，经此一役，朱

历史大事记

远古时期

在江西安义和新余两地发现的平原型旧石器时代中期遗址表明，在4万至5万年前江西一带即有人类生存。

秦汉时期

公元前221年，秦始皇统一六国后，在今江西境内设县，江西地区被置于中央帝国的直接统治下。

汉朝，江西景德镇开始出产陶瓷，后逐步成为著名的“瓷都”。

隋唐时期

733年，唐玄宗设江南西道，江西因此而得名。

唐代“安史之乱”以后，大量中原人口南下进入江西，江西北部及赣江南北被广泛开发。

940年，江西白鹿洞书院成立，这是中国历史上首家完备的书院。

鄱阳湖湿地

元璋已立于不败之地。1367年，朱元璋消灭了张士诚割据势力，接着又命令徐达为征虏大将军，常遇春为副将军，率领25万大军北伐。1368年正月，朱元璋在应天（今南京）即位称皇帝，国号明。这年8月，徐达率领大军直捣元大都，元顺帝逃往上都，统治中国162年的元王朝终于被推翻。

江右商帮的辉煌

在明清的十大商帮中，被称为“江右商帮”的赣商形成最早，其财力和能量仅次于晋商和徽商而居全国第三位。宋末元初，江右商帮兴起，到元末明初达到鼎盛。在耕读传统深厚的江西人中，江右商帮经商只为脱贫，小富即安，难以打造巨贾富豪，但他们却为以耕读为主的江西增添了无穷的活力。

唐代以后，随着全国经济重心的南移，江西成为全国经济重要区域。尤其是五代十国割据时期，危全讽入主抚州数十年，采取了保境安民，劝课农桑，招徕商旅的政策，使农业和手工业得到一定程度的发展，呈现出“既完且富”的繁荣景象。

江右商帮大兴始于北宋时期，当时江西地区人口达446万，占全国总人口的1/10，位居全国首位，其人口之众，物产之富，文化之盛，使得江南西路在宋朝经济居全国各路之首，强大的物质基础为江右商帮的兴起奠定了坚实的基础。

宋末元初，景德镇瓷业迅猛发展，青花瓷烧造的成功使江西在全国瓷业输出中独占鳌头。而进贤毛笔、烟花，广昌白莲，南丰蜜橘，临川西瓜，铅山造纸，宜黄夏布等，这些特产均驰名海内外，为江右商帮带来巨额利润。江右商帮内部也因地域关系分了不少商帮，清代的景德镇有“十八省码头”之称，商帮云集，其中较有势力的江西籍商人有瑞州商人、奉新商人、南昌商人、建昌商人、临江商人、吉安商人、饶州商人、抚州商人等。清代的河口镇“富商巨贾，共仰八帮”，其中江西籍商人占了三帮，即抚州商帮、南昌商帮和建昌商帮。

江右商帮既没有出现像徽商那样堪与王侯相比的富商巨贾，也没有像晋商那样经营着网罗全国的票号、没有像浙商那样成为中国近代资本的源头，但江右商帮以其人数之众、操业之广、渗透力之强为世人瞩目，对当时社会经济产生了重大影响。沈从文先生曾生动地描绘了他所了解的江右商帮，“一个包袱一把伞，跑到湖南当老板”。在云南彝族，至今仍传诵着“江西货郎哥，挑担到你家，你家小姑娘，爱针又爱线”的歌谣。

宋元明清

1127年靖康之乱后，中原人口再次大量南迁，江西逐渐成为中国最繁荣的省份之一。
1178年，著名理学家朱熹重建白鹿洞书院，江西书院教育进入全盛时期。
1363年，朱元璋和陈友谅在鄱阳湖一带展开大战，大战以朱元璋的完胜而告终，这次战役被视为中世纪世界规模最大的水战。
1510年，江西各地爆发了多起农民起义，严重打击了明朝的统治。

近现代时期

1858年，九江被辟为通商口岸，九江迅速成为全省的经济中心。
1895年开始，外国人开始在庐山建造度假别墅，庐山逐渐成为旅游避暑胜地。

九江长江大桥

九江开埠

九江，位于江西省北部，长江中下游南岸，是鄱阳湖、赣江水系与长江的交汇点，处于全国商贸往来的黄金通道上，一直都是长江沿线的重要税关和流通枢纽，其特殊的区位使九江在历史上扮演着极其重要的角色。

1858年6月，俄、美、英、法侵略者迫使清政府分别与他们签订《天津条约》，其中《中英天津条约》规定增开十处通商口岸，里面就包括江西九江；1861年3月25日，英国代表巴夏礼与清代表张集馨签订了《九江租地约》，其他列强也纷至沓来，九江被迫进入了其开埠历史的起点。

1863年1月1日，九江海关开关征税，近代九江海关正式成立。九江海关税务司署设在九江英租界内，正副税务司职位一直为洋人把持，列强操纵下的九江海关，不仅总揽了海关的行政管理权，还掌握了港务、港政管理权。但在客观上，海关确保了九江对外贸易活动的畅通和有序发展。

从开埠口岸的贸易性质来说，九江与其他商埠一样，都具有半殖民地的贸易性质。开埠之初，九江的农产品逐渐迎来了出口的大好时机，各种特产农产品出口均有较大幅度的增长，输出品中还有手工制造品、茶叶等，输入的商品则大多为工业制成品。经过多年的商贸流通，九江逐渐成为江西区域经济的中心。

然而开埠给九江带来的影响并不长久，19世纪末20世纪初以后，中国腹地产业逐渐呈现衰败之势，物产销路日渐衰败，出口不断受挫，九江在这样的经济大潮之下也没能延续其短暂的辉煌。1927年，九江人民收回英国租界，标志着九江开埠历史的结束。

江西的红色记忆

江西是一块有着光辉历史的红色土地，这里孕育了中国革命的摇篮——井冈山、共和国的摇篮——瑞金、军旗升起的地方——南昌、中国工人运动的策源地——安源等。这一个个红色经典的称号与地名，在中华人民共和国波澜壮阔的历史长河中，奏响了雄浑激越的华彩乐章。

南昌——军旗升起的地方

1927年8月1日，在周恩来、贺龙、叶挺、朱德、刘伯承的领导下，中国共产党在江西省城南昌发动武装起义。南昌起义是中国共产党独立领导武装斗争和创建革命军队的开始，保存下来的起义部队成为工农

近现代时期

1906年，江西爆发了以推翻清王朝、建立民国为目标的萍浏醴起义。
1922年，江西爆发“安源路矿工人大罢工”。
1927年，周恩来、贺龙、叶挺、朱德、刘伯承等领导了南昌起义。
1927年，毛泽东等领导了湘赣边界的秋收起义，后在井冈山建立根据地。
1931年，中华苏维埃共和国临时中央政府在瑞金成立。
1930—1934年，国民党军队对江西苏区进行了5次军事“围剿”，1934年10月，中央红军开始长征。

中华苏维埃共和国

中华苏维埃共和国是土地革命战争时期中国共产党在中央革命根据地瑞金建立的中央政权机构，首都为江西瑞金，它是后来成立的中华人民共和国的雏形。中华苏维埃共和国的建立是中国共产党建立人民革命政权的探索和尝试，在一定程度上加强了对各根据地、各部分红军的中枢指挥作用。

大事年表

1931年1月
中共苏区中央局在江西宁都小布成立，后迁往瑞金叶坪。

1931年11月7日
中华苏维埃共和国在江西瑞金成立。

1934年10月
因第五次反"围剿"战争的失败，共和国中央政府被迫撤离苏区，开始长征。

1935年10月
中央政府转移至陕甘苏区，首都由江西瑞金迁至陕西延安。

1935年12月
瓦窑堡会议后改国号为"中华苏维埃人民共和国"。

1937年9月6日
共和国最后一个政府机关"中央政府西北办事处"变更为"中华民国陕甘宁边区政府"。

中央政府大礼堂

"共和国"小档案

名　　称：中华苏维埃共和国

成立时间：1931年11月7日

终结时间：1937年9月6日

首　　都：瑞金（1931—1935年）

　　　　　延安（1935—1937年）

执 政 党：中国共产党

国　　歌：《国际歌》

国家领袖：毛泽东、张国焘、项英等

货　　币：苏维埃币

政权性质：工农联盟的人民政权

国家宪法：《中华苏维埃共和国宪法大纲》

人口数量：约3000万人（鼎盛时期）

←货币

国徽→

临时中央政府旧址

油画《南昌起义》

红军的骨干之一。八一南昌起义打响了武装反对国民党反动派的第一枪，从此诞生了中国人民解放军。南昌也因此成为驰名天下的“军旗升起的地方”“英雄城”。中华人民共和国成立后，将8月1日设为中国人民解放军建军节。

井冈山——中国革命的摇篮

井冈山位于江西省西南部，地处湘赣两省交界的罗霄山脉中段。1927年10月，毛泽东率领秋收起义的部队到达井冈山，创立了井冈山革命根据地。1928年4月，朱德、陈毅等率南昌起义保留下来的部队和湘南起义组织的工农军到达井冈山，与毛泽东领导的部队会合，成立中国工农红军第四军，并成立了湘赣边界工农兵政府。井冈山的斗争时间并不长，共计两年零四个月，但开辟了“农村包围城市、武装夺取政权”这一具有中国特色的革命道路，井冈山被誉为“中国革命的摇篮”和“中华人民共和国的奠基石”。

瑞金——“红色故都”

瑞金位于江西东南边陲、武夷山脉西麓，它是中华苏维埃共和国临时中央政府诞生地、举世著名的二万五千里长征的出发地。1931年11月7日，中华苏维埃第一次全国代表大会在赣南瑞金胜利召开。会议宣告中华苏维埃共和国临时中央政府成立，并定都瑞金。瑞金成为当时苏区的政治、经济、军事和文化中心。1934年10月10日，红军第五次反“围剿”失利，中央军委和中共中央及临时中央政府等机关随部分中央红军（红一方面军）从这里出发开始长征。

十 江西历史名人

江西素称人文之乡，其书院名闻天下，在中国文化史上独领风骚。江西历史上名人辈出，在政治、文学、哲学、文化等领域都出现了不少杰出的人物。

陶渊明（约365—427年）：字元亮，号五柳先生，浔阳柴桑（今江西九江）人。东晋末期著名诗人、文学家、辞赋家、散文家，被尊称为隐逸诗人之宗，开创了田园文学这一文学潮流。

晏殊（991—1055年）：字同叔，江西抚州临川文港乡人。北宋前期婉约派词人之一，十四岁时就因才华横溢而被朝廷赐为进士，生平著作相当丰富，作品有《珠玉词》等。

欧阳修（1007—1072年）：字永叔，号醉翁，吉安永丰人，世称欧阳文忠公，北宋卓越的文学家、史学家，为“唐宋八大家”之一，代表作有《醉翁亭记》。

曾巩（1019—1083年）：字子固，建昌南丰人，北宋政治家、散文家，“唐宋八大家”之一，在学术思想和文学事业上贡献卓越。

王安石（1021—1086年）：字介甫，号半山，抚州临川人（今江西东乡人），北宋丞相、新党领袖，中国历史上杰出的政治家、

曾巩画像

思想家、文学家、改革家，“唐宋八大家”之一。有《王临川集》《临川集拾遗》等存世。

黄庭坚（1045—1105年）：字鲁直，洪州分宁（今江西修水）人。北宋诗人、词人、书法家，为江西诗派开山之祖，擅文章、诗词，尤工书法。

朱熹（1130—1200年）：字元晦，江西省婺源人，宋代理学的集大成者，继承了北宋程颢、程颐的理学，是继孔子、孟子以来最杰出的弘扬儒学的大师，成为程朱学派的创始人。

文天祥（1236—1283年）：吉州庐陵（今江西青原区）人，南宋民族英雄，以忠烈名传后世，宁死不屈，从容赴义，被后世称许，与陆秀夫、张世杰被称为“宋末三杰”。

汤显祖（1550—1616年）：字义仍，江西临川人，中国明代戏曲家、文学家。他在戏曲创作方面反对拟古和拘泥于格律，作有传奇《牡丹亭》，在戏曲史上和关汉卿、王实甫齐名，被誉为“东方的莎士比亚”。

宋应星（1587—1666年）：字长庚，江西奉新人，中国明末科学家，著有《天工开物》一书。

文天祥雕像

婺源

武夷山

文化

白鹿洞书院正殿

赣文化的库房——江西书院

书院文化是江西地域文化中最有特色的文化样式之一，江西的书院以创办早、数量多、历史悠久和影响深远著称。江西始建于唐、五代的书院仅有十余所，但到了两宋时期书院数量却高居全国第一。宋代江西人的读书热情很高，重教崇文的社会风气浓厚。文章节义之邦，是对江西在中国文化史上杰出贡献的高度概括。

江西最早的一批书院诞生在唐代中后期，创办于814年的桂岩书院是我国历史上最早的书院之一，同时也是唐代办学时间最长的书院，办学时间长达55年。唐代江西的书院除桂岩书院外，有据可查的还有6所，其中由陈氏族人创办的东佳书院制定了教学、藏书、学田规制，是唐代最为典型的书院。在随后的时间里，江西地区陆续创办了一批书院，这种风气一直延续到五代南唐，使江西的书院文化领先于全国其他地区。

进入宋代以后，特别是南宋时期，江西的书院文化更是走在全国的前列。庐山的白鹿洞书院，因朱熹创立的“白鹿洞书院学规”几乎在所有的书院推广，树立了“行业标杆”的地位，因而成为全国四大书院之首，同时这也奠定了它在中国书院文化中的里程碑式的地位。在这一时期，江西四大书院白鹿洞书院、白鹭洲书院、鹅湖书院和豫章书院的格局也基本形成。其中鹅湖书院以朱（熹）陆（九渊）之会及其他讲学辩论活动为书院成为学术交流中心开了先河；白鹭洲书院则以名师（江万里、欧阳守道等）与所培养的名人（文天祥等）而驰名，俨然成为正统的教育机构和学术中心。

江西历史上存在的大小书院有数千座，现在保存下来的大约有几十座。除了白鹿洞、白鹭洲、鹅湖等著名书院之外，上饶的信江书院、弋阳的叠山书院、金溪的仰山书院、东乡的问渠书院、丰城的龙光书院和桂林书院、遂川的燕山书院、吉水的朗山书院、宁冈的龙江书院、兴国的潋江书院等保存也比较完整，有的书院更因近年修复而得以重现昔日风采，成为当地引

江西卷轴

《景德镇》：洋溢着浓郁且独特的景德镇气息，仿佛一幅徐徐展开的瓷都画卷，宏观地展现了景德镇的风貌。

《走向田野：庐山往事》：以庐山原住民、庐山石工、庐山轿夫等底层人群为主角，通过讲故事，形象地还原旧时代庐山的生存状态和风土人情。

《毛泽东与井冈山》：井冈山是中国革命的摇篮，毛泽东是井冈山革命根据地的主要创始人，本书描绘了毛泽东在江西以井冈山为根据地开展革命斗争的故事。

《江西古村古民居》：江西有众多的古村古民居，它们或隐藏于葱郁的林木之中，或建造在秀美的峡谷之地，本书选择部分江西经典古村古民居，反映了江西“物华天宝、人杰地灵”的深邃文化内涵。

景德镇陶瓷制作

以为荣的文化标志之一。

世界瓷都景德镇

在江西省东北部，有一座以制瓷闻名于世的城市，它就是受世人所称誉的瓷都——景德镇。千年的窑火，造就了景德镇深厚的陶瓷文化的积淀，使它成为我国第一批历史文化名城之一。众多的陶瓷古迹、精湛的陶瓷技艺、秀美的自然景观、别致的韵味，使景德镇成为镶嵌在华中的一颗耀眼明珠。

瓷器是我国的伟大发明，它是由远古的陶演变而来的。旧石器时代，我们的祖先就开始了制陶，到东汉，景德镇即出现了制瓷业。到五代，景德镇陶瓷进入了一个普遍兴盛时期，至今在景德镇市区、近郊仍然留有许多古窑遗迹，如湖田古窑、杨梅亭古窑、南市古窑等，向人们展示了古代景德镇窑场的风采。到北宋，景德镇生产的青白瓷以胎薄质坚、釉质晶莹、声音清脆、具有透影性而名噪京华。宋真宗景德年间将新平易名为景德镇，从此奠定了景德镇瓷都的地位。至明清时期，青瓷、白瓷、彩瓷、单彩瓷产品取得卓越成就，特别是清代康熙雍正乾隆三朝，是我国封建社会景德镇陶瓷发展的鼎盛时期。

景德镇瓷器产品质地精良、造型优美、品种繁多、装饰丰富、风格独特，以“白如玉，明如镜，薄如纸，声如磬”的独特风格蜚声海内外。景德镇瓷器在装饰方面有青花、釉里红、古彩、粉彩、斗彩、新彩、釉下五彩、青花玲珑等，其中尤以青花、粉彩产

江西影像

《祭红》（1979年）： 影片围绕20世纪二三十年代景德镇著名的祭红大瓶展开，讲述了制陶工人与恶霸和国民党反动派斗争的故事。

《庐山恋》（1980年）： 讲述了一位侨居美国的前国民党将军的女儿周筠回到祖国庐山游览观光，与青年耿华巧遇，两人一见钟情并坠入爱河的故事。

《南昌起义》（1981年）： 讲述了1927年汪精卫发动反革命政变后，周恩来、贺龙、朱德、叶挺等人领导发动的南昌起义的全过程。

《秋收起义》（1993年）： 根据秋收起义的史实创作，再现了毛泽东在决定中国历史命运的危急关头，毅然带着队伍奔上井冈山，建立起革命根据地，开创农村包围城市的革命之路的历史过程。

道教

道教是中国土生土长的宗教，其思想渊源可以追溯到先秦的道家和神仙家，其组织雏形也可追溯到战国秦汉间的方仙道和黄老道。历史悠久的道教文化已然深深扎根于中华传统文化的沃土之中。道教并非一人一时一地所创所生，乃是中国历代各地不同的文化、思想相结合而形成的宗教。江西道教源远流长，教派迭起，高道辈出，影响很大，在中国道教史上占有重要地位，在江西境内有诸多久负盛名的道教名山，如龙虎山、三清山、庐山等。

道教的缘起

鬼神巫术崇拜：古代人将日月星辰、河海山岳和祖宗先贤视为神灵而加以祭祀，祈祷膜拜。与鬼神崇拜密切联系的巫术信仰也由来已久，古人认为，巫术可以为人们祈福禳灾、医治疾病。

神仙方术信仰：战国时期，诸子百家中的神仙家形成。神仙家宣扬长生成仙信仰，把黄帝和老子作为得道成仙的楷模而奉为神仙祖师，方士逐渐演化为道士。

道家黄老学说：道家哲学是道教最重要的思想源泉。道教把“道”视为天地宇宙、阴阳五行、万物生灵的本源，道家注重修真养生，追求长生，修道成仙曾是道教的核心思想。

早期道教派别

全真教：是由王重阳于南宋初年所创，全真道建立了传戒和丛林制度，要求道士出家住观修行，不鼓励娶妻，不茹荤饮酒，其教以“三教圆融、识心见性、独全其真”为宗旨。

正一道：其始祖是汉末张道陵及其开创的“正一盟威”之道，后称天师道。元大德八年（1304年），正一道张与材被授以“正一教主”称号。正一道以符录斋醮、降神驱魔为主要宗教活动。与全真教并列为道教两大教派。

道教圣地龙虎山

道教祖师太上老君像

江西天籁

《江西是个好地方》：一首赞美江西的民歌，描绘了江西这片热土秀美的山水风光、古老的历史文化和革命色彩，歌曲欢快明朗，脍炙人口。

《请茶歌》：创作于20世纪50年代的一首红色革命歌曲，20世纪60年代初经歌唱家朱逢博的演唱红遍大江南北，曾作为我国对外文化交流的代表作频频由声乐艺术家出国演唱。

《十送红军》：电视剧《长征》插曲、片尾曲，其悠扬而凄婉的歌声，表达了革命根据地人民对红军的深厚感情以及对革命胜利的强烈期盼。

《斑鸠调》：江西赣南的民间小调，也是当地节日歌舞活动中的一种传统“灯歌”，体现了江西赣南地区独有的地方民俗风情。

品为大宗，颜色釉为名产。釉色品种很多，有青、蓝、红、黄、黑等种类。发展至今，景德镇瓷器早已驰名世界，是汉族传统文化的重要组成部分，同时也是我国与东西方各民族经济、文化交流的重要纽带。

多彩的戏曲文化

江西号称“戏曲之乡”，赣地本土文化在其千余年的漫长岁月中，生动演绎了中国戏曲这一艺术形态从产生到成熟直至鼎盛的整个动态的历史进程。江西是我国古代戏曲文化比较发达的地区，出现过汤显祖这样被誉为“东方的莎士比亚”的戏剧伟人。现在，在江西影响比较大的戏曲主要有弋阳腔、赣剧、采茶戏、赣傩等。

赣剧

赣剧，由明代的弋阳腔发展而来，融合了弋阳腔、青阳腔、昆腔、乱弹等多种声腔。赣剧的弹腔，以二黄、西皮为主，其他还包括秦腔、高拨子、浙调、浦江调和文南词诸腔，其中优美动听的文南词腔调尤受群众的欢迎。主要流行于江西东北部地区，代表剧目

赣剧博物馆

有《窦娥冤》《荆钗记》《还魂记》等。

采茶戏

采茶戏是在中国南方影响比较大的民间戏曲，至今仍在江南各省城乡间普遍流行，其中以赣南采茶戏影响最大。采茶戏从民间歌舞、灯彩发展而成，演出剧目多反映劳动人民的生活，其音乐唱腔又多民歌风味，故深受人民群众喜爱。江西赣南安远的九龙茶乡是采茶调最早的发源地之一。采茶戏的传统剧目有《南瓜记》《花轿记》《鸣冤记》《辜家记》等，而以赣南采茶戏传统音乐润色加工成的歌曲则流传更广。

弋阳腔

弋阳腔也叫弋腔，流行区域广泛，同时

采茶戏

又善于与当地语言和民间曲调相结合，产生了不少新剧种，并逐渐形成了一个声腔系统。弋阳腔的诸声腔，其共同特点是音调高亢、富有朗诵意味，故称“高腔”。弋阳腔通俗粗犷，基本特点是一人独唱，众人帮腔，只用打击乐伴奏，后来又创造了滚调等手法。代表剧作有《还魂记》《琵琶记》《拜月亭记》《玉环记》《浣纱记》《红拂记》等。

赣傩

赣傩又名江西傩，是中国傩文化的重要组成部分。傩舞是汉族最古老的一种祭神跳鬼、驱瘟避疫、表示安庆的娱神舞蹈，是敬神逐鬼、祈福免灾的文化现象。赣傩是中国傩的一部分，具有中国傩共有的特征，但赣傩又是地域傩文化，而且经历数千年积淀传承，形成了鲜明的特点。

婺源傩舞表演

江西的文化景观

国家级非物质文化遗产

民间文学：解缙故事

民间音乐：兴国山歌、九江山歌

传统舞蹈：傩舞、永新盾牌舞、鲤鱼灯舞、古陂蓆狮、宜黄禾杠舞

曲艺：萍乡春锣、客家古文、永新小鼓

杂技与竞技：井冈山全堂狮灯

传统手工技艺：景德镇手工制瓷技艺、景德镇传统瓷业营造技艺、铅山连四纸制作技艺、婺源歙砚制作技艺、金星砚制作技艺、夏布织造技艺、吉州窑陶瓷烧制技艺、古戏台营造技艺、庐陵传统民居营造技艺

民俗：全丰花灯、石城灯会、鄱阳脱胎漆器髹饰技艺、上坂关公灯、西山万寿宫庙会、稻作习俗、赣南客家匾额习俗

传统戏剧：弋阳腔、湖口青阳腔、广昌孟戏、婺源县徽剧、宜黄戏、赣南采茶戏、赣剧、西河戏、傩戏、东河戏、永修丫丫戏

传统美术：婺源县徽州三雕、萍乡湘东傩面具、湖口草龙、瓷板画

夏布生产

行走江西

带什么

旅行者

常规必带

服装、雨具、鞋袜、睡袋、背包

江西多山岳型风景区，山上气温略低、湿度较大，衣物不易干，需多带些防寒衣物和换洗衣物，另外最好带上雨具。如果有在农家住宿的准备，还要自备睡袋。爬山时应穿软底胶鞋或运动鞋，所以一定要带双舒适、防滑、耐走的鞋子。袜子方面，选择弹性较好、排汗良好的运动袜即可。

在够用的前提下，旅行携带的行李背包应越少越好。一般45升以下的背包就足以应付，如果要参与一些野外徒步、野营活动，一大一小两个背包就足够了。

药品、食品

常规旅游准备一些感冒药品、胃肠类药品和一些去热止痛的药品就可以了，如感冒片剂、感冒冲剂、泻痢停、复方阿司匹林、扑尔敏、抗生素等。

简单携带一些喜欢的食品即可，纯净水、红牛等功能饮料，视消耗情况，随时补充储量。

洗漱用品

毛巾、牙膏、牙刷、香皂、护肤霜、洗发水、梳子、剃须刀、手纸、湿纸巾等。

婺源湖村全景

特殊选带

药品、食品

对于完全背包客、徒步、探险之类的自助旅游，要准备一些以下物品。

常备药物：牛黄解毒片、黄连素、牙周宁、息斯敏、乘晕宁。

外用药：云南白药、万花油、创可贴、清凉油、风油精、伤湿止痛膏、眼药水、药棉、纱布、绷带、白胶布。

维生素类：金施尔康、善存片，其他维生素片。

食物类：首选巧克力、牛肉干、水果糖、榨菜、饼干等高热量的食物。

若是夏季出游，防蚊水必不可少，江西多丛林山峰，会受到蚊虫的侵扰。

手套、防晒霜、太阳镜、帽子

江西夏季炎热，若夏季前往，需携带防晒霜来削弱紫外线的影响，一副好的太阳镜和一顶带有边檐的帽子也能起到相同的作用。

旅行水壶

随身携带水壶对于饮水来说十分方便。

摄影器材

旅游和摄影向来是不分家的。相机是一件必不可少的装备。普通旅游需求下，家用卡片机基本满足需要。若是想拍摄高质量的自然美景和少数民族的风土人情，镜头中带上一支广角镜头和一支中焦变焦镜头基本满足需要，一支轻便的三脚架也十分有必要。多带几粒电池和几张大容量的SD卡是明智之选，此外偏振镜、UV镜、清洁套装、防尘防雨塑料袋等设备也十分有用。

摄影器材

何时去

婺源乡村

江西的气候特点是温暖湿润、春秋短促、夏季较热。由于江西地势狭长，南北气候差异较大，赣南气候接近广东，炎热多雨，赣北气候接近江南，四季分明。到江西旅游的最佳季节为春夏两季。

初春，选择到婺源来赏油菜花，此时的婺源被各种色彩包围着，金黄色的油菜花漫山遍野，组成了一幅幅如画的田园风光。春夏之交，到井冈山看杜鹃，盛开的杜鹃花密密匝匝地伸向蓝天，映红了五百里井冈山，颇为壮观。而盛夏之时，到庐山避暑是不错的选择。

江西旅游月历

月份	节日
1月	广昌孟戏
2月	板龙灯 芦溪古城独角缩龙 一圣仙娘花灯节
3月	鸬鹚捕鱼大奖赛 马回岭庙会
4月	婺源蓝氏苗家乌饭节
5月	龙舟节
6月	莲花节 向塘灯棍节
7月	观巢葡萄文化节 吃新节 晒红节
8月	中国红歌会 仙女湖情人节
9月	绳金塔庙会 天香园旅游文化节 李坑舞龙 瓦子灯节
10月	螃蟹节 南昌军乐节 景德镇国际陶瓷节 龙虎山帐篷节
11月	中国乡村文化旅游节
12月	国际自行车赛

婺源篁岭

吃什么

糯米子糕

江西菜又称赣菜，由于特殊的环境气候，江西人的饮食习惯为多喜香辣和偏爱咸鲜，口味浓郁，菜肴的特色颇为鲜明。江西小吃面点多，制法各异，颇有特色。

南昌米粉

江西各地有自己独特的米粉文化，其中以南昌米粉为代表。南昌米粉历史悠久，主要制作原料为优质晚稻米，要经过浸米、磨浆、滤干、采浆等多道工序。其特点是质嫩、粉韧、味鲜。

九江茶饼

江西四大糕点之一，宋代诗人苏东坡曾赋诗赞誉："小饼如嚼月，中有酥和饴。"其色泽金黄，具有小而精、薄而脆、酥而甜、香而美的特点。

上清豆腐

鹰潭上清豆腐历史悠久，为上清古镇的一大特色菜肴。这里的豆腐行销四方，在龙虎山可称一绝。无论是豆腐还是豆腐干，都独具风味。不光营养丰富，还具有多种医疗效用。

糯米子糕

在江西婺源，糯米子糕是一种传统的特色小吃，是每家每日都不可或缺的营养食品，更是逢年过节必不可少的送礼佳品。

瓷泥煨鸡

景德镇传统名菜中有一道名为"瓷泥煨鸡"的菜品，这道菜鸡身完整、色泽诱人、鸡肉鲜嫩、酥烂飘香、食不嵌齿，是景德镇家喻户晓的传统名菜之一。

宜春扎粉

宜春自古以来就有将富余的米做成米粉的传统。晒干后的米粉捆扎成一扎一扎，故称扎粉。而炒扎粉最为风行，炒法看似简单，但其水土所孕育出的独特的韧性和香气，却是其他的米粉所不能有的。

萍乡腊肉

萍乡的腊肉、腊味堪称一绝。熏制时宜文火慢熏，半月后取下洗去烟垢，晾晒干爽，色泽金红。如浸在茶油缸里，可经年不坏。腊肉、腊味可蒸可炒，萍乡的"蒸五花腊肉""冬笋炒腊驴肉"等，令人大快朵颐，食后难忘。

住哪儿

高级酒店

在江西，一般大城市小县城都会有高低档次不同的各种类型的旅馆，省会城市南昌的住宿类型偏重于中高档，住宿条件相对比较好，但也不乏经济类宾馆和青年旅舍。大多数景区附近都有宾馆可以住宿，前往婺源等古村时，住宿农家客栈是非常不错的选择。

星级酒店

江西省主要城市的星级酒店数量众多，并且服务优质，由于入住客人的需求较高，这些地区的星级酒店在交通、娱乐等设施方面也十分完善，可放心选择入住。

快捷连锁酒店

如家、7天、汉庭、格林豪泰等酒店在江西绝大多数地级市区均有分布，并且数量不少，不过旺季还是建议提前预订。

普通宾馆

江西各地经济型宾馆条件一般，地理位置较好、性价比较高的宾馆最好提前预订。

青年旅舍

若你喜欢在旅途中结交朋友，青年旅舍是不错的选择。江西各个市区都能找到青年旅舍，但这些青年旅舍条件不一，需注意甄选。

特色农家客栈

在江西婺源等古村落聚集的地方，有不少农家客栈提供住宿，既方便游览，又能体验原汁原味的古村生活，绝对是与住城市酒店截然不同的体验。

野外露营

江西能找到不少露营之地，喜欢户外旅行的游客不要错过。一般情况下只需携带适合春秋季的野外露营帐篷、睡袋和衣物即可。

南昌城市风光

怎么走

南昌夜景

前往江西的交通方式有多种，飞机、火车、汽车、自驾，可根据需要进行选择。江西省的主要城市都有飞机和火车，很是方便。其中南昌昌北国际机场是江西的重要航空枢纽，航班众多。在江西省内旅游时，乘坐火车是既舒适又实惠的方式，但有些城市火车不能到达的话就只能选择汽车了。

婺源

有用信息

旅游通信

通信

江西基本实现了全境的手机通信覆盖，信号覆盖全面广泛，从信号强度上来说，三家运营商的信号均表现良好，偏远地区则是移动最强，电信次之，联通最弱。一般除非进入深山老林之中，否则无须担心通信问题。

银行

江西的众多城市都有常见的银行，如中行、农行、工行、建行和邮政储蓄银行等，一般持具有银联标志的银行卡即可使用。但在小城镇，多是农业银行、邮政储蓄银行及农村信用合作社等机构，若是持有农行银联卡或是邮政绿卡前往，则较为便利。不过，现在绝大多数地方皆可通过微信、支付宝支付。

若是去往偏远小城镇，可随身携带一些现金。

节约技巧

1.选择入住品牌连锁酒店时，除了订房网站外，不妨到团购网站和酒店官网看看，往往有更多惊喜；青年旅舍往往是省钱的最佳选择。

2.要善于利用淘宝、大众点评及各种团购APP，不仅能吃到美味，还能享受众多优惠。

3.合理安排行程，不仅可节省时间，还能减少交通费用，可参考第一步旅行网等网站的行程攻略。

节约

登山

4.在城市内，尽量选择公共交通。从一个城市前往另一个城市的第一选择是火车，速度虽与汽车差不多，却会节约不少花销。

5.淡季出行是省钱的撒手锏。淡季不仅门票价格减半，而且能避开众多的游人，还可以订到更优惠的酒店。

突发状况

旅途中总是会出现一些预料不到的情况，但只要做到“事前认真准备，事后冷静处理”，一切都会迎刃而解的。

汽车抛锚：开车自驾游之前您应当掌握一些简单基本的维修技术。若是途中出现汽车抛锚，先依据经验判断是否可以自己解决，不能解决或无法判断，则要打电话给保险公司，寻求帮助。

钱物丢失：这是旅途中一件十分重要的事，无论损失大小，总会给美好的旅行蒙上一层阴影。为避免财物损失，应以预防为主。最好做到少携带现金，把现金放到贴身衣物中，只把零钱放在包里；银行卡不要与身份证放在一起。若是钱物丢失，马上联系可以联系的朋友请求及时帮助，切不可拖拉；可以及时报警寻求帮助。

水土不服、食物中毒或生病：因为水土不服、食物不洁或者天气因素，生病也是会发生的事情。特别是一个人的话，更是需要时刻注意。因此，旅途中应带足相关药品（如感冒类、胃肠类药品等），出行时要注意自我保护，不随便吃东西、少在雨里蹚行等。不幸生病的话，要及时吃药或到医院就诊，若是严重的话要联系朋友及家人。

请爱护江西的青山秀水

江西是一个山清水秀的地方，我们前往江西获得了旅行带来的快乐，也有义务承担自己带去的影响。每个人都应做到不随便破坏或是占有当地的动植物资源，旅途中尽量减少垃圾的产生，更不能乱丢垃圾，尤其是在偏远地区，应将其带回城市中，进行回收处理。离开美丽的江西时，在我们带走回忆的同时，也应带走垃圾。缤纷多彩的江西值得我们每个人去爱护。

发现者旅行指南

南昌

概览

亮点

■ **滕王阁**

滕王阁素有“西江第一楼”之美誉，王勃为这座富丽堂皇的楼阁所作的《滕王阁序》更使它名满天下。

■ **“八一南昌起义”纪念馆**

著名的“八一南昌起义”的总指挥部，江泽民亲笔为该馆题词“军旗升起的地方”。

■ **梅岭风景区**

梅岭以奇峰叠峦、潺潺溪水、山谷沟壑、奇特岩石为特色，素有“小庐山”之称。

■ **象湖**

象湖是南昌市内外八大湖之一，素有“一面荷花四面柳，一城春色半城湖”的美誉，也有人将其比喻为镶嵌在南昌额头上的蓝宝石。

梅岭风光

■ **必逛街道**

孺子路：孺子路是誉满南昌及全省的饮食、娱乐一条街，整条街聚集了数十家餐饮店和娱乐场所。

福州路：福州路为南昌市比较出名的旅游一条街，汇集了众多户外服装品牌专卖店，还有众多大型商场林立其中。

线路

■ **南昌市区经典两日游**

第一天先参观“八一南昌起义”纪念馆，然后来到弥漫着人文气息的滕王阁；下午游览八大山人梅湖景区，观八大山人纪念馆、程允贤雕塑艺术馆，在平静如镜的水面上泛舟，夜宿南昌市区。第二天主要游览梅岭，在重峦叠翠间感悟禅意。

■ **南昌南郊一日游**

上午游玩凤凰沟，可以进行采摘、野战游戏、观光；下午游览青岚湖，在湖边感受习习凉风，这里还是秋冬季观鸟的好地方。

八大山人梅湖景区

■ **南昌西郊一日游**

上午参观西山万寿宫，到殿前陈敬贡品；下午游览梦山景区，景区山清水秀，风景秀丽，有罕王庙、朱权墓等历史遗迹。

为何去

拥有2000多年历史的南昌因“江南昌盛之地”而得名，因南昌起义而成为英雄城。赣江穿城而过，流走的是河水，留下的却是厚重的历史和美丽的风景。南昌旅游资源丰富，有被誉为“西江第一楼”的滕王阁，有讲述红色历史的“八一广场”和“八一南昌起义”纪念馆。一个多姿多彩的南方昌盛之城，外加具有数千年饮食文化积淀的赣菜吸引，是众多游人的向往之地。

八一广场

何时去

南昌最佳旅游时间为春、秋两季。四、五月份时，万物复苏，南昌烟雨朦胧、春花灿烂，漫步林荫小径中，可满足对南方烟雨城的所有幻想；九、十月份时，可以登高望远，体验“秋水共长天一色”的辽阔。

滕王阁

滕王阁

区域解读

区号：0791
面积：7195km²
人口：643.75万人

地理 GEOGRAPHY

区划

南昌市下辖6区（东湖区、西湖区、青云谱区、红谷滩区、青山湖区、新建区），3县（南昌县、安义县、进贤县）。

地形

南昌市全境以平原为主，东南平坦，西北丘陵起伏，西部的梅岭主峰海拔841.4米，为全市最高点。

南昌境内水资源丰富，江河湖塘星罗棋布，境内以鄱阳湖为中心散布着军山湖、金溪湖、青岚湖、瑶湖等大小数百个湖泊，市区东北有艾溪湖、青山湖和贤士湖；城区有东、西、南、北四个风景湖。南昌西北山区蕴藏着丰富的森林资源，覆盖率为17%。

气候

南昌市受东亚季风影响，形成了亚热带湿润季风型气候。该气候四季分明，冬季寒冷少雨、冰冻期短；春季湿润温和、少量降雨；夏季雨量充沛；秋季干燥多风、凉爽少雨。来此旅游一般以春秋季为宜。

历史 HISTORY

历史大事记

●先秦时期

考古学家在今安义地区发现平原型旧石器时代中期遗址，其时代距今约四万至五万年。也就是说，至迟从那个时期开始，原始先民已在南昌繁衍生息。

战国时期，孔丘弟子澹台灭明“南游至江”，中原文化开始传入。

●秦汉魏晋

秦代广修驰道，南征北越时，修筑了从京师咸阳经南昌直达岭南的驰道，加强了中国南北的联系。

汉高祖初年（前202年），设豫章郡，郡治南昌。次年，颍阴侯灌婴率部在今南昌火车站东南约4千米的皇城（黄安）寺附近修建了一个方圆十里八十四步、辟有六门的土城，时称“灌城”，此为南昌建城的开始。

东晋时，南昌经济进一步发展，在城的西北隅另筑新城（即今南昌旧城区）。

●隋唐五代

唐代，南昌成为江南的冶炼、纺织、造船中心和商业中心。洪州窑所烧制的青瓷，远销海内外，质地优良，是皇家贡品之一。

五代南唐中主李璟于北宋建隆二年

青云谱

（961年）将都城从建康迁往南昌，号“南都”，李璟死后都城又迁回建康。

南唐升元二年（938年），豫章书院创建，为江西四大书院之首。南宋时，豫章书院成为当时理学家们传播程朱之学的基地。

●近现代

1882年，江西第一家近代企业——罗兴昌机器厂在南昌创立。

1926年，北伐军攻克南昌，结束了北洋军阀孙传芳长达10年的统治。同年，南昌正式设市，开始称“南昌市”。

1927年，周恩来、贺龙、叶挺、朱德、刘伯承领导和指挥了“八一南昌起义”，是为中国共产党武装革命的开始。

名单 南昌历史名人

- 东汉著名隐士徐稚
- 晋代净明道家派创始人许逊
- 唐佛教洪州宗创始人马道一
- 唐朝著名诗人张九龄
- 唐朝文学家王仲舒
- 唐朝文学家王勃
- 宋代江西诗派诗人洪刍、洪炎、洪朋
- 宋代著名婉约派词人晏殊
- 北宋画家艾宣
- 北宋政治家吴居厚
- 元代民间航海家、旅游家汪大渊
- 清初画坛“四僧”之一朱耷

“八一南昌起义”

“八一南昌起义”为中国近现代史谱写了辉煌的一页，南昌因此成为“军旗升起的地方”，“英雄城”彪炳史册而驰名天下。

1927年4月12日和7月15日，蒋介石、汪精卫先后在南京和武汉发动“清共”行动。面对如此形势，中共中央在汉口召开了临时政治局常委会议，决定利用共产党掌握和影响下的国民革命军在南昌举行起义，并指派周恩来为起义领导机关前敌委员会书记。

8月1日，周恩来、贺龙、叶挺、朱德、刘伯承指挥各路起义军经过四个多小时的激战，最终占领了南昌城。当天上午，国民党中央委员、各省区特别市和海外各党部代表联席会议在南昌举行，通过了《中央委员宣

八一南昌起义雕塑

言》，成立了由宋庆龄、何香凝、周恩来、贺龙、叶挺、朱德等25人组成的中国国民党革命委员会，并通过了《八一起义宣言》等文件。之后，国民党以重兵进攻南昌，根据中共中央的预定计划，起义部队于8月3日至6日先后撤离南昌，挥师南下，准备同富有革命传统的广东东江地区农民起义军会合，进而发动土地革命、进军广州，恢复广东革命根据地，并夺取出海口，取得共产国际的援助，重新进行北伐。

这次著名的起义历史上称为“八一南昌起义”。南昌起义是土地革命战争时期，对孙中山武昌革命起义的继承，是中国共产党打响的武装反抗国民党反动派的第一枪，揭开了中国共产党独立领导武装斗争和创建革命军队的序幕。

文化 CULTURE

采茶戏

南昌采茶戏是江西省的汉族戏曲剧种之一，起源于清道光年间南昌民间的“花灯”和“十二月采茶调”，经灯戏、三脚桩、半班等阶段而于清末形成。写农村、演农民是南昌采茶戏的传统，其中较有影响的南昌采茶戏是取材于南昌本地真实故事的《鸣冤记》《花轿记》《南瓜记》《辜家记》，被合称为“南昌四大记”。

采茶戏

采茶戏的表演风格生动活泼，最擅长表演热闹欢快的喜剧。尤其是小旦和小丑的表演，往往通过夸张的形体动作，营造出强烈的喜剧效果。

采茶戏的道白也很有特色，大多采用地道的乡村俗语，并且充分利用语言的讥诮，插科打诨、笑料百出。不懂方言的人看了一头雾水，本地乡亲却早已乐不可支。

南昌市的八一公园，每到周末，都有采茶戏票友们在这里聚会。都说南昌人爱听采茶戏，到了这里，你才会有最深刻的体会。

异彩纷呈的饮食文化

就江西而言，南昌人能吃、会吃、喜欢吃是出了名的。而南昌菜经过千百年的积淀，其背后的饮食文化也博大精深。

南昌菜是赣菜菜系的主要组成部分，为江西的三大地方菜之一，历史悠久，在中国菜肴中有一定的地位。南昌菜用料广泛，主料突出，刀工精细，分色配菜。制法上以烧、焖、炖、蒸见长，注重维持原汁原味，在质地上讲究辣、烂、脆、嫩。主要特点是：量大、油厚、酱色浓，香、辣、偏咸，微烂脆嫩、鲜香可口、色彩斑斓。三杯狗肉、豫章酥鸡与五元龙凤汤等都是菜中精品。粤、川、湘、闽等风味菜系也相继落户南昌，使“英雄城”的美食文化更加异彩纷呈。这里的风味小吃有牛肉炒粉、韭菜合子、白糖糕、大麻圆、油饼、蛋黄麻花、油条、春卷等。

南昌人爱吃，当爱吃成为一个城市的性格时，必然会产生几条吃喝繁盛的街道。孺子路算是较老的饮食一条街了，东起八一大道、西接抚河路，沿街大中型餐饮企业有40多家。建德观小吃街历史悠久，临街店面一百多家，可谓人气旺盛。

景点推荐 南昌市区景点

滕王阁 AAAAA
江南三大名楼之一

南昌市东湖区仿古街58号 乘坐南昌地铁1号线在万寿站下即可

www.cntwg.com

旺季50元；淡季45元 0741-86702036

滕王阁素有“西江第一楼”之美誉，与湖北黄鹤楼、湖南岳阳楼并称为“江南三大名楼”。一首《滕王阁序》让滕王阁名扬天下，王勃的《滕王阁序》，脍炙人口，传诵千秋。文以阁名，阁以文传，历千载沧桑而经久不衰。

滕王阁始建于唐永徽四年（653年），为唐高祖李渊之子李元婴任洪州都督时所创建，是中国南方现存的唯一一座皇家建筑，历史上曾经历了29次兴废。如今的滕王阁为1989年重建，乃仿宋建筑，共九层。滕王阁景区分为北园、南园、东园以及主阁四部分。如果晚上来到这里，不论是从楼下欣赏滕王阁，还是在滕王阁内俯瞰南昌，都是那么的美丽。

玩家攻略

1.滕王阁停车场位于仿古街。

2.站在滕王阁上举目远眺，既可饱览霞鹜齐飞与水天一色的佳境，又能尽收江雾与春光浑然一体的美景，令人心旷神怡。

3.拍摄滕王阁最佳夜景的地方在滨江路上，在那里可以拍到夕阳西下的完美景色。

主阁

主阁从外面看是三层带回廊的建筑，其实它里面还有三个暗层和一个设备层，加上

两层底座，一共有九层。楼内有电梯，不过目前只供70岁以上老人乘坐上楼，普通游客需步行上下。

玩家 解说

滕王阁主阁的色彩绚烂而华丽。其梁枋彩画采用宋式彩画中的“碾玉装”为主调，辅以“五彩遍装”及“解绿结华装”。室内外斗拱用“解绿结华装”，突出大红基调，拱眼壁也按此色调绘制，底色用奶黄色。室内外所有梁枋各明间用“碾玉装”，各次间用“五彩遍装”，天花板每层图案各异，支条深绿色，大红井口线，十字口栀子花。椽子、望板均为大红色，柱子油朱红色，门窗为红木家具色。室外平坐栏杆油古铜色。

滕王阁内景

第一层檐下有4块横匾，正东为“瑰伟绝特”九龙匾，内容选自韩愈的《新修滕王阁记》；正西为“下临无地”巨匾；南北的高低廊檐下分别为“襟江”“带湖”二匾。内容均选自王勃的《滕王阁序》。

第二层是一个暗层，采光和通风均依赖人工。此层的陈设体现的是“人杰”的主题。正厅的墙壁上，是大型丙烯壁画《人杰图》，生动地描绘了自先秦至明末的江西历代名人。

第三层是一个回廊四绕的明层，也是阁中一个重要层次。在廊檐下有4幅巨型金字匾额，均系清顺治蔡士英重修滕王阁时所拟匾额。

第四层和第二层从建筑上看是相似的，也是一个暗层。此层主要体现“地灵”的主题。正厅的墙壁上，是丙烯壁画《地灵图》，集中反映了江西名山大川自然景观的精华。

第五层和第三层相似，也是一个回廊四绕的明层，是登高览胜、披襟揉怀、以文会友的最佳处，是最高的明层。漫步回廊，眺望四周，江水苍茫，山水之美，尽收眼底。

第六层是滕王阁的最高游览层。其东、西重檐之间，高悬着2米×5米的苏东坡手书“滕王阁”金匾各一块。其内虽是一个暗层，但设计者将中厅南北角重檐间的墙体改成了花格窗，故光线极好，与明层无异。

牌楼

滕王阁牌楼有两处，一处位于滕王阁正门榕门路口，是一座高大的二柱七楼彩绘仿宋式大牌楼，跨度15米，牌楼正中是青石贴金横匾二方，东为“滕阁秋风”，西为“胜友如云”。另一处位于滕王阁南门入口处，是一座白色四柱五檐徽式大理石牌坊，牌坊正中嵌两方贴金横匾，朝南为“棨戟遥临”，朝北为“美尽东南”。

圣旨博物馆

圣旨博物馆汇集了明清历代帝王封赠的圣旨、牌匾、懿旨、科考用具等实物，展示历史文化的深刻内涵。展品包含以圣旨为载体的4个系列共500余件（套）。

南浦园

园中心的南浦亭为南昌名迹

南昌市区沿江大道，滕王阁以南，抚河桥头

南浦园以绿化为主，位于园中心的南浦亭为南昌名迹，是江西省重点文物保护单位。南浦园原是桥步门外往来舣舟之所，建亭之初为迎送客人的休憩之处。后改为驿馆，专为接待官员之用。因《滕王阁序》中有“画栋朝飞南浦云”的名句，明代诗人将“南浦飞云”称为“豫章八景”之一。

朱德军官教育团旧址

建筑保存完好

南昌市东湖区八一大道58号

市内乘坐1、2、10路公交车可达

朱德军官教育团旧址建筑保存完好，占地面积2674.24平方米。1961年3月4日，中国国务院将其列为中国重点文物保护单位。现已按原貌恢复了朱德办公室、卧室和会议室，并陈列了当年军部的陈设。

旧址建筑坐北朝南，陈列展览主要有三个方面的内容：朱德军官教育团革命活动图片展，朱德军官教育团复原陈列，朱德同志生平图片展。这些展区以大量照片、图表等形式介绍了朱德创办的军官教育团在南昌和江西省其他地方开展的革命活动，特别是参加南昌起义的情况；朱德同志生平展区更是分10个部分详细介绍了朱德青少年时期、参加辛亥革命、加入中国共产党、组织领导南昌起义、创建人民军队等生活点滴，见证了朱德同志光荣而伟大的一生。

玩家解说

朱德军官教育团旧址前身是江西陆军“讲武堂”，始创于清末，曾是清政府训练新军的机构。1927年，朱德创办的“军官教育团”即设在这里，旧址范围包括今南昌市警备区及江西医学院第二附属医院。抗日战争时期大部分建筑被毁，未毁建筑经过维修基本保持原貌。1954年，朱德曾来到南昌，亲临旧址，并在当年使用过的办公桌上，挥毫写下“发扬革命优良传统，努力学习马克思列宁主义，把我国建设成为一个伟大的社会主义国家”的题词。

朱德旧居

典型的江南民居

南昌市东湖区花园角街2号　市内乘坐27路公交车至民德路口即到　免费　8:00~18:00

朱德旧居是一所砖木结构的两层楼房，坐西朝东，雕花飞檐悬于门楣，两扇大门，内

朱德旧居内景

有天井，是典型的江南民居。一楼北侧是朱德的卧室，南、北前房及正房是警卫员的住所。二楼北侧是郭沫若的住所，他曾在此写下《请看今日蒋介石》。现已按原貌恢复了朱德卧室及周恩来住过的厅堂。

叶挺南昌指挥部旧址

按原貌恢复了当年军部设施

南昌市苏圃路南昌二中内

叶挺南昌指挥部旧址始建于1925年，是熊育钖开办心远中学时建的校舍之一。为两层砖木结构的“工”字西式楼房，坐北朝南，东侧有一棵粗壮的老樟树，枝叶繁茂。

旧址建筑面积907.20平方米。楼上是军部办公室、会议室，楼下是警卫部队住房。1927年7月27日下午2时，叶挺在这里召开了营以上军官会议，传达了中国共产党关于武装起义的决定，部署了战斗任务。现已按原貌恢复了当年军部的设施。被列为国家重点文物保护单位。

链接

叶挺

叶挺（1896—1946年），广东惠阳区人，1924年加入中国共产党，次年担任国民革命军第四军参谋处处长，不久被任命为独立团团长。以共产党员为骨干的独立团在北伐战争中战功赫赫，威名远扬，被誉为“铁军”。1927年7月中旬，叶挺率领“铁军”以东征讨蒋的名义，从武汉开赴九江。在汪精卫的反革命面目暴露后，又依照中共中央临时政治局的指示，开赴南昌，准备起义。叶挺部于1927年7月27日到达南昌，7月30日下午叶挺在工字楼召开了营长以上及师直机关军官会议，传达中共关于起义的决定，部署战斗任务。战斗打响后，二十四师奋勇进攻，全歼驻守天主堂、老贡院、新老营房的敌卫戍司令部三个团的敌军。起义胜利后，叶挺任起义军代前敌总指挥兼国民革命军第十一军军长。

八一公园

南昌最古老的公园

南昌市东湖区民德路100号

市内可乘27、205路等公交车到八一公园站下车

八一公园清代为贡院，以东湖百花洲而著名，总面积23.7公顷，陆地面积6.4公顷。公园内林木繁盛，花团锦簇。

公园可分为湖区和陆区两部分。湖区主要景点有东湖、百花洲、百花桥、冠鳌亭、苏堤、苏圃、水木清、华馆、九曲桥、湖心亭、船坞码头等。陆地主要有文物草坪广场，立有晋、唐、宋、元、明、清各朝石人石兽十余尊。

东湖

东湖湖面约13公顷，似一块天然巧成的翡翠，嵌在珠光宝气的闹市区。满湖碧水，映衬着百花洲的奇花异草，被人誉为“江南一大佳风水池”。每当夜幕低垂，星月交辉

八一公园

之际，“东湖夜月”的清姿秀色，更是撩人心魄。

东湖之中有三座小岛，俗称三洲，即百花洲。现有九曲桥、百花桥及海成堤（亦称“苏翁堤”），跨湖通洲，洲上有“水木清华”馆、中山亭、百花洲亭、苏圃和文物广场等，历史上的东湖书院、东湖书画会、南昌行营都设在这里。

玩家 解说

自唐以来，东湖即为著名风景湖。明代以后，分成东、西、南、北四湖，有桥涵相通。历代无数名人高士都曾为它的清姿秀色所倾倒，就连词风豪放的辛弃疾，也常在此流连小憩，寻觅诗情，每每柳外寻春、花边得句，写下了许多动人的辞章。

□ 苏公圃

东湖波间，百花洲畔，浓柳疏竹掩映的小洲便是“苏圃春蔬”。此处亭台巧致，曲径通幽。朝晖夕晕之时，波光倒影，迷离潋滟，疏风淡月之中，轻歌互答，笑语融融。凡来南昌游历之人，都以先游“苏公圃”为快事。

玩家 解说

“苏公圃”是宋代名士苏云卿隐居之所。苏云卿于南宋绍兴年间到南昌，在东湖小洲上结庐独居，白天挑水浇菜，夜晚秉烛织履，常将盈余接济乡邻，人们尊之为“苏翁”。苏云卿少年好友张浚在朝为相，遣人前来请其入朝为官，苏半夜悄然离去，从此一去不返，后人慕其高洁，曾立“苏公祠”以祀。

佑民寺

南昌市内唯一一座完整的寺院

✉ 南昌市东湖区民德路181号（八一公园北面）

🚌 市内乘坐230路公交车可达

📞 0791-85210127 🕘 9:00~18:00

佑民寺始建于南朝梁天监年间，是南昌市内唯一一座保存完整的寺院。

佑民寺殿堂雄伟，前殿有众多佛像和千佛缸，缸外装饰的九十余个佛像神态各异，

秋水广场夜景

古朴端庄。在缸上装饰众多佛像，国内罕见。后殿有巨型铜佛像，佛像庄严肃穆，较为珍贵。佑民寺右侧，一座四层角形的钟楼挺然护在佑民寺旁，钟楼为1929年用花岗石修筑的，内悬大铜钟一口，为10世纪南唐时铸，重五千多公斤，高2.3米，周长4.7米。

链接

千年佑民寺

佑民寺最早叫大佛寺，梁代的时候，豫章王（豫章是古代南昌的别称）的老师葛鲟家里有一口井，里面住了蛟龙。豫章王特意造了一尊大佛像来镇住蛟龙。后来，葛鲟把这所房子捐出来建寺庙，因为供奉了镇龙的大佛像，所以就改称大佛寺了。

唐朝时，大佛寺改名为“开元寺”。禅宗八祖马祖道一担任开元寺住持十五年，开创了洪州宗，784年，新罗僧人无寂来开元寺参拜当时的住持马祖的弟子西唐智藏禅师，深得西唐智藏的赏识。智藏禅师的新罗弟子除了道义外，还有洪陟、惠哲禅师等，他们回国后开创了实相山派、桐裹山派。

开元寺在马祖和智藏师徒主持期间，规模壮观。后来历代都有高僧主持，香火兴旺。开元寺后来又改叫能仁禅寺、永宁禅寺、佑清寺等。1926年改为佑民寺。

秋水广场

夜游南昌好去处

✉ 南昌市东湖区赣江中大道 🚌 乘50路环线公交车至市政府站下车

秋水广场与江南名楼滕王阁隔江相望，是一座以喷泉为主题，融旅游、购物、观光为一体的大型休闲广场。

开放式广场上有一座亚洲最大的音乐喷泉，喷水池面积1.2万平方米，主喷高度达128米，每当夜幕降临时，喷泉在灯光和音乐的配合下变幻出优美的造型，正应了《滕王阁序》中那句“落霞与孤鹜齐飞，秋水共长天一色”。秋水广场是夜游南昌非常值得观览的选择之一。

玩家 攻略

音乐喷泉一般每天有19:50、20:45两场（以当天公告为准），每场大概20分钟。秋水广场旁边还有一条台湾小吃街和一个游乐场，在这里一边欣赏音乐喷泉，一边看对岸滕王阁美景，玩累了可以去小吃街吃点东西休息一下。

沿江新绿带
与滕王阁相互呼应

南昌城的西南，濒临抚河

沿江新绿带全长1.5千米，宽12米，在滕王阁附近全长585米的防洪墙上，用马赛克粘贴和白水泥装饰着“许真治水”的长幅壁画，古朴典雅。最引人注目的是绿化带中的雕塑。十多座形态各异的雕塑，像一颗颗珍珠缀在绿色的丝带上。南端玲珑的南浦园和北面巍峨雄伟的滕王阁相互呼应，沿江大道已成为南昌令人流连忘返的风景区。

南昌市人民公园
南昌市最大的公园

南昌市东湖区福州路96号　市内乘3、7、220等路公交车到人民公园站下车即到

南昌市人民公园融文化、观赏、休憩、怡情、益智、娱乐、健身为一体，是目前南昌市最大的公园。

园内植树1.4万株，共175个树种。主要景点有百花山、叠石屏障、鸟语林、芙蓉长廊、松涛阁、园中园等，设计布局富有江南园林特色。园内景点星罗棋布，鸟语林里人鸟对话、其乐融融；园中园内，百年香樟绿荫如盖，井冈寒兰高雅清香，千年苏铁苍劲挺拔。

南昌市人民公园

玩家 攻略

1.人民公园经常举办各类大型文化艺术活动。如大型自贡灯会，中华绝技游园会，郁金香花展，风车展等。

2.人民公园是南昌市内植物品种最多的绿地，各大专院校园林植物及相关专业视人民公园为最佳校外课堂，也吸引了一批又一批绘画、摄影爱好者。

链接

巴士拉红鹤

为躲避伊拉克战火，两对娇美的巴士拉（伊拉克港口城市）红鹤几经周折后，于2003年4月落户南昌。南昌市人民公园鸟语林成为巴士拉红鹤祥和幸福的新家园。

红鹤属于世界珍稀鸟类，目前世界上只在波斯湾、加勒比海等地区有该种鸟。为了让远道而来的“客人”尽早习惯在异乡的生活，南昌市人民公园在鸟语林投资10万元，专门为红鹤建造了一座颇具故国情调的“别墅”。公园专门选派了两名饲养员精心照料红鹤的饮食起居，投喂的每一粒食物都是煮熟的。因为红鹤喜群居、怕孤独，饲养员还不时吹起鸟哨，使别的鸟儿飞向天空，让初来乍到的红鹤不感到寂寞。

贺龙指挥部旧址
“南昌起义”旧址群之一

南昌市东湖区子固路165号

贺龙指挥部旧址系“八一南昌起义”旧址群之一。1961年，被国务院正式列为全国重点文物保护单位。

贺龙指挥部旧址原为中华圣公会宏道堂，是一座中西合璧的古建筑。旧址小楼有贺龙等起义领导人当年的卧室、军官会议室的复原陈列，大楼大厅还设有“贺龙元帅生

平展”，用大量的实物、图片展示了贺龙元帅光辉战斗的一生。旧址常年对外开放，已成为广大人民群众特别是青少年进行爱国主义教育的重要场所。

玩家 解说

1927年7月下旬，贺龙率领国民革命军第二十军进驻南昌，参加南昌起义，军指挥部设在宏道堂，部分起义领导人住在宏道堂后的小楼寓所，并在此举行过多次策划起义行动的重要会议，1927年8月1日凌晨，贺龙、刘伯承、周逸群在此指挥了武装起义。

八一广场

南昌的中心广场

南昌市东湖区八一大道　乘地铁1号线到八一广场站即可　免费

南昌八一广场原名人民广场，是历史文化名城南昌的中心广场，同时它也是南昌市民活动的中心。广场中心南面设置了高高的升旗台，升旗台北侧，一方高大的汉白玉镌刻着江泽民的亲笔题词“军旗升起的地方”，突出了南昌在中国革命中的特殊历史地位。

“八一南昌起义”纪念塔

这是八一广场中的标志性建筑，于1977年南昌起义五十周年时破土兴建，1979年1

“八一南昌起义”纪念塔

月8日正式落成。塔为长方体，高53.6米，由台基、塔座、塔身、塔顶四部分组成。塔身正面是叶剑英元帅题写的“八一南昌起义纪念塔”九个铜胎镏金大字，塔座正面镌刻“八一南昌起义简介”碑文。其他三面是“宣布起义”“攻打敌营”“欢呼胜利”三幅反映武装起义的大型花岗石人物浮雕。塔身两侧各有一牌翼墙，嵌有青松和万年青环抱的中国工农红军旗徽浮雕。塔顶由一支直立的巨型“汉阳造”步枪和一面八一军旗组成。纪念塔造型雄伟挺拔，寓意明快深刻。

链接

八一广场景观

八一金水河：八一金水河位于八一纪念塔前，河长120米，宽14米。河上架设有两座造型别致的金水桥。桥长5米。

八一音乐喷泉：八一音乐喷泉位于金水桥两旁河床上，高低起伏的喷泉与《中国人民解放军进行曲》《黄河颂》《咱们工人有力量》《咱当兵的人》《为了谁》《走进新时代》等著名歌曲组合成水舞歌飞、色彩斑斓的视听景观。

八一军史浮雕：广场中心四周树立八块中国人民解放军军事题材的浮雕。它们分别是南昌起义、秋收起义、井冈山斗争、红都瑞金、万里长征、敌后抗日、解放战争、钢铁长城。其背面是江西现有的八个国家级风景名胜区，即以井冈山、庐山、三清山、三百山、龙虎山、仙女湖、梅岭、龟峰为题材的山水浮雕。

八一升旗台：广场中心南面设置了高高的升旗台。这里是举行中国人民解放军陆、海、空三军授旗仪式和升国旗仪式的地方。

八一题词：八一题词位于升旗台北侧，一方高大的汉白玉镌刻着江泽民的亲笔题词“军旗升起的地方”，突出了南昌在中国革命中的特殊历史地位。升旗台的南侧，与之相对称的汉白玉镌刻着毛泽东的手书“星星之火，可以燎原”，反映了井冈山道路对于中国革命胜利的伟大意义。

八一军史石刻大事记：在广场南部直通升旗台的中轴线上，铺设了一条49米长、4.9米宽，由透明玻璃构成的步行道。步行道下面用三十二块汉白玉的精美镌刻，展示了中国人民解放军的伟大成长史，时间从1927年8月1日南昌起义至2003年“神舟”五号升天，全文八千余字，堪称一幅雄浑壮观的军史碑廊。

八一水幕电影：广场北部建设了一座现代旱喷式水幕电影，屏幕宽30米，高10米，可供上万人观赏影片。

江西革命烈士纪念堂
红色爱国主义教育基地

南昌市东湖区八一大道399号

江西革命烈士纪念堂建于1953年。纪念堂前的广场中心有一座红军战士塑像。纪念堂融思想性、教育性、艺术性为一体。

纪念堂陈列大楼为3层建筑，面积5000余平方米，陈列展线800米。全部陈列分为前厅、序厅和6个展厅，整个陈列围绕“中国共产党的创立和大革命时期”“土地革命战争时期”“抗日战争时期”“解放战争时期”“社会主义革命和社会主义建设时期”及“褒扬先烈，继往开来”6个部分展开，展示了方志敏、卢德铭、黄公略、赵博生、毛泽覃、邹韬奋、刘和珍等1600余名著名、知名的江西籍和在江西牺牲的外省籍烈士事迹和21个英烈集体典型的事迹，陈列文物1400余件。

江西省博物馆
全国首创三馆合一大型博物馆

南昌市赣江北大道698号　乘260路公交车到锦山路口站下车向东700米即可

免费　0791-88233369　9:00~17:00（16:00停止入馆），周一闭馆

江西省博物馆主体建筑造型取材于明代景德镇御窑出土的白瓷三管器，将古代陶瓷艺术与现代建筑风格巧妙地融为一体，庄重典雅，别具一格。馆内中心广场矗立的大型青铜雕塑《时空》，由3根仿商代青铜器上的扉棱提梁、仿国宝级文物商代立鹿四足青铜甗和伏鸟双尾虎以及火炬4个部分组成，寓意灿烂文明，源远流长；物华天宝，人杰地灵；星星之火，可以燎原。

江西革命烈士纪念堂

江西省博物馆建筑面积3.5万平方米，展厅面积1.3万平方米，将历史、自然、革命3个博物馆合在一起，组成一座国内一流的大型综合性博物馆，这在全国尚属首创。博物馆分为基本陈列、专题展览等部分，向我们全面展示江西省的历史、自然、革命。

玩家攻略

1.展厅禁止携包入内，大门入口处设有大型物品寄存处，供游客免费寄存。

2.请不要触摸展品、展柜，不使用闪光灯、三脚架、录像机等设备。爱护馆内公共设施、花草树木。凡对文物展品和公共设施造成损坏，须原价赔偿并承担相应法律责任。

3.革命馆一楼设有观众服务中心，提供讲解有偿服务，并销售图书、艺术品、纪念品等。

杏花楼
南昌市的著名景点

南昌市南湖路34号

杏花楼俗称“水观音亭”，是南昌市的著名景点。杏花楼地处南昌市中心地带，但是其三面环水的特点赋予了它宁静安详的氛围。明时杏花楼曾为娄妃的居住之地，其南面南湖之水，弱柳扶风，虫鸣寂寂，置身其中，令人不由不发思古之叹。

孺子亭公园
具有“徐亭柳烟”的景观

南昌市西湖区西湖路65号　免费

0791-86772839

孺子亭是为纪念徐孺子而得名，孺子亭公园是由南昌西湖改建而成。西湖岸边，垂柳成行，溶溶如烟。在这烟柳的掩映中，悄然隐着一座八角亭，也就是徐亭。每逢春雾蒙

江西省博物馆馆藏珍品

万年仙人洞先民点燃了万年窑火，烧制了世界最早的原始陶器；吴城商代居民又创烧了原始青瓷器；汉时的洪州窑烧造出了成熟的青瓷器；宋元时期的吉州窑创烧了闻名遐迩的黑釉瓷等系列名品；明清景德镇瓷业跃入了历史巅峰。

●新干玉器

中国是用玉最早和产玉最多的国家，远在三千年前，玉的应用就盛行了。新干玉器温润缜密、琢磨精细、图案生动、寓意深刻，琢制技巧可谓达到鬼斧神工的境地。

●江西陶瓷

江西的陶瓷烧造工艺历史悠久，源远流长。在新石器时代早期，万年仙人洞的先民就已烧造出原始的粗砂陶器，这是至今我国发现的最古老的陶器之一。商周、战国、汉晋、唐宋也有各自的制陶技术，元代景德镇已成为全国制瓷中心。明、清时期，景德镇的瓷业更是发达，它代表着古代中国瓷器烧造的最高水平，江西省博物馆藏有大量的古代江西出产的陶瓷。

●景德镇青花瓷

中国的青花瓷起源于唐宋，成熟于元，至明清得到空前的发展。青花有色调明快、素雅大方、彩画历久犹新等诸多优点，因此，青肌玉骨的青花瓷享有“国瓷”的美誉。

江西省博物馆收藏有丰富的青花瓷，其中青白釉釉里红四灵塔式盖罐堪称国宝。

●镂空鸳鸯戏水金香囊

在江西境内发现了数十座明朝藩王墓，气势雄伟。在这些藩王与王妃的合葬墓中出土的金银器、玉器、铜器、瓷器、服饰等琳琅满目、流光溢彩，尤以金、玉工艺品和纺织品精美华贵，令人叹绝，其中以镂空鸳鸯戏水金香囊最为珍贵。

●凌氏釉里红楼阁式谷仓

1974年景德镇市郊出土。明器。器形为仿元代江南楼阁式戏台建筑，重檐庑殿顶，由二层主楼和两侧二层亭楼构成。器身青花书写对联一副及159字墓志铭。整座谷仓雕塑精微，栩栩如生，集青白釉、青花、釉里红等高温釉于一身，可谓世之孤品，国之瑰宝。

●双面神人青铜头像

1989年新干县大洋洲遗址出土。商代后期礼仪场合使用的神器。为一中空的扁平双面人首形，头顶正中有圆管，两侧出双角，器下有长方銎。该头像的双目十分特别，突目中空，显得神秘诡异、狰狞恐怖。上管圆、下銎方的造型和古人天圆地方的理念相通，寓意神人贯通天地。

●伏鸟双尾青铜虎

1989年新干县大洋洲遗址出土。长53.5厘米、高25.5厘米。商代后期礼仪场合使用的神器。立体圆雕，形似虎尊。虎作半卧欲起势，背脊上立一短尾鸟。此虎体量大，形象生动。

●鹿耳四足青铜甗

1989年新干县大洋洲遗址出土，为江西省博物馆的镇馆之宝。为商代后期蒸煮器，由上部甑和下部鬲合成。甑口径61.2厘米、鬲高39.5厘米、通高105厘米。甑为盘口，长方双耳上各立一鹿，一雄一雌，回首相顾；鬲四足中空，高分裆。铜甗形制巨大，气势雄浑，是当时的宗庙重器，在所见商代同类器中为最高大的一件，有“中华甗王”之誉。

蒙，或秋雨绵绵之际，亭、树与湖水相映，景色尤为迷人，更能使人体味到“徐亭烟柳”的意境。

玩家解说

徐孺子（97—168年），姓徐名稚，字孺子，古代豫章南昌人，我国东汉时期著名的高士贤人，一生博学多识而淡泊名利、不离劳作，被人们千秋传颂为“人杰地灵之典范”。

相传豫章太守陈蕃极为敬重徐稚之人品而特为其专设一榻，去则悬之，别人不能享用。于是在王勃的名篇《滕王阁序》中便有了“人杰地灵，徐孺下陈蕃之榻”这不朽的名句，并且千古传为

孺子亭

八一南昌起义纪念馆

佳话。

后人为了纪念这位贤人，在徐稚的故居为其修建了一座纪念亭，初时冠以"孺子台"之名，历史上多次兴废，可谓历尽沧桑。据史料记载，三国、西晋、隋、唐、宋等许多朝代都曾进行兴修或重建，并先后更名为聘君亭、思贤亭，终以孺子亭命名至今。

南昌国际体育中心

主体育场为圆形建筑

南昌市红谷滩区三清山大道333号

南昌国际体育中心是2011年第7届中华人民共和国城市运动会的主体育场。城运会后成为南昌市民广泛参与体育活动及享受体育娱乐的大型专业场所。很多明星演唱会也在这里举行。

南昌国际体育中心设计布局按照"一横三纵""两心三带"展开，主体育场是一座圆形建筑，周边有大面积的景观水体以及体育训练场、网球馆、游泳馆、主体育馆等。

八一南昌起义纪念馆 AAAA

接受革命教育的好地方

南昌市西湖区中山路中段380号　乘坐地铁1号线到八一馆站下即可　凭身份证免费参观　0791-86613806　9:00~17:00（16:00停止领票），周一闭馆

八一南昌起义纪念馆是参观瞻仰、接受革命教育的好地方。纪念馆现由新馆和旧馆两处建筑组成，旧馆是南昌起义指挥部旧址，新馆是近年扩建的陈列大楼。

南昌起义指挥部旧址是一座五层的灰色大楼，是原来的江西大旅社。1927年7月下旬，起义部队到南昌，包租下这间旅社作为起义指挥中心。如今里面按当年起义时的原样布置，可以看到缴获的战利品、召开第一次会议的大厅，乃至根据旅社老工人的回忆复原的餐厅、客房等。

陈列馆分为"危难中奋起""伟大的决策""打响第一枪""南征下广东""转战上井冈"等部分，馆内陈列的展品从当年起义用的刀枪弹药到衣物、望远镜等，其中起义时朱德使用过的手枪、贺龙用过的怀表是这里最著名的藏品。另外值得一提的是，展馆内有不少多媒体模型，蜡像和雕塑在声光的配合下格外逼真，枪炮声、冲锋声回响在耳畔，攻打敌人指挥部、五万人欢庆胜利等场面栩栩如生。

玩家攻略

馆内大约每半小时会有一场免费讲解，跟随讲解员的引导，你会对那段历史有更深入的了解。

新四军军部旧址纪念馆 AAAA

"红色"爱国主义教育基地

南昌市西湖区象山南路119号　市内乘公交5路、25路至三眼井站下　免费　0791-86214160　9:00~17:00（周一闭馆，法定节假日除外）

南昌新四军军部旧址建于1915年，原为

北洋军阀张勋公馆，1938年1月6日至4月4日，新四军军部在此正式对外办公，并组织指挥南方八省红军游击队下山改编为新四军，开赴抗日前线，南昌因此成为新四军的诞生地。

1988年南昌市政府决定成立南昌新四军军部旧址陈列馆，陈列馆包括旧址保护区、陈列展示区和纪念广场区。

■ 旧址保护区

内有军部旧址主楼（7号楼）、8号楼两栋两层砖瓦楼房和一栋平房，属中西合璧的建筑，主要是复原陈列军部机关办公室和军首长叶挺、项英、曾山、黄道、张云逸、周子昆、邓子恢等领导的办公室及卧室。

■ 陈列展示区

建筑面积为4800平方米、展厅面积为3000平方米的陈列大楼，布置了全面展示新四军改编、组建、发展的光辉历史的基本陈列。重点是展示南方八省三年游击战争和新四军在南昌改编组建的历史。

绳金塔

南昌人的镇城之宝

南昌市西湖区绳金塔街1号　市内可乘5、18、221路等公交车到绳金塔站下车即可　免费　8:30～17:30

绳金塔始建于唐天祐年间（904—907年），屡毁屡兴，现存塔体为清康熙五十二年（1713年）重建，为江南典型的砖木结构楼阁式塔，塔高50.86米，塔身为七层八面（明七暗八层）内正外八形，其朱栏青瓦、墨角净墙及镏金葫芦形顶，有浓重的宗教色彩，飘逸的飞檐上悬挂铜铃，更显古朴秀丽。绳金塔自唐代始建至今，已有1100多年的历史，素有“水火既济，坐镇江城”之说，是南昌人的镇城之宝。

玩家 攻略

绳金塔顶层是远眺西山及梅岭、抚河古道以及观洪城夜景的最佳地点。古塔大殿中央悬挂7.9吨重吉祥钟，可供游人敲击，许美好心愿。

玩家 解说

绳金塔坐落在原古城进贤门外，相传建塔前异僧惟一掘地得铁函一只，内有金绳四匝，古剑三把（分别刻有“祛风”“镇火”“降蛟”字样），还有金瓶一个，盛有舍利子三百粒，绳金塔因此而得名。绳金塔古朴秀丽，具有江南建筑的典型艺术风格，自唐代始建至今，已有一千一百多年的历史，是历史信息的载体，是世代劳动人民智慧的结晶。

绳金塔层层“飞檐翘角，铜铃高挂”，“双树影回平野暮，百铃声彻大江寒”。绳金塔风铃每层一个音阶，七层七音，微风吹过，悦耳动听。

八一大桥

江西最长的一座斜拉索桥

南昌市西湖区

八一大桥建成于1936年，原名中正大桥。大桥1949年进行改建后更名为“八一大桥”。当时的八一大桥桥宽仅为10米，由于不堪城市日益发展的交通重负，新八一大桥于1995年11月5日动工兴建。

如今的八一大桥全长约6千米，双向4车道，设计速度为每小时60千米，是江西省第一座斜拉索桥，也是南昌最长的一条斜拉索桥，创造了多项全国之最。它东起阳明路，跨

八一大桥

越赣江，西接庐山南大道，北连昌北开发区，接昌九高速公路，是连接湘、鄂、皖及赣北各地的重要通道。整座大桥宛如巨龙横卧在赣江之上，形成了南昌一道新的风景线。

链接

大桥特色

八一大桥横跨赣江南北两岸，雄伟而有气势。大桥最与众不同的是其南北端的雕塑。大桥的北端有两只威武的石狮子雕塑，寓意是“解放思想，实事求是”（狮、思、事谐音相似），有趣的是，大桥南端，是两只猫的雕塑。

两只猫，一黑一白，黑猫的爪子还压着一只老鼠，老鼠抓着一枚铜钱，白猫跳跃起伏，准备扑向黑猫手中的猎物。

关于大桥两端这风格截然不同的雕塑的来历，坊间传说众多，但真实性都尚待考证，无论如何，世界上最大的黑猫白猫雕塑的确就在这里了。

象湖风景区

镶嵌在南昌额头上的蓝宝石

南昌市青云谱区施尧路　市内乘坐37、248等路公交车在湿地公园站下车　免费

象湖是南昌市内外八大湖之一，由南江、北江、东江、西江以及青山湖的水流汇聚而成，因其平面图颇似一头大象，故得名象湖。素有“一面荷花四面柳，一城春色半城湖”的美誉，也有人将其比喻为镶嵌在南昌额头上的蓝宝石。

象湖风光

象湖现已形成环湖一条路，湖中两条堤，湖心一座岛，东线六片林，北线七处景，东北一广场，西南一组古建筑群的基本格局。主要景点有天鼋风荷、章江晓渡、灌婴城楼、环漪阁、豫章台、隆兴桥、江南民居、妙济山以及万寿宫、万寿桥等。

玩家解说

象湖风景区在建设中追求大水面、大色块、大写意、大自然的立意，突出赣历史、赣文化、赣名人、赣风情；在风格上，以山脉、水脉、城脉、文脉为旋律，以楼、台、亭、阁、塔、榭、廊、桥、路、石、灯等为音符，成为南昌人文山水新画卷。象湖景区集仿古建筑之大全，传承和弘扬了豫章文化。

现在的象湖风景区，湖内波光碧影、堤上杨柳依依，景区内高阁、幽林、古城墙、荷花塘交相辉映，浑然一体，堪称江南一绝，可与杭州西湖媲美，是“英雄城”的一颗明珠。

章江晓渡

章江，也就是赣江。晓渡，清晨过渡之意。1927年以前，南昌有城墙，有七座城门，其中三座城门（即章江、广润、惠民三门）外，均有渡口，而以章江门外的为最。广润、惠民二门外的渡口为抚河支流汇入赣江处的渡口。“章江晓渡”一景，指的是章江渡口，为“豫章十景”之一。

链接

赣江

赣江是江西省最大河流，长江下游最重要支流之一。位于长江以南、南岭以北，西源章水出自广东省毗连江西南部的大庾岭，东源贡水出自江西省石城县的赣源岽，章水、贡水在赣州汇合称赣江。北流经万安、泰和、吉安、吉水、峡江、新干、清江、丰城，到南昌市注入上饶鄱阳湖，后泄入长江，长758千米，流域面积81～600平方千米。赣江中上游多礁石险滩，水流湍急。下游江面宽阔，多沙洲。主要支流有信江、锦江等。赣州以下可以通航。旧时沿岸各地是长江下游与两广的交通纽带。

万寿宫

象湖岛上建筑面积约4600平方米的建筑群，就是道教圣地的正一派道场——南昌万寿宫，它就像镶嵌在整个象湖风景区上的一颗明珠而引人注目，又被称为景中之圣。

万寿宫进深150余米。由南向北，依次为宫门、仪门，进门为戏台、真君殿、铁柱井、玉皇殿，两侧为钟楼、鼓楼，东为谌母殿，西为斗姆殿，后为玉册阁。布局合理，设计大方，雕画精美，具有时代特色，且翠林修竹与湖光水色交相辉映，堪称人间仙境。

万寿塔

万寿塔坐落于象湖妙济山上，该塔是一座仿明代建筑风格的楼阁式观光塔，其平面呈八边形，塔体沿中轴对称。塔身由含两层地宫的台基、五个明层和四个平座层组成，总面积1397平方米，塔高59.9米（含塔刹），含有2005年九九重阳节建成之意。

此外，塔上还刻有1万个不同书体的“寿”字，并点缀1万盏长明灯，成为象湖景区一处标志性景观。

八大山人梅湖景区 AAAA

八大山人故居

南昌市青云谱区青云谱路259号　可乘坐89路公交车前往

八大山人梅湖景区，得名于我国明代著名艺术家朱耷的笔名“八大山人”。

景区汇聚了八大山人纪念馆、八大山人真迹馆、彭友善美术馆、樱花园陈云旧居、陈云纪念园等多处景点，同时巧妙地借助梅湖的自然美景，精心打造了独具特色的江南水乡“桥”文化。在这里，你可以看到30余座大小不一、形态各异的古桥，它们如同纽带连接着景区的各个角落，将湖光山色和园林景观融为一体。

整个园区的规划有序，青砖黛瓦、亭台

八大山人梅湖景区

楼阁错落有致，小桥流水、曲径通幽。无论是清晨的阳光照射，还是傍晚的夕阳余晖，都能让人陶醉在这如诗如画的仙境中。

八大山人纪念馆

八大山人纪念馆是一座纪念性博物馆，融收藏、陈列、研究、宣传为一体，藏品丰富。馆内现设有书画展厅十座，陈列八大山人生平史料及其珍品八十余件，其中代表作有：“墨荷图”“鸟石阁”“松鹤阁”“柘木立鹰图”“寿鹿图”以及牛石慧的代表作品“猫”“鸡”等。同时，掩映在杨柳竹中的江西第一座古代画家书画碑廊以精湛的石刻艺术展示了八大山人一百多幅书画精品。

玩家解说

八大山人（1626—1705）是我国明末清初的杰出画家，享年80岁。他姓朱名耷，僧名个山、传启，别号八大山人，是明太祖朱元璋第十六子朱权的九世孙。明亡后，他抱着对清王朝不屈的态度出家为僧。后还俗，自筑陋室“寤歌草堂”于南昌城郊，孤寂贫寒地度过了晚年。八大山人在艺术上有独特的建树。他以水墨写意画著称，尤擅长花鸟画。其画面构图缜密、意境空阔；其笔墨清脱纯净、淋漓酣畅；取物造形旨在意象，笔简意赅，形神兼备，体现出其孤傲落寞、清空出世的思想情感。其书法善用淡墨秃笔，犹尽流畅，含蓄内敛，圆浑醇厚。其诗文多为幽涩古雅。三百年来他饮誉画坛，清代“扬州八怪”、吴昌硕，近代齐白石、张大千、潘天寿、李苦禅等画家都不同程度受其影响。1985年，八大山人被联合国教科文组织评为中国古代十大文化名人之一。

梅岭风景区 AAAA

素有“小庐山”之称

南昌市湾里区，距南昌市中心约15千米 市区乘坐540路公交车可达

梅岭鹦鹉园专票88元；狮子峰40元；竹海明珠10元；神龙潭30元 9:00～17:00

梅岭山势嵯峨，重峦叠翠，因西汉梅福于此修道而得名，又因位于城区之西，故又名西山，是著名的避暑胜地，也是中国古典音律和道教净明宗的发源地。梅岭以峰峦之旖旎，溪漳之蜿蜒，谷壑之幽深，岩石之突兀，云雾之缭绕，风光之掩映，展现了“翠、幽、俊、奇”的特色，素有“小庐山”之称。

梅岭有自然和人文景点120多处，主要景观有洗药湖、天宁古寺、洪崖丹井、皇姑墓、名人别墅群、千年银杏、狮子峰、脚鱼潭瀑布、竹海、方志敏烈士墓等。

玩家攻略

1.不论是在梅岭之巅、洗药湖畔，还是在避暑山庄，均可朝观东方云海日出，暮瞰洪城万家灯火。

2.春季在梅岭可以观赏十里火红杜鹃；夏季迎百丈仙台凉风；秋季品尝梅岭的野果和鲜榨野果汁；冬季饱览万山玉树银花。

梅岭狮子峰

3.梅岭休闲山庄位于江西南昌市北面18千米的梅岭山脉最高峰，这里风景优美，气候凉爽，空气清新。山庄对面是山，下边就是流淌的溪水。这里原来曾是《闪闪的红星》的主拍摄地。影片中的“潘冬子”走过的红军桥至今仍保存得很完整。

4.梅岭漂流河道全程约10千米，漂流起点为龚家桥，终点为溪霞水库。一期开漂的河道长约5千米，漂流的时间为2.5～3个小时。因地势的变化，溪流时而温柔平静、时而湍急，有平漂和急漂之别。

玩家解说

梅岭景区内有许多古树名木，雄伟的迎客松，姿态万千的陵上古松林，幽溪之畔的擎天大竹，其中尤以“盆景樟”“石中兰”“树生竹”为奇，被誉为“梅岭三绝”。梅岭有上百座山峰，各具特色。梅岭头翠竹生幽，狮子峰险峻难攀，紫阳山秀丽多姿，罗汉岭利于观景。梅岭的谷壑，随处可见灰黑色的花岗岩垒叠成梯，形成许多大小不等的岩洞，如云隐洞、潘仙洞、造钱洞、秦人洞，还有形态各异的尖刀石、龙爪石、礁臼石、穿剑石、佛名石，并伴有神话故事在民间流传。

洗药湖

洗药湖因相传明朝名医李时珍携弟子在此采药、洗药而得名。洗药湖气候宜人，是南昌近郊的避暑胜地。据1981年以来的气象资料显示，洗药湖地区夏季平均气温仅22.6℃，比南昌市区低

7℃～8℃，是全国十三大避暑胜地之一。洗药湖也属于药湖国家湿地公园的一部分。

天宁古寺

天宁古寺是江西第一大尼姑庵。天宁寺始建于唐朝，几度兴废，历尽沧桑，鼎盛之时，香客云集，游人如织，后屡遭劫难，殿堂佛像多数被毁，千年名刹几成白地。“文革”期间，仅余有一间不足12平方米的草屋。改革开放以后，古寺得到了重新修复。

自1990年后，寺中先后建起钟鼓二楼、韦驮殿、法堂、斋堂、海会塔、藏经楼、宿舍楼及山门等。如今的天宁寺，占地三十余亩，殿宇林立、规模宏伟。全寺以青石铺地，殿堂内佛像造型逼真。旺盛的香火，秀丽的景色，使天宁寺不仅成为香客朝拜的主要场所，而且成为南昌市重要的旅游景点之一。

洪崖丹井

洪崖丹井是南昌最古老的名胜古迹之一，历史上众多名人都曾来此游洪崖观瀑布。明朝大学士张位游洪崖后曾击石成吟：“逢泉皆可坐，击石自成吟。处处藤萝好，重重紫翠深。人稀莺啭谷，院静鹤盘林。何福生居此，桃园莫更寻。”的确，钟灵毓秀的洪崖丹井因乐祖而有了音乐，因音乐而有了灵魂。为“豫章十景”之一。

洪崖景区内崖壁陡峭，一条山涧自北面的乌晶山蜿蜒而下，有如“游龙吐水”，又若“白练拖玉”。每逢春夏之交，暴雨过后，山涧水涨，那水流便形成飞鸣而下的大瀑布，非常壮观。涧泉流到“洪崖”之处，汇成渊潭，即为洪崖丹井所在。

玩家解说

据史书记载，黄帝乐臣伶伦曾遵帝命创制音律。传说伶伦自受黄帝之命，一路寻来，渐渐来到梅岭的洪崖山脚下。正当他靠着一根竹子坐下来歇息时，耳边传来一阵悦耳动听的声音。伶伦很好奇，寻着那声音过去，只见不远处一位老翁正吹着一支两头空空的小竹竿。伶伦向老翁讨要来，也试着放在唇边吹出，想不到那空气和竹子相撞的声音，空灵而辉煌，让人沉醉。这不正是自己苦苦追寻的乐声吗？经过多次的摸索，伶伦通过改变竹管的长短创制了能够稳定音准高低的音律。现在洪崖丹井旁还矗立着一座后人建造的乐祖塑像，描绘的是伶伦手托排箫，面朝苍天的景象，似乎是正向上天祈求灵感。

翠岩禅寺

翠岩禅寺背靠洪崖山，坐落在梅岭东麓湾里盆地内。翠岩禅寺历史悠久，古迹众多，著名的有迎笑堂、千年橘、妙高台、灵官坛、慧泉等处。其中迎笑堂以多道题壁诗而闻名于世。唐朝以来，先后有刘禹锡、牟融、曹松、欧阳修、岳飞等名人题诗于壁。堂前有九节竻、千年橘、鹤巢松。

玩家解说

翠岩禅寺始建于南北朝，是江西著名的寺庙之一。唐朝武德年间，改寺名曰洪井，随后又改为翠岩，南唐更名为翠岩广化院。北宋以后，寺庙逐渐败落，明朝竟然废为民居。清朝顺治年间复建。抗日战争期间，古寺部分殿堂被日本侵略军烧毁。抗战胜利后，寺宇得到修缮，又请本乡石工雷世森在洪崖亭下峭壁上，镌刻了“阿弥陀佛”四个大字。“文革”期间，旧寺再次遭受拆除。“文革”后逐步复建。

洪崖书画院

洪崖书画院，前望翠岩禅寺，背倚梅岭伏虎山，地处千古名胜洪崖之畔。主楼取明、清江南民居的建筑风格，粉墙黛瓦，翘角飞檐，使建筑美与风景美自然融为一体。院内

梅岭一角

梅岭竹海

绿树掩映，池塘鱼跃；院外小桥流水，曲径通幽，俨然世外桃源。楼内建有书画创作室、展厅、会议厅，还有客房、餐厅和商店等配套设施。

皇姑墓

皇姑墓始建于乾隆三十九年（1774年），是迄今为止江西省罕见的大型地表墓葬。皇姑墓位于梅岭风景区内，合水桥之南的山谷中，谷如座椅，坐西向东，墓葬其上。墓主是皇姑熊氏和其夫工部尚书裘曰修，故名皇姑墓。

皇姑墓规模宏大，雄伟端庄。谷口至墓有石阶一百余级，俗称“百步金阶”。前有四柱石牌坊，两对华表，两旁林立着一对对石羊、石狮、石马、翁仲。翁仲比人稍高，着清朝官服。墓前有一个石柱围栏的祭台。

玩家 解说

据史料考证，皇姑是乾隆的义妹，为江西新建人，姓熊，其夫少年得志，遭人嫉妒被陷害，蒙受冤屈，她千里赴京救夫，路上碰到皇太后，太后见她与死去的爱女酷似，收其为义女，她丈夫因此得救，死后他们夫妇合葬于此。

据说，皇姑的丈夫裘曰修是美男子，而熊氏却相貌平平，他们的婚姻由父母包办，从未见面，洞房花烛之夜，裘曰修拨开熊氏头巾，大为惊异，在纸上写下“抬头不见月”，意为无花容月貌，熊氏自知，续上“遥见满天星。众星拱北斗，牛女朝帝京”以自嘲，裘曰修以此见其才德。

狮子峰

狮子峰是梅岭最具代表性的景点之一，因山峰形如蹲狮而得名。它是梅岭花岗岩倒石堆地貌最壮观的区域，集中反映了梅岭这座大型推覆构造山体（俗称“飞来峰”）波澜壮阔的成山过程。

狮子峰景区既有奇峰耸立、奇石遍山、奇洞迂回、奇瀑天来，又有巨大的危崖、遍山的翠竹、古垄青藤、烟波浩渺的泮溪湖，还有聚集成千上万蝙蝠的蝙蝠洞，堪称世外桃源、人间仙境。

玩家 攻略

1.登上云雾缥缈的狮子峰举目远眺，远山、近村、田野、湖泊一览无余，可领略“无限风光在险峰”和“山至绝顶我为峰”的意境。

2.望狮涧内设有供游人漂流的娱乐项目。

神龙潭瀑布区

神龙潭瀑布区是梅岭最大、最优美的瀑布群，也是梅岭风景区的王牌景区。有神龙瀑布、虎啸泉瀑布、玉龙潭瀑布、潭上潭瀑布、龙吟谷、兰竹溪、佛子岭、三宝树等自然胜境，还有攀崖、秋千、竹排等娱乐设施，同时还提供野营野炊等服务。

浑圆山庄

浑圆山庄占地近20 000平方米，山庄主楼坐东朝西，造型奇特，飞檐亭榭，堪称“江南一绝”。山庄南北是幽壑远谷。山庄四周莲花山环抱，灵气、道气聚中间。山庄内种植了近5000株造型独特的盆景，被喻为“江南盆景王国”。

玩家 攻略

1.山庄内有小商店，除了出售食品和生活用品外，还出售王安平先生收藏的字画文物、玉石玛瑙等。

2.进入山庄内参观，可观看到王安平先生及其弟子站桩练功的场景，有兴趣者也可以在此学习几招。但切记不可大声喧哗。

玩家 解说

浑圆山庄由王安平先生创建，培植了近5000

株盆景，被喻为"江南盆景王国"。其中，有"铁树王"之称数百年之久的巨型树桩，有敲击时发出铁石之声的灵璧石，令人惊叹不已。还有利用天然条件与人工修建相结合而成的超级盆景。这里还是当代闻名中外的气功大师和武术家"中华浑圆功"创编人王安平先生培养造就武术气功人才的中心基地。

艾溪湖森林湿地公园

典型的城市天然湿地

南昌市青山湖区艾溪湖管理处艾溪湖东路与艾溪湖北路交会处

艾溪湖湿地公园是一块典型的城市天然湿地，生态资源丰饶，园内树木葱郁，绿草如茵，空气清新，犹如城市之中的天然氧吧。湿地公园分布着多个大小不一的人工岛屿，这些岛屿各具特色，生态景观引人入胜，令人流连忘返。

方志敏烈士纪念园

为纪念方志敏同志而修建

南昌市新建区志敏大道118号　市内乘坐240路公交车步行1.4千米可到达　免费

方志敏烈士纪念园建于1959年8月，占地十余亩。墓前有台阶12层，170余级，两边青松翠柏环抱，庄严肃穆。墓为汉白玉砌成，大理石碑下方刻有方志敏同志简历。墓碑正中镌刻毛泽东题词——"方志敏烈士之墓"，墓前附设休息室，陈列方志敏烈士生平事迹和珍贵文物。

链接

方志敏

方志敏，江西省弋阳县人，生于1900年。他是中国共产党的优秀党员，江西党组织的创始人之一，闽、浙、皖、赣革命根据地的创建者。他历任县委书记、特委书记、省委书记、军区司令员、红十军政委、闽浙赣省苏维埃政府主席，中华苏维埃共和国中央主席团委员，党中央委员。1934年，红七军团和红十军团合编为北上抗日先遣队，方志敏任总司令。1935年1月24日，他不幸被俘入狱，在狱中坚贞不屈，写下了《可爱的中国》《清贫》等名著。1935年8月6日，方志敏在南昌英勇就义。

天香园 AAAA

被称为南昌的"市"外桃源

南昌市青山湖区南大道333号　市内可乘公交车226路、31路到天香园站下车

50元　0791-88207788　8:00～18:00

天香园是一处以盆景和候鸟而闻名的植物园，是南昌人引以为傲的自然家园。

园内湿地、湖泊、沼泽串联成片，野生候鸟群落共有32个品种，18万余只。联合国教科文组织和欧盟的有关专家一致认为，这里的鸟类之多、密度之大、与人之近堪称世界城市之第一。2004年天香园被确定为"世界候鸟保护研究中心"，载入"吉尼斯世界纪录"。

天香园还是盆景之国，拥有6000株树桩盆景，它们大多是树龄在100～900年的森林古树，置身园中，有一种拥抱绿色、回归自然的感觉。

链接

动植物王国——天香园

天香园自然生态良好，是动植物的王国。

天香园中的鹭鸟不仅数量多，而且"神奇"。鹭鸟是一种季节性很强的迁徙性候鸟，一般都是4、5月来赣，10月南飞。但这些夏来冬去的鹭鸟近几年来却一反常态，从"游客"变成"常客"，即使在冬天，也赖在这里不走，不肯南飞，俨然成为这里的主人了。在繁殖期的时候，这里的爱巢可不少。最多的一棵樟树竟有260多个巢，把整棵樟树压得弯弯的。

天香园

天香园

天香园又称盆景之国，有大小盆景2万余盆，大的古树古桩盆景6000余株，成林成片，它们大多树龄在100～900年，可谓世界罕见，中国之最。小的奇花异枝，掌上可托，古趣盎然，其中不乏极品之作，多次荣获全国及世界各种奖项。天香园在中国1999年昆明世界园艺博览会展出的盆景——“高望”，荣获博览会组织委员会颁发的铜奖。在2001年9月举行的第五届中国花卉博览会上，由天香园培植的赤楠盆景“老当益壮”荣获博览会银奖。天香园的盆景在2002年夏秋之际江西省首次花博会上一举获得特别贡献奖、金奖、银奖、特殊奖等32个奖项，它们独特的赣派盆景风格，自然、粗犷、古朴、优雅，令人拍手称绝。

太子广场

天香园太子广场主要用作游客娱乐的音乐表演及园区怡人怡景的音乐背景，拥有世界顶级音效。整个音乐台为花岗岩铺垫。场地平面布局呈月牙形，在半圆形圆心处设置一座弧形乐坛，可容纳上千观众。紧靠乐坛正前方有一泓水池，池中种植荷花供游客欣赏，池水常年可供鸟类饮用，放养观赏鱼。这里可赏花观鱼听音乐，是游人观赏的佳境。

余苑

余苑是天香园的园中之园，未进苑先听到轰隆水声，这正是余苑的点睛之作——飞瀑。此瀑高12米，宽70米，是江西省最大的人工瀑布景观。余苑以瀑为屏，东居佛、西筑亭。佛为六吨重的笑面迎客佛。亭为天地双亭，两亭比肩而立，亭角相携，寓意天地和谐、风调雨顺。

余苑斜对面是曲回长廊，依水而筑古意深醇，蜿蜒至处是民居小楼，数十栋各种明清风格的江南小居，散落在幽静的古树林中。约上三五知己对酌品茗，小憩抒怀，是不可多得的畅快之事。

明清楼

明清楼是一座从内至外仿明清风格的二层楼群，专司宾朋贵友宴饮，楼内各厅景象各异，其中镇楼之宝要数黑木雕九龙屏风，屏风高2.6米，展开宽6米，九龙腾云栩栩如生；屏风全部取材于红木极品黑檀，由几十位木艺高人历时半年方才刻成，价值百万之巨。

龙沙岗

现辟为游泳场

南昌市老城区西北约1.5千米的赣江之滨，沿江北大道

龙沙岗是南昌古城门——德胜门外的最高处，是旧俗重九登高之地，在唐朝时尤为风行。如今龙沙沿江一带已辟为游泳场，每到夏日，游泳的人非常多。当太阳西沉、晚霞满天，水中的倒影则尤为光滟动人。为“古豫章十景”之一。

青山湖风景区

南昌最大的内湖

南昌市青山湖区南京东路与洪都北大道交界处

乘5、22、10等路公交车到体育公园北下车即可

免费　0791-88596609

青山湖是南昌最大的内湖，是融防洪、排涝、旅游、观光、运动、休闲、娱乐为一体的风景区。

青山湖湖岸曲折迂回，湖面碧波浩渺，景色秀丽。游览区分为西南、东北两个部分。西南部有游乐园、技艺场、游泳馆、竞舟区、江西少年活动中心等游乐点，东北部有青山园、鱼趣园、盆景园、观鸟园、江西名人园等风景点。此外，游览区内的青山湖文化广场由欢乐世界摩天塔、交响乐喷泉、多功能展览楼、文化民俗特色景区四部分组成。

相思林公园

相思林公园位于青山湖西岸，是青山湖建造的第一个公园，占地2.4万平方米。整座公园呈“飞”字状，在设计上主要体现人类永恒的主题——爱，营造了一种爱的氛围，创造出一定的闭合空间，从南到北依次分为“人生有约”“心心相印”“天地之合”“比翼齐飞”四个园区。

湖滨公园

湖滨公园位于青山湖南岸，突出“以人为本、天人合一”的园林特色，营造了一个以水色湖光为背景，湖岸陆地绿树成荫、繁花锦簇、四季有景的休闲娱乐空间，整个公园占地2.5万平方米，中心广场“青山湖明珠”是公园的标志性灯光雕塑，271个灯球组成的七色光彩交相辉映，形成一颗硕大的明珠。

燕鸣岛公园

燕鸣岛公园位于青山湖湖滨东路中部，由三个半圆组成，面积达5万平方米，是以时令花卉为主的欧式生态公园，以花的海洋、鸟的天堂、人的乐园为构思建设，自北向南分别建有兰花园、荷花园、百花园、花溪园和维多利亚园五个景观园区，具有欧式风格，古朴自然，大方美观，景色迷人。

青山湖燕鸣岛公园

体育公园

体育公园隔南京东路与湖滨公园遥遥相望，占地6万平方米，环南昌市体育场而建，是以全民健身为主题，融体育锻炼、休闲、娱乐为一体的开放式公园。

公园内有两条景观轴线纵横贯穿，环绕大门，与体育看台的20组写实、抽象的体育石雕反映出民间体育的蓬勃兴起。同时，大型田径运动场、网球场、篮球场、羽毛球场、老年人门球场以及各种健身器材，也错落有致地分布于公园内。而夜幕下的体育公园，则被各式体育艺术造型的园林灯、艺术体操灯、跳水灯、乒乓球灯点缀得美轮美奂，与园内的“一网情深”“奥运五环”灯雕更是交相辉映，令人流连忘返。

船山学社

现旧址门楣是毛泽东亲笔题书

南昌市中山路74号

船山学社为一座单层三进四合院舍。清光绪年间为曾国藩祠，辛亥革命后，湖南一些文人学士为研究明末清初唯物主义思想家王船山的学说，在此建立“船山学社”。1921年毛泽东、何叔衡曾在此创办自修大学。现旧址门楣“船山学社”四字是毛泽东亲笔题书。室内恢复了当年毛泽东、何叔衡的办公室及学生联合会办公室，介绍毛泽东在自修大学的情况，还陈列有在自修大学学习过的部分人员的照片及他们的生平事迹。现为省级重点文物保护单位。

景点推荐

南昌近郊景点

蜚英塔

典型楼阁式建筑

南昌市南昌县麻丘乡符埠周村　免费

蜚英塔俗称"宝塔"，建于明代天启元年（1621年），该塔集中体现了我国精湛的传统建筑艺术，是省级重点保护文物。

蜚英塔坐北朝南，为典型楼阁式建筑，平面呈六边形，塔身共7层，高约30米。内有石阶，可攀至顶层。砖檐为五层平铺，叠涩出檐。在第三层正面有一塔碑，右书"龙飞天启辛酉元年正月十一日立"，中有"蜚英塔"三个大字，左书"东阁大学士癸未状元朱国祚题，西川右藩伯丙戌会魁周著鼎建"。

玩家解说

蜚英塔塔身明显倾斜，类似于举世闻名的比萨斜塔，倾斜的塔身成为当地一大景观。

李渡烧酒作坊遗址 AAAA

中国酒业的国宝

南昌市进贤县李渡镇李渡大道21号　从南昌市长途汽车站乘坐南昌到李渡的直达汽车

免费

8:00～18:00

李渡烧酒作坊是中国年代最早、遗迹最全、遗物最多、时间跨度最长且富有鲜明地方特色的大型古代白酒（俗称"烧酒"）作坊遗址，是中国酒业的国宝，酒文化的重要代表，也是旅游爱好者们开展酒文化旅游的重要目的地。

遗址除酿酒相关的设施外，还有大量的陶器碎片，其中以酒具最为丰富。李渡烧酒作坊的发掘出土，用实物印证了中国古代医药学专家李时珍在其专著《本草纲目》中的记载："烧酒非古法也，自元始创之。"该遗址是继四川成都水井坊之后中国发现的又一处时代最早、延续时间最长且具有鲜明地方特色的古代烧酒作坊遗址。

玩家解说

江西李渡镇有着1500多年的酿酒历史，自古以来就有“酒乡”之称，文人墨客，商宦布衣，皆因李渡酒而“闻香下马，知味拢船”。李渡酒源远流长，文化底蕴深厚，早在元末明初，江西李渡就有“赶圩李家渡，打酒买豆腐”之说，经历了清朝的兴旺，李渡白酒更是闻名全国。

李渡高粱酒是江西省的传统名酒，已有二百多年酿造历史，因产于南昌进贤县李渡镇而得名。该酒度数为56度。酒色清透，芳香浓郁，味正醇甜，畅销全国市场，深受广大消费者的喜爱，1962年被评为江西名酒。据县志载：清代中叶，李渡就有以当地特产优质糯米为原料酿制烧酒的习惯。到了清朝末年，李渡万茂酒坊广集民间酿酒技术，在糯米酒的基础上，引进了用大米为原料，用大曲为糖化发酵剂，用缸、砖结构老窖发酵制白酒的新工艺。李渡高粱酒由此而发展起来，制酒作坊也随之增至七家。由于酒味醇浓纯净，清香扑鼻，因此名声大振，销路日广。全镇最高产量曾经达到四十万斤，畅销赣、浙、鄂、皖等省。李渡镇地处抚河中下游，紧靠抚河堤岸，环境优美，土地肥沃，生产的米质量好，是酿酒的上好原料。更有那终年清澈透明的地下水，清冽甘甜，含有微量矿物质，是难得的制酒用水。

钟陵牌坊

古代建筑艺术和雕刻艺术的结晶

南昌市进贤县钟陵桥桥头

钟陵牌坊，属明朝建筑。相传张坊村儒博士胡仰廷妻20岁丧夫守寡，贞操自守，孝敬长辈，为当地官吏士绅和胡氏家族赞为“节凛冰霜”，并请旨为她建立牌坊，以示旌表。

牌坊全用石料制成，以两中柱为主柱，并分别在东西两侧各按边长2米，底长3.5米，再竖两柱，造型奇特，使其俯视则六柱排列成两个相对的等腰三角形，侧视则形如长亭。在两中柱4米高处置横梁，横梁上正反两面皆刻“旌表儒士胡仰廷妻胡氏节孝”字样，上下嵌有浮雕图案纹饰。整座牌坊，凝聚了古代建筑艺术和雕刻艺术的精华。

静乐寺

建筑规模宏大的明代寺庙

南昌市进贤县文港镇的罗岭西麓的巅峡中

静乐寺原名罗岭庙，始建于明朝万历年间，占地面积约3000平方米，其中建筑面积约1500平方米，万绿丛中，殿堂楼阁，红瓦绿墙，规模甚是宏伟。

链接

罗岭庙传说

传说，宋朝末年，罗岭的一个多年的大樟树成了精，化为人形，昼夜下山，为害人民。一次观音菩萨恰好路过此地，拔下头上发钗，化作一面铜锣，收服了樟树精。山下人们为了感念菩萨的恩德，遂建观音殿、莲花台，起名锣岭庙。久而久之，锣岭变成了罗岭，至于那个樟树精，从那时起，便改恶向善，造福乡民，人们尊重它从善如流的品行，称它为仙人，并且每次去寺院都不忘在这棵树下燃三炷香，以示心意。明朝万历年间，禅风盛起。有僧尼于此弘扬佛法，开坛讲经。后罗岭一时名动朝野，清朝光绪年间，云峰和尚亦多次云游于此，诗人袁潜曾赋诗一首赞曰：

乍至若天山，山藏万水间；
偶闻击磬声，始觉有禅关；
憩马长林密，开樽大寺闲；
回归寻旧路，夕阳带僧还。

静乐寺的水亦是远近闻名，吸引着许多文人墨客来寻访仙源甘露，并留下许多佳话。水的出处只是一个不足两平方米的山泉洞穴，称为龙泉的水从池中涌出。关于这个水井亦流传着脍炙人口的故事：相传在很早以前有一龙子触犯天条罪当至死，菩萨得知其与佛门有缘遂为之说情。龙子遂被贬到罗岭的

钟陵牌坊

全球知名摩天轮

中国广州——广州塔塔顶摩天轮（455米）

俄罗斯莫斯科——麻雀山摩天轮（170米）

新加坡——飞行者摩天轮（165米）

中国南昌——赣江市民公园“南昌之星”摩天轮（160米）

英国伦敦——英航伦敦眼（135米）

中国台州——台州东方太阳城台州之眼（126米）

中国天津——天津之眼永乐桥摩天轮（120米）

中国苏州——金鸡湖摩天轮（120米）

中国长沙——贺龙体育文化中心摩天轮（120米）

中国郑州——郑州世纪欢乐园摩天轮（120米）

日本福冈——天空之梦福冈（120米）

日本千叶——葛西临海公园钻石与花摩天轮（117米）

中国南京——弘阳·欢乐世界“弘阳之星”摩天轮（116米）

日本东京——调色板城大摩天轮（115米）

中国无锡——太湖之星摩天轮（115米）

日本大阪——天宝山大摩天轮（112.5米）

日本横滨——横滨宇宙世界的宇宙时钟21大摩天轮（112.5米）

中国黑龙江——哈尔滨游乐园摩天轮（110米）

中国上海——锦江乐园摩天轮（108米）

中国台湾高雄——梦时代购物中心高雄之眼（102.5米）

浮云峰下，遇一高僧在此修行大乘佛法，诵金刚咒。小龙颇有灵性，化为小蟹，蛰伏听法，日渐熏习，不知几时依然化龙飞去。后来小龙为报菩萨、高僧度化之恩，遂于蜗居蛰藏之处留下一池，其名龙泉，又称蟹井。一僧饮之不溢，众僧饮之不浅，百僧饮之供而不匮。后人为小龙知恩报恩的行为题咏了“龙非池中物，泉乃石津精。蛰此为听经，喷涌供参禅”的诗句。

“南昌之星”摩天轮

南昌标志性建筑

南昌市红谷滩新区红角洲赣江市民公园内　乘坐地铁2号线在学府大道东站下车即可　48元　周一12:00~23:00；周二至周日9:00~23:00

“南昌之星”摩天轮总高度为160米，是南昌市标志性建筑。摩天轮转盘直径为153米。设有60个太空舱，每舱可容游客6~8人，舱内配置了液晶电视、冷暖空调，每小时将可容纳近千人“空中”旋转着看南昌。

“南昌之星”摩天轮

玩家解说

“南昌之星”摩天轮的轮面彩灯由六七千根LED半导体照明器件构成，全部亮灯后除了可以显示一座直径为153米的巨型彩色时钟，还可根据需要设定不同图案，市民可发送手机短信到控制系统，摩天轮的彩灯即可显示短信内容，字数只要在12个之内即可。

赣江市民公园

市民休闲运动好去处

南昌市红谷滩区红谷中大道1614号

赣江市民公园总占地面积70万平方米，按照功能划分为文化长廊、运动休闲、商业中心和科技文博四大主题区，各主题区虽然功能侧重点不同，但都通过绿地、水面自然融合，是市民休闲、游玩、运动的好去处。

宁王朱权墓
江西明代最大的地下墓葬

南昌市新建区石埠乡璜源村缑岭东麓

从南昌市珑庭路公交站乘坐105路公交车至朱家村，步行820米到达

宁王朱权墓建于明正统七年（1442年），是江西明代最大的地下墓葬，现为江西省省级重点文物保护单位。

墓室系采用青砖砌成卷拱结构，全长31.7米，宽21.45米，高4.5米，分前室、次前室、中室和后室四部分。由于朱权晚年学道，道冠道袍入殓，口含一枚金钱，体压大小金钱二行，每行六枚。其他随葬品有金、银、铜、锡、玉、瓷等器物，有些珍品已由故宫博物院收藏，余者藏省博物馆。

玩家解说

朱权是明太祖朱元璋第十七子，生于洪武十一年（1378年），十三岁封藩于大宁，世称宁王。永乐元年（1403年）改封南昌。他神姿秀朗，慧心聪悟，于书无所不读，一生致力于研读著述，并多有成就。其所著《太和正音谱》为中国现存最早的杂剧曲谱，是中国戏曲史上重要的理论著作。

小平小道 AAAA
爱国主义教育基地

南昌市新建区望城镇省庄村境内

免费

小平小道在南昌郊县，原新建区拖拉机配件厂厂址，“文革”期间邓小平在此劳动生活了三年多，在这里重新思考了社会主义建设的理论与实践问题，可以说是后来中国改革开放之路的起点。

整个景区共分“小平小道”纪念馆区、革命史迹浏览区，以及“小平铜像”“小平车间”“艰难岁月展厅”“邓林摄影展厅”“车辆陈列展厅”“小平会场”“休闲广场”等，是一个爱国主义教育基地，又是一个融教育、纪念、休闲为一体的纪念性公园。

小平小道

玩家解说

1969年10月～1973年2月，邓小平同志下放到江西省南昌市郊劳动。他住在解放军某步校将军楼，每天，他和卓琳同志要步行3千米到工厂上班。工厂的干部、工人考虑到小平同志的安全和方便，在工厂的后墙开了一个小门，沿着田埂铺出一条通向他宿舍的小路，这就是人们所说的“小平小道”。

厚田沙漠景区
厚田沙漠号称“江南第一沙漠”

南昌市红谷滩区厚田乡南部　乘坐168路公交车可到景区　8:30～17:00　25元

厚田沙漠极具“江南山水、西部风光”特色，因独特的金沙、碧水、蓝天、草原自然景观被称为“江南第一沙漠”，拥有沙山、沙洲面积达30平方千米。

漫步厚田沙漠，看壮观沙漠胜景，赏江西母亲河——赣江美景、赣江和景江的友谊岛——月亮岛、沙漠特色桥——曲桥、观景台。另有骑沙漠骆驼、骑马、沙漠越野车、滑沙、过江滑索、蒙古包风情、遥控船模、摩托艇等多种娱乐项目。

玩家解说

厚田沙漠景区曾成功地举办了“首届中国南昌厚田沙漠国际沙雕节”“首届中国南昌厚田沙漠户外欢乐游”“首届中国南昌厚田沙漠西部风情烤全羊美食大会”“2005中国南昌厚田沙漠第二届五彩国际沙雕艺术节”和2006年中国南昌厚田沙漠户外旅游节，在江西省内外产生了巨大反响，是江西省最火爆的近郊游景区之一。

链接

九龙过厚田的传说

传说在以前，厚田是一个富饶之地，田地广袤，土壤肥沃，物产丰富，故得名“厚田”。百姓们过着恬静、富足的生活。一天，在厚田西街口来了一位道人，能知前生因，善测来世果，乡民们奔走相告。当地地方保正也来看个究竟。保正在近处细瞧道人，果然有仙者气，便朝道人一揖，说道：“听说道长能未卜先知，有件事想烦劳一下道长。数月来，我们这里浓云笼罩，却寸雨未下，不知是何征兆？”道人不言，取出八卦等物件，开始占卜，未果。突然间，浓云中滑出九道异彩，道人顺异彩摇首观去，转身对老保正说：“刚才出现九道异彩，似有天照。数日内，将有东海九龙经过，上天觐见玉帝，到时，你们只需用竹竿指向前面八条龙中的任何一条，它们就会留下来赐福予你们，但千万不能指向第九龙，此龙为沙龙，沙龙一留，厚田必将大难降临。”老保正听后，待要向道人细问原委，却见道人化作一团祥云，不见踪影。

数日后，有九位身着锦衣华服，跨骑高头大马，相貌奇特，举止怪异的外族人出现在厚田大街。起先众乡民只道是外地客商途经此处，等到这九位怪人走出数百米开外，见其背影似有龙影舞动，方忆起道人所言，可情急之下，竟都忘了用竹竿指前面八人，只有一坐于街口玩耍的垂髫小儿，手握一根短竹竿，顺手朝那九人指去。岂料，指的却是沙龙。就此，沙龙留了下来。

月亮岛

“月亮岛”是赣江中形似月亮的岛屿。赣江流经这里与锦江交汇，形成的江湾紧紧地环绕着月亮岛。月亮岛方圆有600多亩，站在岛的中央，踏着如绿地毯般的草原，欣赏着“天苍苍，野茫茫，风吹草低见牛羊”的天然牧场，将不由得使人产生一种沉浸在诗意里的感觉。

厚田沙漠景区

玩家攻略

喜欢骑马的朋友还可以在岛上租一匹骏马，骑上它尽情地驰骋，去享受一下草原赛马的乐趣。

“太和寨”动物娱乐中心

“太和寨”动物娱乐中心主营名犬展览、斗狗表演、跑狗等项目。名犬展览区汇集了国内外数百种纯种知名观赏犬。斗狗源于古罗马斗兽表演，目前在东南亚地区非常兴盛，在澳门特别行政区也十分流行。

沙泉疗养区

沙泉是景区内的一处天然泉水，涓涓细流，常年不息，泉水清澈、甘甜。在沙泉的后面有一片茂密的原生林。历经千年风雨沧桑，这些古木记录着厚田由昔日水草丰美的绿洲向现今荒芜萧条的沙漠的变迁。沙泉水祖祖辈辈哺育着附近的村民，人们靠它生息、耕作。传说这是龙王爷为减少九龙子给当地百姓造成的危害而赐予厚田百姓的润泉。沙泉水冬暖夏凉，含有多种对人体有益的矿物质，有益健康。

西部风情休闲园

在西部风情休闲园，游客可在蒙古包大营里领略西部民风民俗表演，可以品尝到正宗的烤全羊。参与驼队、马队，让你身在江南同样也能领略西部大漠风情。

梦山

风景优美，避暑胜地

南昌市新建区石埠乡境内

梦山原名罕王峰，景区面积15平方千米，是南昌市一个较大的旅游景区，有20多个风景点，如好汉坡、魁星阁、泽头庙、罕王庙等。

梦山拥有厚重的历史文化和优美的自然山水，山上茂林修竹，一年四季风景迥异，犹

梦山溪流

如仙境。春季黄花满山，径幽香远；夏季树高林密，凉风袭人；秋季草木萧疏，天高云淡；冬季松竹常青，薄雪轻舞。景区还有梦娘娘庙和始建于晋朝仍保持原样的“梦山石室”等。

玩家 解说

据历史记载，三国蜀炎兴元年（263年），蜀汉为晋所灭，昭烈帝刘备之孙刘护，携家从四川来到这里，见山势险要，便傍山结寨据守。其母罗氏，见天下大势不可逆转，劝子归晋。后刘护被封为广惠王，罗氏被封为协庆夫人。太康元年（280年），晋灭东吴。东吴余党败走西山藩源，与山贼勾结，拥众万余，焚烧荡空，民受其害。是年九月，刘护率军破贼，因功封罕王，赐所住山峰为罕王峰。刘护之母常感人入梦，俗称“梦娘娘”，民间历来有人求梦，遂又称其为“梦山”。

翠峰亭

梦山西侧登山之处，有一条宽1.2米、高420级的石级路，两旁有朱漆栏杆，从山麓望去，有如登天之梯。梯顶有一轩昂飘洒的翠峰亭。

翠峰亭为古式六角形，周围可坐，在梦山山脉西峦，好汉坡顶上，为观景胜处，也是游人登山途中憩息之所。临此亭中，居高望远，凭虚御风，心旷神怡，有飘飘欲仙之感。人语其中，声波荡漾如在瓮中。

望月坪

望月坪处在与梦山山顶相连的一块山头平面上。据说，在古时，这里周围森林茂盛，竹翠松苍，四季浓绿，簇拥着这一块高突的石质矿地。罕王刘护隐居梦山时，常同其母罗氏（“梦娘娘”）等来此望月。后来，人们为了纪念罕王，就把这里称作“望月坪”。

如今坪中建了一个高9米的“望月楼”。夜登此楼，东望月出于南昌城畔，但见万千灯火闪烁于天海之中，拥着一轮皓月徐徐上升，有如“银汉无声转玉盘”；西瞰星影于梦山水库，只见落天星斗洒于湖底，天上地下交相辉映，宛似“人在蓬莱仙境中”。

罕王庙

罕王庙位于梦山最高峰顶，庙内有三王塑像，正中为罕王刘护，左为其舅英毅王罗铿，右为其弟广顺王。原庙较小，明嘉靖年间扩大改建，并筑围墙，清同治年间又行修理，于庙右侧建前后两重，后又屡有修建。千余年来，朝拜者甚众，香火终年不绝。

梦山石室

梦山石室紧靠罕王庙后，始建于明代，为石条石柱仿木结构的石屋。正室房顶为四坡九脊，用青石板盖顶，梁、柱、斗拱和基均为花岗石。室宽5.7米，进深5.69米，高3.9米，屋内有石柱16根，四周无窗，唯一大门朝西偏南，有台阶数级。1959年，为保护古迹，将石室屋面用土瓦、青砖护顶，四周加砌砖墙，并将其定为江西省省级文物保护单位。

梦娘娘庙

梦娘娘庙为梦山景区中规模较大的庙宇。其正殿供刘护之母罗氏像，即“梦娘娘”。殿阁上方供观音菩萨像。殿旁两厢设梦房十数间，男左女右，每间有梦塌一具，供求者“眠梦”之用。

玩家 解说

传说，刘母曾在此地以山果饱士卒使他们安眠入梦，故其有梦娘娘之称；又传说，南宋时新昌举子姚勉赴临安应考，夜宿此处得梦，梦中刘母示吉兆，后姚勉恰中“状元”，“果符其梦”，遂专来拜谢梦娘娘，并捐资造庙，取名“梦娘娘”。后梦娘娘庙经明清两代不断扩建，成为二重直进的大庙。

南矶山自然保护区

被誉为“白鹤王国”

南昌市新建区鄱阳湖西南近岸尖湖域中　免费

8:00~18:00

南矶山是南山与矶山两座相邻小岛的总称，周围有常湖、流湖、菱湖、东湖、神塘湖等浅水湖及湖滩草洲，以此形成了典型的湿地景观，总面积为3.33万公顷，保护区占总面积的98%。

南矶山气候适宜，水质纯净，环境寂静，是白鹤等珍禽候鸟理想的越冬栖息场所，被誉为“白鹤王国”“候鸟乐园”和“国际级极为重要的湿地”。

玩家 攻略

南矶山自然保护区设立了候鸟观察站，为游客观赏珍稀水禽提供了方便。每年的10月份左右，数以万计的各种越冬候鸟由北国南来，对于喜爱摄影的游客亦是不可多得的机会。

玩家 解说

白鹤是大型涉禽，略小于丹顶鹤，全长约130厘米，翼展210~250厘米，体重7~10千克；头的前半部为红色裸皮，嘴和脚也呈红色；除初级飞羽为黑色之外，全体洁白，站立时其黑色初级飞羽不易看见，仅飞翔时黑色翅端明显。

南矶山风光

汪山土库

素有“江南小朝廷”之称

南昌市新建区大塘坪乡汪山岗

40元　17707094337　9:00~17:00

汪山土库是始建于清道光初年的清代古建筑群。土库以江南园林建筑、徽派建筑与清朝宫廷建筑相结合，建筑规模浩大、气势伟绝，在江南乃至全国实属罕见，在民间素有“江南小朝廷”之称。民族英雄林则徐曾在此书下一联馈赠：湖山意气归词苑，兄弟文章入选楼。

玩家 解说

汪山土库始建于清道光初年，历时半个世纪，于清同治年间建成。整座建筑东西长337米，南北深180米，占地7万平方米，共建有25栋抬梁穿斗式结构的青砖大瓦房。这些房子的外墙连成一体，具有赣南客家围屋的特点。青砖黛瓦、封火山墙，天井四水归堂，墙头黛瓦垒叠，整个墙体一斗一眠，内用土坯灌斗，腰墙是眠砖，勒脚为红石，又呈现徽派建筑特征。外墙无粉刷，墙体最下方呈粉红色，这是有别于徽派建筑而采用的当地建筑工艺。其中稻花香馆、望庐楼等则按苏州园林风格建造。汪山土库建筑规模之大，气势之雄伟，在江南乃至全国都是罕见的。

上天峰景区

风景秀丽，峰高石奇

南昌市郊新建区金桥乡

上天峰顶峰海拔480米，山峰面积320万平方米。这里风景秀丽，峰高石奇，气势浑然，游客较多。

上天峰峰石陆离，形态奇异，名胜古迹很多，雷打箍、上天梯、慧泉、仙人洞、仙人床、一线天、东鼓、西磬、四鲤朝天、金盘院、天峰寺等，均为罕见胜景，这里的每一

象山森林公园鹭鸟

个景点都有一个优美动人的传说。

象山森林公园
鹭鸟的王国

南昌市新建区象山镇 8:00~18:00

象山森林公园内森林覆盖十分茂密，环境幽静，每年4~9月有大量鹭类在这里栖息和繁衍后代，形成独特的森林景观，吸引着许多国内外游客前来观鸟，一些生态学家和野生动物专家也亲临考察。

公园环境幽雅，景色迷人，分为鹭鸟观赏区、幽竹游憩区、田园风光区、狩猎区、野炊区、疗养区。主要景点有鹭鸟观赏点、江滨浴场、盘龙洞、龙珠泉、十八天子坟、千年古井和烽火台等自然人文景观。

溪霞风景游览区
景甲江南

南昌市新建区溪霞镇

溪霞风景区内可供游览的面积有30平方千米，景区有高峡平湖、奇山异石，景甲江南。中心部位为南昌地区最大的人工湖——溪霞水库，湖面480万平方米，水库周围密布奇石岩洞，曲径通幽，洞中藏洞，深不可测。

主要景点有人称龙王宫的西海行宫怪石群；佛教圣地佛禅寺；飞流直下的黄龙帘竹林瀑布；充满神奇传说的铁拐李悬石、张果老石椅石床；度假避暑休闲的理想场所桃园山庄；惊险刺激的银河皮筏漂流、水上游艇等，是旅游、观光、休闲、度假之胜地。

黄龙帘竹林瀑布

发源于高山峻岭上的黄龙帘，流经数里后，进入杨坑深谷，从一巨石上直冲而下，高20米，宽4米，形成一条水帘，十分壮观。崖下有一水潭，瀑布落进深潭，溅起冲天水花，发出震耳欲聋的响声，久久在山谷回荡，随之向山涧流去，闯入溪霞湖。

桃园山庄

桃园山庄景区竹木苍翠，鲜花夺目，环境幽雅，景色迷人，各种景亭精工雕琢，千姿百态，萃花园中花木争红斗艳，应有尽有，使人赏心悦目，流连忘返。步入百岁、千岁台阶，犹如平云直上，如入仙境。

东港花果园

东港花果园绿草遍地，百花斗艳，群蝶飞舞，鸟雀和鸣，是赏花品果的乐园、写生摄影的胜地，置身百花丛中，趣味无穷，有诗赞曰：昌九走廊一奇景，赏花品果游不尽。花香果甜游人醉，人间美景似仙境。

佛禅寺

“佛禅寺”始建于隋朝，1992年春重建。佛禅寺分大殿、侧殿，占地面积6000平方米，大殿坐北朝南、冬暖夏凉。佛禅寺头枕鹅公岭，面对万家灯火，旁临溪霞湖，身置树林间，是风景区内的一个重要景点。

西海行宫怪石群

西海行宫怪石群，奇石横生，各种形象的石头千姿百态，惟妙惟肖，有“鸳鸯屋”“海豚望日”“神鳖入海”等形象石和岩洞40多处，是攀登、游玩、休息、摄影的绝佳场所。

西山万寿宫
江南著名的道教宫观

南昌市新建区西山镇万寿路

乘坐公交119路至西山万寿宫站下

免费 8:00~17:00

西山万寿宫是江南著名的道教宫观和游览胜地，是为纪念著名道家人物许真君所建，距今已有1600多年的历史。

万寿宫有正殿、三清殿、老祖殿、谌母殿、蓝公殿、玄宗殿和玉皇、紫微、三官、敕书、玉册五阁，以及12小殿、7楼、3廊、7门、36堂等。正殿以琉璃为瓦，重檐画栋，金碧辉煌，气势宏伟。绣金帷里，真君塑像端坐中央，坐像头部为黄铜铸成，重500斤。12真人分列两旁，吴猛、郭璞站立坛前。高明殿等三殿之前，6株参天古柏苍老遒劲，四季常青，相传最大一株为许真君亲手所植。

玩家解说

道教认为除了凡人居住的世界外，还有神仙的处所三十六洞天、七十二福地。许真君栖身修炼的西山则为第四十福地。因他在此仙逝，故又称“飞升福地”。明正德十五年（1520年），皇帝题额《妙济万寿宫》，对宫内建筑做了重大修葺。至清代增建关帝阁、万寿宫门，这时是万寿宫极盛时期，占地31000平方米。

宫门左侧的八角井，相传是当年许真君铸铁为柱，连接地脉，以绝水患。宫外还有大量的辅助建筑，如接仙台、云会常、冲升阁等，形成一个以万寿宫为中心的古建筑群。远眺西山万寿宫，万顷绿海中，琉璃瓦黄绿相间，绚丽多彩，飞檐处串串铜铃，金光闪烁，层层斑斓的宫顶，突兀鹤立，天地氤氲、万物化淳，似天上宫阙。铁铸大吊钟，重两吨余，入夜钟声宏浑悠扬，能传十里之遥。

农历正月二十七日是许真君诞辰，为每年小朝；八月仙逝日为朝拜高潮，各地信民熏沐斋戒，纷纷前来进香，成千上万的进香者比肩接踵、张袂成荫。他们进入宫后一步一跪拜，到殿前陈敬贡品，晋谒仙颜，诚心祈祷。焚香炉前，鞭炮声不绝于耳，香火明烛通宵达旦，炉烟缥缈，钟声悠扬。

西山万寿宫

链接

许真君

许真君，晋代著名道家人物，姓许名逊，字敬之，曾任蜀郡旌阳（今四川德阳市）令，所以又称旌阳先生。他居官清廉，为民兴利除害，后弃官东归。辞官归故里后，便在新建西山修身炼丹。许逊精于医道，为人治病，药到病除，妙手回春，蜚声远近。传说晋代南昌地区有一蛟螭，播风弄雨、翻洪作浪、残害生民，许逊神通广大，将此妖孽捉住并铸铁柱将其镇于井底。此后南昌地区风调雨顺，五谷丰登。相传许逊活到136岁时，在西山得道，“举家四十余口，拔毛飞升”，连家禽家兽都带去了。“一人得道，鸡犬升天”的典故，便出于此。据记载，许逊死于晋孝武帝宁康二年（374年），享年136岁。

彰灵岗文化遗址
出土文物为旧石器时代石器

南昌市安义县城北1.5千米处的丘陵地带

彰灵岗文化遗址覆盖面积约为方圆5千米，1988年在此发现旧石器时代石器，经中国科学院古脊椎动物和古人类研究所发掘鉴定为我国旧石器时代石器，距今约5万年。

玩家解说

1988年9月，安义县食品厂青年职工“考古迷”胡贤钢，在位于安义县城北1.5千米的彰灵岗（安义名胜称之为“九龙奔岗”处）发现了旧石器时代的石器。同年12月22日送北京中国科学院古脊椎动物与古人类研究所鉴定。1989年5月，中国科学院古脊椎动物与古人类研究所派专家和江西省考古队来安义发掘考察，历时近1个月。为

安义县遗址群

●孙虑城文化遗址

孙虑城位于安义县城东郊4千米的凤凰山上徐村北。是三国时期东吴黄武七年（228年）吴王孙权第三子建昌侯孙虑所建造，距今1778年。孙虑城占地面积3万平方米，城高两丈，宽一丈余，为土筑而成，置东西南北四门，其东门有大石阁，西门有白马殿，南门有石井，北门有池塘。北门城外有一土墩，名“木鱼墩”，传说为守城军士的岗哨。南门有石井，冬夏不涸，后来将其重新清理，用红石砌成八角形，曰“八角红石井”。1937年，修筑公路时，当地群众在木鱼墩和八角井中挖出许多古代兵器，其中有十二三斤重的大砍刀，七八斤重的锏、长矛、弓、剑等。今孙虑城古址犹存，为江西省重点文物保护单位。

●八保山文化遗址

八保山文化遗址位于安义县万埠镇八保山上，面积约2万平方米。1982年采集到锥形、柱形、扁形器物脚，有云雷纹、Z形纹、圆涡纹和附加堆纹硬陶片；有石刀、石斧等磨料工具。经考证，陶片为直口尊、罐、器、鬲残片，系商周时期器物。

●营盘山文化遗址

营盘山文化遗址位于安义县石鼻镇垓上村境内，面积约5600平方米，四周筑有土围。1982年采集到呈云雷纹、方格纹、圆涡纹、工纹、回字纹、曲折纹等的硬陶片，陶质网坠、段石石奔、石棒、陶拍、器皿、鼎足等物，还有青铜斧、铁石奔、青铜石奔，为西周时期器物。

●安昌山文化遗址

安昌山文化遗址位于安义县鼎湖镇花园村东南350米处，面积约4800平方米。1982年在遗址上采集到各种纹式硬陶片，为西周时期器物。

●铜锣山文化遗址

铜锣山文化遗址位于安义县石鼻镇简坊杜村东南100米处，面积约1500平方米。1982年在遗址上采集到石器、陶器，纹势呈曲折纹、回字纹、圆涡纹、云雷纹、复线Z纹、目纹，以及瓮、罐、鬲等容器残片，陶拍纺轮（残）网坠，并发现较完整的长柄钵，系西周时期器物。

确认这一科学发现，为寻找更多佐证，考古人员查阅了《安义县志》《安义土壤志》《安义军用地图》以及安义气象等有关资料，走遍了县城北彰灵岗、城东凤凰山、城西台山、城南潦河畔，找到了大批旧石器时代的打制石器，如“石核”“石片”“尖状器”“砍砸器”和“刮削器”等。同年7月7日《中国文化报》以“江西省首次发现旧石器文化”为题首次向全国公布了这一重大发现：中国科学院古脊椎动物与古人类研究所、江西省文物工作队和安义县文化馆联合组成的调查队在县城附近的彰灵岗、凤凰山和上徐村发现了三处旧石器地址，获得旧石器时代人类遗物数十件。

旧石器文化的发现在江西尚属首次。它填补了我国已知旧石器在省区分布上的一个空白，为我国旧石器文化的研究提供了重要资料。2005年，江西考古专家曹柯平在《南方文物》上发表《江西旧石器年代考证》一文，用大量史证论述彰灵岗史前年限，把人类在江西地区活动的历史从距今八九千年，提前到约距今五万年。

安义古村群景区 AAAA

江西十大乡村美景之一

南昌市安义县石鼻镇

南昌火车站有直达古村景区的班车

¥ 80元　0791-83373766　8:30~17:30

安义古村落群由罗田、水南、京台三大古村落组成，三村临近，呈品字排列，互为

安义古村

鼎足之势，距今已有1300多年的历史。安义千年古村群已被评为江西历史文化名村、江西省爱国主义教育基地、南昌“新豫章十景”和江西“十大乡村美景”。

古村群中至今保存完好的明清古宅有100多栋，古牌楼、古门楼、古街、古巷、古井、古塘、古树星罗棋布。其中，以世大夫第、曦庐为代表的典型赣派风格明清建筑恢宏壮观；民俗馆中久远的生产生活用具、古戏台随声摆动的斗拱、墨庄弥漫的书香、沿街林立的古商铺，处处散发着古村独特的赣文化与赣商文化气息。

玩家 解说

游览古村群，就像踏入了历史的门槛，一条蜿蜒曲折的古石板路越野连村，穿街串巷，曲曲弯弯地牵引你探寻着那昔日古集镇的繁华、古民居的艺术宝库。古街道上商铺林立，私宅犹如迷宫，墨庄书香四溢，戏台古韵犹存，古樟遮天蔽日，古井爽口清甜……一派田园古村的沁人风韵。

罗田村

安义古村群的三个古村群组成之一，是一个拥有2000人的大村。它自唐广明元年（880年）开基至今，已有1130多年历史。民谣有云：“小小安义县，大大罗田黄。”足见罗田黄家在安义古村名声之大。现该村古街、麻石板道、古车辙清晰可见，整个古村庄至今仍保留着完整的地下排水系统。民居古建筑、砖雕、石刻、木雕构件古朴而精美。

玩家 解说

罗田村开基始祖名黄克昌，湖北蕲州罗田县人，为躲避战乱来到此地，垒石为屋，垦荒造田，娶妻生子，建起了村落。后来子孙不断繁衍，有些人还迁徙外地，发展成一个个黄姓村落，使罗田黄氏成为江西黄氏的一个重要支系。

罗田村乃当年香客赴西山万寿宫朝拜许真君的必经之地，店铺比邻，商贾云集，称一时之盛。

水南村

水南村是罗田村克昌公第15代孙黄一能从罗田村迁出另建的新村，始建于明洪武七年（1374年），有640多年历史。村内有保存完好的明清建筑20余栋。该村以房屋雕饰精细、保存民俗用品较多而著称。

京台村

京台村至今已有1400年历史。京台村有刘、李两大姓。刘姓村民为汉代学者刘向后裔，初唐武德元年（618年）迁居此地。明初洪武年间，李氏之祖则由朝廷授封而落户于此。该村历史悠久，古迹甚多，成为影视拍摄胜地，许多古建民居至今保存完好，如古村石牌坊、古村古井石槽、古戏台、砖石大门、四十八天井古屋等。

京台古戏台占地86平方米，始建于清乾隆十年（1745年）秋，坐南朝北。1917年曾修葺一新。1968年重修。古戏台高7.8米，宽10米，深8.5米，整个造型具有典型的清代江南农村风味，是迄今保留完好的京台庙宇建筑群内的建筑物之一。为江西省重点文物保护单位。

京台古戏台

现保存完好的石门坊坐落在京台村中央，系宗族祠堂建筑群的一部分，明正德四年（1509年）复修，清嘉庆二十三年（1818年）重建，门坊为四柱三门，全系仿木结构，以麻石凿制。柱上有花纹，中嵌汉白石额匾，南面铭文“绩绍中垒”，北面铭文“荫垂乔木”。

圣水堂森林公园

森林覆盖率达96%

南昌市安义县新民乡橙子树村境内，距安义县城17千米

圣水堂森林公园山峦重叠、林木葱茏，森林覆盖率达96%，最高海拔410米，气候宜人，被誉为“小庐山”。圣水堂森林公园由圣水堂景区和珠珞鹭鸟王国景区组成。珠珞鹭鸟王国是江西省重要的天然鹭鸟栖息地之一，是十分优越的夏候鸟、鹭鸟类栖息地。

邓家牌坊

黄氏贞节坊

南昌市安义县石鼻镇邓家村

邓家牌坊建于清道光二十一年（1841年），为黄氏贞节坊。牌坊坐南朝北，高7米，宽6米，花岗岩梁柱，三门四柱，上嵌青石匾额：“柏节清操”。牌坊上镌刻着龙、凤、狮、云、月及人物等图案，形象生动，线条流畅。柱额正面镌刻有阴文楹联：“数十年冰心一片，百千岁国宪长垂。”邓家牌坊为南昌市重点文物保护单位。

文峰塔

塔形如笔

南昌市安义县大桥东约110米处

文峰塔原名“龙文塔”，始建于明崇祯二年（1629年），由吏部郎中徐大相等倡建，建至五级，款尽停工。清雍正十二年（1734年），知县宫大鹏续建七级六棱砖塔，塔形如笔，谓之“文风”，谐音曰“文峰塔”。塔高23米，逐层有板梯直上，可极目远眺。1978年，塔顶柱糜烂，县政府拨款重修，外涂丹垩，恢复原貌。1989年至1991年全县各界人士捐资17万元，修缮后，更加超逸，灵光粲然。为南昌市重点文物保护单位、省级重点文物保护单位。

桃花三村

地域辽阔，阡陌纵横

南昌市潮王洲上桃花村

桃花三村是一个风景秀丽的乡镇。地域辽阔，阡陌纵横，溪流蜿蜒，为南昌自然风光中别具一格的游览胜地。特别是阳春三月，桃花盛开，溢红流翠，使人置身于花的世界。1980年三村桃园又补种了桃树万余株，更添异彩。

桃花三村

攻略资讯

- 交通
- 住宿
- 美食
- 购物
- 娱乐

交通

飞机

南昌市内目前只有一个机场，即昌北国际机场。机场位于南昌市新建区，距南昌市区约23千米。每周有近百个航班抵达北京、上海、广州、深圳、成都、海口、厦门、重庆、杭州、青岛、西安、南京、香港等地。北京至南昌约需2个小时，上海、广州出发需1.5个小时左右，非常便捷。

机场大巴：市内可乘坐机场交通1、2、3、5号线前往。有多条城际班线，分别是：九江线（昌北机场—九江）、抚州线（昌北机场—抚州）、景德镇线（昌北机场—景德镇）、鹰潭线（昌北机场—鹰潭）、都阳线（昌北机场—都阳）。

火车

南昌目前有南昌火车站和南昌火车西站两个火车站。

南昌站：位于南昌市西湖区站前路，是京九线上唯一的省会火车站，中国单日旅客发送最多的客运站。每天有开往北京、上海、广州、南京、哈尔滨等地的列车，从市内乘坐11、29、210路等公交车可到。

南昌西站：位于南昌市的红谷滩新区西部，九龙湖片区，是亚洲最先进的高铁站之一，南昌铁路局第一大站。有始发九江、福州、厦门、西安的动车或高铁，市内乘坐50、136、261路公交车可到。

汽车

南昌市有三个较大的汽车站。

南昌长途汽车站：位于南昌市青山湖区

南昌昌北机场

南昌江滨风光

南昌市区交通夜景

洛阳路345号，其前身为南昌汽车站，是南昌市历史最为悠久的汽车站。该站为现代化一级公路客运汽车站。

南昌徐坊客运站：位于南昌市井冈山大道中级段，是南昌公路主枢纽建设项目之一，新站设计按照国家一级客运站标准兴建。

南昌长途汽车西站：位于南昌市红谷滩区，紧邻南昌西站，作为南昌西综合交通枢纽的重要组成部分，成功实现了地铁、公交、出租车、普铁、高铁与长途汽车客运的紧密衔接，跻身亚洲最大综合交通枢纽之一。现为国家一等长途汽车站。

市内交通

南昌地铁运营线路共4条，分别为1、2、3、4号线，设车站94座。地铁1号线可达八一广场、滕王阁等地。

南昌市共有公交车线路370余条，有4800台车辆，全面实现无人售票和空调化。

出租车主要有两种运价：普通车型起步价为6元/2千米，车千米价为1.9元/千米，高档车型的起步价为8元/2千米，车千米价为2.1元/千米。

住宿

南昌的宾馆酒店大多数服务水准及信

南昌城市风光

誉度均较好，不少高档宾馆以一流的管理水平和先进的服务设施以及为游客提供尽善尽美的多元化优质服务而博得游客的赞誉。

同时，南昌的中低档宾馆、旅馆及经济实惠的招待所在市区大街小巷及各县县城更是比比皆是，完全能够满足各种消费层次人群的不同需求。

南昌的宾馆主要集中在火车站附近、八一广场附近、人民公园附近、青山湖附近、滕王阁附近。

●红谷滩希尔顿欢朋酒店

酒店位于摩天轮、省展演中心附近，是一个比较优质的江景房酒店。酒店房间宽敞明亮，干净整洁，设施齐全。青山湖区红谷滩新区丰和南大道2888号 0971-88728888

●南昌嘉莱特和平国际酒店

酒店临近火车站，距离机场约30分钟的车程。酒店整体打造了现代欧派风格，设计独具匠心，典雅精致，将艺术化与人文化融为一体。南昌市西湖区八一大道广场南路10号 0971-86111118

南昌嘉莱特和平国际酒店

●红谷滩巴洛克酒店公寓

公寓位于红谷滩CBD中心区域，紧邻秋水广场、绿地中央广场、万达广场。房间很大，性价比很高，装修风格小清新，南北通透，洗衣机、冰箱等电器齐全。南昌市红谷滩新区红谷中大道与会展路交会处唐宁街A座3楼 18879119791

●更多住宿去处

南昌伊丽铭豪酒店/新建区明矾路瀚森广场/0971-83228088

南昌瑞颐大酒店/南昌市东湖区沿江北路69号/0971-87777777

南昌绿地铂骊酒店/青山湖高新技术开发区艾溪湖北路/0971-82265555

南昌一之天大酒店/南昌市东湖区起凤路99号/0971-82217777

美食

喜欢吃辣的小伙伴肯定会爱上南昌，以赣菜为其主流菜系，口味以鲜辣为主，酥烂脆嫩，鲜香可口。

南昌的特色菜有“四星望月”、匡庐石鸡腿、豫章酥鸡、虫草炖麻雀与五元龙凤汤等，另外煌上煌烤卤也不可不尝。配上大曲酒、丁坊酒、李渡高粱酒等南昌本地产的名酒，你可以有滋有味地吃上一顿。

南昌小吃也曾有过辉煌。牛舌头、金线吊葫芦、石头街麻花、芥菜团子、酿冬瓜圈、家乡锅巴、大回饼、木瓜凉粉、伊府面、吊楼烧饼、状元糕、如意糕……这些小吃陪伴、影响了几代人的成长。

南昌的美食多集中在福州路和孺子路上，这里聚集了各种风味的美食、小吃。孺子路是誉满南昌及全省的饮食、娱乐一条街，整条街聚集了新干家乐、家常饭、月兔、真真、民间饭庄等数十家餐饮店。

●南昌米粉

久负盛名的南昌米粉，具有洁白、细嫩、久漂不烂、久炒不碎的特点。南昌米粉历史悠久，吃法也方便、简洁，可以凉拌米粉、炒煮米粉，放入姜末、蒜末、麻油、酱油、葱花、咸菜末、最不可少的是南昌人喜欢的辣椒和胡椒粉。

南昌米粉

●瓦罐汤

在南昌生活的人们可能都会承认，瓦罐汤是南昌饮食的代名词。瓦罐汤以其丰富的口感深受人们的喜爱，品种多达几十种。南昌瓦罐汤店遍地都是，价格便宜、市井味十足。

推荐店铺：绳金塔瓦罐汤 ✉ 东湖区苏圃路

瓦罐汤

●油炸小品

在南昌，大街小巷都可以见到油炸小品摊；事先准备好的豆腐干、小香肠、小青菜、海带卷、香蕉、圆藕片等，用小竹棍穿好，然后，您可以随意选择，选好后，由摊主放在滚沸的油锅内煎炸，少顷取出后，再涂上辣椒等调味品，便可以领略到颇具特色的街头油炸小吃，可以细细品尝，也可以边走边吃，价格便宜，滋味令人回味无穷。

●白糖糕

江西白糖糕是一种流行于江西民间的传统糕类小吃，起源于明清时期的南昌，到民国时期，这种白糖糕已是南昌街头巷尾各大茶铺常备的佐茶食品，被誉为“江西五大传统名点”。

●石头街麻花

一百多年前，南昌市石头街上有个小店铺，每天门庭若市，顾客盈门，这就是闻名遐迩的“品香斋”麻花店。石头街麻花以配料考究、制作精细、揉搓均匀、功夫独到而著称于市。

●风味烤卤

在南昌，有许多家烤卤店，生意红火，整日里门庭若市，偶尔还可以见到烤卤店的门前排起长队。由此，足见南昌人对烤卤的热爱。因为这种特色食品携带方便，吃起来配酒配饭均可，既卫生味道又好，更是亲朋好友之间相互馈赠的上好礼品。

●藜蒿炒腊肉

藜蒿炒腊肉为江西南昌的一道汉族菜，藜蒿属鄱阳湖特产，是一种野生草本植物，春季收获的特种绿色蔬菜食品。藜蒿炒腊肉具有“脆嫩爽口，醇香柔润”的特点，腊肉金黄，藜蒿青绿，脆嫩爽口，有一股特别的清香味道，已入选“十大赣菜”之中。

蒌蒿炒腊肉

购物

南昌主要特产有江西名扇、南昌瓷板画像、南昌大曲酒、安义枇杷、丁坊酒、甲鱼、江西梨瓜、江西珍珠、李渡毛笔、鄱阳湖银鱼等。

南昌特产

●江西珍珠

珍珠不仅是贵重装饰品，还是珍贵的药材。江西先后在鄱阳湖滨的新建、南昌、进贤等地，建立了110多个人工育珠基地，生产了大量江西珍珠。

江西珍珠

●江西名扇

黑、白纸扇，油纸扇和绢扇，都是用江西省出产的竹筋细匀的毛竹做扇骨。制作时要求每根扇骨都要削得细，磨得薄，长短一致，配色均匀，有的还要压出花纹，这样摇动时便能体现出骨柔风清的效果。

江西名扇

●南昌瓷板画像

南昌瓷板画像是工艺美术的奇葩。瓷板画像源远流长，它融古代、西洋的技艺为一体。瓷板画像的制作十分严格，首先需在白瓷坯上用画笔勾勒出画像的轮廓，然后精绘细修，再在板面上施一层透明釉，最后入窑经高温一次烧成定型。这样做出来的瓷板画像上形成了一层保护釉，具有耐潮湿、耐日晒、久不褪色等特点。

●丁坊酒

丁坊酒是江西传统的甜型黄酒，以南昌县坊村所产品质最佳，故名“丁坊酒”。酒度18°～20°，糖分为16%～18%，酒色清亮金黄，香气浓郁，入口香绵，鲜甜醇厚，平和纯正。酌量饮之，有清心明目、心旷神怡之效。

●安义枇杷

安义县所产的枇杷，果实圆形，表皮薄嫩，肉白厚实，鲜甜微酸，汁多爽口，风味独特。枇杷正值水果淡季上市，因此备受欢迎。枇杷鲜果既可生食，又可制成罐头、果酒和果酱。用枇杷的叶、果核、果汁加冰糖可熬成著名的枇杷膏，有清肺、止咳、润喉、生津之功效。

安义枇杷

●李渡毛笔

李渡毛笔已有1700多年的生产历史。品种繁多，式样新颖，大小齐全，长短兼备。传说秦代蒙恬发明“柳条笔”不久，咸阳人郭解和朱兴便由中原流入江西临川李渡一带，在那里传授制笔技艺。经过世代相传，逐步形成一套独特的制笔工艺，博得了历代诗人墨客的青睐赞誉。

李渡毛笔

●李渡高粱酒

李渡高粱酒已有一百多年的酿造历史，是江西省具有特殊风味的历史传统名酒之一，因产于南昌进贤县李渡镇而得名。酒度为56°，酒色清而透明，芳香浓郁，味正醇甜，余味醇净，饮之过量不“上头”，将醉不口渴。

购物场所

●八一广场

八一广场在重新改造后，以其为中心的1千米商圈内，有南昌百货大楼，距离八一广场423米，在南昌市东湖区中山路1号；有中山路店天虹百货，距离八一广场686米，在南昌市西湖区中山路318号；有财富购物广场，距离八一广场683米，在南昌市东湖区八一大道347号。

●中山路

南昌传统的繁华商业街区，沿街两侧布满了大大小小的商场、百货大楼、超市和小门市、各色餐饮店、银行等，林林总总，整日里人声鼎沸，熙熙攘攘。在这里能够买到一些较便宜的东西，因为一些沿街的店面可以讨价还价。

●女人街

在南昌女人街是众所周知的，大多主要经营小商品，有各式新潮服装、鞋帽及其他特色纷呈的小玩意、小工艺制品等，旅游购物时不妨游一下女人街，也许会有一些意外收获。

娱乐

南昌茶馆很多，来这里找一间茶馆，喝上一壶，叙旧、谈天、下棋、听说书、清唱；晚上去八一广场附近的酒吧逛逛，或去剧场看一场动人心魄的表演，定会让你爱上这座城市。这里也有刺激冒险的水上活动，梅岭漂流、赣江水上乐园，都会让你感觉乐趣无穷。

南昌茶馆

发现者 旅行指南

九江

概览

亮点

庐山

庐山中的石、水、瀑、林，无一不奇，无一不秀，大自然鬼斧神工的魅力在此尽显。早期的电影《庐山恋》正是在这重峦叠嶂、云雾缭绕的美景中拍摄完成的。

浔阳楼

一座具有典型宋代建筑风格的楼宇，集游览参观、品茗听书、饮酒用餐于一身。

石钟山

因山石间有很多空隙，江水与山石相搏，击发出如钟鸣之声而得名，有“中国千古奇音第一山”之美誉，被联合国教科文组织列为世界文化景观。

庐山别墅群

九江长江大桥

继武汉长江大桥之后，我国在长江上建造的第八座大桥。目前九江大桥不仅是中国，而且是世界最长的铁路、公路两用的钢桁梁大桥。

必逛街道

九江大中路商业街：九江开埠以来最繁华的商业街，是融购物餐饮、娱乐休闲、旅游观光、生活居住为一体的历史文化街道。

线路

九江经典三日游

第一天可先在城内逛逛，能仁寺的大胜宝塔，浔阳楼的大型瓷板画都值得一看，当晚可去牯岭，以便第二天游览。第二天和第三天可以好好游览庐山主景区，可以用第三天时间游览山下的白鹿洞书院、秀峰景区，游毕还可以去天沐温泉度假村放松一下。

九江东郊一日游

上午到苏轼曾夜泊山下、寻声探源的石钟山，下午去龙宫洞，洞内流水潺潺，波光倒影，乘舟畅游，可观小桥流水，钟乳倒悬，石笋擎天，如入仙境。

石钟山

九江周边一日游

上午到青山森林公园，听那林间叽叽喳喳的鸟鸣声，感受青草间散发的清新芬芳，在这里抛却尘世的喧嚣，感受自然的美丽。下午去观音岛，拜观音菩萨，为亲人祈福。

为何去

九江雄蟠赣北，濒江扼湖，山水得天独厚。匡庐奇秀，天下闻名，佳境美景奇诡瑰丽。鄱阳湖纳赣江、抚河、信江、修水、饶河而注长江，浩浩荡荡，烟波万顷，为中国第一大淡水湖。千里湖山之观，美不胜收。

鄱阳湖晚霞

何时去

九江以山、湖景色见长，因此最佳出游时间应为春末夏初和秋季。这一时节景区景色迷人，天气也最适合游山玩水。

庐山秋景

不过庐山素有“春有锦绣谷花，夏有石门涧云，秋有虎溪月，冬有庐峰雪”之说，景色随着不同的季节和气候而变幻无穷，因此，去庐山四季皆可，可以完全按照个人喜好选择出行的时间。

庐山

区域解读

区号：0792

面积：19 084.61km²

人口：455.77万人

地理 GEOGRAPHY

区划

九江市辖3个市辖区（浔阳区、濂溪区、柴桑区）、7个县（武宁县、修水县、永修县、德安县、都昌县、湖口县、彭泽县），代管3个县级市（瑞昌市、庐山市、共青城市），以及九江经济技术开发区、庐山西海风景名胜区、八里湖新区和鄱阳湖生态科技城管委会。

地形

九江地势东西高，中部低，南部略高，向北倾斜。修水九岭山海拔1794米，为九江最高峰。庐山市蛤蟆石附近的鄱阳湖底，海拔–9.37米，为全市最低处。

九江俗称为“六山二水分半田，半分道路和庄园”。境内水网分布密集，水资源丰富。长江过九江境内长度151千米。境内柘林水库为江西省最大水库。同时，鄱阳湖有53%的水域在九江境内，面积近2000平方千米。

气候

九江属亚热带季风湿润气候，四季分明，冬季寒冷干燥、雨雪稀少；春季冷暖多变、潮湿阴凉；夏季炎热，雨量集中；秋季干旱多风、凉爽少雨。来此旅游一般以夏秋季为宜。

历史 HISTORY

历史大事记

●秦汉魏晋

秦始皇统一六国，划天下为三十六郡，其中就有九江郡（郡治在今安徽寿县），此为九江作为行政区域建制之始。

公元前201年，灌婴（一说为陈婴）派兵筑城，为九江建城之始，迄今已有2200余年。

东晋太元十一年（386年），庐山建东林寺，该寺曾为全国八大道场之一，一度成为全国佛教第二中心。

●唐宋时期

唐元和十年（815年），白居易被贬至九江（时称江州）任司马，写下了脍炙人口的《琵琶行》名篇。

南唐升元年间，白鹿洞书院建成，这是中国首间完备的书院。宋代理学家朱熹知南康军（今庐山市）时，重建书院，亲自讲学，使书院成为宋末至清初数百年间中国一个重要

庐山会议旧址

庐山含鄱口

的文化摇篮。

●近现代

1860年，九江因《天津条约》被辟为通商口岸，设商铺，成了帝国主义侵略中国的重要内陆基地之一，后成立租界，九江人民对此与帝国主义进行过多次斗争。客观上，九江也因此成为江西全省贸易的枢纽，发展为中国最著名的“四大米市”“三大茶市”之一。

1911年，革命党人蒋群、林森在九江策动新军响应武昌起义，并通电全国宣布独立，公推马毓宝为九江军政分府都督，清王朝在九江的统治宣告结束。

1959年、1961年、1970年，在庐山分别召开了深刻影响中国历史的党的八届八中全会、中共中央庐山工作会议和九届二中全会。

1998年，长江全流域发生历史上罕见的特大洪水，九江长江水位达23.03米，曾一度威胁九江城的存亡。

文化 CULTURE

独具特色的全丰花灯

几千年繁衍生息，使修水县全丰镇农民创造和积累了丰富的地域文化，源于龙泉段村的全丰花灯就是其中一个代表。全丰花灯是一种汇集了灯、戏、舞等艺术形式的表演活动，有着浓郁的民俗色彩。

全丰花灯又叫“下半本戏”，其演出时都用地道的全丰土话，不但与修水所流行的“上半本戏”即宁河戏风格大不一样，而且与外地的民歌曲艺也十分不同。

全丰花灯的演唱形式，有生、旦、丑三行。场上周围立四盏六角长形、贴有花卉图案的彩灯，灯种颇多，常见的有钵哩灯、车车灯、白鹭灯，内扎“猴子跳圈”“仙姑推磨”“八仙过海”等形象，又以白鹤灯居于乐队中间，象征祥和吉庆，人寿年丰。全丰花灯表演时的开场内容大多为即兴打诨，代表曲目有《拜新年》《打戒箍》《十个月摘花等郎来》《十月莲》等。全丰花灯表演时，以打击乐器为主，云锣、锣、小鼓、钹齐奏；唱腔中合以胡琴、笛子、唢呐托腔。全丰花灯通常作为节日和喜庆的表演活动，尤其在春节的时候，甚至从初一发灯开始，通宵达旦，一直唱到元宵。

全丰镇现有20余支花灯队，最活跃的是塘城街（镇所在地）、龙泉段、黄沙段、绿豆窝、黄袍冲、杉树坪、上源等地。每支花灯队均有锣鼓、服装、道具等设备，演员最小的16岁，年长的70余岁，皆有一定的演唱表演能力。龙泉段1200多人，70%的人都会唱花灯，可见其普及程度。现在全丰花灯的主要传承人为曹泽民，他家里祖孙三代都唱花灯。

景点推荐 庐山牯岭景区 AAAAA

庐山又称匡山或匡庐，为著名的避暑胜地、文化名山。庐山风光以“奇、秀、险、雄”闻名于世，素有“匡庐奇秀甲天下”的美誉。

庐山分为庐山（山上）牯岭景区、庐山（南麓）山南景区、庐山（西麓）山西景区三个景区，其中牯岭景区包括环绕牯牛岭的东谷和西谷，也即当地人说的一线和二线。一线主要景点有小天池、牯岭、锦绣谷、仙人洞、大天池、龙首崖、乌龙潭、黄龙潭、三宝树、黄龙寺、赐经亭、芦林湖、庐山博物馆、庐山会址、美庐（近代别墅群）等；二线主要景点有含鄱口、庐山植物园、五老峰、三叠泉等。

九江庐山市庐山风景区内　从九江汽车站乘坐班车前往

160元；美庐别墅周恩来纪念室25元；庐山会议旧址——抗战纪念馆50元；庐山老别墅30元

0792-8286888　全天开放

玩家 攻略

1.吃：庐山的“三石一茶”赫赫有名，三石是庐山石鸡、庐山石鱼和庐山石耳，都是庐山上较名贵的东西，不可不尝。主要菜品有黄焖石鸡、三杯石鸡、石鱼炒蛋、脆皮石鱼卷、如意石耳等。

2.住：庐山牯岭景区住宿条件相对成熟。可选择住在牯岭街，街上商店鳞次栉比，有邮局、银行、电影院、大会堂等，很是方便。此外，景区名人别墅、家庭旅馆、招待所、农家旅社等，应有尽有，能满足不同层次游客的需求。

3.玩：中段的街心公园，恰临剪刀峡豁口，是清晨看日出、白天凭栏远眺长江或观赏云海、入夜欣赏牯岭及九江上下两城万家灯火的绝佳去处。

4.购物：庐山的土特产也是相当丰富的，有名气最大的庐山云雾茶、鄱阳湖的银鱼、石鱼、石耳，这些都是游客喜爱购买的物品。还有笋干、竹荪、豆角干和鄱阳湖的虾子。

玩家 解说

庐山是一座融风景、文化、宗教、教育、政治为一体的千古名山。这里是中国山水诗的摇篮。庐山是中国封建时代重要的宗教圣地，位于庐山的东林寺建于东晋，是佛教净土宗的发源地。遗存至今的白鹿洞书院，是中国古代教育和理学的中心学府。庐山还荟萃了各种风格迥异的建筑杰作，包括罗马式与哥特式的教堂、融合东西方艺术形式的拜占庭式建筑，以及日本式建筑和伊斯兰教清真寺等，堪称庐山风景名胜区的精华部分。庐山不但拥有"秀甲天下"的自然风光，更有着丰厚灿烂的文化内涵。

链接

庐山的世界之最

1.庐山的电影院是世界上放映场次最多的电影院，也是最特殊的电影院，它每天都放映《庐山恋》。因此《庐山恋》也是世界上放映场次最多、观看人数最多的电影，是世界上唯一一部连续不间断长时间放映的电影！

2.庐山观音桥是世界上最早横跨大峡谷的公母榫结合石拱桥。

小天池

池水清澈，久旱不涸

庐山牯岭北面

小天池山海拔1213米，是庐山第八高峰，山势巍峨，青翠秀丽。自峰下公路抬级而上200余阶，至小天池山巅，于殿堂前可见一圆形水池，即小天池。池水清澈，久旱不涸，久雨不溢，自古蔚为奇观。

小天池侧有天池亭，亭建于一喇嘛塔基上，高耸入云，在亭中纵目四顾，东望鄱阳湖浩瀚无垠，北望长江若带，西望田园锦绣如画，南望牯岭云中山城。

庐山牯岭镇

玩家 攻略

游客可在天池亭观晚霞和云景，别有奇趣，有时云雾弥漫，游者背阳而立，偶尔可见云雾屏幕上出现围绕人形的彩色光环，称为"宝光"，俗称"佛光"。有时云海翻腾，可见东南山峰云流如瀑的"瀑布云"。

牯岭镇

云中山城

庐山山腰处

牯岭镇在庐山山上，海拔1164米，三面环山，一面临谷，素有"云中山城"的美誉。牯岭镇东起庐山的三叠泉景区，南至汉阳峰景区，西到铁船峰、石门涧景区，北至小天池、大寨景区，面积46.6平方千米，为庐山风景名胜区管理局所在地。

白天可在这里凭栏远眺浩浩长江、鄱阳湖和九江市区秀色，入夜，可在这里欣赏庐山、九江市区繁华灯火，美如幻境，恰似人间天堂。

玩家 攻略

牯岭街是庐山风景区的交通中心，从这里出发有南北两条登山公路与庐山机场、九江、长江航道、京九铁路、昌九高速公路相连接，形成了四通八达的立体交通网络。

好汉坡

徒步上下庐山的人行登山小道

小天池附近

好汉坡严格来说算不上景点，也不是一道坡，而是一条徒步上下庐山的人行登山小道。小道起于莲花洞国家森林公园，终于庐山望江亭景点，全长5000米有余，如一条盘旋起舞的巨龙，冲入庐山云霄。时而平缓舒展，时而坡陡近直角，时而曲折如盘，时而藏于林中，没于绿色，时而悬于崖边，腾空而起，似跃似飞，蜿蜒不断，连绵不绝。

花径公园

观赏桃花最佳之处

牯岭街西南2000米处的如琴湖畔

海拔高103米，曾是庐山历史上的三大名寺（西林寺、东林寺、大林寺）之一大林寺的所在地。在唐代，这里被人们誉为“匡庐第一境”，花径曾是唐代大诗人白居易咏《大林寺桃花》的地方。

花径里有一处湖泊叫花径湖，人们也叫它如琴湖。如琴湖建成于1961年，因湖面如一把提琴而得名。又因湖傍花径，故称花径湖。湖中有湖心岛，呈椭圆形。岛上有九曲桥与湖岸相连。岛四周苍松翠绿，宛如一条碧绿的“项链”平铺在湖面上，岛东端建有忆琴亭，西端建有一水榭。

玩家 攻略

花径公园位于牯岭街西南2000米处的如琴湖畔。有公路抵达，沿大林路步行，顺路可见冰川遗迹——冰桌巨石，又叫飞来石。

游览景区的最佳时间为每年的4～10月。这时是山下桃花正开放的时候，花径公园是观赏桃花的最佳之处。

玩家 解说

唐朝大诗人白居易被贬任江州司马时，于元和十二年（817年）四月九日这天和庐山东林寺法寅大师及17位好友，从他新建好的遗爱诗草堂出发，一同到庐山山顶的大林寺游玩。当他们一行人踏上大林寺地界时，就强烈地感觉到此处气候与山下截然不同。明明已是暮春时分，庐山下面的桃花都已凋谢，而此处的桃花却含苞欲放，仿佛又回到了早春二月的光景。白居易被眼前的春色深深地吸引住了。他感慨万千，像遇到知音一样，随口诵出七言绝句一首：“人间四月芳菲尽，山寺桃花始盛开。长恨春归无觅处，不知转入此中来。”白居易欣赏桃花兴致大发，随后又提笔留下了“花径”二字，此后人们便将白居易当年赏桃花的地方叫作“白司马花径”。

锦绣谷

庐山景区热门景点之一

如琴湖旁

锦绣谷是从天桥左侧石阶至仙人洞的

锦绣谷

一段秀丽山谷，长约1.5千米。它由大林峰与天池山交会而成，因第四纪冰川的反复刻切形成了平底陡壁的景观。谷中奇石林立，险峻而秀美，若是遇到气温骤降，这里还是看庐山云雾的最佳位置之一。

玩家 解说

从天桥开始进入锦绣谷，其实这里并没有桥，只有断崖，崖上有一块褐色巨石伸向深涧，远远望去像是断桥。相传朱元璋曾逃亡至此，巧遇金龙化作虹桥而绝处逢生。不远处有一块立在悬崖边上的好运石，很多游客会用手触摸它。

锦绣谷中还有许多形态各异的怪石，有的像跳出水面的青蛙，有的像搏斗的双狮、狂奔的野马、翱翔的雄鹰，甚至还有的像观音对台梳妆。

仙人洞

庐山著名景点

锦绣谷南端的佛手岩下

仙人洞是庐山的著名景点。毛泽东的著名诗句“天生一个仙人洞，无限风光在险峰”使仙人洞名扬四海。

仙人洞高、深各约10米，幽深处有清泉下滴，名为“一滴泉”。据说，这滴泉水滴了上千年都不枯竭。洞壁有“洞天玉液”等石刻题词，洞中央的纯阳殿内置吕洞宾石像，传说他就是在此修道成仙的，每当云雾缭绕之时，洞内仙气飘飘，令人神往。

玩家 攻略

1.仙人洞是观赏锦绣谷全景的最佳位置。

2.仙人洞有滑道车可体验，车体长、车身宽、操作简单，游客可自行控制车速。乘坐也很舒适。

龙首崖

观赏云雾的最佳之地

大天池西南侧

龙首崖是一座陡峭的悬崖，下临绝壑，孤悬空中宛如苍龙昂首，因此得名。崖顶有一棵苍松，苍松的树叶朝向两边，就像是巨

龙首崖

龙的两只眼睛。

在龙首崖上凭栏俯瞰石涧峡谷，可见悬索桥似的彩虹横卧，狮子岩、方印岩、文殊岩、清凉岩、万丈梯等诸多景致，奇石累累，姿态万千。

玩家 攻略

1.游客若从悬崖左边石亭观看，龙首崖悬壁峭立，一石横亘其上，恰似苍龙昂首。崖下扎根石隙的几棵虬松，宛如龙须，微风吹拂，恰似龙须飘飞。

2.龙首崖是观云雾的好地方。每当大雾袭来，深涧峡谷中，云雾升腾，龙首崖如遨游在茫茫云海之中。游客站在岩上，有如腾云驾雾，云游太空；也似乘龙探海，嬉戏波涛。不多时，浓雾散去，晴空艳阳，满目青翠，远处峡谷、河流、田野、农庄清晰可辨。

庐山会议旧址

保存着许多珍贵实物

牯岭东谷掷笔峰麓

庐山会议旧址原是蒋介石在庐山创办军官训练团的三大建筑之一，于1937年落成，

名庐山大礼堂。新中国成立后改名“人民剧院”，外表壮观，内饰华丽。

1959年中国共产党八届八中全会、1961年中共中央庐山工作会议和1970年九届二中全会均在此召开。毛泽东同志主持了这三次重要会议。现在，这里已被辟为庐山会议纪念馆。纪念馆内保存着当年许多珍贵的实物、照片、材料和根据纪录片制作的录像片，供游人观看。

玩家攻略

游客在庐山会议旧址参观游览的同时，也可在庐山会议旧址观看电影《庐山风云》，此电影为电视循环播放，20分钟一场。

毛泽东同志旧居

中西合璧的四合院

芦林湖畔

毛泽东同志旧居人称芦林一号，建于1961年，占地面积2万余平方米，主体建筑是一栋中西合璧的四合院。

1961年中共中央庐山工作会议和1970年中共中央九届二中全会期间，毛泽东同志在此生活、工作。旧居于1984年改作庐山博物馆馆舍。其中毛泽东同志在庐山工作、生活的卧室，依然按原物原样保存，供人参观。

美庐别墅

美庐别墅

精巧的英式别墅

牯岭东谷的长冲河畔

美庐为庐山三大建筑之一，是一栋精巧的英式别墅，原为蒋介石和宋美龄的旧居，周恩来在这里同蒋介石进行国共谈判。毛泽东也曾住过这里。

美庐由主楼和附楼两部分组成，主楼为两层，附楼为一层。主楼一层是装饰典雅、中西合璧的会客厅。猫眼绿的地毯，墨绿的沙发，墙壁上挂着蒋介石夫妇在“美庐”生活的部分照片。主楼二层是蒋介石的办公室、

庐山别墅园林

庐山别墅园林，始于19世纪下半叶。采用欧洲、美洲等民间建筑风格建成。依山就势，在幽谷之侧，溪涧之畔，峭岩之旁，营造了一幢幢别墅，给人以情的凝注，美的喷发。

东谷，俨然是个别墅博览会，至今仍保留着美、英、法、德、俄、芬兰、荷兰、奥地利、意大利等二十多个国家风格不同的别墅。新中国成立前，有相当多的国民党文武官员在庐山建有式样各异的别墅，其中当属“美庐”别墅最具特色。这些各具特色的建筑，至今依然风采如初。

与大自然相融、造型别致幽雅、风格各异是庐山别墅美的特征。庐山别墅既有英国券廊式建筑符号、巴洛克式建筑模拟品，又有折中主义建筑产物、哥特式的建筑遗风和中国园林建筑。

东谷的别墅与近现代中外名人有不解姻缘，几乎每一幢别墅都有一个动人的故事。步入别墅园林，能领略到一股浓浓的异国风情。

会客厅、卧室。附楼一边是通道、一边是各自独立的各功能用房：餐厅、琴房、侍卫室等。而今，此处被辟为展览厅。展览“美庐”留存物品、国民政府要员们在夏都（庐山）从事政治活动的历史照片及历史物品、庐山名胜照片。

玩家 解说

美庐别墅，始建于1903年，由英国兰诺兹勋爵建造，1922年转让给巴莉女士。巴莉女士与宋美龄私交颇深，1933年夏，巴莉女士将此幢别墅让给蒋介石夫妇居住，1934年巴莉女士将这幢别墅作为礼物，赠送给宋美龄。从此，宋美龄成了这栋别墅唯一的主人。

这幢别墅，前临长冲河，背依大月山，坐落的位置，形如安乐椅。蒋介石很喜欢这里的环境，视为风水宝地。在他的眼中，“背山面水”正符合中国风水学说所推崇的格局。蒋介石夫妇很喜欢这里的恬静、秀美，而宋美龄名字中也有一个“美”字，于是将这幢别墅命名为“美庐”。从此，神秘的面纱便形影不离，将这幢别墅整整笼罩了半个世纪。

含鄱口

千里鄱湖一岭函

庐山东谷含鄱岭中央

含鄱口海拔1211米，山势高峻，怪石嶙峋，形凹如口，对着鄱阳湖，似乎要把鄱阳湖一口吞下似的，故而得名。

含鄱口中的含鄱岭是一座长达数千米的狭窄的岭脊，有如口中的舌头，前面有一牌坊，正中上方有“含鄱口”三个大字，左右各刻“湖光”“山色”二字。岭上中央为一座攒尖式双檐图亭，名含鄱亭，再后是一方形楼台望鄱亭。望鄱亭往北40米还有一座半隐的“忘归亭”。这组建筑，充分体现了中国园林“藏”“露”结合的特色，高高耸立在岭脊上，但又被山脊、林木所掩映，显得格外和谐自然，达到了“虽有人作，宛自天开”的艺术境界。

含鄱口

玩家 攻略

1.这里是看鄱阳湖日出的绝妙佳境，每当晨光微曦，天水一色，一轮红日喷薄而出，金光万道，绚丽多彩，景色迷人。这里也是观看庐山云雾的最佳地，定会使你一饱眼福、流连忘返。

2.漫步在含鄱岭上，北可望五老峰，东可瞰鄱阳湖，南可眺大汉阳峰，西可观庐山植物园。

玩家 解说

1.含鄱口的奇妙在于一个“函”字，造成“千里鄱湖一岭函”的气势。宽敞的空间，辽阔的视野，低舒的葱茏，山的静止，水的流动等，种种情致极度不相同的美相互对照、相互辉映、相互连接成为一体，幻妙与旷达是这里的精妙所在、魅力所在。

2.登上含鄱亭，极目四眺，湖光山色，尽收眼底。特别是观着云海和日出，更是别有一番情趣。当你兴致勃勃地观看岭下风光时，霎时间，薄薄的雾自湖中缓缓升起，越来越浓，越来越大，转而变成白絮，变成云烟向山岗上涌来，倏忽间，峰隐湖失，到处是白茫茫的一片，伸手可触。在雾中行走，仿佛进入了一个混浊世界，让人感到迷蒙而又新奇。

庐山植物园

中国第一座正规科研植物园

庐山东谷大月山和含鄱岭之间

庐山植物园是1934年由中国著名植物学教授联合创建的，是著名的亚高山植物园，也是中国第一座正规的、供植物科学研究的植物园。

庐山植物园现已汇集园内外植物3400多种，储藏植物标本10万余种，引种驯化3400多种。植物园以研究灌木为主，兼茶果、园林、药用植物。园内设有杉柏区、树木区、岩石园、翠花园、温室区、沼泽植物区、苗圃、云南雾茶园、猕猴桃引种区、药圃等。著名的庐山特产云雾茶及众多的观赏植物，均产于此。

五老峰

庐山最为雄伟险峻的山峰

庐山东南

五老峰海拔1358米，是庐山形势最为雄伟险峻的山峰。因山的绝顶被垭口所断，分成并列的五个山峰，仰望俨若席地而坐的五位老翁，故而得名。

五老峰陡峭挺拔，峰接霄汉，奇峦秀色。其东南面绝壁千仞，陡不可攀，而西北坡地势较缓，游人可循小道爬坡登山。登上五老峰，只见危岩峭立，层崖断壁，万仞无倚。站立山顶俯视山下峰峦，有的挺立如竿，有的壁立如屏，有的蹲踞如兽，有的飞舞如鸟，山势此起彼伏，犹如大海中的汹涌波涛。极目眺望，远处的城郭川原宛如盘中玉雕，鄱阳湖中来往的帆船历历在目。倘若朝夕登峰极顶，则可见朝霞喷彩，落日熔金，色彩缤纷。

三叠泉

“庐山第一奇观”

五老峰下部

三叠泉也叫三级泉、水帘泉，被誉为“庐山第一奇观”。三叠泉其实并非泉而是瀑布，水流从五老峰北悬崖口落下，冲击三级磐石而形成“三叠”，总落差155米，十分壮美。

三叠泉每叠各具特色。一叠直垂，水从20多米的巅萁背上一倾而下；二叠弯曲，直入潭中。“上级如飘雪拖练，中级如碎玉摧冰，下级如玉龙走潭。”站在第三叠抬头仰望，三叠泉抛珠溅玉，宛如白鹭千片，上下争飞；又如百幅冰绡，抖腾长空，顷刻间万斛明珠，九天飞洒。如果是暮春初夏多雨季节，飞瀑如发怒的玉龙，冲破青天，凌空飞下，雷声轰鸣，令人叹为观止。

玩家解说

匡庐瀑布，首推三叠，故有“不到三叠泉，不算庐山客”之说。但三叠泉却曾长期隐藏于荒山深壑，隐居在它上源屏风叠的李白，讲学在它下流白鹿洞的朱熹都没发现它，直到南宋时期才被人发现。

三叠泉

景点推荐

庐山周边景点

庐山山南景区 AAAAA

风景如画，文化灿烂

九江庐山市白鹿镇

庐山之精华，多聚于南麓一线，即庐山市疆域。国务院确定的382平方千米的庐山风景名胜区，有200平方千米的范围在庐山市境内。

庐山山南景区不但自然风光秀丽，而且有着灿烂的文化，有秀峰、黄岩、李白瀑布、归宗、渊明故里、温泉、桃花源、南康古城、观音桥、太乙村、白鹿洞及鄱阳湖等景区。

天合谷

天合谷位于庐山之巅，占地2平方千米，与含鄱口景区融为一体，被庐山三大主峰五老峰、太乙村、汉阳峰环抱，人称“神奇福地”。

天合谷有李白诗中所吟“银河倒挂三石梁”的庐山奇特大瀑布（三石梁瀑布）；有庐山最佳观日平台；有爱情的福地——天合洞府、盟誓石、许愿池；还有第四季冰川遗址的万仙崖、王者石、屈伸石、仙女岩等奇特自然景观。

玩家攻略

天合谷景区内有功能齐全的天街木屋群，野营帐篷区；有滑草、攀岩、爬树等户外活动项目；夜间还有烧烤、卡拉OK等互动活动。

归宗风景区

归宗风景区位于庐山南麓的星德公路与归横公路交会处，景区以归宗寺为中心，北至玉帘泉，东至简寂观，西至杏林坛，为庐山最早的佛道教基地。

归宗风景区内风光旖旎，环境幽静，奇峰竞秀，万木争荣，集金轮峰、紫霄峰、玉帘泉、羲之洞、归宗寺于一身。

玩家 解说

东晋咸康初，大书法家王羲之任江州刺史，离任后在山南金轮峰下建习字别墅，后于340年献与西域高僧达摩为寺，取名曰“归宗”，是庐山建立最早的寺庙。唐宋时期寺院规模极大，有殿、阁、堂、宫几十间，寺属山林田园数百亩，当时称四大丛林之首。耶舍、智常、克文、佛印、达观、梅庭坚、苏轼、苏辙等都曾来访。后历经破坏，寺内珍贵文物遭日军洗劫，今寺院建筑尚未修复，而古樟修竹苍翠如故，王羲之洗墨池仍在。寺中的千斤铜鼎、万斤铁钟，现收藏于县文物馆。

白鹿洞书院

白鹿洞书院位于庐山五老峰南麓，始建于南唐升元年间，是中国首间完备的书院，享有“海内第一书院”之誉。宋代理学家朱熹知南康军（今庐山市）期间，重建书院，亲自讲学，确定了书院的办学规模和宗旨，并奏请赐额及御书，使书院名声大振，成为宋末至清初数百年间中国一个重要的文化摇篮，为中国四大书院之一。

白鹿洞书院现存建筑群沿贯道溪自西向东串联式建筑，由书院门楼、紫阳书院、白鹿洞书院、延宾馆等建筑群落组成。建筑体均坐北朝南，石木或砖木结构，屋顶均为人字形硬山顶，颇具清雅淡泊之气。

玩家 解说

相传，唐贞元年间，洛阳人李渤与其兄李涉在此隐居读书，养一白鹿自娱。此鹿通人性，常跟随左右，且能跋涉数十里到县城将主人要买的书、纸、笔、墨等如数购回，故时人称李渤为白鹿先生，其所居为白鹿洞。后李渤任江州刺史，便在读书台旧址创建台榭。南唐升元年间，此地办起学校，称“庐山国学”。

链接

中国四大书院

江西庐山白鹿洞书院、湖南长沙岳麓书院、湖南衡阳石鼓书院（抗日战争中为日军所毁，1998年由河南登封嵩阳书院接替其四大书院头衔）、河南商丘应天书院。

南康古城

古南康府即庐山城，位于鄱阳湖西岸，庐山南麓，为古代南康府治。古城一面倚山，三面临水，自古便有“钟山川之灵秀，扼水陆之要衔”之称。因历史上名人雅士、达官显要

白鹿洞书院

游历庐山时必经此处，故被誉为“真儒过化”之地。

古城内古迹众多，风光独特，具江南小城之清丽，又兼鄱阳湖浩瀚之壮美，千百年来，一直为历代名人所推崇和向往。县城景区主要由谯楼、爱莲池、紫阳堤、西宁老街等历史古迹及鄱阳湖水上公园构成。

谯楼：位于旧城中心，又称钟鼓楼，俗称“周瑜点将台”。是三国时期周瑜训练水师、点将之处。原楼被毁，现存为明天顺五年（1461年）重建，气势沉雄，伟岸壮观。

爱莲池：位于谯楼东侧，是周敦颐所辟。爱莲池呈方形，池中有一座优雅的小亭——观莲阁。每当夏季莲花开时，荷叶田田，荷花亭亭，洁净无瑕，端庄高贵，令人观之可亲，见之忘俗。

紫阳堤：位于鄱阳湖畔，是我国现存最古老的古埠停泊建筑。因是朱熹所建，而朱熹字元晦，号考亭，紫阳，所以被称为紫阳堤。紫阳堤的建成，既方便了舟船的停泊，又抗洪防涝，且造型优美，被称为“我国古代水利史上的伟大杰作”，充分体现了古代劳动人民的勤劳与智慧。

西宁老街：老街以徽式建筑特色见长，多为砖木结构，设小楼，楼槽呈弧形，檐内有木窗，配有雕饰，古意盎然，这里的众多店铺足见当年的繁华。街道颇窄，不足3米宽，路面砌以条石，采用颇具特色的“横砌法”，从被岁月打磨得溜光的石头街面不难看出，这里曾是城中商埠云集之地。

玩家 解说

县城区是全县政治、经济、文化中心，交通发达，宾馆、商店、旅行社等日渐兴旺，呈现出一派繁荣景象，是来山南旅游度假的集散中心。

秀峰景区

自古便有“庐山之美在山南，山南之美属秀峰”之说。秀峰位于庐山南麓、鄱阳湖之滨，由香炉、鹤鸣、双剑、姐妹、文殊、龟背诸峰组成。香炉峰如紫烟缭绕，鹤鸣峰形似鸣鹤飞翔，双剑峰势如芙蓉插天，姐妹峰如同娟娟秀女，文殊峰似尖锥屹立，龟背峰脊如行龟遇云。这些山峰，千姿百态，玲珑秀丽，重峦流翠，风光旖旎，聚尽山南之美。

庐山秀峰瀑布

玩家 解说

秀峰寺原名开先寺，在山南鹤鸣峰下，南唐中主李璟少年时筑台读书于此，即帝位后九年（951年）就书台旧址建寺，取开国先兆之意名为开先寺。清康熙四十六年（1707年）康熙皇帝南巡至此，手书“秀峰寺”匾赐寺僧超渊，后遂改名为秀峰寺。

链接

秀峰诸秀

瀑秀：秀峰瀑布秀美，向北仰望，双瀑高挂：一称“开光瀑布”，如匹练悬空，倾泻于鹤鸣、行龟峰之间。李白《望庐山瀑布》诗“日照香炉生紫烟，遥看瀑布挂前川。飞流直下三千尺，疑是银河落九天”写的就是此瀑；一称“马尾水”，悬于双剑、文殊二峰之间，瀑水被二崖紧束后喷洒出来，如骥尾摇风，故名。

潭秀：上述双瀑落至秀峰两侧和青玉峡龙潭中，卷起千堆雪，激起万斛珠玑，化作一潭碧水，明澈见底，水中游鱼可数。潭壁之上有一篆书“龙”字，旁边有“神龙跃空”四字。潭的东西两侧，有依山临潭的“漱玉”“观瀑”二亭，乃游客听泉观瀑的好场所。置于亭中环顾青玉峡，苍崖古树，虬枝横空，绿荫蔽日，三面绝壁，险要异常。

峡秀：峡壁之上有历代摩崖大字题刻，其中以宋代书法家米芾所书的"第一山"和"青玉峡"六字最为珍贵，仅一"山"字，就可躺一人。不远之处，还有庐山温泉玉帘泉等。

寺秀：秀峰寺不但古木参天，建筑挺拔，风景优美，而且古迹繁多。这里有唐中主李璟读书台，清代康熙南巡时所辟的双桂堂，以及聪明泉、浴仙池等，被列入国家级及省级文物保护单位的达144处。

黄岩森林公园

黄岩森林公园位于秀峰索道以上海拔500~600米的半山中，以黄岩寺为中心，西至双剑峰，东至迁莺谷，游线长约4000米。

黄岩寺位于双剑峰东麓，因附近之黄岩石而得寺名，为唐代名僧智常禅师创建，白居易、范仲淹、袁宏道、徐霞客、康有为等曾有诗咏或游记。1938年寺遭日军破坏，仅存旧房两间，现已部分修复。

玩家解说

黄岩寺北有天然奇观空生阁，俗称神仙洞，为数块大石支撑而成，形如两层楼阁，上下洞前皆有自然形成的门楣、庭院、修竹。宋代高僧行瑛禅师主持开先寺时常来此住宿。神仙洞西北山巅有石称黄岩，因唐开元年间有僧人黄常久栖于岩下而得名。智常禅师在建黄岩寺之前亦住于此。

从黄岩寺向东行有四级泉、鹤鸣峰、鼓子寨、迁莺谷等景点。四级泉是马尾瀑布上游鲜为人知的景观，水自鹤鸣、龟背峰间出，越过巉岩折为四级不同方向的瀑布，而后汇入小溪至瀑布口悬空而下，即为秀峰的马尾瀑布。此处观鹤鸣峰，即可见到一只十分形象的鸣鹤之侧影。鼓子寨在鹤鸣峰东李骥山中，俗称强盗寨。此处地势险要，丛林密布，且多巉岩怪石，为元末刑万户、张野鸡农民起义队伍（后投靠陈友谅）安营扎寨之地，现砦垒、房基、园地仍存。鼓子寨东北有鼓子岩，俗名鼓皮岩，岩下为迁莺谷，岩壁宽广，壑谷深邃，回声三响，瀑洒如雾，为一壮美绝景。

桃花源景区

桃花源景区位于庐山市西端，与德安、九江两县毗邻，坐落在庐山最高处的汉阳峰西，为庐山三大峡谷之一。由观口山门、回马石、问津堂、忘路谷、桃花溪、吴官村、康王城、谷帘泉等景点组成。

桃花源景区

玩家攻略

从庐山市区出发，沿山南公路，西行近20千米，至德安、庐山交界的隘口，往北折数千米即到观口山门。如果早晨从南昌或九江出发至庐山山南旅游，则可从昌九高速公路到德安，穿城而过，不久便到隘口，往北折数千米到观口山门，这样，桃花源景区便成了庐山山南旅游的起始点。

庐山温泉景区

温泉位于山南景区的西南端，与秀峰景区邻近，景区面积7平方千米。庐山温泉是庐山与黄龙山相接处断层所生的硫黄矿泉。泉水温度平均为67℃，水中含有钾、钠、镁、二氧化矽、氟、硅等微量元素和矿物质，属于高热度弱矿化的含氟含硅质、碱性碳酸氢钠型硫化氢氡泉，为我国医学矿泉中所罕见。

庐山天沐温泉度假村

庐山天沐温泉度假村占地约13万平方米。温泉度假村内，建筑中西合璧，古今交融，格调新颖，气势恢宏，景色秀丽迷人，盛世汉唐景象与异国风情在这里尽情显现。自然园林式的露天温泉区，整体布局保持天然风貌，具有清新怡人的乡土田园格调，青石板路纵横交错，亭台廊榭，假山瀑布，小桥流水，鸟语花香，绿意葱茏，30多个大小和形状不一、功能各异的温泉池错落有致，一池一景，自然悦心。让人们能够身心舒泰，真正融入大自然，享受大自然。

观音桥

观音桥位于栖贤谷中段，建于北宋大中祥符七年（1014年），已有1000多年历史。观音桥至今仍完好无损，是我国古代桥梁建筑工艺的珍贵遗产，古人赞其为“神施鬼设”“巧夺天工”，今被誉为“南国桥梁建筑史上的一颗明珠”。

观音桥原名栖贤桥，因桥侧建有观音寺，人们就称其为观音桥，又因架设于三峡涧上，亦名三峡桥。观音桥是一单孔石拱桥，长24.4米，宽4米，桥面以大石铺就，两侧砌有石栏，桥基立于东西两岸的悬崖上，下临深潭，设计精巧，造型美观。

观音桥

太乙村

太乙村，相传为远古道教宗师太乙真人修炼成仙处。此处海拔在800米以上，群峰环抱、冬暖夏凉，翠竹如云、环境幽静，可近览群峰，远观鄱湖，为避暑休闲的最佳去处。

村之前后有岗楼碉堡，村内石径纵横，楼阁掩映，十几幢别墅风格各异而又色彩调和，且取名雅致，曰晚庵、犇舍、松庄、三柳巢、爱庐等。康有为、冯玉祥、胡宗南、白崇禧、李四光、蒋经国等人都曾在此留住。

玩家 解说

历史上曾有粤籍国民党退役将军曾晚归、刘一公、古层冰等七人发起在此建别墅，后闻风而来者又十几人，至20世纪30年代初，蒋介石、蔡廷锴、陈诚、阎锡山及吴奇伟、严重、李汝倬等国民党军中高级官员在此建成别墅18栋，取名为太乙村，人称其为将军村。

莲花洞森林公园

庐山莲花洞森林公园境内峰峦叠翠，林木幽深，寺院道观竹树掩映，田庐村舍鸡犬相闻，更有悬泉瀑布、嵯峨怪石点缀其间。此地为山北佳境，不仅风光如画，且人文胜迹遍布，拥有好汉坡、莲花洞、龙门沟三大景区，大小景点一百多处。被赞为“立体山水画，天然大盆景”。

庐山山西景区 AAAAA

多溶洞、古寺

九江市柴桑区

庐山之西多溶洞古寺，有很多价值极高的景区，有东林寺、西林寺、剪刀峡、石门涧、岳母墓、狮子洞、涌泉洞等景点。

东林寺

东林寺坐落于庐山西麓，是净土宗发源地，东晋太元九年（384年）创建，距今有

1600多年历史。它椽摩栋接，丹辉碧映，“规模宏远，足称万僧之居”，是中国佛教八大道场之一。

景区内有虎溪桥、护法殿、神运宝殿、出木池、三知堂、念佛堂、聪明泉、古龙泉、荔枝塔等景点。其中念佛堂又名“十八高贤影堂”，堂内西壁嵌有刘程之、雷次示、慧远等“十八高贤”石刻像。

玩家 攻略

在东林寺，游客可与僧众共进素斋。游客步入斋堂，男先女后，男居右，女居左，齐齐而坐，井然有序，不能出声。进食之前由众僧膜拜诵经，住持立于佛祖像前，其余僧众右排列，他们时而叩首，时而鼓乐，充满了美妙庄严独特的佛国气氛。

斋饭均为素品，但制作精细，别有滋味。食时不可有声，不可剩余，添饭时以筷子示意，在碗内画圈，自有专司添饭的僧人为你添饭。膳毕，碗筷摆放整齐，由侍立的僧人取去，僧众又在住持的带领下再膜拜诵经一番，之后向“俗客”道一番祝词，然后退出斋堂。

西林寺

西林寺始建于东晋太和二年（367年），号称“北山第一寺”，为庐山“三大名寺”（西林、东林、大林）之一。历代兴废更替，多次毁于兵燹，逐渐倾圮，仅存西林寺塔。1988年开始重建寺院，历时17年竣工，于2006年5月17日举行开光庆典暨水陆法会。

西林寺

玩家 解说

西林寺今为尼僧诵经礼佛的寺院。殿堂布局紧凑有致，天王殿、大雄宝殿、阿弥陀佛殿、地藏殿、观音殿、藏经殿、西林草堂、揽秀亭、斋堂等相互呼应，建筑面积达9000平方米。传说古时大雄宝殿佛像顶部，有一块高2.6米、直径1.6米的奇石，人称“影石”，有时能放射异光，使佛像变幻莫测，颇为神奇；后隋开皇十年（590年），杨广遣使王仁寿将影石取走，赐予曲池（今山东宁阳）日严寺。

宋元丰七年（1084年）四月，苏轼游览庐山，“往来山南北十余日”，最后写出千古传诵的《题西林壁》：“横看成岭侧成峰，远近高低各不同。不识庐山真面目，只缘身在此山中。”

寺中最为著名的千佛塔，又名“砖浮屠”，唐开元年间由唐玄宗敕建，原是石塔，高丈余；北宋庆历元年（1041年），管仲文耗时九年将石塔改建为高46米、周长32.4米的七层六面楼阁式砖塔，可攀梯而上。每层塔门皆有题额，从下至上依次为“千佛塔”“羽宝才”“金刚”“灵就来”“无上法”“聪雨花”“元明藏”。塔身内外都有佛龛，供奉佛像共计1008尊；塔顶供奉从缅甸请来的玉佛。

剪刀峡

剪刀峡在东林寺以东，峡顶海拔1192米，峡底海拔208米，剪刀峡呈弯曲状槽谷，两侧山岩重叠夹峙，宛如把把剪刀，是庐山断崖陡壁、深峡幽谷的典型区域之一。

剪刀峡以“断崖怪石飞瀑”而名冠庐山西麓，峡内有龙珠峰、马鞍山峰，有大小鸡冠石、飞来石、试剑石、牛蹄石、石蚌、石蟹、石楼、石佛、石门等，有乌龙潭双瀑、双叠瀑、龙椅瀑、牯牛潭瀑、蛇瀑、龙须泉（瀑）等。

玩家 攻略

剪刀峡是观看庐山瀑布云的最佳点，峡谷处风力强劲，瀑布云有时如银河倾泻，有时如素瀑

剪刀峡云海

展霓，有时如缥缈布幔。

岳母墓

岳母墓在庐山的支脉株岭山北一座被风水先生视为“卧虎舔尾”的山岗上，茔地方圆9米有余，冢高1.7米，圆形拱顶，石灰石结构，墓碑正中直刻“宋岳忠武王母姚太夫人之墓”。墓前有拜台和祭器。沿着石台阶下山，山麓原有岳母祠，祠前原有一对石马和秦桧夫妇反剪两手的跪姿石像，后毁于战争，现仅存残石马一对。

玩家解说

岳飞是我国民间妇孺皆知的民族英雄。南宋绍兴元年至五年（1131—1135年），他曾率领岳家军转战江州，荡清内寇，巩固后方。岳飞的母亲姚太夫人亦随军来浔，并且爱上了匡庐的山水。绍兴六年（1136年），岳飞调军鄂州，不料老母病故军中。岳飞上书朝廷，将母亲的忠骸埋葬在庐山，让母亲的忠魂与其生前喜爱的庐山并存。

岳母姚氏，河南省汤阴人。在金兵入侵中原之际，送子参军，报效祖国，并在岳飞背上刺下“精忠报国”四字，嘱其永志不忘，被我国人民尊为千古母范。

狮子洞

狮子洞因洞隐藏于庐山西麓的狮子山山腹石壁之中，又因山头形态如一头巨狮而得名。洞分三层，全洞由一个面积为1300平方米的主洞和几个支洞组成，洞内曲折回环，上下沟牵，复杂多样。

狮子洞由7厅和近40个景观所组成，厅厅相通，景景相连。狮子洞主厅高19米，阔11米，蔚为壮观；全洞的钟乳石晶莹夺目，异彩纷呈。

涌泉洞

涌泉洞是一个规模较大的石灰岩洞，因洞中有一股泉水不断涌出地面而得名，洞内总面积13 000平方米，有10个景群、120多处景观。石灰岩与涌泉水的结晶造就了天然的地下艺术宝库，由石花、石幔、石笋形成的奇景异物触目皆是，色彩缤纷，形态逼真。

涌泉洞内由大小不一的十厅、数十景观组成，如风洞、天池、醉石、石花、石帘、石幔、石笋、石柱、天河府、蟠桃树、蟠桃林、桃花溪、陶潜石像、蓬莱垂钓、桃花渡口和桃源壁画等。

景点推荐 庐山西海景区 AAAAA

庐山西海景区即云居山—柘林湖风景名胜区，由莲花城景区、青石湖景区、桃花溪景区、鹿角尖景区、百湾迷宫景区、红岩潭景区这六大景区组成，主要景点包括云居山、柘林湖、真如禅寺、西海温泉等。

九江市西南，跨永修、武宁两县　门票免费，上岛交通150元　0792-3125678

仙女峡景区

天然的大氧吧

九江市永修县境内　门票免费，漂流198元

仙女峡景区由溯溪探险、瀑布观光休闲度假两大部分组成。景区内气候宜人，水源丰富，负氧离子浓度高，素有天然氧吧的美称。金丝猴、野猪、麂子等多种珍禽异兽经常出没在山涧峡谷之中。桃花树、红豆杉、桂花树、银杏树等珍贵树种繁衍茂盛。茶叶、猕猴桃、梅子、杨梅、尖板栗、罗汉菜等野生绿色生态食品漫山遍野。一年四季山花烂漫，鸟语花香。

景区内有桃花溪漂流，如今已经是省内非常有名的漂流。

桃花溪漂流

桃花溪溪水长年不断地从桃花洞蜿蜒而下，时而在密林中通过，时而在巨石中穿行，千姿百态。传说桃花仙子骑石龟顺溪而下，因而得名桃花溪。

仙女峡桃花溪漂流是融溯溪探险、瀑布观光为一体的探险观光漂流，在仙女峡桃花

溪漂流中，可穿梭于激流、怪石、原始林木之间，体验漂流的乐趣。

玩家 行程

桃花溪一日游：一早乘车前往永修县桃花溪漂流景区，游览仙女峡溯溪探险，沿途观赏古树林、古崖、神龟过溪、海豚啄溪、斧劈石、仙女浴池、仙女峡谷、涌泉瀑布等景观，穿行在原始森林，走古栈道，过锁链桥、钢丝桥、拱桥、网桥、双链桥、双丝桥，登云梯、乘坐溜索，体验峡谷探险的乐趣，进入负离子吸氧区。下午体验江南勇士第一漂——桃花溪漂流，感受惊险刺激。

玩家 攻略

1.在住宿方面，游客可以通过网上预订。到桃花溪漂流的游客不妨入住西海温泉，在温泉中洗去一天漂流的疲惫，让身体得到彻底的放松。

2.景区内的走钢丝项目刺激惊险，游客可在拉紧悬空的绳上走、跳舞，体验到悬空所带来的刺激和战胜恐惧的快乐。

3.如果要去桃花溪漂流，必须购买仙女峡门票。

云居山风景区

著名的佛教场所

九江市永修县云居山风景名胜区（223县道附近）

25元 8:00~17:00

云居山主峰海拔969米。云居山古名欧山，因战国时期楚国大将欧岌为护主避难，遁入此山修行得道而成名，唐代后期，因山中经常云雾缭绕而改名为云居山。

云居山风景名胜区主要有莲花城、百花谷、青石湖、泉祠坳、黄荆洞等六大景区。主要景点有：真如禅寺、虚云纪念堂、云门寺、圆通寺等寺庙，还有洪觉道场、五龙潭、聪明泉、白水大瀑布、佛手石、仙人石屋、雷门洞、清初百岁坊、飞虹桥等50多处景点。

玩家 攻略

来到云居山，一定要尝尝这里的烟熏鱼、猪肉，还有山间长的一些可食用的笋、草等绿色食品，一定会让你胃口大开。

白水大瀑布

白水大瀑布实为上、中、下三个瀑布，上白水落差36米，成三个深潭；中白水落差56米；下白水为枕状瀑布，落差近百米，气势磅礴，异常壮观。

真如禅寺

真如禅寺坐落于云居山山巅，总面积12平方千米，是佛教禅宗曹洞宗发祥地，为全国汉传佛教三大样板丛林之一，国家重点开放寺庙。

真如禅寺从东至西依次为山门、虚公塔院、赵州关、明月湖（放生湖）、真如禅寺安乐殿、虚云纪念堂等，寺院后面是一处布局巧妙、幽雅别致的寺庙园林。寺院坐西朝

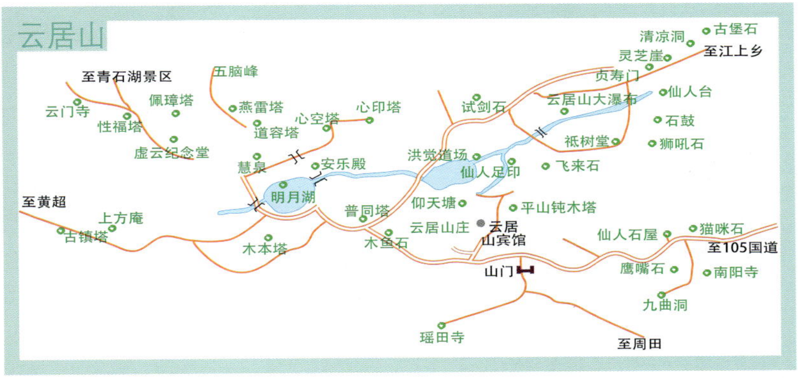

真如禅寺大雄宝殿

东，建筑保存了唐代风格。最著名的景观有：千年银杏、唐代大铜佛、洪觉道场、江南第一大玉佛、康熙千僧锅、明月湖、慧泉、佛印桥、谈心石、佛手石、仙女浴盆及道容塔、道膺塔、颛愚塔、将军塔等数十座墓塔。

柘林湖景区

众岛星列，簇簇拥翠

📧 九江市永修县柘林镇

¥ 150元，上岛普通船票65元

🕘 8:00～17:00（游船夏季最晚一班出航时间为16:30左右，冬季最晚一班出航时间为15:30左右）

柘林湖景区为国家级森林公园、国家级重点风景名胜区、省级地质公园。因所在地为柘林镇而得名。

景区总面积425平方千米，其中水域面积308平方千米，平均水深45米，湖水清澈，碧波荡漾，属国家一级水质。湖区拥有形态各异、大小不一的岛屿997座，比较著名的有桃花岛、金猴岛、孔雀岛等。其众岛星列、簇簇拥翠的壮观景象，堪称世界奇观。

柘林湖

玩家 攻略

1.在景区内可以欣赏到来自傣、瑶、苗、蒙古、朝鲜、哈尼等民族的几十个精彩的特色节目，同时还可以观赏到来自泰国的民间艺人的表演，表演雅俗共赏，高潮迭起，其乐无穷，扣人心弦。

2.景区内吃、住、行以及文化娱乐设施齐全，其中达星级标准的宾馆、饭店、度假村有十余家。

西海温泉度假村

五星级度假酒店

📧 九江市永修县易家河村

西海温泉度假村是融温泉、休闲、住宿、会议为一体的五星级假日酒店。这里自然环境幽美，紧依云居山、邻接柘林湖，附近的易家河村更是有名的长寿村。

西海温泉井口水温70℃，属低矿化碳酸氢钠型水。度假村有泰国风情浓郁的泰皇宫水疗馆、神秘莫测的太极八卦区、五彩斑斓的西海瑶池、简洁洗练的东瀛居、欧陆风格的巴斯之泉、添加名贵中草药的药王洞、情趣盎然的天体浴场，还有水上动感乐园等理疗型、运动型温泉水公园。

景点推荐 九江城区景点

浔阳楼
一座仿宋式建筑

九江市浔阳区滨江东路908号　市内乘坐5、17、51路公交车到站下车即到　20元　9:00~17:30

浔阳楼是一座具有典型宋代建筑风格的楼宇，集游览参观、品茗听书、饮酒用餐于一身。

现浔阳楼为1989年在浔阳江畔重建。重建后的浔阳楼占地1600平方米，楼高31米，外三层、内四层，青甍黛瓦，飞檐翘角，四面回廊，古朴庄重。一楼大厅有两幅宽4.5米、高3.2米、用600块彩绘瓷砖拼成的“宋江题反诗”和“劫法场”大型壁画。二楼展厅陈列着“水泊梁山108名好汉”瓷雕彩绘像，是精美的景德镇瓷雕艺术的展现。

玩家 解说

浔阳楼因九江古称浔阳而得名，初为民间酒楼，至今已有1200多年历史，雄踞江畔的浔阳楼历来是名人云集之地。白居易、韦应物、苏东坡等诗人都曾登楼题吟，留下许多脍炙人口的佳话；施耐庵写下一部《水浒》，其中宋江浔阳楼醉酒题反诗的描写，让浔阳楼更加蜚声海内外。

玩家 攻略

悬挂于浔阳楼上的“世间无比酒，天下有名楼”这副古老的楹联吸引着无数游客驻足。爱好书画的朋友还可以在楼内欣赏到多幅出自名家之手的书画作品和诗词楹联。

锁江楼塔
九江城的象征

九江市浔阳区滨江路

市内乘坐5、9等路公交车到锁江楼站下车即到

20元　9:00~17:30

锁江楼塔是九江城的象征。塔与锁江楼均始建于明万历十四年（1586年），前后历时18年才得以建成。不过明万历三十六年（1608年）六月十七日夜，九江发生强烈地

震，矶岸崩塌，锁江楼及其附近的四头铁牛皆坠入大江，唯塔完好无损。后虽然屡经炮火，塔亦保留至今。塔高约35米，砖石结构，七级六面，六角尖顶，为楼阁式塔。底层为青石砌筑，塔刹（塔顶的装饰）则是生铁铸就。塔内还有木楼梯盘旋而上，登上塔顶便可眺望长江美景。

琵琶亭

因白居易《琵琶行》而得名

九江市浔阳区长江大桥东侧

乘坐5、23、502等路公交车到琵琶亭站下

琵琶亭是一座仿唐式园林建筑。其主体建筑琵琶亭坐落在近7米高的花岗岩石基上。琵琶亭六角双层，碧瓦红柱，翘角重檐，周围是白石栏杆，给人端庄稳重的感觉。其巨幅匾额上刻有金光灿灿的“琵琶亭”3个大字，亭内展出了诗人白居易（772—846年）的诗文，以及他当年在江州的行踪图片。台基上有用汉白玉雕刻的白居易像，琵琶亭两侧的碑廊上镶刻了诸多历史上著名文人凭吊古琵琶亭的诗文。

玩家解说

唐元和十一年（816年）一个秋夜，江州司马白居易送客浔阳江头，忽闻邻船传来情意哀怨的琵琶声，动人心弦。他移船相见，原来是京城的一位歌伎。白居易重备酒菜，请此妇重奏一曲，聆听妙音。在叙说身世中，得知歌伎“老大嫁作商人妇”，“去来江口守空船”。白居易从琵琶女的不幸身世联想到自己的坎坷遭遇，百感交集，发出了“同是天涯沦落人，相逢何必曾相识”的喟叹。诗随情发，写出了千古绝唱《琵琶行》。

天花宫观音阁

塔形外表，颇为壮丽

九江市浔阳区甘棠南路甘棠湖堤　免费

8227027

天花宫占地面积约1100平方米，天花宫之名，取庙貌如天赐花宫之意。

整个宫院建筑为砖木结构，院内主体建筑包括娘娘殿、娘娘亭，亭上下三层，六角形态，飞檐翘角，又似塔形外表，颇为壮丽。左右建有禅房及其他建筑。登上三楼凭窗远望，湖光山色尽收眼底。

甘棠公园

杨柳依依，碧波荡漾

九江市浔阳区庐山脚下　市内乘坐10、101等路公交车至甘棠公园站下车即到

甘棠公园傍甘棠湖而建。甘棠湖是一座天然湖泊，古称为“景阳湖”，由庐山泉水汇聚而成，面积约80万平方米，平均水深1.4米。唐长庆二年（822年）前后，李渤出任江州刺史时，为防止汛期时长江水倒灌危及九

烟水亭

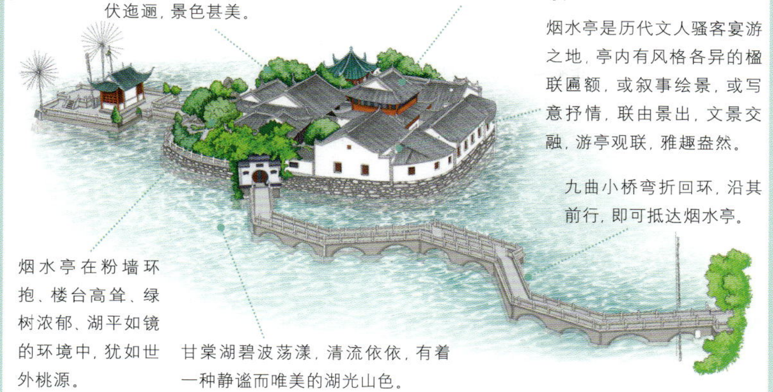

江城，便在湖中筑60米的长堤，设闸门以控水位，长堤将湖面分成东西两半，东为南湖，西为甘棠湖，后统称为甘棠湖。湖区内景色优美，杨柳依依，碧波荡漾。

烟水亭

烟水亭位于九江市长江南岸的甘棠湖中，相传为三国时（220—280年）名将周瑜的点将台故址，现为九江市博物馆。人们习惯称岛上整个建筑为烟水亭，其实每座建筑各有名称，它是一座典型的江南水上园林。整个烟水亭建筑群分为左、中、右三部分。左为翠照轩、听雨轩、亦亭；右为浸月亭和船厅；中间依次是烟水亭、纯阳殿、五贤阁、观音阁。这三组建筑既各具特色又相互联系。

能仁寺

全国重点开发寺庙

九江市浔阳区庾亮南路　市内乘坐15、16、25路公交车至八角石站下车步行前往即可　免费　7:00~18:00

能仁寺位于庐山北麓，是1983年国务院确定的汉地佛教全国重点寺院之一。

能仁寺原名承天院，始建于南朝梁武帝年间（502—549年），现建筑多为清同治九年（1870年）重建。能仁寺建筑依坡就势，纵轴线上依次有山门、天王殿、双阳桥、大雄宝殿、铁佛殿、藏经楼等建筑。此外还有著名景观大胜塔、石船、雨穿石、双阳桥、诲尔泉、铁佛、冰山、雪洞等，合称“八大奇景”。

大雄宝殿

大雄宝殿是寺内最具特色的建筑。殿为砖木结构，单层重檐，八角高翘，朱柱回廊，显得古朴庄严。殿内供有释迦牟尼佛、阿弥陀佛、药师佛三尊佛像，威严安详，光辉普照。左右两边塑有十八罗汉，形态各异，栩栩如生。

大胜宝塔

大胜塔建于明洪武十二年（1379年）。清咸丰三年（1853年）被拆毁三层，同治九年（1870年）由九江兵备巡道景福倡修。塔为砖石结构，七级六面楼阁式，通高42.26米。塔门朝西，从第二层起，每层六面均有门，三实三虚。塔内有砖砌梯阶，可盘旋而上。在我国众多的古塔中，此种塔梯结构仅此一例。

玩家 解说

登上大胜宝塔，浔阳城风光尽收眼底，匡庐雄姿历历在目。

石船

石船，槽状。长一丈五、宽尺余，侧面有铭记，凿于北宋庆历六年（1046年）。相传宋元祐间，寺僧梦见一面目奇古的铁佛托梦于他，将乘石船浮江至浔阳。次日寺僧至江边迎接，果有铁佛乘石船泊岸，遂找人搬入寺内供奉。铁佛渡江便成为能仁寺一个有趣的佛教故事。现飞来石船放在天王殿东侧的水池中，船上坐一赤膊跣足、面貌奇古的铁佛。铁佛，原本为生铁铸就，后被毁，现置于石船中的铁佛，是用水泥雕塑而成。

西穿石

西穿石位于大雄宝殿石廊檐下，是一块长高各80厘米、宽50厘米的花岗岩石。西穿石正面雕有云头花饰，底部有铭文，为北宋庆历三年（1043年）所凿。上面有一漏斗形洞穴，传因久置檐下为雨水滴成，故得名。这种雨滴石穿的奇物，是鼓励人们锲而不舍的象征。

海尔泉

海尔泉是大雄宝殿背后的直径为40厘米的小泉，深达10余米，水质清凉甘甜，沁人肺腑，被称为“仙水”。寺内的僧人认为饮此泉水可益智生慧，增进悟性，他们常在住持的带领下来泉边忏悔礼佛，饮水受诲，故名海尔泉。

浪井

九江市最早的历史文物

九江市西园路浪井巷内

浪井是九江市最早的历史文物，曾以“浪井涛声”成为古时九江十景之一。

浪井之上有一四角方亭相护，亭壁嵌有李白、苏辙关于浪井的诗文，亭内为浪井与碑记，浪井的井口直径不足一米，井深约15米，井口圈沿上绳痕累累，井壁上青苔斑驳，但井底泉水依然清澈。浪井之所以得名，据说是因为井底有泉眼与长江相通，有“江面起浪，井底扬波”之妙，堪称一绝，可惜此景今已不复。

九江长江大桥

在长江上建造的第八座大桥

九江市浔阳区长江江面上

九江长江大桥始建于1973年12月，是继武汉长江大桥之后，我国在长江上建造的第八座大桥。目前九江大桥不仅是中国，而且是世界最长的铁路、公路两用的钢桁梁大桥，既是我国南北交通的大动脉，又是九江最引人注目的新旅游景点。

九江长江大桥于1993年建成，是京九铁路和合九铁路的“天堑通途”，为双层双线铁路、公路两用桥，铁路桥长7675米，公路桥长4460米，江中有桥墩10个，共架设11孔钢梁，最大跨度216米，最小跨度126米。整个大桥设计新颖，造型优美，工艺独特，雄伟壮观。大桥铁路引桥采用的是无碴无枕预应力箱形梁，在我国建桥史上还是第一次。主河槽216米宽的大跨度，也居全国桥梁之首。

九江长江大桥

景点推荐

鄱阳湖东景点

龙湾汤太宗温泉 AAAA

四围青山环抱

九江庐山市温泉镇 在九江市长途汽车站乘九江到庐山的班车，到庐山汽车站下再转乘庐山到温泉镇的班车可到 238元 0792-2315555

温泉四围青山环抱，溪水长流，环境幽雅，交通便捷，地理环境优越，是一处融休闲度假、商务会议、观光旅游为一体的大型旅游度假胜地。

相比上汤温泉，龙湾的设施略显老旧，不过地形更胜一筹。60余个露天泉池分布在半山坡上，有种融入自然的感觉。众多泉池中，中药谷的养生池颇受欢迎。

都昌南山风景区 AAAA

南山是鄱阳湖上一座名山

九江都昌县城南山山顶部西南侧，北距城区1千米

都昌南山风景区属于鄱阳湖口国家森林公园的一部分，坐东向西，面积170平方米，南山的森林覆盖率达到95%以上。

景区内有南山博物馆、野老泉、爱乡亭、碑廊、集贤亭、溢香池等景点，还有都昌县博物馆、都昌县烈士陵园、南山寺等宗教场所、历史古迹。

玩家解说

在南山风景区既可品味苏东坡“鄱阳湖上都昌县，灯火楼台一万家，水隔南山人不渡，春风吹老碧桃花”的千古名诗，又可饱览浩浩鄱阳湖的秀丽风光。

南山寺

南山寺始建于唐，初名“清隐寺”，宋扩修后更名为“清隐禅院”，几经兴废，1987年经县政府重新修缮。宋代著名文人黄庭坚曾撰写《清隐禅院记》。

南山寺内中部为正殿，两侧为僧人用房，寺后东北有山岩。寺前为100平方米的场

地，场地前为峭壁，地势险要。寺周围被青松翠竹环抱，冬暖夏凉，景色宜人。

野老泉

野老泉位于南山半山腰树木葱茏处，为岩石壁中渗出的清泉，其泉水甘洁清冽，大旱不枯，常令游人流连忘返。

传说汉代有一皓发老翁，倚壁搭棚居于泉旁，采药炼丹为百姓治病，有妙手回春之力，可无人知晓他姓甚名谁。一年，汉武帝刘彻南巡，途经枭阳（今江西都昌县），慕名前来寻访，想请老人出山为官，可老人坚辞不就。次日再请，老人已不知去向，唯留这清泉一泓。刘彻不胜感叹，称此老为“野老”。后人由此而将这泉唤作“野老泉”。北宋诗人苏东坡过都昌，又将泉名题于壁上，“野老泉”之名也就越发传开了。

石钟山 AAAA

中国千古奇音第一山

九江市湖口县双中镇登山路22号

在九江长途汽车站乘班车到湖口汽车站，下车后乘1路公交车至石钟山站后步行到景区

44元 0792-6332816 8:00～17:30

石钟山因山石间有很多空隙、江水冲击

石钟山

山石发出的声音如钟鸣而得名，有“中国千古奇音第一山”之美誉，被联合国教科文组织列为世界文化景观。

石钟山自古有上下石钟山之分，现开放的下石钟山，海拔57米，全山面积为9万平方米，是喀斯特熔岩，第四纪冰川遗迹。石钟山融亭、台、楼、阁、塔、榭、舫、廊等20多种古典建筑为一体，是典型的江南园林。联合国专家称石钟山集风光、古迹、名胜、园林于一身，堪称世界之最。

玩家 解说

江天一览亭，是山上观景最佳处。站在亭中放眼望去，近处是鄱阳湖，远处是长江，天气好的时候可以看到湖水和江水交汇处明显的分界线。

龙宫洞景区 AAAA

中国长江第一洞

九江市彭泽县天红镇乌龙山麓 在九江长途汽车站乘到彭泽的班车，中途在定山下车，下车后转乘去天红龙宫洞方向的车即可 80元 0792-5840010 8:00～17:00；淡季8:30～16:30

龙宫洞是形成于古生代寒武纪时期的一处喀斯特熔岩地貌，因山洞酷似古典小说《西游记》中所描述的东海龙宫而得名。景区面积约4.3平方千米。整个景区青山环绕，绿水长流，鸟语花香，鹿影常现，是山、水、洞、佛连成一体的著名旅游、观光、度假、避暑胜地。

龙宫洞风景区由龙宫洞、玉壶洞、玉仙洞、仙真岩庙宇、森林公园和情人谷漂流等部分组成。洞身全长1600米，洞内四季恒温18℃，绿水长流，钟乳倒悬，石笋擎天，姿态万千，让人目不暇接。宽敞明亮的玉壶大厅曾多次举办全国性的篮球赛，被人们誉为中国长江第一洞。

链接

龙宫洞的历史传说

很久以前，有一对青年男女，男的叫依篮，女的

龙宫洞

叫依尾，两个人都学得一套打石手艺。依篮长得人高马大，身材魁梧，双臂有千斤之力；依尾外表袅袅婷婷，分外标致，性格却异常刚烈。乡亲们都羡慕地称他们是天生的一对，地造的一双。

有一年，岛上数月不见滴雨，所有的井都干涸见底，渔民成群结队到几十米外挑水。依篮和依尾早已扛起铁锤、榔头，从岛的西边走到岛的东边，又从岛的北边走到南边，全岛走遍了，也找了好几个地方打井，可惜所有的井流不出一滴的水。他们并不灰心，依旧天天在岛上四处寻找水源。

一天，岛上一位年过百岁的老渔民告诉他们，岛上石洞内长着一片绿草，依篮、依尾一听大喜过望，依尾说："有草的地方一定有水。"三人即刻赶往石洞；往里一瞧，"糟糕！"原来石洞内卧着一条孽龙。依篮、依尾说："这唯一的水源不能让孽龙占据，把它赶走！"两人能斗过龙吗？老汉惊疑参半。依篮坚定地说："乡亲们要渴死了，就是豁上这条命，也要夺回水源。"老渔民握着依篮的手说："孩子，上天会保佑你们的，我小时听前辈说，龙最怕牛筋，你们把牛筋搓成绳，或许有用。"

说干就干，乡亲们帮他们找到了许多牛筋，依篮、依尾把它们搓成绳子。不多日，一条四丈多长的绳子就搓好了。依尾一丈量，说："这回可不怕孽龙了。"两人持绳来到石洞，二话不说，依篮挥绳抽打，这下子孽龙可受不了。被牛筋绳拦腰抽断龙骨后，孽龙负痛大吼一声蹿出洞口，还未等它腾身入海就躺在沙滩上纹丝不动了。可是依篮过于性急，就在孽龙蹿出洞口的刹那间飞奔入洞，龙鳞擦过他的左眼，血像泉水一样流个不止，依篮昏死在洞底，依尾猛扑在心爱之人身上，呼天唤地号啕大哭，直哭得天昏地暗，日月无光，眼中滴出血来，终于倒在依篮身边。顷刻，依篮、依尾血泪洒落的地方，沙土、石块纷纷陷落，形成一口井。井水汩汩冒出，饮之清冽甘甜，岛民饮水思源，将洞取名为"篮尾石室"，别称"龙宫洞"。

桃红岭梅花鹿自然保护区

野生梅花鹿南方亚种分布区

九江市彭泽县黄岭乡三坂村

桃红岭梅花鹿自然保护区范围多为海拔300～500米的山峰，最高峰猫鹰窝536.6米。这里气候温暖湿润。桃红岭是中国野生梅花鹿南方亚种最大的分布区。梅花鹿种群数量由建区前的不足60头发展到如今的400头。目前，桃红岭保护区已融入了以庐山为中心的"庐山—石钟山—龙宫洞—桃红岭—小鞋山—小姑山—九华山"的旅游带之中。

景点推荐

九江西部景点

博阳河生态休闲风景区 AAAA

体验有惊无险的刺激

九江市德安县聂桥镇宝山村

博阳河距九江市50千米左右，是休闲、娱乐、观光、漂流、探险的最佳旅游之处。这里山峦叠翠，鸟语花香，九曲十八湾，清凉怡人，置身其中，恍若步入人间仙境。漂流全程3.5千米，密林之下，又可欣赏田园风光，凌波逐浪，在有惊无险的刺激中，让你享尽大自然的狂野魅力，体验纵情山水之美，享受心灵的轻松与惬意。

弥陀寺

江西省重点宗教活动地之一

九江市武宁县杨洲乡内的凤凰山

弥陀寺初名毗庐岗，后易名凤鸣禅林，是江西省重点宗教活动地之一。四百多年来，弥陀寺几度兴废，历尽沧桑，“文革”期间更蒙厄运，古寺片瓦无存。1988年武宁县政府将弥陀寺列为全县开放寺庙和文物保护单位，国内外信徒纷纷捐款，弥陀寺得以重建，陆续建成了惟因老和尚舍利塔、客堂、禅堂、斋堂、僧房、山门、功德堂、放生池等群体建筑。

上汤温泉

休闲、疗养度假的理想去处

九江市武宁县上汤乡

上汤乡地处旅游名胜风景区九宫山脚下，境内群山环绕，绿树葱郁，碧水长流，风景宜人，古迹甚多，尤以温泉而闻名遐迩，被喻为藏在深山中的明珠。

上汤温泉主要集中在上汤集镇范围内，水温一般在30℃～40℃，最高温达68℃，温泉水含有硫黄等多种矿物质元素，具有杀菌疗疮、解除疲倦功效。是休闲旅游、疗养度假的理想去处。

凤凰山桃花园

农业生态观光园

九江市永修县西部105国道附近

面积为300多万平方米的凤凰山桃花园景区，包括100万平方米的成片云居水蜜桃桃园以及1个养殖20万只中华鳖的江西最大的良种繁殖场、1个占地8万平方米的盆景园、1个占地13万平方米的大棚果苗基地园。

每年阳春三月，10万株桃花竞相开放，姹紫嫣红，花香四溢，难得多见的生态景观吸引八方游客纷至沓来。该景区是一个融观光、尝果、钓鱼、休闲、娱乐为一体的四季有花、常年能游的农业生态观光园。

凤凰山桃花园

南崖马家洲景区 AAAA

涵盖修水旅游最精华的部分

九江市修水县马家洲

修水县内乘坐1、5、6路公交车可到

南崖马家洲景区由修水河边的数个子景点组成，是一片开放的区域。以黄庭坚纪念馆为主，加之附近的文峰塔、云岩禅寺、老城修河段水域、马家洲公园等景点，几乎涵盖了修水旅游最精华的部分。一条修河峡谷栈道将这些景点串联起来，形成了一片自然和人文相辅相成的旅游区域。

玩家攻略

黄庭坚纪念馆有众多黄庭坚碑刻、墓志、名人字画等藏品，讲解50人以内100元一场，很值得一看。

九岭山森林公园

具有突出的生物多样性

九江市武宁县境内

九岭山森林公园，总面积218平方千米。园内野生珍稀动植物资源丰富，并拥有多处奇特的自然景观。公园复杂多变的地形地貌和多种类型的地质土壤，造就了多样的森林生态环境和丰富的森林植物群落，并保护了园内众多的珍稀动植物及古树名木，形成了公园丰富多彩的森林植被景观，具有突出的生物多样性，是一个天然动植物园。

吴王峰

吴王峰，位于森林公园东北角，横跨界牌、森峰二村，海拔750米，为九岭山脉武陵崖之脉由南向北延伸所致。其上有三国吴王孙权祖墓，吴王峰之名由此而来，并有“早晨迎日出，晚上送阳归。风扫地，月点灯。日有千人朝拜，夜有万盏明灯”的传说。因其峰突起，势如苍龙仰天长啸，故又名“啸天龙”。

武陵岩

武陵岩突起于九岭山脉中部，海拔1547米，为武宁县境内的五大高峰之一，武宁同治志载："有石缝尺许，望之隐隐篱落村舍，不可入，如武陵桃源故名。"武陵岩怪石林立、古木参天、空气新鲜、气候适宜，是览胜避暑的好地方。

铜岭矿冶遗址

保存完整、内涵丰富

九江瑞昌市夏畈镇的幕阜山东北角

铜岭矿冶遗址以极为丰富的科学资料论证了我国开采矿铜的历史距今有三千余年，是我国迄今发现的矿冶遗址中年代最早、保存完整、内涵丰富的一处大型矿冶遗址，被评为1991年中国十大考古发现之一。

遗址分采矿区、冶炼区两部分，其中采矿区约1平方千米，冶炼区约2平方千米。采矿区内出土有石、木、竹、铜、陶、瓷质生产工具和生产用具300余件。冶炼区有炼炉2座，储水井18口，还出土了大量的铜炼渣和陶帛生活用具。

胡耀邦陵园

前国家领导人胡耀邦之墓

九江市共青城市富华山上

胡耀邦陵园坐西朝东，两条墓道弯弯绕绕，均铺有73级石阶，象征墓主人73年人生的曲折道路。

在陵园苍松翠柏环绕的墓地上，矗立着一座用3块0.8米厚的白花岗岩拼成的直角三角形的巨碑，顶端高4.5米，底长10米。碑石右上方雕刻着胡耀邦侧面头像，左面依次刻着中国少年先锋队队徽、中国共产主义青年团团徽、中国共产党党徽，表明胡耀邦曾经是党、团、少先队的领导人。主碑前立着用6块墨晶玉花岗岩拼成的长方形铭文碑，上面镌刻着胡耀邦生平。

玩家 解说

胡耀邦，湖南省浏阳市中和乡人，字国光。1933年加入中国共产党，参加了长征。抗日战争时期，任延安抗大政治部副主任、大队政委，中央军委总政组织部部长。解放战争时期，任冀热辽军区政治部代主任、晋察冀军区纵队政委、第十八兵团政治部主任。新中国成立后，1980年2月在中共十一届五中全会上当选为中央政治局常委、中央委员会总书记，1981年6月在六中全会当选为中央委员会主席，1982年9月在十二届一中全会上当选为中央委员会总书记。是全国人大第一至三、五届常委，中共第八、十一至十三届中央委员。

链接

陵园选址始末

胡耀邦逝世不久，夫人李昭便向中国共产党中央提出：将胡耀邦的骨灰安葬在他生前寄予热切希望的共青城。这一要求得到了党中央的批准。

据说在为胡耀邦勘选墓址的那一天，天下着霏霏细雨，胡耀邦的亲属和共青城的领导一起冒雨看了几个地方都觉得不理想，而当他们来到富华山时，雨却突然停了，露出了太阳，大家登高环视，见地势开阔，遂一致赞同陵园就建在这里。

1990年12月5日，胡耀邦逝世一年又八个月之后，他的骨灰被专程护送到共青城，举行了安葬仪式。

胡耀邦陵园

攻略资讯

- 交通
- 住宿
- 美食
- 购物
- 娱乐

交通

飞机

九江庐山机场，位于九江市柴桑区岷山乡机场路，东北距庐山国家级风景名胜区西门8.5千米，距柴桑区中心16千米，距九江市中心31千米，为4C级军民合用旅游支线机场。

火车

九江站：位于九江市濂溪区长虹大道236号，可乘坐9、15、18等路公交车前往。

庐山站：位于九江市柴桑区柴桑南路，可乘坐1、75等路公交车前往。

九江城市风光

汽车

九江汽车总站：位于九江市濂溪区浔南大道99号。电话：0792-8392222

沙河汽车站：位于九江市柴桑区庐山西路370号。电话：0792-6812284

住宿

九江市区住宿设施和其他城市一样，各种档次宾馆都有，游客可以按需选择。对于乘火车到达九江的游客来说，最方便的莫过于选择火车站周边的宾馆、酒店。

九江市精华景点集中在靠九江长江大

九江火车站

桥的沿江一带，游客也可以就近选择酒店，以方便观赏长江傍晚的晚霞美景。去庐山游玩，最好就住在庐山周边。

●九江信华建国酒店

五星级酒店，但价格不贵。酒店位于九江市滨江路上，在这里能亲身感受到九江这一江滨城市高速发展的节奏。九江主要的商业区、旅游景点、娱乐场所与酒店都近在咫尺。酒店房间较大，设施齐全，服务人员态度很好。九江市滨江路299号 0792-8189999

●菲特快捷酒店

酒店附近有直达庐江风景区的大巴，交通便利。房间宽大敞亮、基础设施齐全。柴桑区庐山站出口向左100米 0972-6815899

●九江远洲国际大酒店

酒店坐落于风景如画的南湖之滨，环境怡人、交通便捷，可步行或乘车方便地抵达政府大楼、中央商务区、大娱乐场所及购物中心。九江市浔阳区南湖路116号 0792-8888888

九江信华建国酒店

●更多住宿去处

庐山牯岭大酒店/庐山风景名胜区河西路7号/0972-2246666

九江会季酒店/九江市长虹大道236号/0972-8982488

如家快捷九江甘棠湖三中店/九江市浔阳区十里大道路141号/0972-8170288

美食

九江菜是赣菜的主要组成部分之一，多年以来，形成了自己的特色，讲究辣、烂、脆、嫩。九江市境内的各个地区几乎都有自己独特的风味，而且各地区的招牌菜都是以当地的特产为原料，如有以庐山特产的庐山云雾茶的汤汁烹饪的虾仁，也有以鄱阳湖特产的鳊鱼、鲇鱼及各地的板栗、香菇等特产而做成的诸多美食，风味独特。

●庐山“三石”

庐山“三石”赫赫有名，庐山石鸡、庐山石鱼和庐山石耳，都是庐山上较名贵的东西，不可不尝。以“三石”为原料制成的庐山名菜有“黄焖石鸡”“三杯石鸡”“石鱼炒蛋”“脆皮石鱼卷”“如意石耳”等。

庐山三石

●九江茶饼

江西四大糕点之一，它选用当地茶油、当地麦面、坡地黑芝麻、百年桂花为主要原料，采用传统工艺和现代技术研制而成。宋代诗人苏东坡曾赋诗赞誉："小饼如嚼月，中有酥和饴。"其色泽金黄，具有小而精、薄而脆、酥而甜、香而美的特点。

九江茶饼

●九江萝卜粑

这是九江有数百年历史的民间小吃，外皮用纯净白灿米粉做成，内包调味鲜香的萝卜做馅心，吃起来外面细嫩黏口，内馅辣香可口，尤其是在冬天寒冷季节，吃几个刚刚起笼的萝卜粑，顿觉一股暖流涌遍全身。

九江萝卜粑

●小担蒸子糕

在九江的大街小巷，每天早上都可听见"蒸糕、蒸洋糖子糕"的叫卖声。这是一种深受小孩和老年人喜爱的特色食品。蒸子糕以糯米、黏米、糖、红绿丝等为原料，随蒸随吃，松软、香甜、可口。

购物

九江物产丰富，很早就成为我国的"四大米市"和"三大茶市"之一，其境东是有"鱼米之乡"之誉的鄱阳湖，北临长江之岸，南有庐山等山脉，当地可供游客购买的土特产丰富多样，主要有鄱阳湖的银鱼、庐山的云雾茶、庐山"三石"、九江的陈年封缸酒、湖口豆豉、修水宁红茶等。

在九江还可以买到许多当地的工艺品，如修水赭砚、金星宋石砚、修水县石楠木梳、庐山竹丝画帘等，还可以带走九江桂花茶饼和桂花酥糖等糕点和副食品。

九江特产

●桂花酥糖

九江桂花酥糖与茶花茶饼同称"桂花双璧"。桂花酥糖采用白芝麻仁、食用油、富强粉、白砂糖、饴糖和桂花等精制而成。此传统名产呈乳白色，质地细嫩、酥脆，具有润肺、健胃、止咳等功效。

●陈年封缸酒

陈年封缸酒是九江的传统名酒，属中国

桂花酥糖

甜黄酒类型。它以优质糯米及本地矿泉水为主要原料，采用传统工艺和先进科学技术酿制而成。酒呈琥珀色泽，晶莹透亮，香气浓郁，其味鲜甜醇厚，柔和爽口。

●湖口豆豉

“湖口豆豉”分甜豆豉、汁豆豉、五香豆豉三种，其中五香豆豉最受人们喜爱。它以上等黑豆为原料，用清澈见底的鄱阳湖水洗去黑豆霉衣，加上传统的精湛制作工艺，色、香、味俱佳。它是餐厅、家庭必备的调味品之一。

●庐山云雾茶

在峰峦起伏、云雾缭绕的庐山之巅，盛产着“叶质肥厚，芽大，被盖白毫，香气清而悠长，滋味鲜洁甘甜”的绿茶珍品“庐山云雾茶”。北宋时，庐山云雾茶一度被列为贡品。庐山云雾茶深受人们欢迎，并被列入中国绿茶类的特种名茶，并以条索粗壮、青翠多毫、汤色明亮、叶嫩匀齐、香凛持久、醇厚味甘等“六绝”特色而一举扬名中外。

庐山云雾茶

●庐山竹丝画帘

庐山竹丝画帘薄如细布，光滑柔软，可卷可挂，秀雅宜人。作为厅堂书房陈设，可使室内生辉；作为房门挂帘，可透清新空气；作为艺术品收藏，可充分体现中国国画的风格。

庐山工艺美术厂生产的竹丝画帘、竹丝屏风、竹丝绣帘工艺精湛，深受国内外游客赏识，被称为“中国庐山艺术珍品”。

●修水宁红茶

修水所产宁州工夫红茶，简称“宁红茶”，它是我国工夫红茶中的珍品之一。宁红茶素以条索秀丽、金毫显露、锋苗挺拔、色泽红艳、香味持久而闻名中外。

宁红茶始创于清朝道光年间，至光绪年间曾一度被列为贡品茶。20世纪初是宁红茶盛产、销售的全盛时期，国内外茶商、专家誉其为“茶盖中华，价甲天下”；当时还流传着一句行业谣谚：“宁红不到庄，茶叶不开箱。”

●修水石楠木梳

修水县石楠木梳是该县的传统产品。它对发根及头皮无损害和刺激，不易产生静电，长期使用有活络大脑神经之功能。修水县工艺厂生产的石楠木梳，制作工艺精巧，造型有人物、花卉、鸟兽等众多品种。修水石楠木梳远销美国、英国、日本、荷兰等国。它既是国外妇女所喜欢的一种头饰，同时也可作为收藏家的收藏艺术品。

●修水赭砚

“赭砚”，因石质以赭色为主而得名。清代道光皇帝侍读、修水籍人万承凤曾将该砚上呈道光皇帝，帝欣喜，视为珍品。后赭砚被列为贡品，所以又称“贡砚”。

修水赭砚以赭色为主体，翠绿为镶嵌，

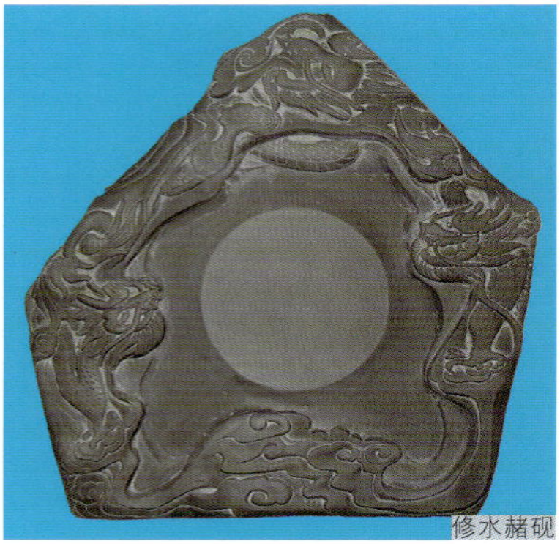
修水赭砚

牯岭街

并有少量的鸡血纹理。修水赭砚易发墨，贮水不涸，历寒不冰，不损笔毫。为书画家所赞赏的赭砚，分素砚、雕砚两大类。

购物场所

牯岭街：位于庐山景区的中心，海拔1100米高，是名副其实的天街。站在街心公园，可以眺望九江古城、长江玉带。牯岭街商店鳞次栉比，有邮局、银行、电影院、大会堂等，是休闲、消遣、娱乐的理想场所，也是很多庐山旅游者的首到之地。

大中路步行街：位于九江市浔阳区浔阳路至大中路区域，其规模和商业人气在江西省首屈一指，这里云集了太平洋购物广场、联盛购物广场、联盛百货、洪克隆百货、苏宁电器等大型商场及百货公司。

娱乐

漂流：九江境内有三叠泉漂流、青峰峡漂流、花溪漂流等众多漂流地点，若是炎炎夏日来此，切不可错过这些刺激而又凉爽的漂流。

泡温泉：地处庐山南门方向的庐山市温泉镇温泉，温泉水温高达72.5℃，是全国最大的富氡温泉，温泉面对庐山最高峰汉阳峰，北眺庐山，南浴温泉，泡出浪漫春意。从高速通远出口出高速后大约20分钟即可到温泉镇。庐山天沐温泉、西海温泉和龙湾温泉都是不错的泡温泉之地。

板龙灯：用竹骨彩纸扎成龙头龙尾，龙身由各节花灯组成，内点蜡烛，每节板上两盏花灯，长达2米，由一人手持。一条龙灯由上百节板灯连接组成。舞灯时，前以制作精巧的“子母灯”引路，后有“龙尾鼓乐”伴奏，有“巨龙漫游”“龙头钻阵”“绳蟒脱壳”“穿花打旋”和“飞龙跳跃”等动作阵势。几条龙相聚时，盘旋翻腾、圆直屈伸，配以大小爆竹，锣鼓唢呐，大有呼风唤雨、翻江倒海之威势。

温泉

发现者旅行指南

鹰潭

概览

亮点

龙虎山

中国道教的发源地，集众多旅游品牌于一身。景区有99峰、24岩、108个景物，由上清宫、仙水岩、正一观三大景区组成。

龙虎山正一观

冷水大峡谷

大峡谷生态旅游区内生态原始自然，一望无际的竹海，飞虫鸟语，山花烂漫，珍禽野兽隐现山中，是一座天然的宝库。

务义港曾家清代建筑群

建筑群分为曾氏公祠、鱼塘花园、经学书院、住宅四大部分，已被列为“省级历史文化名村”及“文物保护单位”。

线路

鹰潭龙虎山两日游

第一天乘车前往龙虎山景区，参观道教博物馆，探寻千年未解的崖墓之谜，观看惊险刺激的升棺表演。乘坐竹筏漂流，游览仙水岩景区。第二天走进千年上清古镇，体验浓郁的古镇风情。探索中国本土宗教——道教圣地嗣汉天师府，观明清时代的特色建筑。

龙虎山天师府

为何去

余江木雕

鹰潭山灵水秀、人杰地灵，素有“东连江浙、南控瓯闽；扼鄱水之咽喉、阻信江之门户”之称。鹰潭是中国道教发祥地，自古以“神仙都所”“人间福地”而闻名天下。境内著名的龙虎山以道教祖庭、丹霞地貌和春秋战国大型崖墓群为特色，成为世界级旅游胜地。此外还有嗣汉天师府以及南宋四大书院之一的象山书院、赣东北红色根据地遗址、上清古镇等自然人文景观。

上清古镇

何时去

上清豆腐

鹰潭市属亚热带湿润季风温和气候区，四季分明，气候温和。春季天气多变，盛夏酷热，秋季天高气爽，冬季较温暖、霜雪较少。因此秋季是到鹰潭旅游的最佳时间。

龙虎山春景

鹰潭市高铁站

区域解读

区号：0701

面积：$3556.7km^2$

人口：约115万人

地理 GEOGRAPHY

区划

鹰潭市下辖2个市辖区（月湖区、余江区）、1个县级市（贵溪市）。

地形

鹰潭属南岭准地槽边缘的信江拗陷带，地势南北高，中间低。北端系怀玉山脉绵延之丘陵。南边为崇山峻岭，与武夷山脉相连，最高点浪港山阳际坑峰海拔1541米。中部信江横贯东西，最低点河谷海拔30米。另有19条支流纵横交织。

气候

鹰潭市属亚热带湿润季风温和气候，冬夏长而春秋短，具有四季分明、气候温和、雨量丰沛的特点。

历史 HISTORY

历史大事记

角山窑址群的发掘证明，早在公元前16世纪~公元前11世纪的商代中晚期，鹰潭地区已成为中国陶瓷生产的一个重要基地。

南宋淳熙十四年（1187年），一代理学宗师陆九渊在鹰潭创办了象山书院，成为中国

鹰厦铁路

龙虎山

哲学“心学”起源地。

1954年兴建鹰厦铁路，1957年竣工通车，鹰潭由此兴起。

文化 CULTURE

天师道音乐

龙虎山是道教发源地之一，道教称其为第三十二福地。在此产生的天师道音乐，也被称为天师仙乐，起源于中国历代天师世家，即嗣汉天师府，延续至今已经有一千多年的历史。

天师道音乐是民族音乐的一个组成部分，在传承和发展过程中，与民间音乐有着十分紧密的联系，其不但与江西地方的民歌、小调、赣剧以及弋阳腔息息相关，并且融合了昆曲、江南丝竹以及广东音乐等南方民间音乐中的精华。乐曲在编制过程中，一直遵守着“道不离俗，韵不离歌，歌不离曲，曲不离器”的传统。世间的“俗乐”在经过道教化以后，配合斋醮科仪，并加以灵活装饰与变奏处理，生动地表现出了宗教活动中所特有的一种氛围。

正一道音乐主要被应用于设坛、上供、焚香、升坛、诵经、赞颂等仪式之中，并依据需要，组合与串联各种曲目。正一天师道音乐除经韵（念诵）部分统一之外，其他的曲牌演奏都各具不同的地方特色，它们类似于戏剧中的“流派”，在统一的风格下体现着各自“流派”的特色。

正一天师道音乐继承了上古巫祝文化的某些遗传，又介于宫廷音乐、民间音乐、傩舞音乐之间，是宗教特有的“通神”“娱神”的音乐，对研究道教哲学思想以及中国古代音乐的发源衍变和各种派系的发展方向有着重要作用。

龙虎山天师府

景点推荐 龙虎山风景区 AAAAA

龙虎山是道教发源地，道教创始人张道陵在此修炼得道。龙虎山的地貌和武夷山相似，都属于典型的丹霞地貌，是世界自然遗产。

整个景区规划面积320平方千米，包括仙水岩、正一观、上清宫和上清古镇、应天山、天门山、圣京山、马祖岩等景区。景区内共有99峰、24岩、108处自然和人文景观。源远流长的道教文化、秀美多姿的碧水丹山和千古未解的崖墓之谜是龙虎山人文景观和自然景观的三大特色。

鹰潭市龙虎山大道1号　从鹰潭火车站广场左侧乘坐K2路可到

135元　0701-6658110　7:30～17:30

玩家 行程

1.观光车线路：游客中心→象鼻山东门→象鼻山西门→无蚊村→正一观景区→上清古镇。

2.竹筏漂流线路：正一观景区竹筏码头→仙水岩景区仙女岩码头。

3.游船游览线路：仙水岩景区游船码头→鲤鱼湾→仙女岩码头。

温馨提示：游船、竹筏项目只能选择一项，请游客自行选择龙虎山竹筏漂流或仙水岩游船游览。象鼻山、无蚊村、正一观、天师府、大上清宫景点凭门票进入游览一次。

玩家 攻略

1.住：龙虎山的住宿费用不算很高，景区附近的宾馆都可以议价。当地一些村民家中也提供住宿，住宿价格双方商定。

2.食：龙虎山的菜肴分江西家常菜和特有的道家风格菜肴，家常菜具有浓郁的乡情，道家菜蕴含了丰富的道家文化内涵，不仅美味可口，而且色香味俱佳。特色菜有泸溪活鱼、天师板栗烧土鸡、上清豆腐、黄袍拜君王、龙虎苦菜、冬笋咸肉丝等。

3.购物：龙虎山物产丰富，主要有天师养生酒、泸溪鱼、天使桃木剑、老子道德经、野生葛粉等。

4.玩：景区内的观光小火车成为新游线的亮点，可乘坐循环小火车观赏，体验不一样的休闲与轻松。

仙水岩景区

举世无双的天下绝景

仙水岩景区以碧水丹山的山水文化、华夏一绝的崖墓葬俗文化和久远淳朴的古越民俗文化吸引着众多的游客。

仙水岩景区主要指泸溪河水岩段（上游至正一观大桥，下游至白塔渠首）及其两岸的景观景点，主要有仙水岩、仙人城、象鼻山、古越民俗村、排衙峰等。

链接

仙水岩十大美景

情侣峰下情永固——僧尼峰。
仙桃甜美入心怀——仙桃石。
三生有幸石莲开——莲花石。
玉梳梳心不梳发——玉梳石。
丹勺水旱两消灾——丹勺岩。
千里有缘仙菇现——仙菇石。
石鼓无声天外响——石鼓峰。
道堂扬波带福来——道堂岩。
云锦飞挂彩门开——云锦石。

仙女岩前上瑶台——仙女岩。

仙女岩

仙女岩深藏于泸溪河畔的曲径幽处，坐南朝北，高数十丈，其形态逼真，自然大方，毫不忸怩作态，被称为“大地之母、万灵之源”。

仙女岩为丹霞竖状洞穴地貌，由于下跌水流冲刷，形成了上小下大竖状洞穴。仙女岩前有潭水一泓，碧绿清澈，与岩内地下河相通。潭外有参天古榕，遮蔽水潭。游人可沿岸道拾级探胜，也可泛舟游览。

无蚊村

无蚊村，三面环山，一面临水，景色秀丽。村内树木葱茏，村前碧波荡漾、舟楫穿梭，这里冬暖夏凉、气候温和。村里有一种奇特现象，就是没有蚊子，因此被称为“无蚊村”，是极为理想的避暑胜地。据载无蚊村为许真君的后裔。村民历来靠打鱼、种田为生，村中人多长寿，所以又有长寿村之称。

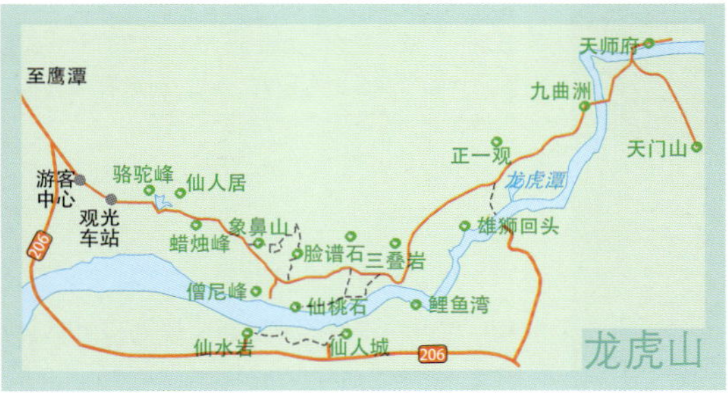

象鼻山

象鼻山位于泸溪河东侧，是龙虎山地质公园最为典型的景观之一，象鼻山高约100米的山峰处有一石梁凌空垂下，整个山体就像一只巨型石象在汲水，惟妙惟肖、灵性暗蕴，被世人称为“天下第一神象”。

象鼻山游览区极具奇、险、秀、美、幽之景观特点和千姿百态的造型特征，是难得的一处丹霞地貌的景观集锦地。主要有仙丹盒峰、倒挂藤萝、畲寨、斧劈神山、雄狮回头、金龟翘首等众多景点。其中，“仙象雨霁”是龙虎山陆路八大景观之一。

仙人城

仙人城呈东西走向，海拔310米，面积4.5平方千米。这里山峦叠翠，景色优美，号称“江南第二峰”。

山顶有宋朝东方和尚所建的吉泉寺，寺被修竹环绕，似隐似现，宛若仙境。这里还有神仙石、吉泉、宫花满天、双龙进水、铁栏关虎等许多让人流连忘返的景点。

仙水岩崖墓

仙水岩的悬崖上散布着数百座有2600多年历史的崖墓，这些洞穴大小不一，里面陈放着古棺，有单洞单葬、单洞群葬和联洞群葬。现已发掘出棺木39具，完整人骨架16具，各种陶器、青瓷器、丝麻织品、乐器、木

仙水岩崖墓

象鼻山

竹器200余件，经鉴定，这些墓葬都是战国早期的墓葬。

玩家 攻略

景区内有惊险刺激的“吊悬棺”表演，想看此表演的游客事先一定要把时间安排好。表演每天上午10:00或者下午2:00开始。

游客可乘坐竹筏到终点后穿过仙女岩撑渡到对面的岸上或者在船上直接观看。

泸溪河风光带

泸溪河蜿蜒绕山，奇峰横卧碧波，四野景色美不胜收，有“小漓江”之称。两岸的岩石千奇百怪，气象万千。乘船筏览泸溪河之胜，就如置身在山水画廊之中。宋代文学家晁补之游览泸溪河后写下“行尽江南最远山，却寻干越上溪滩”的诗句。

玩家 解说

泸溪河发源于福建光泽原始森林，沿途经过云台山、象山、圣井山、上清镇、正一观、仙水岩、马祖岩，汇入信江，进鄱阳湖，注入长江，全长286千米，在龙虎山景区流经长43千米。泸溪河沿途植被良好，两岸茂林修竹，河水清澈纯净，过滩呈白，遇潭现绿，没有受到污染。

飞云阁

飞云阁又名“七层庙”，是利用天然洞穴等自然条件建造的双层庙宇建筑，是佛道两教尊重自然、向往自然的体现。

飞云阁面临泸溪碧水，是龙虎山地区重要的佛教场所，主楼高16米。殿内塑有9米高的观音像。北侧沿坡度为70°的七层云梯而上，可达云居洞，云居洞内有梦床、卧佛等。崖壁上刻有“玉壁凌空”“半天仙迹”“神仙可栖”“鹤归留影”等摩崖石刻。

正一观景区

庄严神圣的仙宫道观

正一观景区面积约10平方千米，主要有龙虎山、正一观、九曲洲、天师板栗林、龙虎山水浒客栈等景点。

龙虎山

龙虎山位于正一观后，包括龙山和虎山，因道教第一代天师张道陵在这里炼丹修道，“丹成而龙虎见”而得名。

龙山由数峰连成，逶迤起伏，龙头雄伟，脑眼分明，形象逼真，有凌云飞翔之势；虎山前足屈伏在地，跃跃欲起。龙山虎山相峙耸立，虎踞龙盘，气势雄伟。龙虎山周围有水帘洞、炼丹池、薛家寨、手诀峰、骆驼峰、仙都睡美峰、双狮滚球等景点。

正一观

正一观最早的名称叫“祖天师庙”，是为祭祀祖天师而建的庙宇。宋代时改称演法观。明嘉靖年间称正一观。

现存正一观是2000年在被毁原址上按宋代建筑风格新建的，占地4万平方米，坐东朝西，南北对称，主要包括七星池、正门、仪门、钟鼓楼、元坛殿、从祀殿、祖师殿、玉皇楼、丹房、红门、廊庑以及生活用房等。整个建筑群灰瓦白墙，古朴典雅，气势雄伟。“正一神观”是龙虎山陆路八大景观之一。

天师板栗林

天师板栗林位于石鼓峰南面，是一片面积约40万平方米的天然板栗林，据传说是道教祖天师张道陵来龙虎山炼丹时所种。平均树高10余米，秋季结实累累，果实个大、味

龙虎山正一观

甜，现天师板栗已成为龙虎山土特产之一。

水浒客栈

水浒客栈位于正一观前龙虎潭与泸溪河之间，2007年由龙虎山投资800万元，按照《水浒传》中所描述的内容而兴建。客栈由十多座仿明清时期江南建筑风格的建筑群组成，建筑面积3500多平方米，是龙虎山新兴的融影视拍摄、休闲、游览为一体的景点，也是龙虎山陆路八大景观之一。

上清古镇

风景清幽的千年古镇

上清古镇已经有上千年的历史，古镇依水而建，周围群山环绕，自然环境优美。

古镇名胜古迹众多，长约2千米的上清古街上有长庆坊、留侯家庙、天师府、留侯第、天源德药栈、天主教堂等景点。沿河的吊脚楼、码埠尽显江南水乡建筑特色，浣纱村妇、捣衣少女、戏水孩童、系岸渔舟、浮水白鸭又组成了一道韵味十足的古镇风景线，让人赏心悦目。镇东道有上清宫、东岳宫，东北面有南宋四大书院之一的象山书院，隔泸溪河有明朝宰相夏言故里桂洲村及第二次国内革命战争时红十一军和中央红军会师之处。

上清古镇

玩家攻略

1.每年的10月初，这里会举行龙虎山道教文化节，游客可以观看道教法会表演。

2.古街上的小吃是出了名的好味道，洁白细嫩的上清米粉，水嫩水嫩的上清豆腐，朱红朱红的天师板栗等，都让人垂涎欲滴，往吊脚楼一坐，店主定能摆出一桌子蕴含道教文化的菜肴。

玩家解说

古镇上的古街没有经过专家设计，一切都自自然然形成，无形中呈现一种自然之美，在这种自然当中，整条街又孕育着独特的地方民俗风情。

沿着古街逆泸溪河水而上，街左边的房子皆呈阶梯状，每一家房子总比前一家的房子往前凸出1米左右，据说这是当地人预示家事兴旺的象征。右边的吊脚楼空荡荡的几根木柱子立于水中。漫步这条街区，不必闪躲汽车，尽可悠闲自在地观看市井风情。渔民织网，孩童戏耍，怡然自得。三十六行不论你要找其中的哪一行，转个弯、抹个角就到了，理发的、修锁的、修伞的，尽在其中。

长庆坊

长庆坊是金元时期四大医学家之一朱丹溪的庙宇，当地人俗称“朱老爷庙”。

庙宇初建于元代，几经修复，现在大门上方镶有门额，上刻“长庆坊”“灵钟星岳”等字样。整个庙宇分正殿和偏殿两部分，黛瓦白漆砖墙，朴实而坚毅，体现了金元时期的建筑风格。正殿于1925年重修，正殿前东西两侧开了2个小天井，为采光之用。殿内塑着朱丹溪夫妇及子女像四尊，偏殿内塑着地藏王及送子观音像。

天师府

天师府全称“嗣汉天师府”，亦称“大真人府”，始建于宋崇宁四年（1105年），为

天师府

历代张天师起居之地，现存建筑多是清代乾隆、同治年间重建和修建的。

天师府占地3万多平方米，尚存古建筑6000余平方米，由府门、大堂、后堂、私第、殿宇、书屋、花园等部分构成。整个府第规模宏大，雄伟壮观，建筑华丽，工艺精巧，是一处王府式样的建筑，也是我国现存封建社会“大府第”之一。院内豫樟成林，古木参天，浓荫散绿，环境清幽，昔有“仙都”“南国第一家”之称，被尊为道教祖庭。

玩家 解说

张天师本名张道陵，据说是张良的八世孙。传说他身长九尺三寸，浓眉大脸，十分威武。汉光武年间，他出生于天目山，他母亲梦见魁星而感应怀孕生下了他。张道陵自幼聪慧过人，七岁就读通了老子《道德经》，天文地理、河图洛书无不通晓。成年后又在深山中刻苦修炼，不久得道。他曾在龙虎山炼丹，三年丹成。不久后遇到神人指点，修成了最高的道术，能够除魔去病，拜他为师的人竟有好几万人。张道陵就把他们组织起来，成立了道教团体。据说在东汉桓帝永寿元年（155年）的九月九日，张道陵被仙人封为正一真人，羽化登仙。他所创立的道教一直传到今天，由于他规定入教者需交五斗米，因此也称“五斗米教”。后人尊他为张天师，而张天师的名号也被历代帝王特许为世袭，现在的张天师已经是张道陵的第63代孙了。

留侯家庙

留侯家庙即天师祖庙，是天师及家族祭祖的地方。家庙占地面积927.6平方米，建筑分为头门、二门、三门、中厅、上殿五个层次。迎送殿上的匾额“玉相真仪”为玄宗皇帝之语，旨在称赞天师超凡脱俗、不同凡响的真人仪态，亦指天师的仙风道骨之仪。上殿内供奉有汉留侯张良及第一代、三十代、四十三代天师塑像和历代天师位牌。

天源德药栈

天源德药栈始建于清末，建筑面积2788平方米，是上清镇规模最大的一家药店。药栈为砖木结构，分正房、马房、储藏间、杂物间等几部分。药店是三进门，头门经营药材零售，二门经营批发，三门面积最大，主要是进行药材加工、炮制。店堂内供奉神农。传说神农是农业和医药的发明者，曾尝百草，发现药材，教人治病，被誉“药王”。

玩家 解说

天源德药栈采光技术别具一格。为使店内光线明亮，店主采取斗拱采光的办法，屋顶开着几扇四角、八角形的雕花天窗，天窗上盖着明瓦，同时在大门两边墙体上还开着两扇窗户，西边山墙开出两个向上竖的长条形的外窄内宽的"条窗",这样一来,店内的光线就相当充足了。另外,房子的外墙非常特别,外侧是青砖所砌,里侧是木板,在青砖与木板之间叠放着瓦片。据说这是为了防盗。因为一旦有人企图破墙入室,瓦片就会发出响声,起到报警作用。这种独特的建筑风格在我国近代建筑史上实为罕见。

链接

天源德药栈名称由来

天源德药栈曾用名"天源堂药店",远近驰名,生意红火一时,到了民国十七年(1928年)间,药店的药品开始掺假。有一天,外地一位女侠,途经上清当众试验该店的一种止血药,并拿出自己的药物进行对比,天源堂的假药当场露馅。女侠指着天源堂招牌规劝主人从医应当以"德"为先,店主惭愧万分,从此将"天源堂"改名为"天源德",药也不再掺假,深得顾客好评。

上清宫景区

巍峨耸立的道教仙宫

上清宫是道教的祭神之所,是中国古代在敬天祭祖的基础上形成的建筑群落之一,规模大小、等级高低不一,遍布全国,而首屈一指的当属龙虎山大上清宫。

现存大上清宫遗址面积2500平方米,发现的宫观建筑基址有龙虎门、玉皇殿、三官殿、偏殿、厢房、碑亭等,除北部的玉皇殿遗迹损坏较大,仅保存有北墙的局部外,其余皆保存较好。

玩家 解说

龙虎山大上清宫始建于东汉,原为张道陵修道之所,后历经唐、宋、元、明、清等朝代,屡毁屡建;其名称也从天师草堂开始,历经真仙观、上清观、上清正一宫、大上清正一万寿宫、大上清宫等变迁;期间经不断修缮和扩建,发展为规模宏大的道教宫观建筑,至清代时达到巅峰。

相关记载在史书及文学作品中屡见不鲜。施耐庵在《水浒传》开篇第一回即对上清宫整体环境、气势进行了详细描写。另据清代妙正真人娄垣编撰的《龙虎山志大上清宫新制》记载,当时的建制为两宫、十二殿、二十四院,整个观宇规模宏大、气势磅礴,不仅独居江南宫观之首,且在全国也是举世无双。

应天山景区

美景如画,气象万千

应天山位于公园东北部,距大上清宫4000米。应天山海拔888米,有重峦叠嶂、飞瀑流泉,是龙虎山风景名胜区六大景区之一,又是上清国家森林公园的主要景区。

登山顶,可远眺鹰潭、贵溪、龙虎山、鸡龙山、云台山的万千气象,可近观牛皮滩七级瀑布、拱盘石、摸壁石、石雕神像等景观。曾有许多名人志士在应天山建庙设院:唐朝佛教宗师马祖道一曾仙居于应天山北麓;北宋神宗元丰年间莹老高僧在此建造应天山庙;南宋理学家、教育家陆九渊偕友携子建"象山书院"。

象山书院

亦名"象山精舍",为南宋四大书院之一。其创始人为陆九渊,世人称其为"象山先生",其学说与当时"程朱理学"相抗衡,被后人称为"陆王心学"。因此,象山书院是中国哲学"心学"起源地。

玩家 解说

陆九渊(1139—1193年),号象山,字子静,书斋名"存",世人称存斋先生。因其曾在贵溪龙虎山建茅舍聚徒讲学,因山形如象自号象山翁,世人又称其为象山先生、陆象山。汉族人,江西省金溪陆坊青田村人。陆九渊在"金溪三陆"中最负盛名,是著名的理学家和教育家,与当时著名的理学家朱熹齐名,史称"朱陆"。是宋明两代主观唯心主义——"心学"的开山祖师。明代王阳明发展其学说,形成中国哲学史上著名的"陆王学

上清宫

天门山景区

派"，对近代中国理学产生深远影响。又被后人称为"陆子"。

天门山景区
植被茂密的绿色天地

天门山景区与天师府南北相对，相传为张天师遁化面仙进入天庭之所。天门山山势险峻，最高海拔1300多米，沿山而上有棋盘石、龙门石、龙井等景点28处。景区瀑布成群，其中尤以姊妹瀑、青云瀑、浪荡矶最为称奇。天门山森林茂密、物种繁多，动植物种类非常丰富，这里有樟、栲、柏等数百种乔木和灌木，以及各种珍贵的中草药和奇花异草，还有熊、猴、野猪、杜鹃等动物。

马祖岩景区
自然之美，人文之秀

马祖岩景区位于龙虎山镇豪岭村范围内，主要包括马祖岩、天鹅湖、金枪峰、金龙峰、洪五湖、香炉峰等景点。

◘ 马祖岩

马祖岩是龙虎山景区的重要组成部分。山顶石状如马，初名为立马岩，后因唐代高僧马祖道一禅师在此传授禅经，遂改名为马祖岩。马祖岩也因此成为闻名遐迩的重要佛教文化景观。秀丽的风光和深厚的文化内涵吸引了无数墨客骚人，他们跋涉千里，只为一睹它的风采。

玩家解说

马祖（709—788年），汉州什邡县（今四川什邡市）人，姓马，俗称马祖，唐开元年间著名高僧，为中国禅宗六祖慧能再传弟子，幼年出家，师事怀让禅师，曾居此山岩洞中修定参禅多年，主张"即心是佛""非心非佛""平常心是道"等道理，从学者甚众，后形成派系，称"洪州宗"。他和弟子白丈怀海禅师经过长期不懈的修持，建立起中国式的禅门丛林制度，改变隋唐以前佛教徒不事生产、乞修的生活方式，以集体生产、集体从事农耕、同修互助的团体生活方式，开创禅宗寺院的规模。他们还改革禅宗教传机峰转语，将禅学与中国文化融合，使佛学平实化，并建立南传禅宗曹溪顿教的风格，由此，马祖道一在中国禅宗史上享有盛名。

◘ 岱宗讲堂

岱宗讲堂为马祖道一禅师讲授禅经之地，当时全国众多名山寺院的方丈云集此地，据说鉴真和尚东渡日本前，曾于此聆听佛法。

岱宗讲堂讲佛学，也讲儒学，宋代理学家朱熹曾在讲堂上悬"中和"匾额，教法上沿袭“白鹿洞书院”教规，培养了大批门徒。宋代儒家心学大师陆九渊曾临堂宣讲过“心即理”“宇宙便是吾心、吾心便是宇宙”的观点。

香炉峰

香炉峰位于马祖岩北10千米处，因形似香炉而得名。香炉峰巍然屹立，四周被水库所环绕，山腰有岩洞，洞内为春秋战国岩墓。登上顶峰俯瞰，千山竞秀，白云悠悠，令人胸襟开阔，心旷神怡。

香炉峰还有仙人洞、仙人庙、千丈坡、试胆壁、仙女池、黄牛岭、棋盘石，上面有泉水、小竹林、古寺遗址等众多景点。

天鹅湖

天鹅湖距仙水岩3千米。景点包括古村屋、小马祖岩、万山岩、千佛洞、保家峰、螺蛳岭、碣石峰等10多处，其中保家峰、螺蛳岭、碣石峰遗址为省级文物保护单位。历代文人墨客都曾涉足于此。明代旅行家徐霞客曾到此一游，并在日记中记下了这里的岩洞、寺院等；著名禅师马祖曾到此讲经，引来许多僧人在长约半里、连成一片、可容纳千人的岩洞中筑屋居住，至今石壁上还有当年僧人开凿留下的圆印。保家峰下的天鹅湖碧波荡漾，傍晚时彩虹出现于水天之间，蔚为壮观。

金枪峰

金枪峰位于天鹅湖东，又名碣石、杵臼石。金枪峰高112米，石峰平地突起，有孤柱擎天之状，呈男性阳刚之美，是龙虎山丹霞地貌中典型的石柱类景观。“柱石擎云”是古代仙岩十景之一。峰下有座怪石，形似猴头，因此此景又叫“铁柱锁金猴”。

洪五湖

洪五湖景区包括洪湖水库和五湖水库两部分，面积37平方千米。洪湖水库总库容1326万立方米，湖水洁净明亮，清澈澄碧，犹如一面明镜嵌在绿树丛中，蓝天白云、山村树林、飞鸟行人清晰地倒映在水中，微风拂过，湖水波光粼粼，如人间仙境。

五湖水库总库容2200万立方米，因山势走向形成五个相连水面、形似手掌而得名，湖面辽阔，山绕水转，烟波浩渺，坦荡无边。湖中有小岛随水位涨落时大时小。库区气候宜人，雨量丰富，植被茂盛，湖光山色随季节的更替，迥然不同。

玩家攻略

1.每年秋季的时候，五湖水库周边的山上会结满黄澄澄的橘子，此时是旅游的最佳季节。

2.游客从白塔渠坝道乘小船或竹筏顺水渠而下，可直达洪五湖景区。在洪五湖，可赛艇，亦可垂钓、游泳。

金枪峰

景点推荐

鹰潭旅游区

圣井山

鹰潭市贵溪市上清镇沙湾村上圣井

0701-6633888

景区内，峡谷壮丽，峰峦耸立，森林茂密。广袤的森林中，植被资源丰饶，覆盖率达85%，有众多野生动物在此栖息，如猴子、松鼠、野兔等，它们与大自然和谐共生，为这片森林注入了生机与活力。

乘坐高空缆车，可尽览整个林海风光，感受大自然的壮美与神秘。缆车穿越杜鹃长廊，沿途可欣赏五彩斑斓的花海，仿佛处于仙境之中。

漫步游步道，深入森林，便会抵达佛教古刹中源寺。聆听悠扬的钟声，感受宁静与祥和，使心灵得以净化。此外，中源寺周边风景如画，令游客流连忘返。

三峰山

因三座山峰品峙而立而得名

鹰潭贵溪市以南1千米处

因三座山峰品峙而立，故称三峰山。又因其巅方正，两隅垂桃如冕，又称天冠山。山间溪水潺潺，茂林修竹，景色秀丽。

宋元时代书法家赵孟頫曾在此立碑，并为天冠山二十四景撰写诗帖，遍写贵溪风光。此帖为清人钱泳刻本，书法以婉媚胜，故为人们所爱好。另有一刻本，现存西安碑林。

鹰潭博物馆

中国目前唯一的道教文物收藏馆

鹰潭市信江新区市民广场东侧

免费　8:30~11:30；13:30~17:00（周一闭馆）

鹰潭博物馆又名“中国道教文物收藏馆”，建于1984年，是中国道教文化的标志性建筑，更是中国目前唯一的道教文物收藏馆。

鹰潭博物馆主要馆藏文物近1万件（含角山文物），其中不同等级的文物216件。博物馆共设置有四个展厅，一展厅集中展示鹰潭地区春秋战国时期越族崖墓群出土文物；二展厅主要展示鹰潭道教精品文物；三展厅集中展览距今3400多年前殷商时期角山窑址的出土文物；四展厅为临时展厅。

务义港曾家清代建筑群

规模庞大的清代建筑群

鹰潭贵溪市耳口乡耳口村曾家村小组

务义港曾家清代建筑群位于泸溪河的中游，始建于清乾隆三十至五十年间（1765—1785年），距今已有200余年历史。整个建筑布局呈“品”字形，分为“曾氏公祠”“鱼塘花园”“经学书院”“住宅”四大部分，占地总面积达6.4万平方米，建筑群依山傍水而建，

鹰潭博物馆展品

树木苍翠，设计别致，环境优美，用料考究。该建筑群已被列为“省级历史文化名村”及“文物保护单位”。

链接

务义港历史

务义港曾氏发脉于山东省济南府嘉祥县南20千米的南武山西元寨，在战国时南迁到湖南湘乡，再迁到江西省吉阳（今吉安市），后迁往贵溪县（今贵溪市）南约60千米处的务义港村，即现在的耳口乡耳口村曾家，后人通称为武城曾氏，也称宗圣。字派是和孔孟曾颜四姓统一字派，是由皇帝亲笔题写赐封。

同治三年（1864年），清圣祖仁宗皇帝赐了15个字派：宏、闻、贞、尚、衍、兴、毓、传、纪、广、昭、宪、庆、繁、祥。清朝道光年间，宣宗皇帝又续赐了10个字派：令、德、维、垂、佑、钦、绍、念、显、扬。

1912年中华民国大总统袁世凯还续赐了20个字派：建、道、敦、安、定、懋、修、肇、彝、常、裕、文、焕、锦、瑞、永、锡、世、绪、昌。

“务义港”原名“乌泥港”，至曾氏二世祖时，遵循“仁义道德”古训，希望子孙后代“务义求仁”，因“务义”与“乌泥”谐音，故更名为“务义港”。

务义港曾家，是北宋时期“唐宋八大家”之一曾巩的后裔，与曾国藩是同宗一脉，原来是李姓和邓姓村庄。相传清雍正年间，江西吉安曾姓三兄弟，曾柏仕、曾云仕、曾在仕之父曾先公，逃荒流落到乌泥港在李姓和邓姓家中做长工，帮其放牛，有一次曾云仕在邓家屋背后的献花形山上放牛睡着了，做了一梦，梦见他睡的地方是一块风水宝地，死后谁葬在此处，其子孙后代一定会兴旺发达。曾云仕死后，其子孙按其梦说把他葬于睡处，果真此后曾姓子孙开始繁衍发迹，而原来的邓姓和李姓却日渐衰没。至今曾云仕的坟墓依然保存完好。

硬石岭水库

四面环山

鹰潭贵溪市塔桥镇

硬石岭水库又称为白鹤湖，是鹰潭市最大的水库。水库水质较好，清澈透明，库区四面环山，特别是水库东岸有虎岭岩、鸡公山等10余座山峰，山体为红色砂叶岩，具有丹霞地貌特征，拔地而起，形态各异，连绵成岭，与水库周围良好的植被相得益彰，景色十分宜人。

水库中分布着5座形态各异的小岛，有状似打鱼船头的船头山，有形似民间盐油罐的盐油墩等，其中以船头山最大，岛上布满了郁郁葱葱的杉木林和灌木林，林木丛中栖息着成千上万只白鹤、野鸭、大雁、野猪、蟒蛇、獐、狍子等珍禽异兽。

三阳洞府

四季均有日月星辰照射

鹰潭贵溪市雷溪乡南山村附近

三阳洞府四周环山，山与山交错环绕，山下水道相通，使洞府处于山水之中。洞府高距水面约30米，其内宽11米、深8米，洞顶如覆盖巨石，距地面3～6米。洞府东有蜈蚣岭、鸡公岭、牛车岭；南有狮子岭、川岩；北有思岩，其岩下石壁扣之如鼓声，又称鼓石。因洞府面朝东南，四季中洞府均能接受日光、月光、星光照射，因之改旧名山杨寺为三阳洞府。

漕源瀑布群

气势磅礴

鹰潭贵溪市南部山区耳口乡境内的泸溪河畔

漕源瀑布群北接武夷山脉，南连泸溪河，途经漕源村。瀑布群四周山高林密，树木苍翠，环境幽美，动植物资源丰富，夏日气候凉爽。瀑布群相连的瀑布有三层，其中第二层瀑布气势磅礴，最为壮观。

玩家攻略

观赏瀑布可先乘竹排进行漂流，再徒步观赏大自然的神奇美景。

血防纪念馆 AAAA

全国最大的血防展览馆

鹰潭余江区城中心

血防纪念馆是江西唯一、全国最大的血防展览馆。该馆由著名书法家吴作人题写馆名。全馆占地面积6483平方米，建筑面积2345平方米，为四合院式结构，建筑风格朴实、壮观。

纪念馆主体部分高12.66米，正门外廊两侧耸立着8根高11米的方柱，柱顶额枋装饰“春风杨柳”“白云飞燕”的浮雕图案，与诗词意境相得益彰。展厅环绕内庭排布，厅厅相连，自然流畅。内庭设计雅致，水池、拱门、踩石、花木错落其间，令人心旷神怡。

锦江天主教堂

江西教堂五大教区之一

鹰潭市余江区锦江镇冲虚山

锦江天主教堂又称圣类斯教堂，民国七年（1918年）由美法神会合建，历时四年，于民国十一年（1922年）竣工。时为抚州、上饶、景德镇等地区21个县（市）天主教教徒心中向往的“圣地”，是当时江西省天主教五大教区之一的余江教区的主教堂。锦江天主教堂建筑群历经近百年，大多保存完整，为江西省文物保护单位。

锦江天主教堂占地面积约2.5万平方米，主要建筑物有经堂、官厅、神父楼、大礼堂、培德女中等大小建筑物17幢。建筑大多为砖木结构，是以罗马建筑风格为主的中西合璧建筑，主建筑“圣类斯堂”（经堂）长24米，宽13米，高12米，有红石石柱，为哥特式建筑。

锦北水库

居家避暑的理想场所

鹰潭市余江区画桥镇大桥村大约1千米处，距县城约40千米

锦北水库又称烈女湖，1958年建成，是一座以灌溉为主，兼顾防洪、发电、养殖、旅游等多种功用的中型水库。

锦北水库集水面积61.24平方千米，总库容4040万立方米。湖中小岛建有别墅，周围群山环抱；这里有余江的最高峰白鹤峰，海拔512米，是森林的海洋，空气十分清新，号称绿色的“氧吧”。

玩家解说

相传湖前有孝烈桥一座，是为纪念谢枋得所建。谢枋得（1226—1289年），南宋著名爱国志士、诗人，号叠山，南昌市的叠山路就是为纪念他而命名的。1289年谢枋得因抗元失败，拒绝招安，在大都绝食殉国。其女谢周嫔闻此消息，跨溪造桥，桥成后，投水而亡，后人多有诗文颂扬此事。

安仁城垣

仅存残墙供后人回味

鹰潭市余江区境内

安仁城垣，始建于明正德五年（1510年），城墙长600余丈（近200米）。明嘉靖五年（1526年），新城修筑完成，全长1330余丈（4400多米），红条石结构，开城门九座。后经四次较大型的修葺，至清同治二年（1863年）修复的安仁城垣，用红石厚砖砌成，高约9米，宽约3米。设城楼七座，垛口1330个。同治六年（1867年）经御史院寿松奏准朝廷，获皇上嘉奖。至清末后期，破坏惨重。现仅存320米长的三段残墙供后人回味。

锦北水库

攻略资讯

- 交通
- 住宿
- 美食
- 购物
- 娱乐

鹰潭城市风光

交通

火车

浙赣、鹰厦、皖赣三条铁路干线在鹰潭纵横交会，沟通大江南北，鹰潭因此被誉为“火车拉来的城市”。鹰潭有两个火车站，分别是鹰潭站和鹰潭北站。

鹰潭站：位于鹰潭市月湖区四海东路1号，为普通列车停靠站，有至景德镇、上饶、上海的始发列车，从市内乘坐1、2、3、4等路公交车可达。

鹰潭北站：位于鹰潭市贵溪市龙虎山北道，为动车高铁站，于2014年12月10日正式通车。有发往杭州、上海、九江、广州、贵阳等地的快速列车。从市内乘坐K3路公交车可达。

鹰潭火车站

汽车

鹰潭主要有两个汽车站：鹰潭汽车客运站和贵溪城南汽车站。鹰潭汽车客运站位于鹰潭市龙虎山大道18号，从市内乘坐15、18等路公交车可达。

住宿

鹰潭作为一个现代化的城市，各种类型的宾馆一应俱全，游客可根据需要进行选择。龙虎山景区周边、鹰潭站周边都是不错的住宿地。如果想感受道教古镇的古朴民风，上清古镇是不错的选择。市内月湖区是商务酒店的聚集地，很多知名酒店集聚于此。鹰潭市内一般的小宾馆、小饭店主要集中在站江路、四海路，虽说不上豪华，但是整洁、舒适，交通也较方便。

●龙虎山象山驿站

象山驿站地处龙虎山风景名胜区内，购票旅游非常方便。驿站富有格调，选用天然杉木材料装修，大门、厅、房间、淋浴室等，处处都是浓郁的怀旧风格，此外，驿站还使用了旧时候的“马灯”、淋浴室的木地板等。✉ 龙虎山景区仙人城路6号 ☎ 0701-6659068

●桔子酒店

酒店紧邻市区第一大水面景观“东湖公园”，文艺味浓厚，设有多种风格的客房。店

龙虎山象山驿站

内设施齐全，提供早餐。✉ 月湖区信江南大道10号 ☎ 0701-6233333

●更多住宿去处

鹰潭骏安风尚艺术酒店/鹰潭市交通路29号/0701-6386888

鹰潭沁庐豪生大酒店 /鹰潭市站江路12号/0701-6626666

汉庭酒店鹰潭店/ 月湖区交通路24号 / 0701-6685858

美食

鹰潭的菜肴分为江西的家常菜以及特有的道家风味菜肴，家常菜具有浓郁的乡情，而道家菜肴则蕴含了丰富的道家文化内涵，不仅美味可口，而且色香味俱佳。

●宫中地鸡

鸡的腹中有斑鸠，斑鸠腹中有麻雀。做法是先将土鸡和斑鸠整体脱骨，在麻雀腹内放入高丽参后再将麻雀放入斑鸠腹中，后加入白莲、板栗、冰糖，然后一同放入鸡腹中，再填进桂圆、冰糖。最后在气钵内隔水炖烂，成为绝妙的滋补品。

●天师板栗烧土鸡

龙虎山出产的天师板栗，个大味香，淀粉丰富，是历代天师特别喜爱的果品和滋补品，素有“人间仙果”之称。天师板栗与当地农家喂养的土鸡相配，在文火中慢慢地烧出来的“天师板栗烧土鸡”，油光发亮，清香四溢，是很有名的美味佳肴。

天师板栗烧土鸡

●泸溪活鱼

“水至清则无鱼”，但清水中如有鱼，则鱼一定是特别鲜嫩。泸溪河发源于崇山峻岭之中，一路穿山过峡，毫无污染，清澈见底，所以河中盛产的鲑鱼、黄鱼肉嫩味甘，没有泥腥味，味道极好，为当地的名菜。

●上清豆腐

鹰潭上清豆腐历史悠久，是上清古镇的一大特色菜肴。这里的豆腐行销四方，在龙虎山中可称一绝。无论是豆腐还是豆腐干，都独具风味，不光营养丰富，还具有多种医疗效用。

购物

●余江木雕

余江木雕以雕花樟木箱、首饰小箱、佛龛、咖啡台等百余种产品而组成。它以繁多的种类、精湛的工艺被誉为“天下雕刻第一家”，行销十余年而不衰。无论是日用木雕，

上清豆腐

还是宗教木雕，或是装饰木雕，余江木雕总是对消费者有着巨大的吸引力。

●天师板栗

鹰潭天师板栗是龙虎山最有名气的特产之一。相传祖天师张道陵在龙虎山炼丹时，因为不爱荤腥，便栽了许多板栗树，以栗代饭。在他的影响下，历代天师群起效之，在泸溪河两岸栽满板栗树。天师板栗个大味香，淀粉丰富，是理想的果品和滋补品。

天师板栗

●贵溪捺菜

贵溪捺菜又称道菜和百岁菜，因其原料为芥菜，状若雄狮，根发九枝，故又称“九头狮菜”。此菜融鲜、香、嫩、脆、酸、甜、咸、辣为一体，含多种氨基酸、维生素和微量元素，食之开胃、延年益寿。

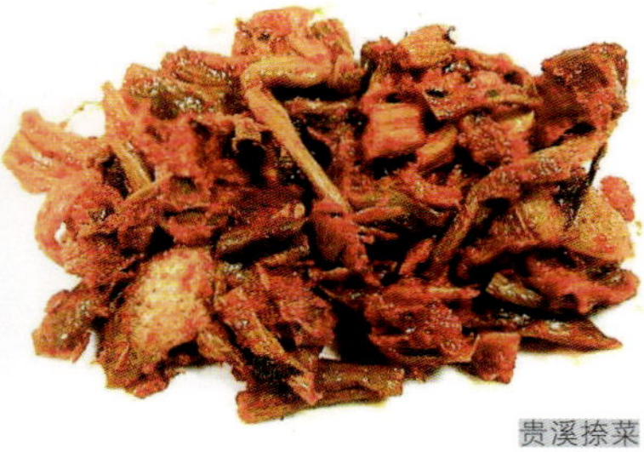

贵溪捺菜

●铁拐李灯芯糕

贵溪市龙兴铺生产的“铁拐李”牌灯芯糕已有300多年的历史。灯芯糕以优质晚稻米、白糖为主要原料，配以东南亚肉桂以及丁香、当归、白芷、甘草等30多种名贵中药精工制作而成，是江南四大名特糕点之一。铁拐李灯芯糕在清代被列为贡品，曾被乾隆皇帝誉为“京省驰名，独此一家”。

铁拐李灯芯糕

娱乐

竹筏漂流：从龙虎山山麓沿泸溪河乘竹筏西行，在七里之内有一百多座山峰，其中最著名的就是被称为“仙水岩”的24座山峰。这里的清溪绕山蜿蜒，奇峰横卧碧波，四野景色美不胜收，有“小漓江”之称。两岸的岩石千奇百怪、气象万千。

写生：龙虎山奇绝的丹山碧水、迷人的崖墓悬棺、深厚的文化底蕴，不仅吸引了海内外众多的游客，也吸引了众多的艺术工作者，龙虎山正逐渐成为国内众多艺术家的创作天堂。

其他休闲娱乐：鹰潭的传统娱乐方式有划龙舟、舞龙舞狮、玩龙灯以及传统戏曲表演等。而新兴的娱乐休闲方式也渐渐被人们接受，如KTV、酒吧、迪厅、夜总会等。

发现者旅行指南

上饶

概览

亮点

三清山

以奇峰、清泉、古松著名。素有“江南第一仙峰”“黄山姐妹山”“华东明珠”等殊荣。

婺源

拥有大规模的古村落，山清水秀、小桥流水，一派恬静的田园风光，被誉为“中国最美的农村”，是摄影爱好者的拍摄之地。

龟峰

以丹霞风光和奇峰异石见长，有“三十六峰八大景”之说，被誉为“丹霞精品”“丹霞标本”。

三清山

上饶集中营

分五大参观游览区，是全国重点文物和革命烈士纪念建筑物重点保护单位、全国爱国主义教育示范基地、全国十大红色旅游基地。

鄱阳湖湿地

中国最大的湿地公园。也是世界六大湿地之一，是亚洲湿地面积最大、湿地物种最丰富、湿地景观最美丽、湿地文化最厚重的国家湿地公园。

线路

上饶经典两日游

第一天先去上饶集中营，参观旧址及茅家岭革命烈士陵园，缅怀革命烈士。然后游览有“天然盆景”誉称的弋阳龟峰。

第二天上午至道教圣山葛仙山，品道家文化。下午参观古代江西四大书院之一的著名书院——鹅湖书院。

婺源东线三日游

第一天上午前往李坑，下午先去祥云山，观夫妻树，然后去汪口古村，漫步古色古香的长街，夜宿景区。

龟峰

第二天早起赴江湾景区，走街串巷，泛舟梨园河。下午去晓起古村，晚上伴着油菜花的香味入眠。

第三天上午先去江岭，随后去五龙源，在惊险刺激的漂流中释放心情。下午去美如武陵之桃源的庆源古村。

为何去

上饶多名山胜迹，风景点星罗棋布，早在唐朝就已是闻名遐迩的旅游胜地。境内拥有俊美秀绝的“绿”色自然风光，光辉灿烂的“红”色革命遗址，丰富多彩的“古”色文化遗存，奇妙壮观的“蓝”色淡水湖泊以及令人心醉的田园风光。

上饶集中营纪念馆

何时去

春夏秋三季都适合来上饶旅游。春天，上饶风光旖旎，遥看婺源油菜花；夏季，弋阳龟峰、枫泽湖都是游客避暑的好地方，万年县万年神农源的万年洞内清凉无比；秋季，景色烂漫，温度适宜，最适合出行。

婺源乡村春景

三清山

区域解读

区号：0793

面积：22 791km²

人口：约643万人

地理 GEOGRAPHY

区划

上饶市辖3个市辖区（信州区、广丰区、广信区），1个县级市（德兴市），8个县（玉山县、铅山县、横峰县、弋阳县、余干县、鄱阳县、万年县、婺源县）。

地形

上饶市地形大致由东南向西北倾斜。境内东南北部三面环山，西部临水，中部丘陵广布。东西向依次为边缘山地、丘陵、平原和湖泊。北部黄山尾闾蟠结在上饶、黄山之间，东部怀玉山脉绵延于上饶、衢州边境，东南部为武夷山脉，西北是鄱阳湖。上饶境内水资源丰富，汇集了140多条支流，由东向西直奔鄱阳湖。

气候

上饶市属中亚热带季风湿润气候，具有四季分明、雨量充沛等气候特点。春季冷暖多变、潮湿阴凉；夏季炎热，雨量集中；秋季干旱多风，凉爽少雨；冬季寒冷干燥，雨雪稀少。上饶境内降水量的分布受地形影响很大，怀玉山区各县降水量最多，湖滨地区的余干县最少。

历史 HISTORY

历史大事记

●远古时期

20世纪60年代，考古学家在上饶市万年县大源镇对仙人洞、吊桶环遗址先后进行两次发掘，认定其为新石器时代古人类活动遗址，在该遗址出土的陶片，最早的年代有12 000年左右，是中国已发现的最早的陶制品之一。遗址上还发现了野生稻和人工稻的线索，经研究证实该地区是亚洲乃至世界上最早栽培水稻的地区。

●秦汉时期

公元前221年，秦分全国为36郡，境内设番县、余干县，这是上饶地区建立县级行政组织的开始。

东汉建安十五年（210年），析豫章郡地设置鄱阳郡，这是上饶市最早的郡级行政组织。

●近现代

1927—1937年，上饶地区在方志敏、黄道、邵式平等老一辈无产阶级革命家指导下，建立了赣东北革命根据地和赣东北苏维埃政权，创建了中国工农红军第十军团，对周边地区影响很大。

婺源程村

1941年1月—1942年6月，国民政府在上饶市城区南部建立囚禁政治犯的集中营（监狱），即“上饶集中营”。

名单 上饶历史名人

东晋开国名臣陶侃
唐朝“茶圣”陆羽
南宋著名理学大师朱熹
宋代名将、爱国词人辛弃疾
南宋音韵学家、词人姜夔
爱国名臣洪皓
清代著名天文学家齐彦槐
清末铁路工程师詹天佑
无产阶级革命家方志敏

上饶集中营

文化 CULTURE

婺源茶文化

中国是茶的故乡，婺源是中国绿茶之乡，婺源的茶在唐宋时被称为绝品，明清更是成为贡品，中外驰名。茶在唐代已成“举国之饮”，茶文化也随之大兴。

自南宋以来，特别是明代，婺源因是朱熹故里，儒学盛行，在文人骚客的推动下，婺源茶道不断发展丰富。婺源茶道经过长期的历史实践发展，目前已经发展成为具有浓郁地方特色的农家茶、文士茶和富室茶等系列，三种茶道表演各具特点。

农家茶道表演程序依次为：摆具、备茶、赏茶、荡碗、投茶、冲泡、分茶、敬茶和品茶，共九道。茶叶一般用的是特级婺源绿茶，水则是山间清醇的泉水，茶具为青花瓷壶与茶盅和铜壶。用铜壶煮水，随之投茶入青花瓷壶。待水沸后，注入青花瓷壶。

文士茶道表演程序依次为：摆具、焚香、盒手、备茶、涤器、置茶、投茶、洗茶、冲泡、献茗、受茶、闻香、观色、品味、上水和二道茶等，共16道。文士茶所选用的茶与水都是极其讲究的，茶要婺绿茗眉、灵岩剑峰，水则是地下水或山泉水。

而富室茶则迥然不同。富室茶是富裕人

家在堂前花厅招待贵宾的一种高贵的茶道。茶客安坐于太师椅上、八仙桌旁，而且不同的位置，尊卑也是不同的，一般来说，敬茶时要遵照先左后右、先上后下的顺序，不能有些许差池。制茶的茶具更为讲究，一般用锡制的通气壶烧水，有的还用银壶。饮茶则是用粉彩、古彩或青花的“滗盂”，大多是瓷托，十分的奢华。

婺源茶文化除了体现在茶道表演中之外，还体现在设置在乡间古道和偏僻山路的茶亭上。婺源人讲究行善施舍和普济众生，在行人必经的乡间道路和崇山峻岭间的古道上，邻近的村民或宗族或个人，往往捐建茶亭，专门为行人供应茶水，以解行旅之人的饥渴。

戏曲的活化石——弋阳腔

弋阳腔亦称“弋腔”，俗名“高腔”，是元末明初时宋元南戏流传到江西弋阳一带，与当地语言、民间艺术相融合而产生的。弋阳腔曾与昆山腔、余姚腔、海盐腔并列为当时的四大声腔，在中国地方戏曲历史上占有不可替代的重要地位。

弋阳腔在演唱形式和风格上独树一帜，不用伴奏，锣鼓击节，演员徒歌干唱；演唱时一人开口，众人帮腔，这也是弋阳腔的一种重要艺术表现手段，可以渲染舞台气氛，还能够铺陈剧情、刻画人物等，艺术感染力极强。

弋阳腔剧目的来源，有相当一部分是继承了宋元南戏的传统戏，如《琵琶记》《拜月亭记》《白兔记》《荆钗记》《金印记》等，还有一部分是在长期与海盐、昆山等腔的交流演出中吸收来的，如《玉环记》《浣纱记》《红拂记》《玉簪记》《水浒记》等。弋阳腔艺人和民间剧作家，在演出实践中往往对这些剧目“改调歌之”，以增强作品的乡土气息。

现在，弋阳腔中比较流行的除原有的传统剧目外，还有新编排的《清风亭》《血溅乌纱》《绣花女》《弋腔情》《杨门女将》《白蛇传》《狸猫换太子》等剧目，它们以崭新的表演形式、优美的音乐配器、全新的舞美效果，得到了广大观众的热烈称赞。

近20年来，由于多种原因，弋阳腔的传承步入困境。2004年4月，弋阳腔被文化部列入中国民族民间文化保护工程试点，有关部门也采取了多种措施对弋阳腔实施保护，特别是弋阳腔的发源地——弋阳县，为弋阳腔的保护传承做了大量工作，取得了明显成效。2006年弋阳腔被列入国家第一批非物质文化遗产代表作名录。

婺源茶道表演

景点推荐 三清山风景区 AAAAA

三清山风景区总面积229.5平方千米，主峰玉京峰海拔1819.9米。因玉京、玉虚、玉华三峰峻拔，宛如道教玉清、上清、太清三位最高尊神列坐山巅而得名。

三清山自然风光与人文景观齐辉，自古就有“天下第一仙山”的美誉。十亿年的地质演化形成了奇峰耸天、幽谷千仞的山岳绝景奇观，1600余年的道教历史孕育了丰厚的道教文化内涵。联合国教科文组织世界遗产委员会认为：三清山风景名胜区展示了独特花岗岩石柱和山峰，栩栩如生的花岗岩造型石与丰富的生态植被、远近变化的气候奇观相结合，创造了世界上独一无二的景观，呈现了引人入胜的自然美。

上饶市东北（玉山与德兴交界处） 乘火车至上饶或玉山县，然后转乘班车去往三清山 120元 0793-96373

旺季8:00～17:00（周一至周五），7:30～17:00（周六、周日）

玩家 行程

线路A：从东部索道上山，游南清园的女神峰和巨蟒出山，之后往东海岸走，再转到西海岸，西海岸下山后又回到玉皇顶，再从东部索道下山。

线路B：从东部索道上山，然后游杜鹃谷，看完玉女开怀后往一线天下，走到南天门后往西海岸上，再转到东海岸回到玉皇顶，从东部索道下山。

线路C：从南部索道上山，游南天门后前往西海岸，再游三清宫和东海岸，往玉皇顶下到女神峰和巨蟒出山，上到杜娟谷后往一线天下回到南部索道。

线路D：从南部索道上山，游南天门后往一线天上到玉台，再从杜鹃小路来到女神峰，又往玉皇顶上到东海岸和西海岸，再回到南部索道下山。

三清山巨蟒出山

玩家攻略

1.最佳旅游时间：前往三清山的最佳旅游季节是秋季，这时候天气干爽，没有恼人的雨水来干扰，可以玩得很尽兴，而少见的佛光也会不时出现。观日出位置最佳的宾馆为女神宾馆，享有“人间仙境”的美誉。

2.吃：玉山县城中可采购物品的超市很多。可以先在玉山购买好上山必备的物品，包括食物。三清山的主要美食有石鸡、野兔、笋干、芋饺、苦叶菜、块魔芋、粉蒸野兔、石耳炖肉饼、炖红烧肉、三清山香酥鱼等。

3.玩：玉京峰是观日出、日落的绝佳位置。山峰高凌云端，峻峭挺拔，更有天象奇观云海、雾涛、日出、佛光等。司春女神作为三清山的招牌景点，绝对不容错过。

三清山十大绝景

司春女神：位于南清园东北部，三清山标志性景观。海拔1180余米，通高86米。整座山体造型就像一位秀发披肩的少女，天地造化，鬼斧神工。亿万年来，女神端坐山峰，默然注视芸芸众生，神态祥和。传说女神为西王母第二十三女，名瑶姬。世人认为她是春天的化身，因而又称之为“司春女神”。

玉女开怀：位于南清园。玉女开怀是三清山至纯至美的象征，坚硬的石峰却呈现出丰腴柔美的形态，举世罕见，造化之奇可见一斑。

巨蟒出山：位于南清园北部，三清山标志性景观。海拔1200余米，相对高度128米，是由风化和重力崩解作用而形成的巨型花岗岩石柱。石柱身上有数道横断裂痕，但经过亿万年风雨，依然屹立不倒。形似一硕大的蟒蛇破山而出，直欲腾空而去。

猴王献宝：位于西海岸景区西北部。猴王身高约7米，端坐悬崖之上，手捧宝物，凝神观看，憨态可掬。

老道拜月：位于万寿园内，在日上山庄附近观赏，山体形似一老道，遥对苍穹，肃然静立，悟道求真。每逢皓月当空，老道对月虔诚遥拜。访客观之，静心宁神。

蒲牢鸣天：原名海狮吞月，位于万寿园景区。蒲牢是传说中龙生九子中的一子，喜欢鸣叫，是种瑞兽。此座山峰惟妙惟肖，契合万寿园祥寿文化主题，寓意吉祥。

观音赏曲：位于南天门群峰之间。由两座山峰构成，一为观音像，一为葛洪像。相传晋代道士葛洪有感于民间疾苦，以琵琶对天倾诉。琴声感动天庭，观音下凡探访，合十聆听，留此法相。此处观音也是三清山观音三法相之一。

葛洪献丹：位于南清园景区。道教丹鼎派创始人之一葛洪被奉为三清山的开山鼻祖，在三清山备受尊崇。357年至361年，葛洪云游三清山，在此结庐修道，三清福地至今还留着他当时炼丹留下的痕迹。这座山峰顶部造型酷似一道士手捧药葫芦，因而人们以“葛洪”命名，以作为对开山祖师的纪念。

神龙戏松：位于南清园景区一线天下。山峰石壁上紧贴着一条长蛇，眼睛紧盯着山顶上一棵松树，似乎在和松树游戏，又似乎在谋划什么阴谋。民间传说这条蛇蛰伏于此，是想找机会进南天门，却被守护南天门的鲲鹏发现，一直苦无良机。

三龙出海：位于南清园景区，在玉皇顶观赏气势最佳。三座造型奇绝的山峰，状如三条巨龙，从山谷中腾身跃起，横空出世于云霄间，大有破空而去之势。

4.住：三清山景区内住宿方便，有很多种酒店、宾馆可供游客选择。每个星期的周末，三清山山上的客房都相当紧张，特别是周六住宿基本饱和，所以建议出发前一定要落实住宿问题。

喜欢露营的游客可考虑在三清宫露营，三清宫前面的空地可露营扎帐篷，山上有可以租用的帐篷，也可以自己背帐篷上山。但是最好挑人比较多的时候去露营，注意安全。

5.购物：三清山物产丰富，较出名的有云雾茶、鸡心栗、黄金茶、白玉豆、四足鱼、罗纹砚、玉山毛笔等。

南清园景区
三清山自然景观的精华

三清山景区中心

南清园景区平均海拔为1577米，集中展示了14亿年地质演化形成的花岗岩峰林地貌特征，是三清山自然景观的精华。

南清园景区从浏霞台经玉皇顶、巨蟒出山、东方女神、杜鹃谷、一线天至游仙谷，构成一个环线。三清山几大标志性景观都在此景区，奇峰异石、雄浑山岳、壮阔云海、珍奇花木遍布其中，景观丰富。

玩家攻略

1.最佳游览时间：南清园景观资源丰富，所以在时间的选择上比较自由。通常的选择是在下午，吃过午饭，休整后登山，游览沿途风光，至玉

台可以看日落，晚饭前可以游遍南清园。

2.南清园是三清山除了玉京峰景区之外比较消耗体力的一个景区，其中一线天的299级台阶是最需要小心的路段。而且南清园景区景点密集，稍不留神就会错过很多景点。所以在游览南清园时应按"先缓后快"的节奏进行。

由于景区游步道呈环线状，顺时针游览可节省很多体力，且经过一线天时是走下坡（往下更能感觉出一线天之险要）。路线从浏霞台上，至游仙谷下。在几个主要观景点都可稍做休息，如玉皇顶、巨蟒出山、东方女神、玉台及玉女开怀等，每次休息不宜超过10分钟，以免耽误游览其他景区，全部游览完需要2~3小时。

阳光海岸景区
三清山新开发的高空栈道景区

三清山东部

阳光海岸景区又名东海岸，是观赏三清山东部瑰丽风光的最佳之处，是三清山新开发的1600米的高空栈道景区。

阳光海岸全长3600米，景区南起三清山中心景区南清园的玉皇顶，北至道教圣地三清宫景区的九天应元府，并由此连接三清山西海岸景区，形成了三清山核心景区环形栈道旅游线路。漫步于阳光海岸之上，脚踏浮云，身披雾纱，犹如遨游于仙境之中。

玩家攻略

1.站在高空栈道上可观赏到日出、壮阔云海、百里松林、惊险刺激的索桥、透明玻璃观景台、幽深峡谷、不同角度的东方女神和巨蟒出山等几大奇观。

2.阳光海岸景区虽说游线相对较长，但台阶高低分配有度，整体成曲线状。游客走在栈道之上，轻松自如，全程游完大概需要一个半小时。阳光海岸景区设有众多休息点，在几处绝佳的观景台上游览时也可以边欣赏美景边休息。

万寿园景区
以祥寿文化为主题的景区

三清山南麓

万寿园景区内奇峰巧石浑然天成，仙峰

秀色中蕴涵着中国传统祥寿文化和道家修身养性之道，是以祥寿文化为主题的景区。

整个景区就如同一座天然盆景，各景点景观契合祥寿文化主题，启示健康养生之道。景区从彭祖祝寿像经观音台、鹤寿顶、得禄台、逍遥石至树开石一带，游线呈环状，全线路程约1.5千米。

玩家 攻略

1.万寿园景区是三清山最轻松的景区，整个游览只需50分钟左右。游览万寿园建议放慢节奏，以免失去舒适悠闲之感。万寿园最消耗体力的路段其实就是进入景区的100个台阶，这部分步道应该慢慢走，休息时间可以相对减少。在几个观景台上边赏景边休息是较好的休息方式。逍遥石是万寿园较为危险的路段，经过时切记要抓好扶栏，小心为上。另外上鹤寿顶、得禄台的台阶也非常陡，注意安全。

2.最佳游览时间：由于游览时间较短，而且体力消耗不大，所以万寿园的游览时间选择比较自由，是住在山上的游客饭前或饭后散步的好去处。

西海岸景区

三清山观景最为开阔的景区

三清山西部

西海岸是三清山观景最为开阔的景区，据地质考察，三清山曾经三次被海水淹没，西海岸就是当年的海岸线。

西海岸景区南起浏霞台过后50米的岔路口，北至三清宫景区的涵星池，平均海拔1600米，游线大约4千米，其中3600米无一台阶，游步道由一条全国最高、最长的高山栈道构成。

玩家 攻略

1.西海岸景区游线虽然比较长，但只有起始和结束共400米路段需要攀登台阶，其他都是没有一级台阶的栈道。漫步在海拔1660多米的高空栈道上，一边是悬崖绝壁和原始森林，一边是幽深的峡谷，远处是连绵群山，这种体验不容错过。西海岸的云海尤其壮观，除了普通的云海，还有轰鸣的“响云”、汹涌的“瀑布云”等。站在

三清山西海岸栈道

栈道上俯瞰大峡谷，也是一种难得的体验。

2.景区是单线游步道，是连接三清山南、北山的走廊。如时间充沛，在游完西海岸景区后，可以继续游览三清宫景区，并经过玉京峰或阳光海岸景区返回南部；往返西海岸景区约需3个小时。

3.最佳游览时间：西海岸景区是需要重点安排的景区。通常将游览西海岸的时间安排在下午，因为下午的时间比较充足，且视线较好，适合远眺，返回的时候往往可以看到绚丽的晚霞。

西华台景区

宋明以来的登山石级古道

三清山北麓

西华台景区是宋明以来的登山石级古道，范围从汾水村至风门。诗情画意的田园风光是这一景区最突出的特点。一路上，松声和泉声，万木葱茏，百花争艳，石径穿行于林荫中，盛夏三伏天气也无暑热之苦，人们赞之为“绿色王国”“清凉世界”“百花园”。

玩家 攻略

1.最佳游览时间：景区内珍木奇花丰富，加上两大瀑布，一般游览时间选在春夏两季的上午较为理想。整个游程需2~3小时，需较充沛的体力。

2.西华台景区目前基本处于原始状态，所以比较适合有较多户外活动经验的游客。

玩家 解说

西华台景区以田园风光和幽静古道为胜。步云古道早在唐代就是信州太守王鉴退隐之处，这里水转山环、梯田如画，岭上人家是畲族村寨，至今保持着非常淳朴的民风。至王鉴后

裔王霖于宋代乾道六年（1170年）在山上建立三清宫以来，步云古道成为香客游人登山的必经之地。这里北接婺源古徽州，东连“吴楚分源”古驿道，西下鄱阳湖，可谓“古道黄金线”。另外，西华台景区内还有大片原始森林，茫茫绿色林海中，古木参天，奇花异草遍布。

玉灵观景区
东部登山的通道

三清山景区风门以下至金沙、龙泉桥一带

玉灵观景区为东部登山的通道。景区内曲折盘旋的山道，迂回于奇峰岭嶂之间，穿行于青松绿竹林荫之下，沿山道攀登游览，一路水月松峰，直叩风门云关。

主要景点有玉灵观、吊桥、石峰林、马鞍山、山羊床、冰玉洞、小龙潭瀑布、金坪岭、冲虚远眺、玉京烟云、三清列坐、玉灵月色等。

玩家 攻略

玉灵观景区是三清山景区的外围景区，开发尚未成熟，游步道以及其他基础设施、服务设施还不够完善，通常不建议游客进入，如果有游客希望到玉灵观景区探幽，最好请一位向导（本地山民是最好的向导）。

玉京峰景区
三清山最高峰所在地

玉京峰景区是三清山最高峰所在地，海拔1819.9米，是观日出、日落的绝佳之地，有“不登玉京峰，难得三清妙”的说法。

景区范围从九天应元府、红茶花石，经郁松岭、跨鹤桥、登真台、玉华峰、玉虚峰，到蓬莱三峰一带。景区内除了玉京、玉虚、玉华三座主峰高凌云端，还有蓬莱三峰、垂直千米的飞仙谷、深渊万丈的王母谷，更有天象奇观云海、雾涛、日出、佛光等。

玩家 行程

玉京峰景区北部连接三清宫景区、阳光海岸景区，南部连接南清园景区。如果登顶是从南清园上，可以从三清宫下，走西海岸返回；从三清宫登顶的游客则应反其道而行。

玩家 攻略

1.最佳游览时间：一般选择上午时间，经过一夜的休整后，上午的体力较充沛。而且云海、雾涛、佛光最易在清晨至上午时间段出现。到玉京峰赏日出的游客需要较早出发。

2.玉京峰是三清山最消耗体力的景区，登顶需要充沛的体力与顽强的毅力，总游览时间需2~3小时。上玉京峰的路线有两条：一是从南清园走冲霄谷至玉京峰，途中有段好汉坡，游步道随山谷延伸，林荫蔽日，险而陡，一路行来非常寂静，这段游步道景点较少，却是三清山核心景区中原始风味较足的区域，适合“毅行”；二是从三清宫经九天应元府上玉京峰，这也是较多游客选择的路线，这条路线上玉京峰的游步道相对平缓，登玉京峰后走冲霄谷下，最陡的冲宵谷变成下坡，相对可节省很多体力。

三洞口景区
三清山景区中无数奇险胜景之一

三清山西北

三洞口位于由汾水关通往梯云岭去的登山途中，是三清山西部飞仙谷中奇险胜景之一。其主要特点是从高峰进入幽谷深处，可探索三清山腹部迷宫般的深沟大谷，并从不同角度远眺玉京雄姿、蓬莱仙境、琼台玉阁，这是其他景区所不能取代的最大特色。

主要景点、景物有：仙桥墩、书童踏肩、唐僧西征、玉屏峰、百鸟朝凤、老虎洞、阎王洞、幽冥洞、鬼门关、红瀑、灵雨岩、金刚峰、蟠龙岗。

玩家 解说

第一洞口，形如虎口，它是由虎嘴形山岩组

玉京峰

成的。人不能直立通行，一边是峭壁，一边是深谷，脚下是布满青苔、油滑非常的凸形岩体，必须贴着石壁，弯腰俯首，蛇行而过，险不可言。人们称此洞为“老虎洞”。

第二洞口，形如古井，它是天然岩石倾轧而成，洞深10余米。人须用双手和双脚支撑在洞壁石缝间，慢慢交替着移动身体，稍有闪失便可能跌落洞底。洞壁上有洞，作为此洞的出入口。人们称此洞为“幽冥洞”。

第三洞口，形如一座殿宇，宽敞高大，全部由岩石天然构成，可容纳数十人休息。一人讲话，声震洞宇，发出嗡嗡回声。洞前有大刀形长条岩石高10米，“刀”口裂隙中嵌进一株松木，松木上有间隔的凹槽，从凹槽处才能通过，其险难以言状。人们称此洞为“阎王关”。

三清宫景区
三清山人文景观的集萃地

三清山北部

三清宫景区也称三清福地景区，是三清山人文景观的集萃地，也是道教古建筑群的“露天博物馆”。

三清宫景区平均海拔1500多米，范围上至九天应元府，下至风门。三清山自晋朝葛洪开山以来历时1600多年，道教历史源远流长，共有宫、观、殿、府、坊、泉、池、桥、墓、台、塔等230多处古建筑及石雕石刻文物。这些古建筑及文物依据“先天八卦图式”和“后天八卦图式”精巧融合布局，是研究我国道教古建筑设计布局的独特典范。

田园牧歌景区 AAAA
以乡村旅游为主的度假村

三清山东面的金沙服务区内

田园牧歌景区内提供餐饮住宿，也有拓展、垂钓之类的娱乐设施，是一处以乡村旅游为主的度假村。游玩三清山以这里为大本营是不错的选择。景区内的田园风光优美，白天有佤族表演可看，晚上还能参加篝火晚会，看二人转表演。原汁原味的木头房子是这里最有特色的住宿形式。

三清山三清宫

景点推荐

婺源旅游区

江永墓

江永与其夫人汪氏之合葬墓

上饶市婺源县江湾乡

江永墓背负青山，前临清溪，为江永与夫人汪氏之合葬墓。墓呈弧形封土，前端砌以青石。墓碑高1.2米，上镌：“皇清进士从祀紫阳儒江慎斋先生偕元配汪氏孺人之墓赐进士及第诰授奉直大夫翰林院撰修加二级记录五次授业门人金榜顿首百拜题。”

链接

江永小传

江永（1681—1762年），字慎修，婺源人。清代经学家、音韵学家。他广泛收集古书中的礼乐制度，著《礼经纲目》，又精心研究“三礼”，著《周礼疑义举要》。另外，江永精通音律，著《古韵标准》《音学辨微》等。

江岭

婺源看油菜花的最佳之地

上饶市婺源县溪头乡江岭村　婺源汽车北站有去江岭的班车，开到江岭山脚的游客中心　通票210元　0793-7410999　7:30～17:00

江岭因漫山遍野的油菜花而闻名，这里的油菜花田不是分布在平地上的，而是沿着山坡形成一层一层的梯田，到了三四月份油菜花盛开，呈现出婺源风光最美的一面。

站在山顶望去，脚下大片的山谷内，油菜花层层叠叠，一望无际，中间围拢着几个小小的村落，黑瓦白墙的徽派民居点缀在一片金黄之间，再没有比这更壮观而令人惊喜的景观了。

玩家攻略

1.到江岭的道路极不好走。从江岭到晓起，

8千米的路段全部是土路，如果遇到雨天，就变成了泥浆路，寸步难行，只能以车代步。

2.江岭风光无限。拾堤田而上，岚气升腾，重峦叠翠，溪水碧澄，粉墙黛瓦时隐时现，青苗绿茶连绵成片，田舍风光平和恬淡，是旅游摄影人士的绝佳去处。想趁早拍个全景，可住在村里的农家乐中。

3.从江岭开始，公路始终在山间穿行，一路风光十分优美，从一级站开始，湖光山色始终出现在公路边。去段莘大路转向庆源的一段路途，是观赏高山平湖的最佳地点，随着山势的上升，湖泊一点一点地出现在眼底，这时选择一个地方停车欣赏或索性徒步都是一个好的决定。

婺源博物馆

被誉为“中国县级第一馆”

上饶市婺源县紫阳镇文公北路

从婺源县老城区步行即可到达

免费　0793-7351790　8:00~17:30，周一闭馆

婺源博物馆主体为具有浓郁地方特色的现代徽派建筑。婺源博物馆属国家重点博物馆、江西省爱国主义教育基地，是反映婺源历史的重要窗口，被誉为中国县级博物馆中的“第一馆”。

博物馆分为精品陈列室、婺源古建筑展览、砚史陈列等部分，藏有陶瓷器、玉石器、金银器、工艺品等各类文物珍宝上万件，尤以两宋名瓷、明清字画和唐宋古砚见优。

从溪漂流

山环水绕，九曲十弯

上饶市婺源县秋口镇从溪村

从溪水清澈晶莹，山鸟啾鸣，鱼虾欢跃，恍若人间仙境，让人流连忘返。这里是著名电影《闪闪的红星》的外景拍摄地之一。

从溪漂流全程4.5千米，时间约为1.5小时。这里山环水绕，九曲十弯，云雾缭绕，清凉怡人。漂流直下，将漂过梅花灿烂的梅花滩、满山杜鹃花的杜鹃滩、鸳鸯戏水的鸳鸯潭、白鹭游弋的白鹭滩、形似牛角的牛角湾。

庆源古村

有1300多年历史的古村落

上饶市婺源县段莘乡　县城北站有车前往

20元卫生费

庆源建村于唐开元年间，是一个有1300多年历史的古村落。庆源古村地貌极为奇特，狭长的山谷两侧，海拔600米以上的两条山脉对面相峙，地势险要，自古以来这里戎马绝迹。这里山高气清，土肥雾重，空气清新、不染纤尘。每当油菜花、梨花和桃花盛开之际，庆源人家便笼罩在一派“金山、银海、胭脂云”的景象之中。

玩家 攻略

1.在庆源古村住宿，游客可以选择去又一村客栈，位于庆源村一号，从村头沿着石板路进村的第一户人家，是一个经典的农家小院。客栈的一家三代人有四位从事过教师职业，书香气氛浓郁，庭院内花草树木齐全，足不出户就可采摘四季蔬菜，还可吃到家养的猪肉和土鸡。

2.庆源古村物产丰富，盛产的云雾茶茶香、汁浓；冷水塘鱼、深山石鲫闻名遐迩。

玩家 解说

庆源古村峡谷深幽，宽如太行之盘谷，美如武陵之桃源，地处万山之巅，阻外而溢中，是绝佳的避乱胜地，素有“小桃源”之称。庆源村口“别有天”古亭内现仍留有古人绝句：“空山隐卧好烟霞，水不通舟陆不车，一任中原戎马乱，

桃源深处是吾家。”原亭大门口两侧有联为“车马绝喧阗忆前人三径怡情托迹不殊陶靖节、鸡犬声相闻惟此地四民安堵落花犹似武陵源”，横联为“桃源深处”。说庆源古村是小桃源，亦源于此。

晓起古村
婺源风景最美的村庄

上饶市婺源县江湾镇晓起村

从婺源北站坐到晓起的长途汽车

60元 0793-7410999 全天开放

晓起村可以说是婺源风景最美的村庄，由下晓起、上晓起两个村子组成，两村间相隔500米，有古道相连。

晓起村始建于787年，村中保持了600余年的房屋有几十幢，其中的进士第、大夫第、荣禄第等建筑，无不折射出这里曾经有过的辉煌。此外，晓起名贵古树观赏园内会集了千余株古樟树和罕见的大叶红楠树等珍贵树种。古朴典雅的明清民居，曲折宁静的街巷，青石铺就的驿道，碧野清风的自然环境，使得晓起“古文化生态村”的称号当之无愧。

玩家攻略

1.上晓起的山坡田园风景优美，从上晓起上行到达江岭，可以看到中山田园风光。这一带是婺源风景最美的地方。下晓起村有水绕村庄的风景，从汪口镇乘前往段莘方向的汽车拐入一条土路后，经过茅坦村后就到达了老树环抱的下晓起村，两条溪流在此汇合，景色很宁静。

2.下晓起村聚集着客栈与饭店，食宿十分方便。村庄仍保持着原汁原味的古朴，一条条小巷纵横，一不小心就会转向迷路。小巷间藏着一家家手工艺小店，多卖古董、砚台和木雕。村子入口处有两家百年老屋，规模在村里算是大的，在

晓起古村

那里可以吃饭住宿，不过需要事先预订。

3.从下晓起可步行到上晓起，路上经过一座小山坡，会看到一棵十分高大茂盛的千年古樟。这里盛产樟树，随处可见当地人现场锯樟木片，香味浓郁，可用来防蛀虫。在山坡上可看到下晓起的全貌，是摄影的好地方。

祥云山景区
古朴清雅

上饶市婺源县秋口镇黄源潭村

祥云山景区山清水秀，竹木葱郁，是婺源旅游东线上的一颗绿色明珠。远观古村落，飞檐翘角、粉墙黛瓦；近看星江水，蜿蜒曲折如缠腰玉带。众多的人文景观和历史古迹，将使您领略到中国最美乡村的古朴清雅。

汪口古村 AAAA
距今有1100余年历史

上饶市婺源县江湾镇汪口村

在婺源老北站乘到汪口的班车

景区通票210元 0793-7298002 7:30~17:00

汪口古村落，始建于北宋大观年间，距今已有1100余年历史。和李坑的小桥流水不同，汪口在一条大河的一侧，这边是古朴的徽派古村落，对面是起伏的向山。大河的水很清

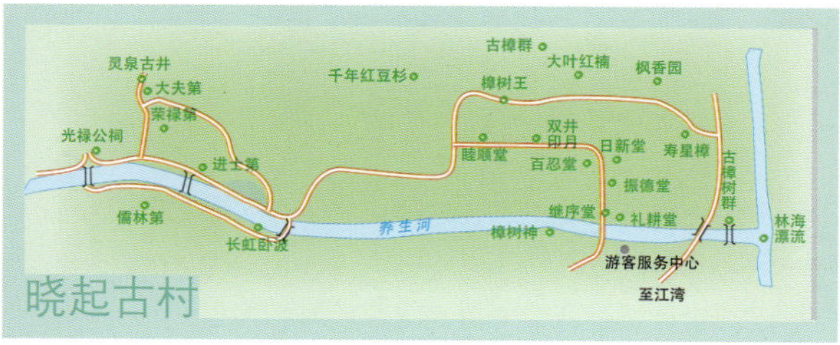

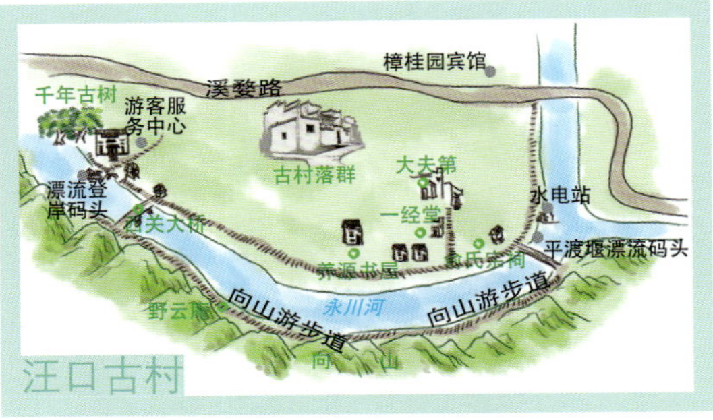

澈，正是因为这一汪碧水，这里被叫作“汪口”。

汪口自然景观和人文景观极具特色，丰富多彩，吸引了不少的中外游客。有被誉为“艺术宝库”的省级文物保护单位“俞氏宗祠”，属徽派建筑的“千年古街”，古朴典雅的“一经堂”“懋德堂”“大夫第”和“养书屋”等民居，沿河十景点的龙船潭“水上竹筏漂流”，还有由清代经学家、音韵学家江永设计的“平渡堰”曲尺碣遗址。

玩家 解说

汪口古时为徽州府城陆路经婺源至江西饶州的必经之地，又是婺源县城连通东北乡水路、货运到乐平、鄱阳、九江等处的码头。明清时期，这里店铺林立，商贾云集，景象繁华。

俞氏宗祠

俞氏宗祠建于清乾隆九年（1744年），占地面积为1116平方米，是一座以细腻的木雕闻名于世的祠堂，现为江西省文物保护单位。

俞氏宗祠为三进院落，坐西北朝东南，平面呈长方形，宽15.6米，纵深42.6米，周围有高10米的砖墙，凡梁枋、斗拱、脊吻、驼峰、雀替等处均巧琢雕饰，有浅雕、深雕、圆雕、透雕形式的龙凤麒麟、松鹤柏鹿、水榭楼台、人物戏文、飞禽走兽、兰草花卉等精美图案百余组，被誉为“艺术殿堂”“木雕宝库”。

玩家 攻略

每年都会有传统的“祭祖仪式”在宗祠内进行。祠堂采用的是祭祀中级别最高的

“周礼”。此外，旅游黄金周时，祠堂会定时进行现场表演。

李坑古村 AAAA

群山环抱，山清水秀

上饶市婺源县秋口镇李坑村

乘婺源至东线的汪口、晓起的汽车，中途下车后步行可到

¥ 60元 7:30～19:30

李坑是个四面环山的水乡小村，村前有大片的油菜花田，入春后是漫山遍野的金黄，村内溪河两岸边多徽派古建筑，灰墙白瓦自成一派，古朴素净，给人一种安静、祥和的气氛。

村落被群山环抱，山清水秀。村中古建筑遍布、民居宅院沿溪而建，依山而立，粉墙黛瓦、参差错落；村内街巷溪水贯通、九曲十弯；青石板道纵横交错，石、木、砖各种溪桥沟通两岸，更有两涧清流、柳碣飞琼、双桥叠锁、焦泉浸月、道院钟鸣、仙桥毓秀等景点在其中，构筑了一幅小桥、流水、人家的美丽画卷，是婺源精品线上的一颗灿烂的明珠。

玩家攻略

1.玩：光明茶楼曾经作为电视连续剧《青花》的摄制场地之一，赵雅芝、斯琴高娃都曾在这里品过茶，体验过小桥流水人家的魅力。地址：走进李坑，沿着小溪经过大夫弟、申明亭，再缘溪而上即可到达。

2.食：在沿街会看到售卖的绿油油的“小饺子”，那是用艾叶做的“清明果”，有甜有咸。还有自家酿造的猕猴桃酒、蜂蜜酒等，价格都不贵。

链接

月亮湾

在离开紫阳镇往东不远，到达李坑的半路之间，有一座狭长的小岛。小岛夹在两岸之间，形状犹如一弯月亮，这就是月亮湾。月亮湾是半路上的一处小景点，但其恰如明月的身姿，隔岸的徽派民居，加上偶有三五农妇临湖浆洗，时常引得游人纷纷驻足，下车拍照。

大鄣山卧龙谷 AAAA

瀑布成群

上饶市婺源县大鄣山乡 从县城汽车北站乘坐县城至卧龙谷景区的直达班车

¥ 55元 0793-7246688 8:00～17:00

大鄣山又名鄣公山，是婺源县的北部屏障。主峰擂鼓峰海拔1630米，如利剑插云，气势磅礴。大鄣山林木苍翠，奇石峥嵘，石涧纵横。这里最大的看点是场面雄伟的瀑布群，如银河悬空，白练垂地。除“瀑布泉”外，山中尚有“那伽井”“龙井”“仙人药臼”“天生棋局”“仰天台”“仙人跨涧”等。此外，山中多猴、熊，其他珍禽异兽也不少。

婺源古村

玩家 解说

《山海经》称大鄣山为“三天子都”或“三天子鄣”。秦朝将天下分为三十六郡，其中今苏皖两省长江以南、浙江新安江以北、江苏茅山以西为一郡，并以“鄣”命名为“鄣郡”。《旧志》谓大鄣山为“钟灵发脉之地”，有“泰岱钟灵，孔子万世师表；鄣山毓秀，文公（朱熹）百代经师”之说。

灵岩洞森林公园 AAAA

华夏第一洞天

上饶市婺源县古坦村西侧

婺源客运站有班车可到

55元 0793-7410999 7:30~17:00

灵岩洞森林公园是一个融自然与人文景观为一体的风景名胜区，主要分为灵岩洞群景区、石城古树名木景区、生态茶园景区。

灵岩洞群景区

灵岩洞群景区由卿云、莲华、涵虚、凌虚、琼芝、萃灵等36个溶洞组成。洞内泉流澄清，水石相映成趣，石笋、石花、石柱、石幔等琳琅满目，千姿百态。有蓬莱仙阁、金阙瑶池、云谷游龙、天池荷香、龙门泻玉等景观数百处。更为称绝的是洞群间保留有“岳飞游此”和明代戴铣的摩崖石刻等唐代以来的游人题墨2000多处。

灵岩洞森林公园

石城古树名木景区

石城古树名木景区有近百亩古树，有山樱花、银杏、香榧树、红豆杉、三尖杉、楠木、槐树、青栲、糙叶树、杭州榆等。尤其是17棵玉兰树聚生一处，有的树龄已达千年，堪称中华之最。这里众山环抱，四季常青，流水潺潺，鸟语花香。

生态茶园景区

生态茶园景区面积0.68平方千米，分布在终年云雾缭绕的高山坡上。百亩石林嵌入茶园中犹如千军万马，誉称“万马奔腾”，可谓是石林奇观。景区四周高、中间低，形似脸盆，石林从小盆地中拔地而起，有的伟岸独立、有的相抱依偎、有的堆叠成群。

思溪延村 AAAA

婺源保存最完整的古村落

上饶市婺源县思口镇内

在婺源新车站乘开往思口的班车，在思溪延村下

55元 0793-7335888 7:30~18:30

思溪延村是婺源保存最完整的古村落，至今仍完好保存的136幢明清商宅，为中国建筑之瑰宝。

延村是江西省古建筑的重点保护村，村落始建于北宋元丰年间（1078—1085年），现存有明代私塾和清代“馀庆堂”“聪听

思溪延村

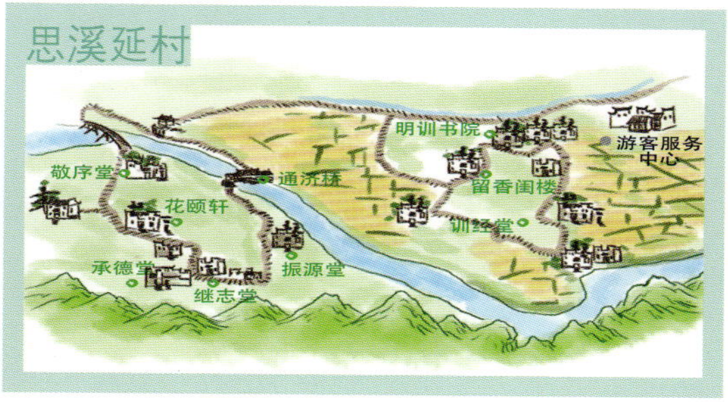

堂”“笃经堂”等民居56幢，多为明清时徽商晚年归隐所建。房屋风火山墙、青瓦坡顶；大门为石库门枋、水磨青砖门面；门罩翘角飞檐，门枋砖雕别致；内分前厅、后堂、厨房等，前后均有浅天井；屋内梁枋、雀替、护净、门窗等处龙凤麒麟、水榭楼台、飞禽走兽、兰草花卉等图案的寓意深刻，不仅显示出精湛的工艺，而且蕴藏古文化的神韵，令人赞叹不已。

鸳鸯湖 AAAA

亚洲最大的野生鸳鸯越冬栖息地

上饶市婺源县西部赋春镇 90元

0793-7393098 8:00～17:00

鸳鸯湖原名“大塘坞水库”，20世纪80年代初，因水库周围生态环境良好，吸引了众多的鸳鸯来此越冬，故1986年后水库逐渐改称为“鸳鸯湖”，1997年被定为江西省省级自然保护区。

鸳鸯湖湖水面积为0.8平方千米，水质清冽，湖畔青山环绕，环境幽雅。因为湖畔阔叶林的果实是鸳鸯最好的食物，所以每年有大约2000对鸳鸯来这里越冬，是亚洲最大的野生鸳鸯越冬栖息地。湖面上鸳鸯多的时候，到处是红嘴翠羽，场面十分壮观，被海内外媒体誉为“生态奇观”。

翀山

山势磅礴，列如屏障

上饶市婺源县西部赋春镇

翀山海拔579.7米，山势磅礴，列如屏障，与鸳鸯湖遥相对望。翀山因山势如凤飞翀之象，故得名。山上奇岩峥嵘，怪石嶙峋。主要景观有明尚书潘旦、参政戴敏所题“太平窝”“观音合掌”“凭虚阁”“邀月台”“藏云洞”等。是供人们生态旅游、休闲避暑之佳地。

大游山

林木葱茏，怪石遍布

婺源县镇头镇西隅与景德镇市交界处

免费 15170356431

大游山山上林木葱茏，危岩怪石遍布，因相传此地曾有彩凤翱翔而得名。主要景观有龙吟涧、剑泉、仙人桥、鸳鸯池、舍身崖、望湖峰等。最为可观的是深藏于密林中的石林，有的高达几丈，有的下深百尺，景观很是奇特。大游山山顶有静隐寺，香火颇盛。

彩虹桥

中国最美的廊桥之一

上饶市婺源县清华镇内 从婺源县城乘坐发往清华镇的班车，在彩虹桥下 60元

0793-7410999 7:30～17:30

彩虹桥建于南宋，历史悠久，全长约140米，是古徽州最古老、最长的廊桥，被众多媒体誉为“中国最美的廊桥之一”。

彩虹桥的魅力，不仅在于桥体与青山、碧水、古村、驿道的完美结合，更在于它体现出建造的生命力。桥面设计理念的长远、实用，及其易于后人维修的特点，充分体现出

彩虹桥

越简单实用的工艺越容易传承、延续的哲学思想。彩虹桥历经八百多年，依然保存完整，呈现出古朴、厚重的特质。

链接

彩虹桥的传说

当年清华村有一位出家的僧人胡济祥与一位能人胡永班，他们很想为清华村建一座永久性的桥。首先由胡济祥云游四海，用三年多的时间化缘，筹集到一笔善款。然后由水利、桥梁专家胡永班负责设计、建造、施工，历时四年多完成。在桥即将竣工、封盖最后几片瓦时，正值傍晚时分，西边的山背上出现了一道亮丽的彩虹，夕阳透过云层，倒映在水中，构成一幅美丽的图画。当时胡济祥、胡永班见到此景，认为是吉兆，立即让村里人放鞭炮庆祝，将桥取名为彩虹桥。后人为纪念两位先者，在中间亭子立碑，以示永世不忘。

篁岭晒秋景区 AAAA

婺源写生基地

上饶市婺源县江湾镇篁岭村

篁岭晒秋，作为景区内的一大特色景观，展现了篁岭古村民顺应自然、因地制宜的生活智慧。篁岭地势险峻，平整之地稀少，因此，村民们在屋顶架设晒架，将晾晒农作物的方式融入了日常生活。这种独特的晾晒场景被篁岭村民称为“晒秋”，现已演变为篁岭一道别具一格的风景线，同时也被誉为我国最美的文化符号之一。

此外，景区内还拥有梯田花海、山寨村落、徽派古建筑等丰富的自然和人文景观。其中，梯田花海是篁岭的又一特色景观。每年春秋两季，油菜花、桃花、梨花等花卉盛开，绘制成一幅五彩斑斓的花海画卷，吸引了众多游客前来欣赏。

龙天宝塔

可登塔远眺

上饶市婺源县北，凤山村头的浙溪之畔

龙天宝塔建于明万历年间，塔高30余米，为砖石结构，六面七层，腰檐层层凸出，宽度向上递减，每层檐角悬吊铁风铃，每当风起，铃声铮铮悦耳。塔内有阶梯上升，可直登顶层远眺。

玩家 解说

相传建塔前凤山村多火灾，村人遂建此塔以镇火神，并取名“龙天”，与凤山村名对称，有龙凤呈祥之意。

理坑

中国历史文化名村

上饶市婺源县沱川乡理坑村

从婺源县乘班车到沱川步行即到

60元　0793-7243560　8:00~18:00

理坑是中国历史文化名村。理坑原名理源，建村于北宋末年，村人好读成风，崇尚“读朱子之节，服朱子之教，秉朱子之礼”，被文人学者赞为“理学渊源”。

同婺源的一些古村相似，理坑村里也是一排排传统的徽派建筑，都是原汁原味的明清古居，曾经华丽繁复的木刻和雕花，如今

理坑

已大半佚失，呈现掩饰不住的苍老斑驳痕迹。也正因为此地古旧，反倒引起了一拨拨怀旧之人的热爱，还吸引了写生、摄影之人。尤其在春天，油菜花盛开，水绕古村，沧桑的古屋衬托着金黄的花田，一切都是僻静而沉默的，仿佛百年来这里的生活一直都是如此平实，不曾改变。

玩家 攻略

若是自行游览，可能会觉得地方较小，没有什么值得游玩的，建议找个本地的向导咨询一下，这样才可以很好地感受书乡的深厚底蕴。

严田古樟民俗园 AAAA

山水田园风光

上饶市婺源县西北部赋春镇

严田古樟民俗园占地27 000平方米，是古樟、古桥、清泉、山溪、茶楼、庭院、民俗作坊、园林等天然会合的景区，又与周边的田园村舍浑然一体，交相辉映。这里山环水绕、老树古藤、亭台楼榭、茶酽绿醉，是婺源水乡文化与民间民俗文化的巧妙融合，被誉为婺源民俗文化的“大观园”。

玩家 解说

据《宗谱》载：严田于北宋乾德二年（964年）建村。建村者李德鸾依“占得从田之鉴，从严治家”之意取村名为严田。严田是李知已的故里，李知已是南宋绍兴二十四年（1154年）进士，官至大理寺丞，摄理右侍郎。

清风洞窟景区

古生代时期形成的溶洞

上饶市婺源县西北部赋春镇严田王村

清风洞窟，属距今二亿多年前古生代时期形成的喀斯特溶洞。洞中钟乳、石笋千姿百态，晶莹绚丽。大自然的鬼斧神工造就了仙女潭、凤凰池、仙人桥、石门关、千佛山、擎天柱等众多景观，令人目不暇接，流连忘返。

婺源地处中亚热带，四季分明，而洞内则如另一个世界：隆冬时节，雾气腾腾，洞内温暖如春；盛夏之时，洞外知了声不断，而洞府之内凉爽异常；实为旅游好去处。

江湾古村 AAAAA

有丰厚徽州文化底蕴的古村落

上饶市婺源县江湾镇

婺源县汽车站有班车直达江湾，车程约半小时

¥ 60元　0793-7410999　7:30～18:30

江湾是一座具有丰厚徽州文化底蕴的古村落，地处三山环抱的河谷地带，东有灵山，南有攸山，北有后龙山，一条梨园河由东而西呈S形从三山谷地中穿行，山水交融，给江湾平添了许多灵气。自唐朝以来，江湾便是婺源通往皖、浙、赣三省的交通要塞，村中至今还较完好地保存着三省堂、敦崇堂、培心堂等古老的徽派建筑，还有东和、南关、西安、北钥四座古门亭，以及岳武穆构筑的岳飞桥、明代剑泉井等，极具历史价值和观赏价值，每年吸引大量游客慕名前往。

玩家 解说

江湾建村于唐朝初年，滕、叶、鲍、戴等姓人家在江湾的河湾处聚居，逐渐形成了一个较大规模的村落。

江湾的建筑布局极具特色，一街六巷，纵横交错。每条巷道各不雷同，古朴优雅，自成一景。从后龙山俯瞰，正中部位的巷道，竟构成一

个硕大的“安”字，令人叹为观止。镇上的老街还保持着明清时期的风韵，徜徉其中，仿佛穿行于时间隧道，能感受到一些古江湾明清时期的商业气息。

玩家 攻略

婺源的红鲤鱼味道鲜美，享有盛誉，去了一定要尝尝。当地的饭馆里大都有这种鱼，也可以在市场里买好鱼，再找一家地道的饭馆让老板烧制。

石城村

拍摄火红枫树的最佳地

上饶市婺源县西北的古坦乡境内

石城是一座山的称呼，山脚下就是婺源AAAA级景区灵岩国家森林公园。山上多石灰岩，分布着两个村庄，分别叫程村和戴村。程村三面都有古枫树环抱，一面是石灰岩小山坡，早晨的晨雾悬挂在树半腰，加上村庄

石城村

中的炊烟，构成了如梦如幻般的仙境。戴村与程村隔着一个小山坡，村后有古枫树点缀，两个村庄的秋色各具特色。

玩家 攻略

1.摄影地点：拍摄程村时逆光和侧逆光的角度比较完美。拍摄戴村时可以选择在两个村庄之间的山坡顶上俯拍，从程村过来的烟雾一阵阵地飘到戴村，拍出来的画面如诗如画。

2.摄影时间：石城的最佳拍摄时间是11月初至12月初，其中以11月中旬以后为最佳。从10月底开始，只要天晴的时候，这里都有晨雾。从一天中来看，早晨7:00~8:30是最佳时间。

赋春古城

地势外峻中平

上饶市婺源县西南部

赋春古城地势外峻中平，三面环山，外面蜿蜒起伏，里面则四方平整。南宋时期，岳飞路经婺源时，看到这里的地形像一座城池，遂赞叹其“真古城也”，故此得名。

城内枣林合抱，有青堂瓦舍、清泉倒映、田园野趣、水石庵堂、高山平湖，古今两相辉映。秦桧洞内有大自然鬼斧神工雕刻成的“石熊把门”“石顶皇盖”“大海巨鲸”“双龟返客”“龙床莲花”等景点，惟妙惟肖。

文公山 AAAA

享受“森林浴”的好去处

上饶市婺源县南部，东距县城29千米 可从婺源县坐班车到晓林村，然后乘摩托车到文公山山脚 联票210元 7:10~17:00

文公山原名“九老芙蓉山”，因山上有朱熹的祖墓而改名为“文公山”。文公山上林木葱翠，周边是十万亩阔叶林海，是享受“森林浴”的绝佳胜地，有“不游文公山，不算到婺源”之说。

文公山的主要景点有积庆亭、古驿道、朱熹祖墓、桂花塘、仿竹亭等。一代理学大师朱熹于南宋绍兴二十年（1150年）回乡省亲时，亲手在其祖墓周围按八卦布局栽植了24棵杉树。历经八百多年的风雨，杉树现存16棵，其中最高的一株38.7米，最粗者树干直径达3.43米，有"江南古杉王群"之誉。

文公湖

文公湖面积约0.5平方千米，因处在朱熹故里文公山西麓山脚边，故称文公湖。文公湖水质清澈，三面群山环抱，湖中有小岛，自然风光秀丽。湖边水鸭、山鸡成群，林中的飞禽走兽和湖中的鱼儿构成了一幅和谐的生态画卷，优美的生态环境吸引了许多游客和垂钓爱好者。

积庆亭

积庆亭是一座徽式山亭，与婺源其他山亭类似，其功用是供过往行旅遮风避雨小憩，却因承载着朱子"流荫先灵""积庆后昆"的思想内涵，而让后人注目与回味。文公山有一种乌黑发亮的方形小晶体，相传是朱熹当年写祭文时滴落的墨汁幻化而成，当地人称"文公墨"。

朱熹纪念馆

朱熹纪念馆占地面积300平方米，设有三个展室，第一展室主要介绍朱熹的生平、著作及其对历朝历代的影响；第二展室陈列及介绍了朱熹两次回故乡留下的遗迹与传说；第三展室则介绍了朱熹的理学思想，及爱国精神、农本思想等。

阳春古戏台

外形美观，结构牢固

上饶市婺源县镇头镇阳春村

阳春古戏台建于明代，高约1.7米，前后台面积约50平方米，共有40根台柱。前台按明代传奇戏剧的要求，设置了8门，可供演员同时出入，后台比前台略小，左右各有一抱鼓石。

戏台露天大厅可容纳四五百名观众。戏台上屋为大木榫卯组合建筑。16个飞檐左右前后对称，梁架是角科斗拱，圆形尖角藻顶，层层重叠，外形美观，结构牢固。

虎滩漂流

《闪闪的红星》外景拍摄基地

上饶市婺源县东南紫阳镇旁

虎滩漂流全程6千米，河水时缓时急，两岸青山如画，不时有村落点缀其间，还生长着大片芦苇，汀洲水鸟啁啾。虎滩一段尤其滩险流急，是电影《闪闪的红星》中潘冬子乘竹筏场景的外景拍摄地。

长溪村

以红叶闻名

上饶市婺源县赋春镇

长溪村是婺源一个有着千年历史的原生态古村，以红叶闻名。村里民居大部分为晚清建筑，有高大的马头墙。青山蓝天、小桥流水、青砖黛瓦互相映照，构成了一幅幅恬静自如、天人合一的画卷。由于地理位置偏远，这里的徽派建筑保存得较为完好，村庄

长溪村

具有典型的徽派建筑特色。

玩家攻略

1.住：游客可以住在村里农民家中，夜间村里很安静，可以一觉睡到自然醒。长溪村不是旅游开发区，无须门票，但饮食住宿得提前联系。

2.食：村子里没有专门接待客人的饭店，可在农家吃饭，吃的是当地人自己种出来的正宗绿色食品和蔬菜，还有山上采摘的野菜，风味独特。早餐的菜粥与红薯粥很好喝，有时还有土鸡蛋。晚上，可以请农家烤一个红薯尝尝。

3.最佳游览时间：11月中下旬到12月初，山顶上，山沟里，满山红叶竞相争艳，似红霞缭绕，情趣盎然。灰白的民居与枫林交相辉映，形成了秋季婺源乡村别样的风光。

2~3月，地上遍地兰花，山上满眼春色。山因水清，水因山活，到处一片春意盎然。油菜花、杜鹃花到处开得很艳。

3~6月，到处都是采茶忙，可和茶农一同上山采茶，自己采摘，自己制作，尝自己做的茶，那茶香是何等的沁人心脾。

5~9月，清水长流，河里小鱼忙觅食，可到清澈见底的河中游泳，还可带上渔网，撒上几网，晚上就能喝到味美的鲜鱼汤。离村不远有个绝美的风景地，叫“冲里”，山泉飞瀑，鸟语花香，美不胜收。

4.特产：有当地人从山上捡来的野栗子，有自产的干辣椒、干苦瓜、烘干的红薯干（甜又爽）、晾干的南瓜干，有上等的高山绿茶和纯正的茶油，还有肉质细嫩、味道鲜美的淡水鱼以及价格不菲的土鸡。

思溪村

影视文化名村

上饶市婺源县思口镇内，距县城19千米

思溪村内的建筑大多为明末清初时期的，现存30余幢。其中“敬序堂”大屋，建于清雍正年间，房屋由庭院、正厅、后堂、花厅、厨房、花园等组成，占地600余平方米，客馆的建筑雕刻精细完美，厅内为长方形藻顶，古色古香。

思溪村的古廊桥是婺源古桥之精华，距今有400多年的历史。作为国家级非物质文化遗产的三雕艺术（砖雕、石雕、木雕）在景区俯拾皆是。这里儒风独茂，处处渗透着“诚、信、义、仁”的儒家文化精髓及博大精深的理念。

此外，思溪还是著名的《聊斋》影视城，自20世纪80年代被《聊斋》剧组发现后，影视媒体频频探访此地，至今已拍摄了《青花》《怎能失去你》《梦回青河》等30多部影视剧，素有“影视文化名村”之美誉。

虹关古村

徽墨古村

上饶市婺源县紫阳镇浙源乡

虹关古村建于南宋，有“吴楚锁钥无双

思溪村

地，徽饶古道第一关”之称。村头溪畔，兀然屹立着被誉为“江南第一樟”的古樟树，树龄有1000余年，树高26.1米，直径3.4米，冠幅达2000平方米，气势非凡，有“下根磅礴达九渊，上枝摇荡凌云烟”之赞。

虹关古村又有“徽墨名村”之美誉，至今许多著名墨师的宅第保存完好。

玩家 解说

婺源古属徽州，在明清时期是徽墨的主要产地之一，据清代《名墨谈丛》一书记载：婺源墨铺有百余家，仅虹关詹氏一姓就有80多家。虹关詹姓墨铺之多，墨之著名，声誉之广，为海内外所共知，在当时国内制墨业实属罕见。

石耳山

浙江省与江西省婺源县界山

上饶市婺源县江湾镇东南部

石耳山海拔1261.5米，核心面积8平方千米，因危崖峭壁上长有名贵药材石耳而得名，是浙江省开化县与江西省婺源县界山。石耳山南北各有八大景观，奇石、奇树、奇村三大自然与人文景观吸引着众多游客。石耳山气候宜人，为观光、休闲、度假、避暑之胜地。

石耳山又是佛教名山，山顶和山腰有始建于明代的龙泉庵和栖霞禅林寺。虽屡经火灾焚毁，但至今仍存菩萨百余尊。寺庙终日香客不断，香烟缭绕，诵经之声不绝。

百柱宗祠

宗祠代表

上饶市婺源县古坦乡黄村

百柱宗祠又名经义堂，建于清康熙年间。祠堂为砖木结构，由庭院、门楼、正堂、后堂、后寝组成，面积1200平方米。正堂经义堂中央悬挂着清朝文华殿大学士张玉书所题“经义堂”匾额，大梁上有“鳌鱼吐云”“龙凤呈祥”等图案，雕工十分精美。四

百柱宗祠

个石基刻有“鹭鸶戏莲”“凤戏牡丹”“仙鹤登云”“喜鹊含梅”纹饰。

玩家 解说

百柱宗祠，实为99根主柱，是设计者想造个深藏民间的“金銮殿”，还是构造艺术上的巧合，不得而知，总之为了避讳，建筑者干脆称之为“百柱宗祠”了。

百柱宗祠为国家级保护文物，1982年，在法国巴黎庞毕度文化中心举行的“中国民俗展览”上，江西婺源黄村的百柱宗祠作为宗祠的代表参展，引起专家的关注。

链接

经义堂传说

清代初年，全村人集资造这所祠堂，好不容易造到封顶，没有钱了，于是工匠们散伙回家。爬过一道岭，遇到回村过年的翰公老。翰公老名叫黄声翰，是专做捆排流放的木材生意的，赚了不少钱。他把工匠们拉了回来，耗尽全部资财，将祠堂建成。初造成的时候，寝室前拱门的台阶有九级，叫“九步金阶”。附近岑下村一个财主告密，说黄村“私造金銮殿”，有谋反意图。翰公老无钱打官司，只好将其改成七级台阶，并且请康熙朝文华殿大学士张玉书题了“经义堂”三个字，悬挂于享堂正中，这才免了大祸。张玉书少年时，母亲在翰公老家当用人，翰公老资助他读书，所以他在翰公老困难时报了恩。

景点推荐 德兴旅游区

凤凰湖
垂钓、泛舟的好去处

上饶德兴市南郊

凤凰湖湖面50余万平方米，环境幽雅，气候宜人，夏季的气温比市区略低，是市民垂钓、泛舟、游泳的好去处。目前基本形成融旅游、休闲、娱乐、避暑为一体，功能比较齐全的风景区。

聚远楼

聚远楼始建于宋熙宁二年（1069年），距今已有近千年历史，是德兴历史文化瑰宝之一。

聚远楼碧瓦丹柱，斗拱重檐，气势恢宏，高39米，外观三叠层，内设三层，总占地面积639.87平方米。楼四周悬挂着八块镀金匾额，门前朱红的柱子上挂着赵孟頫题的“思陵宸翰坡仙句，云汉奎光聚此楼”的楹联，最顶层是宋高宗题的“聚远楼”三个苍劲镀金大字，楼内装饰着四幅大型德兴风情木雕。

玩家解说

南宋建炎元年（1127年），宋高宗高度赞赏苏东坡的诗，特赐聚远楼金匾。有了皇帝的御墨，一些名士如黄庭坚、马廷鸾、赵孟頫等都来德兴登楼赋诗，由此聚远楼闻名遐迩，被世人誉为江南名楼。

报德寺

报德寺位于凤凰湖东面绿树成荫的山坳间，建于1999年，占地面积2000多平方米。内外三个建筑群体中，最雄伟的是大雄宝殿，该殿为砖木结构，双重复檐，琉璃盖顶。

大殿内正中龛上塑有贴金大佛，殿四周排列十八罗汉，形态逼真，令人叹为观止。

报德寺于每年农历初一、十五举行佛会，届时游人、香客络绎不绝，香火颇盛。

大茅山风景名胜区 AAAA

松竹茂密，瀑布聚集

上饶市德兴市龙头山乡　¥ 80元

15870910800　8:00~17:00

大茅山风景名胜区分为大茅山、笔架山、四角坪、双溪湖、梧风洞五个景区。风景区风光秀丽，松竹茂密，瀑布聚集，云海雾涛，蔚为壮观。景区有丰富的珍稀野生动植物资源，同时拥有溪、潭、瀑、山、石、林、花等多种景观。

风景区内还有众多的人文古迹和革命胜迹：唐末黄巢率领的农民起义军曾在这里留下黄歇田、点将台、跑马坪等遗迹；革命战争时期，方志敏、粟裕等曾在这里进行艰苦卓绝的斗争，三百多名北上抗日的红军先遣队员殉难于梧（乌）风洞。

■ 大茅山景区

大茅主峰海拔1392米，巍峨挺拔，云缠雾绕，古有“千峰倚空碧，万嶂碍于云”之赞。登上大茅山顶，可以看到连绵数千米的花岗岩山峰，峰挺如削，形如一条条巨龙脊背，屹立于群山之间，气势磅礴，威风凛凛。这一地质构造奇观，在江西乃至全国也是极为罕见的，具有重要的地学科普科研意义和极高的美学观赏价值。

大茅山历史文化悠久。明朝时期，大茅山已经成为周边地区著名的佛教圣地。山中现存白云庵、香息庵、脚庵庙。

■ 笔架山景区

气势恢宏的笔架山因形如笔架而得名，呈现出极其壮丽的花岗岩峰峦景观。相传很早以前，这里有一个“乌风大王”，他神通广大，本领高强，专门为穷人打抱不平。据说“乌风大王”有支神笔，一次写完劫富济贫的檄文后，他把神笔往对面山上一搁，就使这座山变成了笔架似的山峰。

■ 梧风洞景区

梧风洞不是洞，它是位于大茅山群山环抱之中、典型的“两坡夹一川”的深山幽谷。梧风洞峡谷海拔500米左右，长约20千米。

梧风洞峡谷不仅景色极其秀丽，而且气候宜人。夏天这里气候比德兴市、上饶市低5℃~7℃，空气质量高，负氧离子含量每立方厘米高达12万个，并且冬暖夏凉，是理想的避暑胜地。梧风洞冬季雪景类型丰富，滞雪时间长，往往是漫山遍野银装素裹，是观雪的理想之地。

■ 双溪湖景区

双溪湖是一座以防洪、发电、灌溉为主，结合水产养殖等功用的综合型水利工程。双溪湖位于群山环抱、千峰错落的锦绣丛中，虽是人工湖，但除了唯一的一道石砌拦水坝外，没有任何人工雕琢的痕迹，处处呈现出浑然天成的自然美。

双溪湖水质洁净，水色明丽。湖水包围着青山，青山环绕着湖畔，芳草菲菲，野花烂漫，松竹葱茏。湖岸蜿蜒，山水相映，但见水更绿、山更翠，构成一幅美丽的山水画。

大茅山晚霞

景点推荐 上饶西部景点

鄱阳湖湿地公园 AAAA

世界六大湿地之一

上饶市鄱阳县北部　鄱阳县城游客服务中心有专门的免费班车去湿地公园　内湖船票155元、外湖船票235元、内湖加外湖票245元　0793-6666699　8:30～17:00，13:30停售外湖票，15:30停售内湖票

鄱阳湖国家湿地公园位于鄱阳湖东岸，总面积为36 285公顷，其中湿地总面积为35 116.1公顷，是中国最大的湿地公园。它也是世界六大湿地之一，是亚洲湿地面积最大、湿地物种最丰富、湿地景观最美丽、湿地文化最厚重的国家湿地公园。

鄱阳湖国家湿地公园以自然的鄱阳湖、河流、草州、泥滩、岛屿、泛滥地、池塘等湿地为主体景观，湿地资源丰富，类型众多，极具代表性。鄱阳湖湿地公园也是世界上最大的白鹤和天鹅越冬地，每年有几十万只天鹅在此过冬，场面非常壮观，英国菲利普亲王称其为“中国的第二长城”。

应天寺

纪念西汉开国大将梅锠

上饶市余干县梅港乡梅港街后的寺臂岭上，距县城约29千米

应天寺坐北朝南，始建于南朝宋孝建年间（454—456年），是纪念西汉开国大将梅锠的专寺，故又名梅王殿。

应天寺占地面积约3000平方米，内有大雄宝殿、小殿、钟鼓楼、观音殿等。寺内有大小铜佛像100多尊，还有梅锠塑像，樟木雕成，高2米，形象威武，令人肃然起敬。寺内墙

鄱阳湖湿地公园

壁上还有清乾隆年间的重修碑记一块。因以往遭洪水侵袭，寺内有些木柱已换成石柱。

玩家 解说

梅锠（前224—前196年），汉初余干人。其祖先为越王后代，战国时，为避楚，逃居丹阳皋里乡梅里，更姓梅。父亲迁梅港，生锠。秦统一天下时，梅锠随越王无疆（越王勾践五世孙）经零陵至南海，居台岭，筑城浈水之上，俗称梅将军城。

秦末，天下大乱，梅锠在台岭举义，率众反秦。时梅锠同乡、番阳令吴芮率越人起兵保番，群雄归附。锠遂留其副将庾胜兄弟守台岭，自己则带兵投奔吴芮。吴芮声势由是大振。吴芮称赞梅锠“威武其表，韬略其内”，委其为将，在督军湖（今鄱阳湖东）练兵。刘邦攻南阳时，梅锠助其攻占析、郦二县，攻咸阳时，又从诸侯入关，一同推翻了秦朝。梅锠因作战英勇，屡建奇功，被封为十万户侯。

今安徽祁门西梅锠城，即其受封之地。楚汉相争时，刘邦委其为将，攻入武关（今陕西丹凤东南）。梅锠因击项羽有大功，又被封为台侯，食邑台岭山南。西汉建立后，他领兵戍南粤，驻梅岭因此得名。汉高祖十一年（前196年）梅锠卒于梅岭，归葬于余干梅港。

稻源旅游度假区

走进远古的洪荒神话

上饶市万年县大源镇盘岭村

稻源旅游度假区是世界农业文化遗产

鄱阳湖湿地公园之最

最密集的湖：鄱阳县拥有湖泊1087个，各种独具风格的湖遍布全县，到处湖光潋滟，被誉为“中国湖城”“东方威尼斯”。

最高贵的鸟：世界上98%的湿地候鸟种群都会聚于鄱阳湖，飞时不见云和日，落时不见湖边草。世界上现存的白鹤有4000多只，一到冬天，98%的白鹤与数十万只的天鹅会选择到鄱阳湖越冬，堪称天下奇观。鄱阳湖是白鹤的天堂、天鹅的故乡。

最多姿的水：丰水季节，水天一色，浩浩荡荡，横无际涯，烟波浩渺；枯水季，小河淼淼，在宽阔的草洲上蜿蜒。

最温柔的荻：秋荻片片，飞雪连天，候鸟出没其间，是实实在在的人间仙境。到了春夏之交，则又是芦海汪洋，气势恢宏，芦荻渐多人渐少，鄱阳湖尾水如天。

最诗意的草：鄱阳湖边芳草碧连天。每年春、秋、冬三季枯水时期，鄱阳湖的湖滩草洲上芳草萋萋，草深过膝，形成了广阔的草原。一到冬季，则芦苇丛丛，芦花飞舞、候鸟翩飞、牛羊徜徉，让人流连忘返。被誉为“中国最美的草原”。

地，国家级风景名胜区，分为稻源部落、神龙宫、盘古情三大板块。度假区由仙人洞、地下河探险、吊桶环、石林城、生态农场、木屋群、陈列馆体验中心等二十几个主题项目组成，运用现代化高科技手段，将远古和稻作文化的精髓融入其中，真实再现远古的生产生活场景，让游客走进远古的洪荒神话，亲身体验远古文化。

稻源部落

稻源部落景区位于稻源镇的仙人洞遗址。稻源仙人洞的古人类遗址将人类栽培水稻的历史向前推进了5000年，这是20世纪100项考古重大发现之一。该遗址是全世界发现水稻最早的地方，出土有中外考古学家共同鉴定的天下第一罐。稻源部落仙人洞遗址是稻作文化历史上的一座里程碑。

神龙宫

神龙宫景区以喀斯特地貌特征的地下溶洞、地下河流等自然风光为主。神龙宫景点是一个处于地下320米深处的超大型地下溶洞，被誉为中国最美的地下河，其景观色泽如玉、绝景天成，宛如一卷波澜壮阔的山水画图、一部百思难解的无字天书。这个神奇玄妙、四季如春、永远21℃的地下世界是地底的造物景观长廊。

盘古情

盘古情景区以石林景观为主。奇形怪状的山石，千年的古藤，飘香的桂花树，珍奇的红豆杉，披满绿装的石柱，苏州园林般的石山石洞，曲径通幽，构成了一个奇妙的世界。行走其间，就像走进了一个巨大的石阵。西山石林城也因此有了“中国最神秘的石头城堡”“原始森林里的石林”等美誉。

神龙宫

景点推荐 信州周边景点

双塔公园

上饶大型城市临水景观

上饶信州区境内

双塔公园因园内有五桂塔和奎文塔两座古塔而得名。双塔始建于明清年间，是上饶市城区历史文化遗存的宝贵财富。

目前，双塔公园已形成五桂塔史迹保育区、滨水文化景观区、奎文塔院浏览区及龙潭桥下湿地景观区四大景区，建成龟峰探源、锦鳞耀辉、桃源烟柳、卧龙观澜、松壑听涛、奎文显渊、龙潭弛怀、流溪落霞八大景点，是上饶市中心城区又一大型城市临水景观，成为城市的绿肺、活的绿色“呼吸机”，是城市居民居住、休闲、娱乐的后花园。

上饶集中营旧址 AAAA

全国十大红色旅游基地

上饶市信州区叶挺路66号 从上饶火车站乘坐19、17、7等路公交车到市中心广场，然后转1、3等路公交车即到 0793-8153595 8:00～17:30

纪念馆免费，茅家岭监狱旧址10元

上饶集中营是“皖南事变”的历史产物。集中营囚禁了皖南事变中因谈判被扣的新四军军长叶挺、因弹尽粮绝被俘的新四军排以上干部及爱国进步人士760余人。上饶集中营是著名的红色景点，是接受红色教育的理想场所。

景区分五大参观区：革命烈士陵园区、茅家岭监狱旧址区、周田监狱旧址区、李村监狱旧址区、七峰岩监狱旧址区，其中茅家

上饶集中营旧址

岭监狱旧址和革命烈士陵园是游览的中心区域，其他几处分散在周边方圆2平方千米的区域内。

烈士纪念馆

这座新纪念馆占地面积17 000平方米，建筑面积4300平方米，馆内布展共分为1个序厅、4个展厅，共7部分内容，收集运用了大量历史图片、文字资料、实物，运用了声、光、电等多媒体影视艺术，将传统平面图片与现代立体动态手法相结合，模拟场景，真实生动地再现了当年上饶集中营的革命斗争史实。

烈士纪念碑

上饶集中营革命烈士纪念碑始建于1955年，高度为8米。现在这座纪念碑为1959年5月重建，高度为28.2米（其中碑身高20米，碑座高7米，碑阶高1.2米），基座长宽各20米，呈正方形。碑身正面镌刻的是周恩来题词“革命烈士们永垂不朽”九个镏金大字，背面镌刻的是刘少奇、朱德题词，两侧分别刻有中共江西省委、省人民委员会祭文。碑座正面刻有上饶集中营革命烈士纪念碑碑文。整座纪念碑系花岗岩砌成，呈银灰色，巍然挺拔，雄伟壮观。

七峰岩禁闭室旧址

七峰岩背负鹤山，前眺信水，山林幽深，古木参天。由于此处僻静隐蔽，这里当时成为秘密关押新四军将领的场所。被俘的军官，首先被押解到七峰岩甄别，再转送到别地。四周安岗设哨，戒备十分森严。

禁闭室设在七峰禅寺内。在这里关押的有叶挺军长、新四军三支队司令员张正坤、教导总队副队长冯达飞、军政治部组织部长李子芳等新四军高级军官。现旧址保存大、小禁闭室4间。

李村叶挺囚室旧址

李村叶挺囚室旧址位于上饶皂头镇李村，原系国民党第三战区高干招待所。是江南自然村落普通民居，单门独院，红石围墙，穿斗式梁架，悬山顶，褐色陶瓦。西南角空出一露天小院。1941年1月，皖南事变中，新四军军长叶挺为保存革命力量，奉命下山与敌谈判，旋即被扣押在安徽歙县，后被押送到上饶集中营七峰岩，几天后转囚李村。

叶挺将军在此被关押6个月，与敌人进行了针锋相对的斗争，他在墙上写下“富贵不能淫，威武不能屈，正气压邪气，不变应万变，坐牢三个月，胜读十年书”等诗句。可惜这些光照千秋的诗句，被看守的宪兵涂抹，不复存在。

茅家岭监狱旧址

茅家岭监狱旧址原先是一座古老的寺庙，1939年夏开始，被国民党第三战区特务机关政治部情报专员室强占为秘密监狱，开始关押从东南各省搜捕来的共产党人和其他抗日爱国进步人士。皖南事变后，国民党把大批最坚定、被认为是最不堪“感化”的革命志士，轮番关押到这里“熔化”。这座监狱是上饶集中营最黑暗、最残酷的“狱中之狱”。

茅家岭监狱分设4个禁闭室：重禁闭室、轻禁闭室（其实无轻重之分，只有大小之别）、女囚室、优待室。此外还设有特务管理员室、排长室、第1卫兵室、第2卫兵室。

周田监狱旧址

周田监狱是上饶集中营的大本营，设立于1941年3月。国民党第三战区“军官大队”本部、“特训班”本部、“东南分团”团部都设在这里。

周田监狱分布在上周田和下周田两个自然村，监狱用房由强占的民房改造而成。整个上、下周田监狱现有保存完好的祠堂、大小房间13间，包括上、下周田监狱、大礼堂、太平间、“七君子”囚室、“军官大队”部。

上饶专区革命烈士纪念碑

上饶专区革命烈士纪念碑位于信江南岸黄金山上、信江书院的东侧。山上松柏常青，环境幽静。它由上饶专区革命烈士纪念碑、黄道墓和英雄墙组成，是1952年为纪念在第二次国内革命战争及抗日战争、解放战争中英勇牺牲的赣东北英雄儿女而建，曾被江西省委省政府列为全省重点烈士纪念建筑物保护单位。

铜钹山森林公园 AAAA

国家森林公园

上饶市广丰区南部　120元

铜钹山国家森林公园，总面积195平方

茅家岭监狱旧址

革命烈士纪念碑

铜钹山森林公园

千米。铜钹山海拔1534.6米，为全县最高峰。因其独特的旖旎风光、悠久的人文景观和天然的绿色宝藏，2002年被确定为国家森林公园。

公园内植被类型多样，保存完好，还有许多珍稀树种和古树名木。公园内一座座陡峻的山峰、一块块奇异的山石，千姿百态，构成了一个个形象逼真的自然景观。此外，公园内人文景观丰富，有白花岩、广福寺等宗教遗产，有九仙山杨文起义军的营寨，有革命战争时期留下的红军岩、红色苏维埃政府旧址、红军标语、漫画、歌曲等。铜钹山国家森林公园在历史上还曾是重要的交通要道，至今留下了条铺关、木城关、支面关、太平关等雄关隘道。

博山寺

江南名刹

上饶市广丰区河北乡博山村

博山寺又名能仁寺，始建于五代后唐同光年间（923—926年）。自明始，博山寺就一直是江南名刹。博山寺周围山峦叠翠、林谷幽深，泉石清奇。自古时起，此处便石峰云起、古树参天、殿阁巍峨。

武安山

山清水秀

上饶市玉山县南部

武安山，又称塔山。山上林木茂盛，寺庙古墓掩映其间；山下冰溪一线如带，萦绕吴越古城；河畔有绿洲成片，挑楼成排；又有城墙浮桥，古风犹存。

景区内主要景点有阎立本墓、普宁寺、端明书院、旌德会馆、考棚和文成塔等。

枫泽湖

山与水的完美结合

上饶市广信区五府山镇　从上饶火车站下车后乘1路、3路公交车至上饶大市场，再乘县郊班车至枫泽湖

8:00~18:00

枫泽湖也叫大坳水库，位于五府山盆地。由于大坳水库中心位置位于传说中的仙境——“七星赶月”地带，故得名“七星湖”。

枫泽湖属于五府山国家森林公园的一部分，是山与水的完美结合。湖区生长着名木繁花和许多国家级保护珍稀动植物，分布着著名的“圣堂庙”“江公庙”等人文古迹和“金钟瀑布”“金盆养鲤”等风景点以及红军豪岭战役遗址等。

玩家攻略

1.最佳旅游时间是夏季，景区内温度要比外面城市普遍低5℃~7℃，非常凉爽，是避暑的好地方，而且夏天可以在这里参加水上活动。

2.景区内和周边有很多不同种类的宾馆，价位不等，服务设施比较完善。

3.景区内以湖光水色美景为主，周边的餐馆特色菜也多以这里的鱼为原料，游客可以到此品尝一下。

鹅湖书院

宋代江西四大书院之一

上饶市铅山县鹅湖镇鹅湖山　从三清山所在的玉山县乘汽车到上饶，再转乘中巴经茅家岭到书院

20元　9:00~17:00

鹅湖书院为宋代江西四大书院之一，其

前身为“四贤阁”，已有800多年的历史。书院前面有石山作屏，所在的山谷小平川内古木参天，伴着曲径流泉，幽静无比。书院内的牌坊、泮池、后殿、厢房等建筑是清代康熙五十六年（1717年）所建，至今保留尚算完好；泮池两侧的厢房内，尚存古碑10多块，是研究这座书院历史的珍贵资料。此外，状元桥、御书楼，以及建于明朝正德六年（1511年）的青石牌坊等，也是著名的游览景点。

黄岗山

华东六省一市地区的最高山峰

上饶市铅山县黄岗山镇和福建省武夷山市交界处

在上饶乘中巴到桐木村，在距桐木村关10千米处下车。在关口的右侧有一条简易公路直通山顶

7:00～17:00

黄岗山又称黄冈山，最高峰海拔2157.8米，为大陆东南第一峰，是整个华东六省一市地区的最高山峰，号称“华东屋脊”“江西第一峰”。

黄岗山是闽赣两省界山，山顶立有两省界石，最高点（2158米）位于江西境内。因山顶生满萱草，每到8、9月花开时节，山岗遍染金色，故名黄岗山。1979年，国家将黄岗山周围保存完好的林地列为武夷山自然保护区，区内有地球同一纬度上仅有的一片生物多样化绿洲，其价值弥足珍贵。

玩家攻略

1.住宿：游客可以选择住在桐木村，这里气温宜人，而且农家住宿条件不错。

2.饮食：在黄岗山山下，可以品尝到当地的土谷烧酒，吃到地道的山里土菜，如金针菇、木耳、蘑菇、蕨菜、香菌、笋干、黄花、土鸡等。

葛仙山 AAAA

闻名全国的道教名山

上饶市铅山县　130元

葛仙山系武夷山的支脉，原名云岗山，主峰海拔1090.63米，因东汉名道葛玄在此修炼成仙而得名，是闻名全国的道教名山，千百年来香火不断。

葛仙山自然景观极为丰富。远望葛仙山如同一巨鳌，耸立于峰峦豁谷之中，奇秀峻绝，奇峰、异石、云海、松涛，可与黄山相媲

美。葛仙山人文景观也很丰富。葛仙山上不仅有道教寺观，还有佛教寺院。这里寺观连成一体，释道共处，甚为罕见。山中有葛仙祠、三官殿、灵官殿、玉皇殿、慈济寺等错落有致、风格迥异的寺观，其中的葛仙祠、慈济寺为省政府确定的江西省重点祠观。

玩家 攻略

1.每年的六月初一为葛仙山的“开山门”之日，十月初一为“关山门”之日，八月二十相传是葛仙寿诞。

2.景区内有紫云峰，春夏之季在此峰可以看到紫色的云海，故得名。

3.站在葛仙峰上，可览四方云山，圭峰、黄岗山、鹅湖山、七星山、独竖尖……尽在视野之内。在此观看，日出云海群山之巅，尤为荡气回肠，极尽壮观。

玩家 解说

葛玄是一位著名的道教学者，是道教灵宝派的创始人，在中国道教史上占有重要的地位。同时，葛玄又是一位博学多才、精通药理的方外高士，他助贫济困、救死扶伤，深受人们敬仰。葛玄飞升成仙后，当地百姓筑祠祀奉。

紫云峰·香炉峰

紫云峰位于大葛仙殿西北。因春夏之季在此峰可以看到紫色的云海而得名。由于山体的特殊位置和阳光的折射作用，峰前云生雾起，时白时紫，似山似海，极尽变化，虚无缥缈，意味无穷。

香炉峰位于大葛仙殿西南约3500米处，海拔1037米，山势峻峭挺拔，其峰巅恰在大葛仙殿的中轴线和水平线上，从八卦门里遥望，时常蒸腾于峰头的白云，恰如葛仙祠香炉中的缭绕青烟。所以，此峰是葛仙祠的天然香炉，它使神话般的仙山更加美妙和浪漫。

葛仙祠·慈济寺

葛仙祠又称玉虚观，祀葛玄，建于北宋元祐七年（1092年）。祠依山筑殿，坐东北朝西南，建筑规模宏伟，结构严整。祠内有大葛仙殿、老君殿、观音殿、三官殿、灵官殿、地母殿、玉皇阁等建筑。

慈济寺位于葛仙祠的玉皇阁之北，始建于明朝万历三十年（1602年），当时葛仙山的大葛仙殿有万众香客，因人满为患，恐生事端，道士邀请同样在江西和东南宗教界颇有影响的鹅湖峰顶寺的僧人前来设立分院，共理庙会，于是形成“一山两教”“道释共处”的宗教文化特色。

龟峰风景区 AAAAA

典型的丹霞地貌景区

上饶市弋阳县城南方志敏大道

火车站下车乘2路公交车直达龟峰景区及南岩景区

160元　0793-5842020　夏季：6:30～15:30；冬季：7:00～14:00

龟峰山地处有“三山一都一村”（三清

龟峰风景区

山、龙虎山、武夷山、景德镇、婺源）等众多旅游热点的中心腹地，景区总面积39.3平方千米，因其“无山不龟，无石不龟”，且整个景区就像一只硕大无朋的昂首巨龟而得名。

龟峰风景优美，奇岚如画，属典型的丹霞地貌，素有“三十六峰、八大景”之说。它集自然精华，纳人文风采，聚天下名山之险、幽、奇、秀于一体，融儒释道三教文化于一炉。景区内有商周文化遗址、太平天国城堡遗址、瑞相寺遗址。

玩家 攻略

1.最佳出游时间：上饶属中亚热带季风湿润气候区，温和湿润，四季分明，日照较短，降水丰沛。一年四季都可以去游玩。春天是旅游的最佳季节。

2.住：随着龟峰旅游业的发展，弋阳境内宾馆饭店等接待服务设施发展较快，大大小小宾馆、饭店、招待所三十余家，上规模的十余家，景区内较好的住宿地有龟峰山庄等。

3.美食：弋阳年糕，俗称弋阳大米过粿，是弋阳县传统特色食品，是驰名中外的年糕极品。

南岩景区

拥有星罗棋布的天然洞穴

上饶市弋阳县城南，方志敏大道1千米处

南岩景区，即龟峰风景区第二景区。中心景区面积16平方千米，属丹霞胜地。南岩景区以雄浑博大、势如巨龙的山体和星罗棋布的天然洞穴与岩雕而闻名，包括南岩寺、双岩寺、龙六岩等景点。

南岩寺

南岩寺，始建于晋代。南岩寺随岩而立，三面红岩环绕，不瓦而栋，岩下洞穴宽70米，高30米，进深30米，可置千余人。寺内现存造型精美的石龛40余座，是中国最大的在自然洞穴中开凿的佛教石窟，被誉为“中华第一佛洞”和“南方敦煌”。

卧佛景区

龟峰卧佛景区面积19平方千米，主要由莲花码头、出家台、降魔谷、悟道台、度生台、佛祖涅槃（卧佛）山体以及双岩古寺等主要景点组成。整个景区展示着释迦牟尼从出生、出家、初转法轮直到涅槃的整个过程，是众多信徒朝圣及游客慕名前往的佛教文化旅游胜地。

龟峰卧佛全长400多米，肩高近70米，可谓“山是一尊佛，佛是一座山”，是迄今为止世界上最大的天然山体卧佛。

叠山书院

为纪念南宋爱国诗人谢枋得而建

上饶市弋阳县望江路　免费

叠山书院似一座气象森严的古堡，高高屹立在江西弋阳城东的信江之滨。书院占地近7000平方米，原是南宋学士谢枋得早年读书学习的地方。主体建筑有明伦堂、文昌阁、桂花园、望江楼等6部分。书院四处都依山势变化，由回廊连接，缀以花木，如精美花园。

玩家 攻略

望江楼是叠山书院观景最佳的地方，它古朴雄伟，站在望江楼上极目远眺，但见信江长桥横跨，城南的房舍和袅袅炊烟、“弋江十二景”尽收眼底。

玩家 解说

谢枋得，字君直，号叠山，南宋为元所亡时，全家殉难。元仁宗延祐五年（1318年），当地民众不顾官府的阻挠，建成这座书院，以纪念谢枋得的民族精神和气节。书院后毁于大火，明熹宗天启年间重建。书院建筑古朴宏伟，礼堂大门金匾上“叠山书院”四字，为民族英雄林则徐手笔。礼堂中央木质楼台、巨大石柱均保持旧貌。礼堂后的文昌阁，是当年书院祭圣的地方。青石墙壁上所留下的“八仙过海”“嫦娥奔月”等浮雕，为明代原物。叠山书院自元、明、清以来，一直是赣东信江流域文化、教育中心之一，培育了大批民族英才，1916—1919年期间，方志敏、邵式平等革命先辈曾在此处求学。书院现为弋阳三中校址，其校校名为原江西省省长邵式平所题。

方志敏纪念馆

为纪念方志敏同志而建立

上饶市弋阳县城北面峨眉嘴山顶

方志敏纪念馆占地面积为1.1万平方米，分四个陈列室和一个展厅，分别陈列介绍方志敏烈士参加江西地方党团组织创建、领导江西农民运动、创建闽浙赣根据地和红十军团、狱中斗争的事迹。

馆前广场上，大理石雕刻的方志敏塑像肃穆庄严。底座上刻有叶剑英挽方志敏的一首诗：“血战东南半壁红，忍将奇迹作奇功。文山去后南朝月，又照秦淮一叶枫。”纪念馆后为烈士陵园，林木葱郁，碧水回环。

岑山国家森林公园

古树群落众多

上饶市横峰县境内

岑山国家森林公园由岑山主景区、赭亭山副景区与油桶石副景区组成，规划总面积约10平方千米。园内山清水秀，古树群落众多，生态完好，人文、地质景观丰富。岑港河绕园而过，每天数以千计的市民来到此处，是横峰县市民休闲、健身、娱乐的主要场所。

公园有海内外罕见的独石红层景观，体量巨大的油桶石，天台山明代道教摩崖石刻造像，江西省现今保留下来的唯一的吕洞宾石像。景区内的宋、元、明时代的古窑址，是研究民窑演变的重要证据，有较高的学术价值。

方志敏纪念馆内景

攻略资讯

- 交通
- 住宿
- 美食
- 购物
- 娱乐

上饶城市风光

交通

飞机

上饶三清山机场位于上饶市广信区尊桥乡、皂头镇和上饶市信州区的茅家岭交界处的后门堂境内，距市中心直线距离8千米，于2017年通航，已经陆续开通到达北京、深圳、成都、青岛等地的航线。

火车

上饶境内浙赣铁路穿境而过，皖赣铁路、横南铁路纵横交错，乘火车直达上饶最为方便。上饶境内目前有多条铁路线，如上饶站、上饶高铁站、五府山站、婺源站、玉山站等。

上饶站：位于上饶市信州区站前大道，是普速列车与高速列车并站，极大方便了旅客换乘及乘车出行。直接通达杭州、上海、广州、北京、福州、厦门、南京、重庆、成都、合肥、深圳、天津等全国众多重要城市。市内乘坐6、7等路公交车可达。

汽车

上饶有多家汽车站，最大的是上饶汽运客运中心站。

上饶汽运客运中心站：位于上饶市中心，与浙江、福建、广东三省城市间互通长途班车。其中，每天有少量班车直发上海、宁波、温州、杭州、义乌等地。发武夷山车次较

上饶风光

多，从上饶到武夷山有两三个小时车程。

住宿

上饶市区住宿方便，各种类型的酒店宾馆一应俱全。游玩县区景点时，最好返回县城住宿，各县都有较好的酒店可入住，基本满足游客需求。其中，弋阳县住的地方较为方便；若到铅山县，可在县城所在地河口古镇街边的家庭旅馆住宿，可一览江南古镇风光及夜色，相当不错。

婺源各个古村有很多具有当地特色的农家乐供游人住宿，会让游客体验与住城市酒店截然不同的感受。

●上饶博华酒店

酒店地理位置较好，交通方便，设施齐全，早餐也很丰富，唯一不足之处在于房间不是很大。上饶市信州区凤凰大道99号 0793-8363666

上饶玉山皇朝国际大酒店

●三清山枫枫休闲旅馆

旅馆装修典雅，中西结合，设有茶吧、书吧、酒吧、休闲餐厅，既像一个青年旅社又像茶社，给人的感觉很好。房内可看山水，楼下就餐方便，私房菜味道很好且价格不贵。

上饶市三清山金沙服务区 15179389396

●婺源迷雾国际青年旅舍

婺源迷雾国际青年旅舍是一座独栋花园别墅，装修风格小清新，位于婺源县城中心，紧邻交通枢纽——老北站（发往各景区的乡村中巴载客处），步行即可到达。离新车站也不远，坐车约十分钟。旅舍所有房型都有大窗，光线好，空气清新。旅舍的小院环境清幽，四季花香不断，适合白天晒太阳，晚上躺在草地上看星星。上饶市婺源县金谷路3-B3幢花园别墅 15307031253

●更多住宿去处

婺源篁岭忠汉民宿/上饶市婺源县江湾镇晓鳙村68号/18879373193

上饶红石王朝国际大酒店/上饶市凤凰西大道1号/0793-8796666

上饶玉山希尔顿欢朋大酒店/上饶市玉山县人民北路99号/0793-2259999

美食

上饶市饮食业兴起于明代，当时规模较小，多以经营地方小吃为主，擅长炒煮，偏重辣味。后京津和江浙风味传入本地，很快流行于市，沿袭至今。

上饶市有三丝鱼卷、斩虾丸、清炒龙凤、清蒸荷包红鲤鱼、广丰酱香鹅、波阳藜蒿炒腊肉等特色菜。主要小吃有糯米子糕、清明果、肉烧饼、弋阳米粉炒大米果、油条包麻糍果、铅山“灯盏馃”、葛源豆腐、清炒白玉豆、饭麸果等。

上饶市美食主要集中在南灵北路、三清

山大道、吉阳东大道、旭日东路等地。

●铅山“灯盏粿”

铅山“灯盏粿”是铅山县独有的一种特色小吃，它是用大米等原材料经过浸、磨、煮、煎、揉、蒸等一道道工序制作而成，由于成品形似“灯盏”，故而得名“灯盏粿”。铅山“灯盏粿”自明朝嘉靖年间传于世，至今400余年历史。

“灯盏粿”

●糯米子糕

在江西婺源，糯米子糕是一种传统的特色小吃，是每家每日都不可或缺的营养食品，更是逢年过节必不可少的送礼佳品。子糕就是糕点的意思。它是由鲜生鸡（鸭）蛋，鲜生肥肉瘦肉丁（五花肉），加少许调料，与糯米混合制作而成。

糯米子糕

●弋阳年糕

弋阳年糕的制作始于唐代，至今已有1200多年的历史。弋阳年糕以弋阳县当地独有的大禾谷作为原料，经过独特的生产工艺，制作出的年糕具有“洁白如霜、透明如玉、口感爽滑、韧性可口、不黏不腻、久煮不煳”的特点，有浓郁的地方特色。弋阳年糕食用方便，咸甜均可，蒸炒煮烘皆宜。

弋阳年糕

●李坑炙肉

李坑炙肉创制于婺源县李坑村，为著名的风味菜肴，始于唐代。《朱子语类》载：“婺源俗，岁暮二十六日，烹豕一只祭家先。……亦以炙肉及鱼佐之。”将腌制过的五花肉放在刚燃过的糠灰上两面翻动炙烤，烤至肉油滴入火灰即成。烤熟的五花肉，形体收缩，焦黄略红，外脆内松，其味独特。

●糖醋鹅颈

婺源特色美食。精肉剁成蓉状，与豆粉一起搅匀，用豆腐皮包裹成条状，入油锅炸，出锅后切成小段装盘，蒸熟。另一个锅中烧少许汤，加入白糖、醋，用生粉勾芡，淋在盘中即可。此菜菜色金黄，酸甜可口，常被用来做婚礼宴席上的传统菜肴。

购物

上饶的特产除主要的婺源特产荷包红鲤鱼、婺源绿茶、龙尾砚、江湾雪梨等最有名气外，还有玉山乌猪、万年贡米、上饶早梨、信丰红瓜子、“华风”版乌黑鸡、鄱阳湖清虾、中国淡水龙虾、西龙烤鳗、油条烩鳝等。

●万年贡米

万年贡米产于万年县裴梅镇一带，明正德七年（1512年）进贡给朝廷，皇帝食用后大加赞赏，遂传旨“代代耕食，岁岁纳贡”，贡米因而得名。贡米三粒一寸，粒细体长，光洁透亮，香糯不腻，蛋白质含量高，营养丰富。

万年贡米

●三清山黄金茶

黄金茶是产于三清山风景区海拔1300米以上悬崖绝壁间的稀有茶种，是一种高品质、纯天然、无公害的绿色食品，因其仅三清山独有，且产量极少，珍若黄金而得名。三清山黄金茶不仅香高、汤碧、味醇、叶浓，而且是目前市场上最具医疗和保健功效的茶叶，对降低血压、胆固醇、滋阴补肾、养颜排毒、解暑提神有独特疗效。

●广丰天桂梨

天桂梨，是由水晶梨引种培育而成的地方名优产品，肉质脆嫩，不变色，糖分含量高，系广丰农业三大支柱产业之一。

广丰天桂梨

●龙尾砚

龙尾砚是中国四大名砚之一，产于江西省婺源县龙尾山，因婺源古属歙州，物以州名，故又称歙砚。

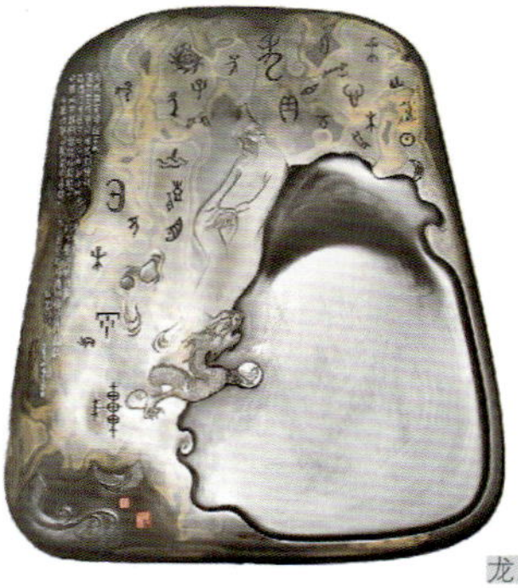
龙尾砚

●婺源绿茶

婺源绿茶叶质柔软，持嫩性好，芽肥叶厚，有效成分高，宜制优质绿茶。选用“上海州”良种茶叶为原料，精心制作而成的“茗眉”茶，香气清高持久，有兰花之香，滋味醇厚鲜爽，汤色碧绿澄明，芽叶柔嫩黄绿，条索紧细纤秀，锋毫显露，色泽翠绿光润。

娱乐

●婺源傩舞

婺源傩舞，又称鬼戏，是汉族最古老的一种祭神跳鬼、驱瘟避疫、表示安庆的娱神舞蹈。婺源傩舞历史悠久，早在明代初叶就有婺源傩舞外出表演的记载。这种带有原始宗教色彩和图腾崇拜意识的舞仪，寄托了村民的美好愿望，表演古朴、粗犷、夸张、简练，有“中国舞蹈活化石”之称。

●李坑村中秋舞龙

每年的中秋节前后几天，勤劳的李坑人都要举行中秋舞龙的活动，这是希望来年风调雨顺、五谷丰登，人们能安居乐业、平平安安。

中秋舞龙从村头开始，带头的是一名德高望重的老人，他挥着一个圆圆的龙珠，后面十几名汉子举着纸扎的龙灯跟着龙珠舞动，时而高、时而低、时而盘旋。纸龙灯的里面有几十支红色蜡烛照亮着，从远处看去就像传说中的一条巨龙。一位老人带着几个后生在后面敲锣打鼓。每到一家，主人就会燃放烟花，据说鞭炮烟花能放多久，纸龙灯就在这家门口舞多久，意味着这家来年平安幸福。舞龙活动要走遍全村的每一户人家，一般持续到凌晨的2点到3点才会结束。

●板龙灯

每年的元宵节前后，玉山、婺源、上饶等地的农村都有舞板龙灯的习俗。用竹骨彩纸扎成龙头龙尾，龙身由各户自扎，每户各置一长条形板凳，上扎2~5个花灯为龙身。花灯内点蜡烛，每节板上两盏花灯，长达2米，由一人手持。一条龙灯由上百节板灯连接组成。元宵之夜，龙灯穿行于村镇小道，灯光映天，如巨龙游走，场面非常壮观。

●乌饭节

乌饭节是一个民间节日，这一日各家各户紧闭家门，举家围坐在堂屋内烹煮七色“乌饭”，外人不可擅入偷窥。蓝家乌饭，豆米相掺，富含淀粉、蛋白质和维生素等，可作食品，亦具药效。

婺源傩舞

古窑

发现者旅行指南

景德镇

概览

亮点

古窑民俗博览区

全国唯一一家以陶瓷文化为主题的国家AAAAA级旅游景区，再现了15世纪和16世纪景德镇制瓷业的风貌。

浮梁古县衙

我国江南唯一保存完整的清代县级衙署，有“江南第一衙”之称。

瑶里

瑶里村镇的大量清代名居、商店、街道、路面都保存完好，古色古香，古风醉人。

洪岩仙境

属古生代形成的壶天灰岩溶洞风景区，距今已有3亿多年。景区分为溶洞和石林两部分，溶洞景观独特，石林美丽如画。

瓷器大市场

必逛街道

瓷器大市场：瓷器大市场内有许多出售瓷器的店铺，品种繁多，风格独特。

景德镇古街：古典和现代的结合体现，许多年轻人喜欢到这里来购物。古街上有很多当地特色小吃，可以一边吃东西，一边逛店铺。

线路

景德镇经典三日游

第一天早上去祥集弄明代古居，体会明代建筑特色。随后去景德镇陶瓷博物馆，了解景德镇的瓷业发展史。下午先去龙珠阁，之后去三闾庙古街，最后去景德镇陶瓷博览区。

第二天早上去湖田古瓷窑遗址，下午去洪岩仙境，洞中石钟乳美不胜收。

第三天早上游览浮梁古县衙，随后去高岭风景名胜区，下午在古色古香的瑶里古镇漫步。

瑶里程氏宗祠戏台

古镇两日游

第一天上午前往浮梁县，参观完县衙之后，在大堂上观看审案表演。然后前往瑶里小镇，欣赏清代民居。

第二天上午去陶瓷民俗博物馆，下午前往龙珠阁，观看各地出土的古代瓷器，之后去瓷器市场，买一些特色的瓷器。

为何去

景德镇是闻名遐迩的瓷器之都，瓷器在这里被艺术家们赋予了美感，从泥土里绽放出生命，延续着它由古至今所带来的繁华和骄傲，构成了一幅美丽的烟雨古镇之景。景德镇现有古瓷窑遗址30余处，市内还有不少保存完好的明代民宅。周边的瑶里、高岭也是著名的旅游区。

景德镇御窑厂遗址

何时去

景德镇春季多雨，夏季温度非常高，冬季温度一般不会低于零度，但较湿冷，最适宜前往的季节为秋季，也就是九月、十月的时候。这个季节气温适中，雨水少，可说是秋高气爽之时，而且一年一度的“景德镇国际陶瓷节”也在10月份举办。

景德镇古窑

景德镇高铁站

区域解读

区号：0798

面积：5256km²

人口：162.19万人

地理 GEOGRAPHY

区划

景德镇下辖两个区（昌江区、珠山区），1个县（浮梁县），1个县级市（乐平市）。

地形

景德镇市区地势由东北向西南倾斜，东北和西北部多山，群峰林立，岗峦重叠。景德镇属丘陵地带，坐落于黄山、怀玉山余脉与鄱阳湖平原过渡地带，是典型的江南红壤丘陵区。

景德镇境内的昌江河、西河、南河，为流经市内的最大河流，西河、南河是昌江河的重要支流，且都于景德镇市区注入昌江。

气候

景德镇市属亚热带季风气候，境内具有四季分明的特点。北部山区冬季的时候经常可以看到雪景；市区由于地处盆地，夏季炎热，最高气温有时会超过40℃；春季光照充足，温和湿润；秋季凉爽少雨。

历史 HISTORY

历史大事记

●五代以前

考古专家在景德镇乐平市涌山旧、新

景德镇古窑

瑶里古镇

石器洞穴遗址中发现有一万多年前的“划刻岩画”，证明至少在一万年前就有人类在此活动。

东晋时，置新平镇，为景德镇建镇之始，后发展为中国四大名镇之一。

五代时期，景德镇瓷业开始兴盛，人才荟萃，技艺日新，景德镇作为中国瓷都的地位由此开始奠定。

●宋元明清

北宋时期，昌南瓷器被宋真宗征为御用瓷器，并于1004年以其年号将昌南镇重新命名为景德镇，以彰显昌南镇瓷器产品在北宋朝廷的地位，此名称一直沿用至今。

元王朝建国初年建立浮梁瓷局，是元王朝在景德镇设置的全国唯一的一所为皇室服务的瓷局。浮梁瓷局对制瓷工艺做了重大改进，将原有的瓷石一元配方改为瓷石加高岭土的二元配方，为制造大型陶瓷器物创造了条件，使得景德镇成为全国制瓷中心、世界瓷都。

明洪武二年（1369年），在原浮梁瓷局的基础上建立了御窑厂，世称“洪武官窑”。后来，郑和下西洋带动了景德镇陶瓷经济的空前繁荣。

●近现代

1916年，“江西省立乙种工业学校”在景德镇成立，这是景德镇最早的陶瓷教育机构。

1958年，专门培养陶瓷人才的陶瓷学院在景德镇成立。

1965年，提升陶瓷生产产量和品质的“隧道窑”试制成功，这是景德镇瓷器烧造技术的历史性突破。

文化 CULTURE

景德镇——世界瓷都

景德镇制瓷历史悠久，瓷器产品质地精良、造型优美、品种繁多、装饰丰富、风格独

景德镇青花瓷

特，以“白如玉，明如镜，薄如纸，声如磬”的特点蜚声海内外。

东晋时，降职贬官来到新平镇（今景德镇）隐居的赵慨，根据他在浙闽为官时了解的越窑制造技艺，对新平镇陶瓷的胎釉配制、器物成型与焙烧工艺进行了系统改革。赵慨引导新平师法越窑，成为景德镇制陶向制瓷进化之始，他也因此被尊崇为景德镇制瓷开山之祖。

宋代时景德镇以烧青白瓷为主，有名的湖田窑就坐落在景德镇的湖田村，器型有碗、盘、瓶、壶、罐、枕等，装饰上有刻花、划花、印花、篦划纹等技法，纹饰有龙纹、凤纹、婴戏纹、海水纹、缠枝花纹等。元代时景德镇开始烧青花瓷、釉里红和其他品种，成为全国的制瓷中心，同时还继续烧制青白瓷，产品有梅瓶、玉壶春瓶、罐、碗、盘、匜、炉和高足杯等。明代时景德镇已成为瓷都，青花瓷逐渐发展起来，被称为“国瓷”，同时景德镇还烧有釉上彩、斗彩、五彩、素三彩和各种单色釉瓷。清代时景德镇烧瓷技术大大提高，品种有青花三彩、粉彩、珐琅彩，还有各类象生瓷和仿玉石、木纹、漆、铜釉色的瓷器，瓷器品质都达到了历史最高水平。

1982年，在国务院公布的首批24座国家级历史文化名城中，景德镇是唯一一座以单一传统手工业著称的城市。景德镇陶瓷文化的独特价值，不仅在于已经出土和仍然埋藏着的极其丰富的古瓷资源，更在于这里至今还存续着庞大完整的瓷业体系。景德镇以生产瓷器而蜚声世界，既是中国古代的瓷都，现在仍然是生产瓷器的重要工业都市。

景德镇手工制瓷

景点推荐 景德镇市区景点

杨湾风景区

山峦起伏，翠竹成林

景德镇市西南5000米处

杨湾风景区山峦起伏，山道弯弯，翠竹成林，山水相映，森林面积18平方千米。景区内有景德镇南山最高峰——海拔1660米的朱尖，道士尖与香火不断的冷水尖遥遥相望，李家山瀑布随条条山涧小溪飞流直下，汇成群山环抱的杨湾水库。

玩家攻略

杨湾风景区内有半岛度假村和聚贤山庄，为游客提供食宿和娱乐设施。半岛度假村内有可供游客自耕自种的菜园，游客也可以亲自采摘瓜果蔬菜。

九子连心树

九子连心树是九棵形态各异的野酸枣树长在一条粗壮的根上，为杨湾风景区的一大奇观。这棵树枝叶繁茂，冠如伞盖。

树的后面有一个山洞——这个山洞是当年陈湾瓷土矿老矿工们挖瓷土遗留下来的坑道。据老人讲，这个山洞有两千多米深，通过山洞可以到冷水尖求神拜佛。

链接

九子连心树的美丽传说

很久以前，有一群矿工在这里挖瓷土，把挖出来的白玉般的瓷土运往景德镇。有一天，矿工们正在洞里面工作。忽然，隐隐约约听到有人的喊叫声，仔细一听，好像是烧饭师傅的声音。大家不知道有什么事情，就纷纷向洞口走来，越走近声音越清楚——是烧饭师傅喊大家出来吃饭。大家感到很纳闷，还没有到吃饭的时间。这时候，走在后面的人大声喊："不好，塌方了，快跑！"

大家赶快跑出洞口，一看，一道金光拔地而起，只见一位穿着彩霞般衣服的仙女驾着祥云，腾空而去。大家拜倒在地，感谢仙女的救命之恩。不久后，就在金光拔地而起的地方，长出了这棵九子连心树。

以后每年的这一天，矿工们都要到这里来祭拜。

中国陶艺中心

陶瓷艺术爱好者的实践场所

景德镇市昌江区陶瓷历史文化博览区（古窑）西侧

市内乘坐7路公交车到市发展中心北苑站下

30元 9:00～17:00

中国陶艺中心又名全国中小学陶艺培训基地，是经教育部2001年批准成立并授牌的、面向国内外青少年学生和陶瓷艺术爱好者开放的实训、实践场所。

中心总建筑面积22 000平方米，建有陶艺制作、学习培训、活动展示、食宿餐饮、休闲购物和体育军训等六大部分。内有练泥、做坯（拉坯）、印坯、利坯、画坯、吹釉、画瓷、泥戏、烧窑、包装等制瓷流程中所需工具和设施；还设有景德镇陶瓷通史等爱国主义教育长廊。

玩家 攻略

游客可在陶艺中心内体验制陶的基础工艺，有捏泥、雕塑、印坯、上色等步骤，有专业培训老师在此讲解和指导。游客可以发挥自己的艺术想象，尽情地体味泥性，回顾儿时玩橡皮泥的童趣。陶艺中心还可以把游客的制品烧制成成品，让其带回家留作纪念。

李家山瀑布

高18米

景德镇市李家山村

李家山瀑布位于李家山村的下方，是由于地壳运动使地层发生断层而形成的瀑布，为构造型瀑布，高约18米。沿着瀑布台阶而下，是一座由毛竹建成的弧形拱桥。桥墩由四根毛竹组成，弧形桥身、桥栏、引桥均为毛竹构造，且全桥没有一颗铁钉，均由竹钉把桥身固定。竹亭、竹桥、瀑布三者融为一体，构成一幅“蓬莱仙境”图。

玩家 行程

李家山瀑布虽然没有黄果树瀑布的磅礴气势，也不如黄河壶口瀑布宏伟壮观、举世闻名，但是流淌着的瀑布水，却记载着瓷都景德镇悠悠千年的陶瓷文化历史。

穿过李家山村庄，顺着蜿蜒的林间小道，爬上弯弯的登山小径，来到陈家岭，前往道士尖观日出。一路上，不知名的野花野草，稀有树木，令人目不暇接；褐色之中泛出淡淡青绿的千年古藤，悬挂在飞流直下的山涧之上。

观日出后，沿着森林防火带，来到狮子山和刀口山景点。狮子山形如一只趴在地上扭着头的雄狮，在它的前面有一处悬崖，名为刀口山。

景德镇陶瓷

月亮湖景区

有大批野生鸟类在此栖息越冬

景德镇市昌江区丽阳乡枫林村

在景德镇乘5、32路公交车，在月亮湖下车，步行即到

月亮湖景区因水面沿山弯曲而行，状如月牙而得名，是融旅游、休闲、

运动健身、娱乐为一体的多功能风景区。

湖区群山环抱，山水相连，每年有大批野生鸟类在此栖息越冬。湖面有摩托艇、豪华快艇等娱乐设施，坝下设流水养鱼垂钓中心。环湖有流泉飞瀑、观瀑长栏、千年樟树，置身其中，宛如融入大自然的怀抱之中。主要游览点有湖心岛、生态养殖园。

古窑民俗博览区 AAAAA

古代皇家瓷器烧造地

景德镇市昌江区瓷都大道古窑路1号

市内乘坐2、6、9等路公交车到枫树山站下即到

www.chinaguyao.com

95元　0798-8534444　8:00~17:00

古窑民俗博览区，原名陶瓷历史博览区，融陶瓷历史文化博览、陶瓷制作体验及娱乐休闲为一体，是全国唯一一家以陶瓷文化为主题的国家AAAAA级旅游景区。

博览区主要分历代古窑展示区、陶瓷民俗展示区和瓷生一日艺术休闲区三部分。历代古窑展示区内，从宋代到清代的古窑，再现了15、16世纪景德镇制瓷业的风貌。景区内的建筑多由老房子改造，让游客在古色古香中了解景德镇的陶瓷文化。

玩家攻略

每年的10月会在博览区举办“景德镇国际陶瓷节”，届时会有一些节庆活动，如“瓷都风情”大型文艺晚会、“祭窑神”女子瓷乐队演奏、外国陶艺家表演以及拉坯、画坯等古代制瓷工序表演。

历代古窑展示区

展示区包括古代制瓷作坊、世界上最古老的制瓷生产作业线、明清御窑、清代镇窑、明代葫芦窑、元代馒头窑、宋代龙窑、风

古窑民俗博览区

火仙师庙、致美轩、红店瓷行等景点，向人们展示了古代瓷业建筑、明清时期景德镇手工制瓷的工艺过程以及传统名瓷精品。

玩家 解说

镇窑又称柴窑，兴于明清，是景德镇古代烧制御瓷的重要窑炉。窑场占地约800平方米，建筑面积近1000平方米，是迄今保存最完好、最齐全的柴窑。

风火仙师庙始建于明末清初，建筑构思巧妙，别出心裁，既有明代特色，又具有清代风格，建筑面积近400平方米。

陶瓷民俗展示区

以12栋明、清古建筑为中心的民俗景区内有陶瓷民俗陈列、天后宫、祖师庙、瓷碑长廊、瓷音水榭等景观，展示区内还定时进行独特的瓷乐演奏。

玩家 攻略

瓷乐演奏时间：周一至周五9:30、10:20、11:10、14:00、14:50、15:40，共六场；周六、周日除平时的六场外，还会在16:30加一场。每场演出时长20分钟，不容错过。

瓷生一日艺术休闲区

包括9.9米窑神童宾、昌南问瓷、三间庙码头、瓷心茶味、耕且陶焉、前瓷今生、木瓷前缘、china.瓷咖啡厅等瓷文化创意休闲景观。

三闾庙古街
著名的历史文化街区

景德镇市昌江区昌江与西河的交界处

三闾庙古街位于昌江河两岸的山嘴上，与镇上“里市渡”隔河相望。古街口有一座由窑砖砌成的拱形街门，门楣青石上刻有“三闾古栅”四个大字。整个三闾庙古街分为明街、清街和古码头三部分，是著名的历史文化街区。

三闾庙古街中有几处保存较为完好的民

三闾庙古街

宅，大多为明朝中期到清朝初期所建，具有重要的历史价值，最为出名的是明朝中期所建的刘家弄3号住宅，从布局到雕饰，都展现出我国古代工匠的聪明才智和精湛技艺。

明街

明街长84.7米，宽4.5米，为明朝嘉靖年间（1522—1566年）所建。明街有历时500年仍保存完好的青砖街面，路面呈拱形，两侧有排水明沟，整条街道不如清街保存完整，平时的气氛也比较冷清。

清街

清街全长231米，宽约3米，街口有“三闾古栅”的石牌，街面用长石条、青石板铺成。清街两旁为各式商铺和民宅，曾是清代时期十分繁华的商贸街，经1998年修复后，古朴中透露出一丝现代气息。

古码头

古码头用青石条垒成，共三层，以适应不同水位，非常科学。古码头上建有一座纪念著名诗人屈原的“忠洁侯庙”，即“三闾大夫庙”。

雕塑瓷厂明清园
景德镇国际陶艺中心所在地

景德镇市珠山区新厂东路

市内乘1路、8路、28路公交车到曹家岭站下车即可到达

明清园位于景德镇雕塑瓷厂厂区内，是

景德镇国际陶艺中心所在地，为仿明代徽派建筑群，融生产、创作、陈列、接待、购物、休闲娱乐为一体。

园内的瓷器街是景德镇古代瓷器商业街的再现，许多工艺美术大师在此设工作室，展示着巧夺天工的陶瓷雕塑技艺。特别值得一提的是，每逢周日在此举办的以瓷为主题的“乐天陶社创意集市”很值得一逛。周六上午还有以陶瓷学院学生为主的陶艺地摊活动。

龙珠阁

景德镇的标志建筑之一

景德镇市珠山区中华北路　可乘7路、12路支线、12路等公交车到御窑长廊站下车，步行即到

8:00～17:30

龙珠阁始建于唐代，后来几度兴毁，现存龙珠阁为1990年重建，是一幢仿明重檐宫廷式建筑，采用明四暗七的结构，共6层，高34.5米。龙珠阁现为景德镇官窑博物馆，阁内分为与原官窑相关的资料展示和经由古陶瓷研究所复原的官窑瓷展示两部分。馆内陈列有大批官瓷珍品，如青花釉里红万件花瓶、明正统官窑巨型龙缸及珠山出土的明代官窑陶瓷珍品等，还有一些官窑史料，对景德镇官窑瓷器的研究有不可或缺的重要参考价值。

祥集弄明代民居

保存较完整的明代巷道

景德镇市祥集弄内

景德镇祥集弄民居，是一座保存较完整的明代巷道，内有明代住宅多处，其中3号、11号两幢民居建于明成化年间（1465—1487年）。

住宅的平面布局分上堂与下堂，有四正房两厢房加后房，中有天井，门皆设于侧面。正堂明间作单层处理，堂房显得高大轩昂，梁枋之间的隔断尚存“编竹造”的遗制，构件的装饰均安装在重点部位。柱础地脚饰以精美的石雕，艺术造型均匀合理，装饰纹样丰富多彩，满宅堂皇富丽，住宅梁柱用材大，且均采用优质樟木等材料制作。

中国陶瓷博物馆

国内少数专业性陶瓷博物馆之一

景德镇市昌江区紫晶北路1号　乘901路公交车到五中站下车，步行即到

免费　0798-8253706　9:00～17:00（16:30停止入馆），周一闭馆

景德镇中国陶瓷博物馆前身为景德镇陶瓷馆，该馆作为国家二级博物馆，是国内少数专业性陶瓷博物馆之一。博物馆于1954

龙珠阁

年1月正式开放，占地面积12 000平方米，展厅面积3194平方米。馆藏文物丰富，八个展示厅展示了自汉唐以来历代的陶瓷珍品，其中近现代和当代景德镇的陶瓷珍品为陶瓷馆所特有。

馆内珍贵的陶瓷真实地反映了景德镇陶瓷历史发展的全过程，展示了历代景德镇陶瓷工人的聪明智慧和伟大创造。在此驻足欣赏，定能让人流连忘返。

玩家 解说

陶瓷博物馆内共有五个展厅：

第一展厅展示五代、宋代和元代的陶瓷。其中以宋代的影青瓷、印花瓷和元代的青花瓷、高温颜色釉瓷最为夺目。

景德镇瓷器

景德镇瓷器造型优美，品种繁多，装饰丰富，风格独特，瓷质“白如玉、明如镜、薄如纸、声如磬”。景德镇陶瓷艺术是中国文化宝库中的重要财富。青花、玲珑、粉彩、颜色釉，合称景德镇四大传统名瓷。

青花瓷：青花瓷创烧于元代，是以色料在坯胎上描绘纹样，施釉后经高温烧成，釉色晶莹、透彻、素静、雅致。青料溶于胎釉之间，发色青翠，虽色相单一，但感觉丰富。青花瓷经久耐用，瓷不碎，色不褪。

青花瓷龙纹碗

玲珑瓷：玲珑瓷是在明宣德年间镂空工艺的基础上创造和发展起来的，已有五百多年的历史。在细薄的坯胎上，雕出米粒状的通花洞，然后施釉多次，填平通花洞，再入窑烧制而成。在清代，瓷工把青花和玲珑巧妙地结合为一体，形成了人人喜爱的青花玲珑瓷。碧绿透明的玲珑和色呈翠蓝的青花互为衬托，相映生辉，给人以一种特殊的美感。

粉彩瓷：粉彩亦称软彩，是瓷器的釉上装饰。粉彩技法自清康熙晚期出现，到雍正、乾隆年代，益臻完善。其制法是：先在白胎瓷器上勾出图案轮廓，再堆填色料，在摄氏七百多度的温度下烘烧而成，颜色柔和，画工细腻工整，有国画韵味。粉彩瓷又有浮雕感，画面充满着浓郁的民族特色，有中国历史故事和神话中的人物，有秀丽多彩的山水，有栩栩如生的花鸟翎毛，有工整对称的几何图案等。

粉彩瓷

颜色釉瓷：颜色釉瓷是在釉料里加上某种氧化金属，经过焙烧以后，会显现出某种固有的色泽，这就是颜色釉。影响颜色釉呈色的主要是起着色剂作用的金属氧化物，此外还与釉料的组成、粒度大小、烧制温度以及烧制气氛有着密切的关系。人们说“自然界有什么颜色，就可以烧制出什么颜色的瓷器”，如果参观过景德镇的颜色釉瓷，就会相信此话不假。当然，有许多颜色釉的配料和烧制是十分困难的，如“祭红釉”，就有千窑一宝之说。

中国陶瓷博物馆

第二展厅主要以明代官窑器展示为主，明代的官窑器制作和装饰手法主要有青花、青花斗彩、五彩、红绿彩和颜色釉等。

第三展厅展出的是景德镇陶瓷史上最为璀璨的清代陶瓷。此时景德镇陶瓷工艺已经集天下之大成，融合了如汝窑、龙泉窑、哥窑等各大名窑的陶瓷技术。景德镇特有的青花装饰技法在这一时期也有了进一步的提高，分水法的使用使青花装饰达到了中国绘画的效果。陶烧瓷炼技术的成熟在郎窑红、钧红、裂纹釉等高温颜色釉瓷中得到了体现。对景德镇现代陶瓷业影响深远的粉彩技术也在清代陶瓷业的激烈竞争中应运而生，并且粉彩装饰技艺在清代晚期达到了第一个高峰期。也就是在这一时期，确定了景德镇陶瓷向绘画装饰方面发展的大趋势，为景德镇现代陶瓷在世界陶瓷业中占有一席之地打下了牢固的基础。

第四展厅是民国时期的陶瓷展。诸多的历史原因导致这个时期成为景德镇陶瓷史上的一个衰退期。该时期整个陶瓷界只有陶瓷绘画领域一枝独秀，出现了以“珠山八友”为代表的一批陶瓷彩绘艺术家，留下了许多传世佳作。

第五展厅是景德镇现代陶瓷展。展出了自中华人民共和国成立以来的景德镇各种工艺陶瓷。

黄泥头古瓷窑遗址

遗址保存完好

景德镇市东黄泥头小学后山

黄泥头古瓷窑遗址是景德镇五代至北宋时期最有代表性的古窑址。该址遗物丰富集中，保存完好，堆积范围约5000平方米，分东西两堆，高数十米。西堆以五代遗物为主，有灰胎青釉器和白胎白釉器两种，碗盏以钉重合选烧，壶为瓜梭式。东堆以北宋遗物为主，主要为影青瓮，取一器一匣的仰烧法。

湖田古窑遗址

国家级重点保护的古瓷窑遗址

景德镇市东南湖田村　从市内乘坐公交37路可到　免费　9:00~17:00

湖田古窑遗址是唯一被列入国家级重点保护的古瓷窑遗址，也是景德镇被列为历史文化名城的重要而特殊的标志之一。一进古窑址，只见窑具与碎片堆积成一座座小山，堆积层中心厚达数十米，保存较好。

现在该遗址上建有湖田古窑址陈列馆，在目前确定的12处26万平方米的保护区范围内，较完整地保存了历史原貌，收藏陈列了湖田窑遗址出土的历代陶瓷器物和标本，同时展出了湖田窑遗址的分布模型，还保存了宋、元、明各个重要历史时期弥足珍贵的窑炉、制瓷作坊等遗迹，向人们展示了古代制瓷场景。

玩家 攻略

湖田古窑遗址内有供游客体验制陶的区域，可在此体验拉坯、在陶瓷上绘制图案等，还能看到民间烧陶瓷的老艺术家，既能学习，又能听到用陶瓷制作的乐器进行的演出。

玩家 解说

湖田窑兴烧于五代，兴盛于宋代和元代，到明代中期衰落，历时700余年，留下大量珍贵的历史文物和古迹，可以说是我国宋、元两代制瓷规模最大、延续烧造时间最长、生产的瓷器最精美的古代窑场。

南市街古瓷窑遗址

五代至元初的古瓷窑遗址

景德镇浮梁县寿安镇 乘坐班车至寿安镇后自行前往

南市街古瓷窑遗址是五代至元初的古瓷窑遗址。遗物分四片堆积，第一片在村后600米处的狮子山黄土岭西北斜面，第二片在南市小学以东至水库间，第三片在第二片以南200米处的山涧，第四片在南市街村底，总面积达数万平方米。

遗物器形精巧，釉色晶莹，多有精美的刻花或印花影青瓷雕，生动，别致，装烧形式有支钉迭烧、匣钵仰烧和支圈夏烧等多种。

玩家 攻略

南市街一到晚上，两边就有很多夜宵摊档，基本上以景德镇地区的特色美食和小吃为主，吸引了大量食客来此。口味普遍偏辣，价格便宜。其中油炸馄饨、凉拌冷粉、“戴家弄”饺子粑、碱水粑、“麻石弄”龙蛟瓜子、“鲇鱼煮豆冲”都是极受欢迎的小吃。

得雨生态园

综合性绿色生态园区

景德镇市瓷都大道11号 乘502路公交车到古城村委会站下车即可 10元

0798-83814290

得雨生态园是一个综合性绿色生态园区。一进园门，便是品字形假山和数千株千年红檵，中间有一湾小湖，湖两边的山丘上栽种了300多万株红豆杉和30多万株杜鹃花。红豆杉四季常青，生命力极强，且极具观赏性。在几十万株的杜鹃花中，更有蔚鹃、紫鹃等珍稀品种。此外，园区的全民健身登山健步道工程是中国第二条登山健步道，每隔400米就设置一个休息点，并配有人性化的标志和救助系统。

湖田古窑遗址

得雨生态园

景点推荐

浮梁旅游区

诸仙洞

一步一景，奇趣盎然

景德镇市浮梁县寿安镇

诸仙洞，相传古代四方神仙聚居于此，潜心修炼，比试道行，故称为"诸仙洞"。诸仙洞一步一景，奇趣盎然。诸仙洞周围山峦叠翠，林木蓊郁。洞口高大宽敞，洞内钟乳石千姿百态。洞宾悬剑、铁拐醉酒、洞箫横吹等几十处景观惟妙惟肖。

洞南6千米处有一"龙池"，呈四方形，纵横数丈，池水碧绿。池后有一小岩洞，内有一圈井，井泉终年汩汩不息，渗入龙池。龙池常年有水，数十年一涸。龙池旁有碑刻，篆刻了浮梁知县陈安于民国六年（1917年）所作的《龙池三竭记》。距龙池百米处又有一泉眼，称"龙眼"。龙眼约一米方圆，水深一米许，清澈可鉴眉须。龙眼每日早、中、晚分别涌泉一次。

瑶里瓷茶古镇 AAAA

千年古镇

景德镇市浮梁县瑶里镇 景德镇曙光路上的市短途客运站有班车前往瑶里 包含在瑶里风景区联票内（110元） 0798-2601228 8:00～17:00

瑶里瓷茶古镇属瑶里风景区5个景点之一。古镇从西汉建镇开始，迄今已有2000多年历史。这里汇集了明清古建筑群和革命旧址等众多人文景观，主要景点有明清商业街、程氏宗祠、狮冈胜览、宏毅祠、陈毅旧居等。

走在这里的古街上，踩着镶嵌着鹅卵石的青石板路，数着街两边的古店铺，历史的痕迹一点点地铺展在眼前，恍如梦回千年。

玩家 行程

瑶里一日游线路：高岭土矿遗址园区—瓷茶古镇游览区—绕南古陶瓷博览区—梅岭休闲度假区—汪湖生态旅游区。

玩家 攻略

1.食：瑶里人在饮食上非常讲究，食料多取自天然，形成了当地的特色，花样多，门类齐全。如早点就有“珍珠米果”“油糍”“碱水粑”等36样之多。

2.购物：瑶里镇茶叶产于高山，多为云雾茶，不施用化肥，属纯天然绿色食品，具有“味美、香浓、清澈、保健”诸多功效。

明清商业街

明清商业街是古徽州大道上最为繁华的商业街之一，全长1000多米，分为上街头、中街头、下街头三段。整条街共有上百幢店铺，鳞次栉比地分布在街道两旁，大部分保存得非常完好。窑里曾有民谣这样描述这条街：“上街头，下街头，街长不见头；丝绸缎，糖醋油，店面八百九”，生动地再现了唐诗中“浮梁歙州，万国来求”的盛世景象。

狮岗胜览

狮岗胜览是一座土洋结合的精美民居，建于清代洋务运动时期。屋主是个留过洋做过官的儒商，受中西方文化的双重熏陶。100多年过去了，这座典雅的建筑在时光夕晖的背景下，仍凝结着苍茫的况味。

陈毅旧居

陈毅旧居是老一辈无产阶级革命家、开国元帅陈毅同志1937—1938年来到瑶里指导新四军的改编工作时生活过的地方。现为陈毅图片展览馆，集中介绍了新四军瑶里改编的过程和陈毅同志的简要生平，是一处人们接受革命传统教育和革命先辈思想熏陶的场所。

程氏宗祠·宏毅祠

程氏宗祠又名“惇睦”堂，始建于明代中叶，清代道光年间重新整修过。祠堂背靠狮山，面临瑶河，由于风水的缘故，其建筑风格不同于其他祠堂，上、中、下三堂的朝向各不相同。建筑内砖雕、石雕和木雕的题材丰富、玲珑剔透、层次分明、栩栩如生，显示了雕刻工匠高超的艺术才能。1938年初，开国元帅陈毅同志来瑶里主持新四军改编，曾在祠堂内召开抗日动员大会。

瑶里风景区

宏毅祠是吴家祠堂的分祠，是吴氏分支祭祀祖先和从事其他宗族活动的地方。1938年初，参加瑶里新四军改编的红军游击队曾驻扎此地，接受文化和纪律教育。现为江西省省级文物保护单位。

大夫第·进士第

大夫第的屋主名为吴朝栋，清初时，吴朝栋在饶州府一带德高望重，很有才华，被皇帝赐封为"直奉大夫"，特准修建"大夫第"。不过，这个"直奉大夫"并无实权，只是个空衔。

进士第为康熙三十九年（1700年）进士吴从至所建。吴从至曾任河南大康县令、开封知府、工部都水司、员外侍郎，官至三品。在告老还乡时，修建了"进士第"安度晚年。房屋八字形的大门及仪门、等级阶、正堂的井字梁等，都充分体现了古代官宅的建筑风格。

汪湖生态旅游区

瑶里自然景色绝佳之处

景德镇市浮梁县瑶里镇汪湖村　在里村短途汽车站乘坐景德镇开往瑶里的班车，到瑶里古镇后可包车前往　包含在瑶里风景区联票内（110元）

8:00～17:00

汪湖生态旅游区是瑶里风景区的重要组成部分，也是瑶里自然景色绝佳之处，由原始森林、南山瀑布、徽州古道和虎头岗皖赣交界处组成。游览区原始森林茂密幽静，物种繁多，林内生长着百余种野生植物，有"植物王国"之美称。因大自然造化而形成的天河谷，潭幽谷深，诡异神奇。

梅岭休闲度假区

充满诗情画意的田园风光

景德镇市浮梁县瑶里镇　到瑶里古镇后包车前往

包含在瑶里风景区联票内（110元）

8:00～17:00

梅岭休闲度假区以充满诗情画意的田园风光著称，是瑶里风景区的重要组成部分。梅岭古村又名"梅花园里人家"，村内大街小巷纵横交错，瑶河支流穿村而过，四周群山环抱，风景秀美。梅岭古村民风淳朴，古貌犹存，有雄伟壮丽的张氏宗祠和千年古樟群。此外，度假区内还有蝶恋谷、潘冬子红军桥、徽饶古道等景点。

梅岭度假村

梅岭度假村是一处融旅游观光、休闲度假、娱乐餐饮为一体的庄园。其木房竹楼融现代工艺与古建筑特色为一体，木房配有吊脚回廊，挑头上雕刻着龙头图案。

这里青山环抱，绿水长流，随时可以闻到山花的清香，听到虫鸟的鸣唱。游客们在茶余饭后可随意开展娱乐活动，在园池边赏鱼，在水池中游泳或垂钓。

张氏宗祠

张氏宗祠始建于唐末，元末焚于战火，现存宗祠兴建于明初。宗祠气势恢宏，拥有三堂两天井，祠内砖、木、石雕十分精细。宗祠前有一月形水塘，而且旁边还修有两个一样的水塘。这与风水有关，宗祠对面是“火焰山”，由于张氏宗祠正对火焰山，故经常遭火灾，后在风水先生的指导下修建水塘，以避火神。

古樟群

度假村村口有九棵古樟，排列在村水口处，树干苍劲挺拔，树龄均有500年以上，最粗的一棵树直径达732厘米，高达14米，树龄已有1000年以上。此九株古木生长于一船形土坛上，宛若帆桅，周围有水塘围绕，造型独特，蕴意深刻，既聚财，又防火。在水口处还建有一座桥，以锁住水财，充分体现了徽州水口园林的特色。

红军桥

红军桥又叫“观云亭桥”，原是供族人劳作之余纳凉休憩之地，后因曾作为《闪闪的红星》的外景拍摄地之一而声名远扬。之所以叫“观云亭桥”，顾名思义，是“观云”之地，在这里“观云”，若是风平浪静之际，则白云茫茫，一铺万顷，无数的山峰被白云淹没，只剩下几个峰尖，像是大海中的岛屿。但转瞬之间又波起云涌，浪花飞溅，惊涛拍岸。尤其在风雪之后，日出或日落时“霞海”最为壮观，太阳在天，云海在下，霞光照射，美不胜收。

梅岭峡谷

梅岭峡谷全长数千米，直达汪湖生态浏览区，整条峡谷掩蔽在浓浓林荫下，峡谷中怪石嶙峋，还有多处水潭，清澈见底。龙潭是最显著的一处。沿峡谷而上，一路上有“棺石”“一两破千斤”“雷劈石”“飞来石”等景观。

绕南陶瓷主题园区

以陶瓷文化为主要特色

景德镇市浮梁县瑶里古镇内

包含在瑶里风景区联票内（110元）

0798-2601969

绕南陶瓷主题园区是一个以陶瓷文化为主要特色的景区，区内保存了多处宋、元、明等时期的古窑遗址，其中，绕南堆积物是世界上已发现的最具代表性的陶瓷生产断面特征遗址。在这里可以看到最古老的陶瓷手工制作工艺和古水碓、古矿洞、古釉果作坊、龙窑遗址等古代陶瓷生产遗迹。到了秋天，这里还是赏枫寻秋、走古道的好去处。

玩家解说

绕南是个村庄，因东河从其南面环绕村庄蜿蜒流过，所以取名绕南。绕南村人从宋代以前开始，直到现在，都从事着釉果的加工生产，制釉的历史已有上千年之久。因此，这里有着悠久的瓷文化和厚重的历史感。

浮梁古城

古城布局形似八卦

景德镇市浮梁县县衙路　乘坐39路公交车可达古县衙景区

50元　0798-2620150　8:00～18:00

浮梁古城建于唐元和十二年（817年），

浮梁古县衙

历经唐、宋、元、明、清诸朝，是历代浮梁县治之所在。古城布局形似八卦，城墙全长10多千米，高5米。

古城内有全国唯一的五品古县衙和宋代佛塔——红塔；有气势宏伟的古城门楼、堪称世界一绝的历史文化长廊、象征瓷都窑火千年不熄的千年瓷坛、体现喜庆浪漫的千禧良缘广场、曲径通幽的千年古井、展示陶瓷文化的精品陶瓷馆魁星阁等。

浮梁古县城红塔

浮梁古县衙

浮梁古县衙始建于清朝道光年间，距今近200年，是江南唯一一座保存较完整的清代县衙，也是全国仅存的四处古县衙之一，被誉为“江南第一衙”，1987年被定为省级重点文物保护单位。

浮梁古县衙占地64 495平方米，坐北朝南，规模宏大，完整地保留了中轴线上的照壁、头门、仪门、衙院、大堂、二堂及三堂等县衙原有风貌。衙署内陈列了古代官服、刑具、十八般兵器、讯杖、官轿、夹棍等。衙院内宽敞空旷，古木参天，中有40米长条古路面甬道直通大堂。游客至此，既可以领略古代衙府的风貌，又可了解封建社会衙门的历史、政治、文化知识。

红塔

红塔原名为西塔，始建北宋初年，距今

浮梁习俗

●郑家山禾秆香龙灯

每逢中秋佳节，新屋下村郑家山组都要扎制禾秆（稻草）香龙灯，仅在村中走家串户，很是奇特。而且郑家山正月不迎灯，也不接外村龙灯。

禾秆香龙灯分龙头、龙身、龙尾，共九节，全用稻草扎成，中间用稻草绳连接。龙珠用嫩南瓜制成。龙珠、龙身起灯时插满香。农历八月十五日晚，在祠堂中扎好龙灯后，烧黄表纸、点香，敬神。给龙珠、龙身插满点燃的竹香，即为起灯。然后由半大小伙子扛赶龙灯，锣鼓开道，小喇叭伴奏，走家串户，是为迎灯。

每到一家，主人在门外插香，烧黄表纸，放爆竹迎接。灯在家中走一圈后，主人放爆竹送走。遇有做新屋、娶新妇的人家，会迎两次，主人制作点心招待迎灯人员。

走完全村，在祠堂前表演一番，最后是村口关帝庙迎灯。迎完，将龙珠送给娶新妇的人家，龙身则抛于水口坑下，是为销灯。

●正月舞狮灯

舞狮灯从正月初二起灯，元宵烧灯，烧灯时也要敬山神土地。起灯时到直午岗山脚引狮神，烧灯要到村口苦株树下烧，全部烧完。迎灯时，还有四个牌灯，两红两绿，红的放在上风处，红牌灯上写“国泰民安”“五谷丰登”，绿的则在下风处，绿牌灯上写“狮笑迎新春”“灯接丰收年”。舞狮灯时四个牌灯放在四个角上的地上，也叫指示灯。

舞狮灯前要先敬神，烧黄表纸，摆“福礼”（即鱼、肉、鸡、豆腐用托盘装好，插香火、烧锡箔、敬拜山神土地），而后起灯。舞灯动作有“开四门”，分双四门和单四门，另外有“狮子打滚”“狮子跳台”“狮子望月”“狮子搔痒”等动作。

已有1000余年，是江西省保存最完整的、历史最悠久的一座大型古塔，称“江西第一塔”。1959年被列为首批江西省重点文物保护单位。

红塔高40.47米，六面九层，整座建筑反映了北宋初期塔式建筑的外貌和艺术造型，素有浮梁“古代城徽”之誉。

玩家 解说

红塔修建耗时79年才竣工，一是因为此塔完全是靠僧人化缘捐款修造，二是因为古代没有工具，完全靠人力填土搭架子，一层层堆积泥土建成。红塔登塔结构很特别，是穿壁绕座式。从门外面向里面上石阶梯，又从对面门出，并且绕外檐平座半圈，内外相结合，相穿而上才能登到塔顶。塔底有地宫，埋藏了舍利子。古建筑专家罗哲文在《中国古塔》一书中称赞红塔：“历史文化名城景德镇为著名的瓷都。古浮梁的遗物唯此一高塔为志，至今可贵。”

链 接

红塔的动人传说

红塔本来全部用青砖砌成，过去没有水泥，全部用石灰、糯米和红泥混合作浆，年代一久，红泥被风吹雨淋分化流出，将青砖表面染成了红色，遂成为红塔。改名红塔源自明朝开国皇帝朱元璋，朱元璋与陈友谅大战鄱阳湖失败后，逃至浮梁古城，躲进红塔后方逃过一劫。当上皇帝后，朱元璋下诏拨银修复红塔。由于当时浮梁境内塔多，朱元璋当时逃难紧急，没有问及塔名，好在当时其他塔外表均为白色，只有此塔外表为红色；朱元璋就对手下大臣说，红色的塔就是他的救命塔，从此，西塔更名为红塔。

高岭土矿遗址园区 AAAA

研究古陶瓷原料的圣地

景德镇市浮梁县瑶里景区内 ¥ 包含在瑶里风景区联票内（110元）

高岭土矿遗址园区不仅是陶瓷考古工作者们研究古陶瓷原料的圣地，而且也是人们假日休闲的理想去处。在这里，游客们可以沿着绵延数十里麻石铺砌的古山道，探寻散布山间的古矿坑，攀登险象环生的金鸡石，也可以凭栏斜依在有山有水的聚秀亭，观赏龙口瀑布和千年古樟林。

玉田湖

玉田湖

素有“水上明珠”的美称

✉ 景德镇市浮梁县湘湖镇玉田村

玉田湖原名跃进水库，水域面积255.9万平方米，水面呈葫芦状，水中央有桃花岛，是以水为背景的融旅游、观光、休闲、垂钓为一体的景点，素有“水上明珠”的美称。

玉田湖群山环抱，山水相连，每年有大批野生鸳鸯在此栖息越冬。坝下设流水养鱼垂钓中心，湖心岛花香叶绿，并设有餐饮处，是休闲、垂钓的理想之处。

金竹山寨

人文山水型综合性风景区

✉ 景德镇市浮梁县鹅湖镇　☎ 2767399

🕗 8:30～17:00

金竹山寨属人文山水型综合性风景区。景区内多崇山峻岭，一般山高在海拔500米以上，南部骄顶山最高峰达海拔1000多米。

景区有巧夺天工的自然景观：观音浣纱、虎潭惊梦、双龙漂流、雷劈石、三龙探井，可谓鬼斧神工天造地合；古银树到处可见，红豆杉古木成林；金丝红面猴成群结队，频频出现；千亩原始森林乃是江南一绝。此外，景区还有悠久的人文历史，“曹家祠堂”“叶氏祠堂”“陈姓祠堂”，历经数百年沧桑保留至今，可供游客参观。

金竹山寨

金山寺

玩家 解说

金山寺是山寨内的一处寺庙，规模不大，原寺已毁，现在的建筑是按原貌重建的。金山寺虽然不大，但香火较盛。相传很久以前，法海大师周游到小源，从村中的山形“龙脉”及村庄朝向来看，这里都是块风水宝地，但是村里却人丁稀少，法海经察看，发现了龙脉中暗藏有青白二蛇仙，通过他的指点，百姓自发地在其对面修建了这座寺，寺内原有大佛三百，僧众四十余人。

金竹山寨美食

竹筒炖菜：竹筒炖菜内有鲜肉和无污染纯绿色的蔬菜，用微火慢炖精制而成，具有口感鲜美的特点，闻有竹香，食有肉鲜，看有翠绿，集合色香味俱全的优点。

竹筒饭：竹筒饭内有新鲜糯米，配以农家自制食用油和一些精心炮制的秘方，再用旺火蒸上数个小时方能剖开竹筒取出米饭。打开便能闻到扑鼻而来的一股翠竹清香。

金竹烧鸡：金竹烧鸡是选用一斤半左右的小鸡，将多种作料混合后用猪油网包裹后放在鸡肚内，之后用苇叶将生鸡一层层地裹起来，再放入生长超过五年的竹筒内部，放入烤箱内烘烤一个半小时。将鸡取出时扑鼻而来的是竹子的香、苇叶的香、鸡肉的香、鸡肚内作料的香味……色泽金黄，鸡肉外酥里嫩，吃上一口真是满口生香。

翠竹人参炖土鸡：翠竹人参炖土鸡与金竹烧鸡口味相反，更注重清淡滋补。这道佳肴是用一节翠竹当锅，里面放入半筒清水，当地的人参、枸杞、红枣、莲子、黏米、桂圆等泡好后一起放入洗净的土鸡腹腔内部，再把土鸡放入竹筒，让水漫过鸡，慢炖而成。

景点推荐 乐平旅游区

浒崦戏台

建筑格局在江南地区堪称一绝

景德镇乐平市镇桥镇浒崦村

浒崦戏台为乐平市内保存较好的古代戏台之一，建于清代同治十一年（1872年），由晴台、雨台、厢楼、祠堂四面环合的一组建筑组成。其设计之巧妙、结构之别致、雕塑之精工、布局之繁华，在江南地区堪称一绝。

晴台为浒崦戏台的主体建筑，高10米，台面宽20米，进深6米，柱式古楼阁，梁柱粗壮，雕塑满台精工，气势雄壮。中堂壁用八块屏式福门，左、右各开拱状门两扇，侧壁饰有松鹤巨幅壁画，天栅顶饰有三口螺旋斗拱式藻井，中位藻井大，内中悬嵌《封神演义》中的“八岳”木质雕塑像。

玩家 解说

乐平市素有“中国古戏台博物馆”之称。共有412座古戏台，散布于乐平市各乡村，建筑时间从明清至当代，跨越500余年。其数量的庞大及呈地质层状发展的清晰脉络，当属罕见。

乐平的古戏台不仅多，而且还很精美，是融建筑、雕塑、工艺、美术和文学为一体的珍贵的文化遗产。古戏台按属性分有祠堂台、庙宗台、会馆台、宅院台和万年台。按功能分有晴台和晴雨台。古戏台造型端庄，气势恢宏。古戏台工艺考究，均为三重檐歇山顶，屋脊矗立彩瓷宝顶，中插铁叉或方天画戟。台中、台前立柱上，均悬楹联，内容及寓意深刻，发人深省。

古学府儒学里

曾是乐平的高级学府

景德镇乐平市翥山小区

古学府儒学里，又名“孔庙”“学宫”。唐朝在乐平建先圣庙，北宋熙宁五年（1072年）正月知县范锷在庙上始建学宫，后历朝因战乱时损时修，清顺治八年（1651年）知县王德明重修学宫。庙内有明伦堂、大成殿、东西庑，学府、泮池、名宦祠、乡贤祠、忠义孝悌祠、节教祠、弦歌楼、敬一亭等建筑，是当时乐平的高级学府。此学宫现已毁，仅存明伦堂等处遗迹。

洪岩仙境 AAAA

壶天灰岩溶洞风景区

景德镇乐平市洪岩镇 从乐平短途汽车站乘坐乐平至洪岩的班车，到洪岩镇即可 79元

0798-6655580 8:00~16:30

洪岩仙境属古生代形成的壶天灰岩溶洞风景区，距今已有3亿多年。景区分为溶洞和石林两部分，溶洞鬼斧神工，石林美丽如画。

溶洞长2000余米，洞中钟乳石千姿百态，其中最具特色的有被誉为神州溶洞四绝的九天飞瀑、震天雷、仙人田、水中天，以及38米高的擎天柱和造型奇特、仪态逼真的状

怪石林五大怪

怪石：怪石林景区奇石遍布、形态万千。譬如骏马迎宾、骆驼石、天马行空、三星高照、卧虎藏龙、二兽相争、猛蛇当道、如来戏悟空、将军石、蘑菇云、情侣石、望夫石、济公云游等，各式各样的象形石琳琅满目。到目前为止，已经发现的酷似各种飞禽走兽、人物形象、器皿物件的石景达数千处之多，我们熟知的十二生肖，在这里都能找到原型。还有神奇的音乐石，竟能发出金属乐器般悦耳动听的声音。

怪洞：在江西怪石林风景区，奇洞怪穴广为分布。譬如，当地人称为“强盗岩”的洞穴，相传此洞曾经住过一伙强盗，有关他们的精彩故事至今仍在当地广为流传；再如风门口的天坑，它是江西迄今为止发现的唯一的天坑，也是世界上仅有的78个天坑之一。目前，已有数支国内外专家队伍对天坑进行过科考和调研，但关于它的起源，仍是众说纷纭。

怪水：怪石林景区有一处潮水岩，是怪石林的又一奇妙景观。这个看似不起眼的洞穴会不定期地涨潮。涨潮时，20多个泉眼同时喷出泉水，形成一道道瀑布，一次涨潮时间长达4~5个小时。一般在涨潮后三天之内必会有雨，否则就会遭遇大旱。这种现象至今未能得到科学的解释。

奇藤怪树：由于很少受到人类活动的影响，怪石林风景区的原生态保持得很好，故生长着许多珍稀植物。由特殊地理环境形成的奇怪的“石包树”和“树抱石”现象是怪石林奇观之一；众多的千年古藤，有的似蛇盘绕，有的如独木桥横跨林涧，这种藤缠、树绕、石抱的原始古朴的自然景观，是难得一见的。

奇怪的气候：怪石林景区还有一个奇特之处，就在于此地独一无二的气候特征。景区附近的两个自然村，虽然相距不远，直线相距不到600米，但奇怪的是，两个村落之间的温差竟达到了5℃以上。常常是这边寒冷无比，降霜如雪，那里却是温暖如春，气候宜人——这一奇特的自然现象，给怪石林更加增添了一丝神秘的色彩。

元拜塔、仙人献指、诸葛亮看兵书等200多处景观。出生在此的南宋名臣洪皓（其28代世孙为太平天国领袖洪秀全）游后，曾留下“有此乾坤有此岩，谁知仙境在人间”的赞誉。风景区的其他主要景点有石林峰谷、铁井飞泉、洪公祠等。

玩家解说

石林峰谷：位于溶洞山顶，是由于古生代地壳变动而形成，距今有3亿多年，面积140余亩，山上怪石嶙峋，奇花异草点缀其间，以奇石、奇树、奇藤、奇峰著称。

铁井飞泉：俗称“翻花井”，始建于明代万历二十六年（1598年），距今400多年，该井由生铁打铸而成，最为奇特的是井水犹如人工喷泉，终年水花飞溅。

洪公祠：位于碧波荡漾的忠宣湖畔，是宋代名臣洪皓的纪念祠，常年香火不断，朝拜者络绎不绝。

怪石林风景区

华东景观最美的石林

景德镇乐平市众埠镇　在乐平乘到众埠的中巴车，下车后可乘摩托车或三轮车前往景区

60元　8:00~17:00

江西怪石林风景区是华东地区迄今为止发现的面积最大、景致最集中、景观最美丽的石林，被专家形象地称为“江南喀斯特地貌博物馆”，享有“中国最奇美的石林”的美誉。

景区由怪石林、石林迷宫、水帘洞、花果山农业生态景区四个部分组成，有怪石、怪洞、怪水、奇藤怪树、奇怪的气候“五大怪”之绝妙自然现象。如雕似琢的怪石林与美丽迷人的地下河交相辉映，骏马迎宾、神龟献宝、天马行空、三星高照等惟妙惟肖的象形石令人目不暇接，加之绿树掩映、藤萝缠绕，构成了一幅幅动人的生态景观图，美不胜收。

洎滩双月

今古奇观

景德镇乐平市洎滩村，乐安河中游

洎滩双月位于风景优美的乐安河河口处，景区面积为20平方千米，青山环抱，溪流潺潺，鸟语花香，空气清新。

乐安河从虎山与石里村之间横贯而过。这里，雄伟的虎山和陡峭的石壁岩夹江屹立，乐安河拍岸抱山，峰回水转，潭深湍急，景致迷人。每逢月白风清的中秋夜，可见水中两个清晰的月影碰撞，隐后复现，循环往复，奇幻异常，堪称今古奇观，为罕见的奇特自然景象。

玩家解说

双月的形成是光学折射的自然现象，因为河水被突出的山石挡了一下，形成上溯的回水，回水与向下流的水形成两个不同的斜面，所以，当月上中天时，两个不同斜面的水便折射出两个月

怪石林风景区

革命烈士纪念塔

亮。两个斜面的水流由于力量的变化，交界的水线会不断地左右移动，使得两个月亮也时聚时散，时隐时现。

革命烈士纪念塔

雄伟壮观，庄严肃穆

景德镇乐平市乐东部登高山顶峰

革命烈士纪念塔于1959年9月落成。纪念塔坐东朝西，塔高15米，塔基呈正方形，长宽各15米。塔身正面题有"革命烈士永垂不朽"八个金字。纪念塔周围栏杆环抱，皆为钢筋混凝土结构。纪念塔雄伟壮观，庄严肃穆。

在烈士纪念塔下，有一座烈士纪念馆。该馆保存完好的土地革命时期革命文物有苏维埃政府的文告、印章、货币、武器和烈士名册、照片、遗物等。

翠屏湖

国家级水利风景区

景德镇乐平市东北部与婺源县接壤的车溪河中游

翠屏湖北邻涌山镇，南与历居山隔岭相望，始建于1958年，系江西省十大水利工程之一。

这里青山、绿水、蓝天、碧树尽收眼底，色彩斑斓，蓝浸绿染，相映成趣。雄鹰在山谷中盘旋，水鸟在湖面上嬉戏，淡雾如轻纱飘荡在湖面上，萦绕于山峰间，似虚似幻，如梦如醉。泛舟湖面，宛若"人在画中游"，如入世外水泽国。

观音阁

佛钟声声

景德镇乐平市区小南门原轧花厂东侧

观音阁原是一座古庙，建于宋以前，庙门上嵌有"香林古刹"石刻匾额。该庙堂多次兴废易名，古名"香林寺"，后改"香林庵"。庙门上的石刻对联"香篆氤氲浮梵寺，林花葱郁护禅关"就是庙名的题咏。清雍正五年（1727年），知县沈嘉征主持重修此庙，并改名观音阁。后庙宇倒塌。近几年来，在宗教界人士和信徒的努力下，此庙得以重修，一度沉落的观音阁，依旧烟雾缭绕，佛钟声声，大有昔日"梵寺钟声"的遗风。

砚山古村

千年古村落

景德镇乐平市塔前镇，距乐平市区10千米

砚山是乐平的一个千年古村落。砚山古村内有古桥、古驿道、古陶器作坊、古石碾等"古"色人文旅游资源，有温泉、瀑布、溶洞及珍稀罕见的"菊花石""石抱树""树抱石"等奇特自然景观。

攻略资讯

- 交通
- 住宿
- 美食
- 购物
- 娱乐

交通

飞机

景德镇机场也叫景德镇罗家机场，位于景德镇市浮梁县洪源镇罗家村金岭大道，距景德镇市中心的休闲广场约7千米。目前该机场有直飞上海、深圳、北京、广州、厦门、济南等城市的航线，并有经深圳飞成都、昆明、西安、三亚、北海、湛江等城市的无缝转机航班。

机场公交专线：始发站为景德镇机场，终点站为人民广场，共设17站，具体为景德镇机场—景德镇机场路口—御宝花园—望龙陶瓷—茶叶一队—八〇〇库—神火—迎宾大道—陶瓷城—市交通运输局—人民公园—国信御城—十一小学—七中—陶阳里御窑景区—华达百货—人民广场。

景德镇火车站

机场公交：市内可乘坐56、66、88、520等路公交车往返。

火车

景德镇火车站位于皖赣铁路上，是赣东北地区的重要铁路枢纽站，以景德镇作为始发站和终点站的列车有景德镇至南昌、厦门、绩溪县、鹰潭等。景德镇周边的几个县市包括浮梁县、鄱阳县、婺源县，甚至是离景德镇较远的都昌县，一般都选择将景德镇火车站作为中转站。

景德镇站：位于景德镇市珠山区通站路32号，可乘坐7、15、25路公交车前往。

景德镇北站：位于景德镇市珠山区站前一路，是衢九铁路和昌景黄高速铁路上的铁路车站，可乘坐520、603、606路公交车前往。

汽车

景德镇有多个汽车站，其中规模较大的为景德镇长途汽车客运中心站。该站地处市区西北部的迎宾大道、昌江大道与瓷都大道交会之处，瓷都大桥的西端，距离市中心休闲广场约3.4千米。

景德镇城市风光

住宿

景德镇市区不大，旅游住宿主要集中在昌江区和珠山区两个区域。两个区域交通都很便利，到火车站、汽车站、飞机场都不需要太多的时间。住宿价格两个区域也持平。

●陶舍度假酒店

酒店位于老城文化一条街，紧靠御窑厂、陶瓷博物馆，交通便利，内部使用中国风装修，房间优雅温馨。 景德镇御窑景巷B-16号 8205511

●景德镇陶艺之家青年旅舍

旅舍的老板张哥是一位资深背包客，旅舍从一楼到三楼挂了7000多张照片，令人惊叹。旅舍布置得很温馨，各种设施应有尽有。可以在这里听张哥讲故事，结交天南地北的朋友，很值得推荐。 景德镇珠山区银曙路9号 18179821679

●更多住宿去处

维也纳酒店景德镇人民广场店/景德镇珠山区人民广场南路1号/0798-8235555

景德镇佰年尚庭精品酒店/景德镇广场北路618号/0798-8219666

景德镇安瑞精选酒店/景德镇市珠山区珠山中路1453号/0798-8298899

美食

景德镇地方菜肴色重油浓，偏辣，不论是正餐还是家常菜，辣椒都是不可缺少的调味品。

景德镇城市风光

景德镇风味小吃中面点品种较多，而且制法各异，颇有特色，如冷粉、饺子粑、碱水粑、油炸馄饨、油条包麻糍等。

戴家弄为景德镇特色小吃的聚集地，在戴家弄不但可以品尝到景德镇的小吃和特色菜，还有机会吃到江西省其他地区的特色菜。

●碱水粑

碱水粑是最具传统特色的，虽然没有详细的资料记载，但据传说已至少存在了几百年，只是因为它一直停留在景德镇老百姓的餐桌上，因此名声并不是很响亮。

碱水粑

●饺子粑

一般景德镇人都把饺子粑当早餐和夜宵吃。薄薄的皮包上各种各样的馅再放到蒸笼里面蒸，也有蒸完以后再用油小炸一下，风味不同。

●冷粉

冷粉讲究拌料，拌料十分丰富，有湿盐菜、橘子皮、豆豉、香葱、辣椒酱、酱油、蒜、姜。先把煮好的粉条放进沸腾的开水里面泡一下，捞出来放在一个铝锅里，放上精心调制的拌料，搅拌均匀。

●清汤泡糕

乾隆下江南来到景德镇，在一家小店吃了一道风味小吃后，为小店题字“金春馆”。这道小吃就是景德镇的扁食泡糕，也叫清汤泡糕。将薄面皮包好肉馅后与切成薄片的糯米年糕下锅同煮，加入少许作料即可，吃来有既滑爽又糯软的口感。

清汤泡糕

●鲇鱼煮豆冲

在景德镇可以吃到一道特色佳肴，那就是“鲇鱼煮豆冲”，先将新鲜的鲇鱼加入作料煎好，然后放入开水泡过的豆冲中，加清水用文火煮入味即可，吃起来味道鲜美异常。

●瓷泥煨鸡

景德镇传统名菜中有一道名为“瓷泥煨鸡”的菜品，这道菜鸡身完整、色泽诱人、鸡肉鲜嫩、酥烂飘香、食不嵌齿，是家喻户晓的景德镇传统名菜之一。

购物

景德镇自然地理位置比较特殊，其物产资源非常丰富，而且大部分都极具本地特色。例如鹅湖产的大米和乐安河产的虎山鳊鱼以及产于景德镇市浮梁县高山地区的优质茶叶等，都是天然绿色无公害食品；酒类有1988年曾被列为国宴酒的绍洪酒和乐平烧酒。另外，景德镇市还有景德板鸡、乐平桃酥等副食品，也是旅游购物、馈赠亲朋的上佳选择。

乐天周六陶艺地摊是中国首个以陶瓷为主题的创意市集。每个周六上午，来自全国的陶艺达人相聚在景德镇雕塑瓷厂内，摆起摊位售卖各种陶瓷品和小物件，其中较多卖家为搞创作的学生、艺术家等。在这里，你可以收获到大大小小充满创意的陶瓷品或者小装饰，非常实惠且有新意。

●景德镇瓷器

景德镇瓷器的种类繁多，现已多达2000余种，有生活用瓷和工艺美术瓷等。景德镇产的瓷器具有“白如玉、明如镜、薄如纸、声如磬”的特点，而青花、玲珑、粉彩和高温颜色釉则被誉为景德镇的四大名瓷，还有薄胎瓷、雕塑瓷等，都是游客在景德镇旅游购物中的首选产品。

景德镇陶瓷花瓶

●鹅湖大米

鹅湖镇大米，产自世界名瓷之源的高岭峰下。鹅湖大米米粒完整，光滑透明，未经化学药剂熏蒸，不仅不含任何添加剂，而且含有对人体有益的矿物质和微量元素。

鹅湖大米

●龙姣瓜子

景德镇龙姣瓜子是当地有名的特产，有甜、辣两种口味，让人回味无穷。

●绍洪老酒

绍洪老酒在我国已有2000多年的酿造史，属低度营养补酒，经中国科学院上海生物研究所化验，酒内含18种氨基酸。1988年绍洪老酒被国务院列为国宴酒。

●乐平桃酥

乐平桃酥以其用料讲究、制作精良、酥松可口、营养丰富等特点，先后荣获省优、部优和首届中国食品博览会金银奖等8项桂冠，被海内外食品专家誉为“中国桃酥王”。

乐平桃酥

娱乐

自制陶瓷：在景德镇，最入乡随俗的娱乐活动，最具有当地特色的体验，必然是亲手制作一件陶瓷作品。景德镇有许多陶瓷店、手工作坊提供这种体验活动，费用也不贵，制作的瓷器归制作者所有。这里甚至还有短期的陶艺课程，供想深度体验的陶艺爱好者选择。

瓷器演奏：景德镇瓷器是中国瑰宝，古人会用陶瓷制作乐器，但技艺已失传多年。1985年景德镇市歌舞团首次用瓷盘做成了一件“瓷乐器”，至今，已成功地研制了瓷瓯、瓷编钟、瓷鼓、瓷笛、瓷唢呐、瓷二胡等瓷乐器。

发现者旅行指南

赣西北

（含宜春、新余、萍乡）

概览

亮点

明月山

不是黄山，胜似黄山。生长着世界上仅存的珍稀树种——落叶华木莲，素有“天然动植物园”之称。

三爪仑国家森林公园

有“绿色宝库”“天然氧吧”之称，曾得到唐宋八大家之一的曾巩的赞誉。

仙女湖

古籍《搜神记》中记述的“仙女下凡”传说的发祥地，闻名遐迩的湖泊型国家重点风景名胜区，亚洲最大的亚热带树种基因库。

邓家老屋

其独特的建筑风格、宏伟的规模、保存完整的艺

仙女湖

术雕刻品，显示了较高的文化、历史和艺术研究价值，是一幢具有地域性特色的大型古民居。

酌江溶洞

大小10多个幽深曲折、各具特色的溶洞，组成了溶洞群，犹如一条瑰丽的地下长廊和人工建造的石室宫殿。

武功山

国家重点风景名胜区、国家地质公园，自古与庐山、衡山并称为江南三大名山，并被冠以“衡首庐尾武功中”。

线路

宜春三日游

第一天上午参观中国现存最古老的地方天文台——宜春鼓楼天文台，下午游览酌江溶洞景区。

第二天前往明月山。可体验惊险刺激的1500米空中峡谷溜索，观赏海拔1600米的月亮湖。

第三天上午参观化成岩，下午游览宜春松江园。夜晚漫步于鼓楼步行街，感受宜春夜晚的辉煌灯火。

萍乡经典二日游

第一天上午先前往秋

武功山

收起义广场，游览之后前往具有红色旅游地之称的安源镇，参观游览安源路矿工人运动纪念馆、安源路矿工人俱乐部、总平巷口、谈判大楼等景点。下午游览孽龙洞。

第二天全天游览武功山景区。

为何去

抱石公园

赣西北宜春、新余、萍乡等地自然风光优美，人文景观众多。宜春是中国佛教“禅林清规”的发祥地，留有多处的古寺古迹。萍乡则是中国工人运动策源地和秋收起义策源地，人才荟萃，被誉为赣西文化堡垒。这里除了秋收起义纪念馆、一支枪纪念馆等众多革命景点，还有武功山、抱石公园等景点，让人流连忘返。

何时去

新余公园一角

赣西北四季分明，春季冷暖多变、潮湿阴凉；夏季炎热酷暑，雨量集中；秋季干旱多风、凉爽少雨；冬季寒冷且多霜雪。来此旅游以夏秋季为佳，若是以泡温泉为目的，则冬季前来宜春也是不错的选择。

宜春多胜楼

区域解读

宜春区号：0795
新余区号：0790
萍乡区号：0799
面积：约25 682km²
人口：约809万人

地理 GEOGRAPHY

区划

宜春市辖1区（袁州区）、6县（靖安县、奉新县、上高县、宜丰县、铜鼓县、万载县），代管3个县级市（樟树市、丰城市、高安市）。

新余市下辖渝水区、分宜县。

萍乡市辖两个市辖区（安源区、湘东区）、3个县（莲花县、芦溪县、上栗县）及萍乡经济开发区。

地形

宜春境内丘陵、山地和平原兼有，地形复杂多样，地势自西北向东南倾斜。靖安县九老岭海拔1794.3米，为全市最高点。境内的河流基本属鄱阳湖水系，流经境内的赣江、锦江、袁河、肖江、潦河、修河及其大小支流如稠密的血脉，生生不息。

新余市境内多为低山、丘陵、岗地、河谷平原，地势南北高，中东部低平。分宜县大岗山主峰海拔1091.8米，为境内第一高峰。袁河是流经新余市的主要河流，属赣江水系，横贯东西，境内河段长116.9千米。袁河在新余境内有塔前江、界水河、天水江、孔目江、蒙河等17条支流。

萍乡市属江南丘陵地貌。境内山地、丘陵、河谷平原错落分布。萍乡群山起伏，主要有武功山、杨岐山、大屏山、五峰山、玉壶山。境内主要河流有萍水、栗水、袁水、草水、莲江等，南部的莲江、东南部的袁水入赣江水系，中部的萍水、西部的草水和北部的栗水入湘江水系。

气候

赣西北地处亚热带季风气候区，该气候四季分明，春季冷暖多变、潮湿阴凉；夏季炎热酷暑，雨量集中；秋季干旱多风、凉爽少雨；冬季寒冷且多霜雪。

历史 HISTORY

宜春历史大事记

隋开皇十八年（598年），设袁州，治所设于宜春县，此为宜春历史上第一个州府级行政机构。

宋代，宜春仰山出产的“嘉禾”曾引起朝廷轰动，皇帝命人绘成图传阅于公卿。

1927年，毛泽东亲临铜鼓，领导了秋收起义。

1930年，毛泽东、朱德率红一军团转战在宜春各县，并在袁州召开了著名的“袁州

武功山风光

会议”。彭德怀、滕代远、黄公略等老一辈革命家开辟了湘鄂赣革命根据地。

1941年3月，上高战役在宜春上高地区展开，中国军队击毙日军少将指挥官岩永、大佐联队长滨田，击落日军飞机1架，缴获日军军马2800余匹，使日军伤亡16 000余人，给日本侵略者以沉重打击。

新余历史大事记

新余市区东北部拾年山原始社会遗址出土的大量石器、陶器表明，远在5000年前的新石器时代，先人就在这里繁衍生息。

三国吴宝鼎二年（267年），置新渝县。

1930—1934年，新余地区先后建立大片革命根据地。1930年5月在良山镇的上木元村成立新喻县苏维埃政府。

1957年5月，国务院公布将新喻改名为新余，沿用至今。

萍乡历史大事记

远在5000多年前的新石器时代，就有三苗族在萍乡生产劳动和繁衍生息。西周时萍乡属扬州，春秋属吴国，战国为楚地。

唐武德二年（619年），县治从芦溪古岗迁至萍乡凤凰池（今市治所）。

1922年9月，刘少奇、李立三等在此领导了举世闻名的安源路矿工人大罢工，萍乡成为中国工人运动的策源地。同时也是秋收起义的策源地。

百丈寺

萍浏醴起义

1906年12月4日，同盟会策动江西萍乡、湖南浏阳、醴陵地区会党和矿工武装起义，史称“萍浏醴起义”。因1906年是农历丙午年，故又称“丙午萍浏之役”。

1906年春，同盟会东京本部为发展湖南的革命形势，特派革命党骨干刘道一、蔡绍南回湖南“运动军队，重整会党”，准备再次起义。同年夏，刘道一、蔡绍南回到湖南，随即在长沙水陆洲附近的一只船上，召集在长沙的革命党人蒋翊武、覃振等和会党首领龚春台等共38人举行会议。会上制定了起义的策略方针，决定发动浏阳、醴陵、萍乡一带的会党，联合省城同情和支持革命的士兵，在农历十二月底清吏“封印”之时举行起义，“占据省垣重地”。

起义后，醴陵、萍乡义军因寡不敌众，先后失败。清军乃集中兵力于浏阳。12月11日，清军乘夜突袭南市街义军，酣战之中，义军火药堆中弹爆炸，清军乘机猛攻，义军溃败。龚春台、蔡绍南两人化装潜往普迹冯乃古处，不幸蔡绍南在途中被捕牺牲，而冯乃古早在起事之前已被清军诱杀，龚春台只得转入地下，潜往长沙。各路义军失败以后，数万清军分驻浏、醴、萍3县各乡镇，又进行了长达3个月的“清乡”，总计被杀害的义军将士及其亲属不下万人。一场轰轰烈烈的反清大起义最终被残酷镇压了。萍浏醴起义爆发之时，刘道一正在衡山，闻讯后即赶到长沙，准备发动新军举旗响应，不幸被清军逮捕，于12月31日在长沙浏阳门外就义。

文化 CULTURE

灿烂的禅宗文化

宜春有着灿烂的禅宗文化，北宋诗人黄

庭坚曾在一首诗中写道："我穿高安过萍乡，七十二渡绕羊肠。水边林下逢衲子，南北东西古道场。"描绘的就是古宜春一派梵天佛国的景象。禅宗文化，是指以中国佛教禅宗思想为基础所发展起来的一种传统文化。禅宗文化，可以分为经典（禅文）、思想（禅语）、诗歌（禅诗）、书法（禅书）、绘画（禅画）、音乐（禅乐）、武术（禅武）、中医（禅医）、素食（禅菜）等若干种类。

宜春作为中国佛教禅宗圣地，至今仍保留着许多禅宗文化遗存。在宜春延绵250千米的群山峻岭之中，有两大名寺、三大祖庭、十大寺庙，一千多座高僧大师的舍利塔。临济宗祖庭黄檗寺，历来为僧众朝拜的圣土，留有许多人文景观和历史传说，这里现存宗师、住持级的佛塔就有69座之多。靖安宝峰寺属宋代建筑，历经千年风雨至今保存完好。奉新百丈寺历史悠久，遗迹众多，唐代大书法家柳公权手书、镌刻于百丈山巨石上的"天下清规"四个大字苍劲有力，至今犹存。

赣西北客家之乡——铜鼓

明末清初有大量的客家人移居到宜春铜鼓，铜鼓县内14万人口当中，70%以上为客家人，因此被誉为赣西北客家之乡，形成了浓郁的客家风情。

现今来到铜鼓县，依然随处能感受到古朴的客家民风，唱山歌，吃包圆，喝干子茶，尤其是依然盛行着每逢讨亲嫁女、祝寿过年、同学聚会、开张庆典、宗祠祭祖等都必须要撰写和张贴对联的风尚，使每一个到此的人无不惊讶与感叹。

铜鼓客家每年都会举行一次客家文化节，以传承和展示客家文化，弘扬客家人文精神，增进客家地区人民的友谊，为客家人建立一个长期的文化交流平台。文化节期间还会举办客家民间艺术巡游和客家舞龙表演、客家山歌演唱大赛等活动。

中国药都——宜春樟树

早在东汉建安七年（202年），被后世道家尊崇为"太极仙翁"的葛玄，就在位于樟树东南风景秀丽、盛产药材的阁皂山采药、洗药、制药，被看作樟树中药加工炮制的创始人。樟树药业起于汉晋，成于唐宋，盛于明清，至清代有"南北川广药材总汇"之称，有着1700多年的历史，久享"药不到樟树不齐，药不过樟树不灵"的美誉。

樟树不仅是全国各地药材汇集之地，还是药材加工制作的中心。樟树镇以药材集散和加工享誉全国，其药材绝大部分来自外地，在樟树加工炮制后转销各地。樟树药材制作有一套完整的加工炮制技术体系，以精于选料、严于制作闻名，分为分选、洁净、切制和炮制等过程。

在长期从事药材贸易的过程中，樟树药商逐渐形成了自己的帮系——"药帮"，称"樟帮"，与京帮、川帮并列为全国三大药帮。

江西樟树药交会与河北安国药交会、河南百泉药交会齐名，并列为全国三大药交会。第一届樟树全国药材药品交易会于1958年召开，现已经连续举办40多届。

客家舞龙表演

景点推荐

宜春西部景点

袁山公园

宜春综合性公园

宜春市袁州区铜鼓路　可乘7路内环、7路外环、17路等公交车到袁山公园站下车

袁山公园占地面积84万平方米，是一个展示宜春历史文化的自然生态公园，也是宜春第一个大型的综合性公园。公园由观光休闲区、老人活动区、青少年游乐区、动物展示区、历史文化再现区、花木欣赏区等部分组成，有十二生肖园、昌黎阁、五亭桥、琴台钟声、观光果园、玉兰园、桂花园、毛竹园、百草园等众多景点。

昌黎阁占地面积200平方米，高21米，共三层，建筑面积519平方米。昌黎阁主要通过楹联、廊柱文化、匾额及壁画等形式来表现韩愈文化。

明月山风景区 AAAAA

自然景观绮丽

宜春市袁州区温汤镇潭下村

宜春汽车站每天有多班班车发往明月山

95元　7:00~16:30

明月山主要由十几座海拔千米以上的山峰组成，主峰太平山海拔约1736米，因主峰山势呈半圆、恰似半轮明月而得名。景区规划面积为136平方千米，共分为六大景区，即温汤景区、潭下景区、唐家山景区、太平山景区、玉京山景区、仰山景区。

明月山风景区生态旅游资源得天独厚。山上自然景观绮丽，怪石争奇，苍松斗妍，山花织锦。“云谷飞瀑”“仰山积雪”“乌云崖绝壁”“高山草甸”“云海日出”“六龟拜月石”等景观较为著名。

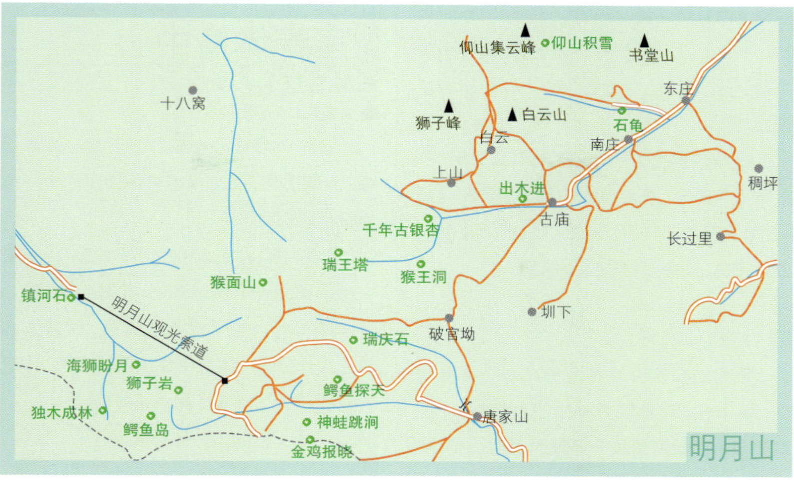

玩家 攻略

去明月山游玩，可考虑前往山下的温汤镇，离景区15分钟的车程，每天有多辆小巴往返于温汤镇和景区之间。可以在温汤镇泡一下当地最有特色的富硒温泉。

仰山景区

仰山山势高耸万仞，可仰不可登，因而得名。景区山峦起伏，树木蓊郁，溪流纵横，飞瀑不断，四时之景不同。春天杜鹃花盛开，红云漫山，蔚为壮观；夏日流泉飞泻，群峰氤氲，宛若仙境；秋季层林尽染，山野间流光溢彩，令人陶醉；而一进入冬天，微阴即雪，每当雪霁云开，海拔1034米的集云峰一带，皓雪晶莹，经久不化，形成绿野之上瑰丽的雪顶，令人赏心悦目。人们把这一江南胜景称作“仰山积雪”。

仰山寺

仰山寺奉禅宗南宗五派之一的“沩仰宗”创始人沩山禅师灵佑和仰山禅师慧寂为祖。该寺始称“仰山寺”，因唐武宗反佛，慧寂曾外出栖隐他处，故唐宣宗大中年间寺庙改称为“栖隐寺”。到宋初又改名为“太平兴国寺”。

元朝大德十年（1306年）寺庙被毁，住持僧稀陵禅师募化重建，历时6年，新寺于皇庆元年（1312年）竣工落成，名“太平兴国禅寺”。寺院内有殿、堂、楼、阁、寮、库、厨等各种建筑28座，飞檐斗拱，雕梁漆栋，极为壮观。明清以后，寺宇屡经兴废，规模逐渐缩小。

清道光十一年（1831年），寺庙经历最后一次重建，改名为“兴国古寺”，寺院坐北朝南，分上、下两殿，上殿为大雄宝殿，供奉有樟木雕刻、金装彩饰的佛像。如今寺庙已毁，只剩下断瓦颓垣，现仅存寺前两株合抱银杏。

明月山风景区

天沐明月山温泉度假村

天沐明月山温泉度假村坐落在风景秀丽

明月山六龟拜月石

的明月山风景名胜区内，度假村总占地面积27万平方米，交通便利，环境优美，是一个融“食、住、玩、娱、疗、健”为一体的旅游度假胜地。

度假村利用明月山天然的温泉资源，并根据人体需要，在温泉水中加入各种名贵药材、鲜花等天然物质，形成大小、形状各异，各具特色、功能多样的露天温泉。

江源大峡谷漂流

明月山江源大峡谷漂流是一个融参与性、娱乐性、观光性为一体的旅游项目。漂流起点为温汤河源头——江源河（沈家充电站处），终点为温汤河上端环城南路桥头。该漂流河道全长3.2千米，落差128米，河道上段（2.2千米）为峡谷，两侧山峰陡峭，林木繁盛，溪水自山涧茂林中汇集而成，河床为天然山石，水质清澈，晶莹剔透，无任何污染；下段1千米穿田野阡陌而过，遥望繁华集镇。

玩家攻略

漂流全程可感受原始山林、大山峡谷的惊险刺激，体验农田阡陌的逍遥闲情，享受纵情于自然山水的无穷乐趣，涤尽生活的烦恼与工作的压力，真正达到休闲、健身、怡情之效。

状元洲

宜春旧八景之一

宜春市袁州区中山东路　市内乘坐3、4、10等路公交车至东门菜场下车　免费　6:00~21:00

状元洲亦称卢洲，面积约6万平方米，唐文人卢肇曾在此竖石为铭，苦读诗书，后中状元，故名状元洲。1985年，状元洲被辟为水上公园，陆续筑有假山、水池、凉亭、牌楼等，还修建了游泳池及娱乐游艺设施，并构建了仿古建筑“卢肇读书堂”。

状元洲东西长约800米，南北宽约200米。洲上，“山光群翠合，水邑四周平”。每当夜谧风恬，泛舟河上，一轮皓月，倒影河中，明晰清秀，故称“卢洲泊月”。为宜春旧八景之一。

宜春体育中心

综合性公共场所

宜春市袁山大道东段

宜春体育中心是融体育比赛、体育训练、大型活动、文艺演出和休闲娱乐为一体的综合性公共场所。

体育中心占地面积22万平方米，场馆集中连片，设计十分新颖，似一群太空飞行物。场馆外布有大型旱式音乐喷泉、跌落式水池及大片绿地。体育中心包括体育馆、体育场、训练馆、游泳馆和网球馆等场馆。

酌江风景区

“酌江山水画，溶洞自然诗”

宜春市三阳镇境内　56元　0795-3652968　8:00~17:00

酌江风景区风光秀丽，气候宜人，人称“酌江山水画，溶洞自然诗”，既有白龙洞、酌江洞、石林等众多的喀斯特地貌景观，又有水上基地、果园等休闲乐园。

白龙洞洞内有潺潺流水，并有游鱼相随；“大熊猫”钟乳石景点更是栩栩如生；游览洞内不仅能走旱路，还可乘船，能感受到两种截然不同的景致。酌江石林有“云南小石林”之称。水上基地依托酌江水库，假以湖光山色，让游客们尽享垂钓的逍遥；湖畔还可进行烧烤露营、水果采摘等活动。

宜春市博物馆

馆藏丰富

宜春市袁州区芦洲北路536号　乘2路公交车至市博物馆站下车即到　免费　0795-3258490　9:00~16:30（16:00停止入馆），周一闭馆

宜春市博物馆成立于1981年，1994年建成馆舍，占地2112平方米。博物馆共五层，现有序厅1个、基本陈列展厅7个、临时展厅2个。馆藏总量11 220件，珍贵文物1098件，主要种类有

瓷器、陶器、青铜器、铁器、杂件和革命文物。有些文物具有很高的历史、艺术、科研价值，为宜春市历史研究提供了实物证据。

宜春台

宜春市特级文物保护单位

宜春市袁州区中山中路春台公园内 乘坐5路公交车至鼓楼路口站下车，步行即到

宜春台为宜春市特级文物保护单位，现古迹保存完好。宜春台的正面是由城砖砌成的高台。楼阁是庑殿式，重檐，筒瓦覆盖。底层是砖砌的护栏，二、三楼则是木质花栏，镂空雕花的门窗，飞檐画栋，古雅精巧。楼阁的前侧还有厢房，与正厅成品字形。一间厢房内还锁着一块巨大的碑石，为慈禧御笔亲题“宜春”二字碑。

玩家解说

宜春台比江南三大名楼中的黄鹤楼早三百年，比岳阳楼早五百年，比滕王阁早八百年。宜春台顶的建筑物原为仰山行祠，是祭祀仰山神龙的地方。旧时，宜春台及其四周楼台亭阁、寺庙宫观甚多。台上的水星鼎很著名，南昌绳金塔寺曾仿造。民国时辟为公园。两千多年来，在宜春台的历史年轮上刻记的文化遗存，历历可数。

化成岩

有“化成晚钟”之景

宜春市袁州区秀江北岸

化成岩在宜春城西，岩石之山虽不高，却郁郁葱葱。山间有庙，河水在山前流过。每当夕阳西下、钟声响起时，便有无穷意韵。故旧时宜春八景中，有“化成晚钟”一景。

化成岩山势从河岸平地崛起，海拔163米。山腰的寺院化成禅寺始建于唐朝，坐北朝南，依山面水，碧瓦朱墙，显得古朴雅致。旧时寺庙香火隆盛，有“僧居罗上下，钟声答昏晨”诗句为证。

袁州谯楼

历史悠久的古代天文台

宜春市中心城区鼓楼路步行街

袁州谯楼，又称宜春鼓楼，是世界上现存最早的地方天文台。袁州谯楼于南唐保大二年（944年）由刺史刘仁瞻建造，属袁州府署的一部分。南宋嘉定十二年（1219年），袁州知府滕强恕对天文台进行了扩建，扩建后融测时、守时、授时三大功能为一体。

袁州谯楼

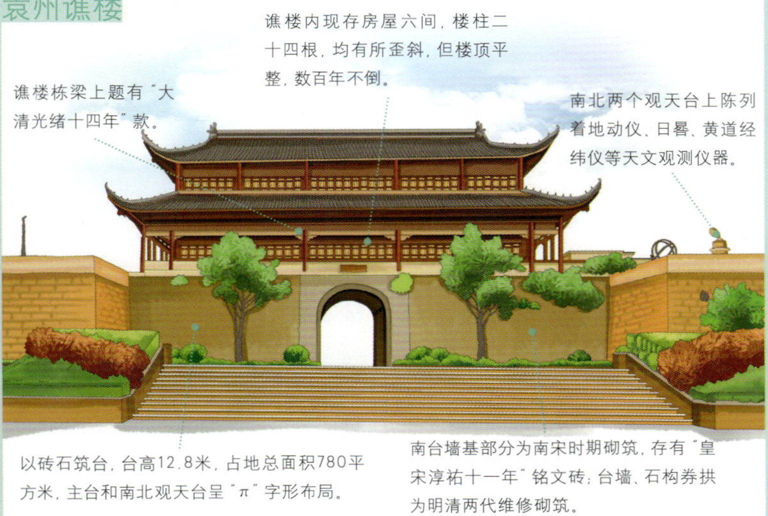

珠泉

泉水平地涌出，如粒粒珍珠

宜春市火车南站南侧

珠泉为长14米、宽4.75米的长方形水池。泉水平地涌出，如粒粒珍珠，故名珠泉。明万历年间于泉上筑台，台上建楼，连檐接栋，与宜春台相望。清顺治年间，知府胡希圣于池上建亭，亭名“观我亭”（亦名“见我亭”）。1984年5月，该泉池被列为市重点文物保护单位。珠泉四周垒以青石，中间架有石拱桥，桥长4.75米，宽2.2米。

竹山洞景区

地下长河型溶洞

宜春市万载县马步乡洞口村境内

万载县南门汽车站有竹山洞专线直达

65元　0795-8811808

8:30~16:30

竹山洞风景旅游区是赣西颇具特色的自然风景名胜区。景区包括竹山洞、竹山洞森林公园、石笏旅游度假村等。竹山洞是世界最古老的地下长河型溶洞之一，全长约4000米，是天然的具有典型喀斯特地貌的地下溶洞，堪称华东第一地下长河。洞口石壁上至今还依稀可见古人留下的各种谒神碑刻。石笏石林面积巨大，雄伟壮观。据考证，溶洞和石林的地质年代均为古生代寒武纪，距今约5亿年，堪称世界石林、溶洞之祖。此外，景区另有古来稀休闲山庄、特大山体卧佛等景点。

湘鄂赣革命纪念馆

再现老一辈革命家的战斗历程

宜春市万载县阳乐大道322号　8:30~17:30，周一闭馆

万载县湘鄂赣革命纪念馆成立于1961年，全馆占地面积1880余平方米，其中陈展面积达580平方米，包含有“湘鄂赣革命斗争史陈列”和“万载籍部分老红军将士革命业绩陈列”两个专题展厅。展厅陈列着200余件革命文物，真实地再现了毛泽东、朱德、彭德怀、滕代远、黄公略等老一辈无产阶级革命家率领湘鄂赣边区人民出生入死、浴血奋战的战斗历程。

三十把自然保护区

典型的亚热带森林生态系统

宜春万载县罗城镇、高村镇、九龙垦殖场三地交界处

三十把自然保护区总面积2100公顷，为赣西面积最大、保存最为完整的典型亚热带森林生态系统。保护区内森林叠嶂、群峰相错、山脉绵延、风光旖旎、气候宜人。

三十把自然保护区水域辽阔，动植物资源十分丰富。有木本植物35科126种，其中属国家级和省级保护的珍稀植物有南方红豆杉、闽楠、半枫荷等18种；野生动物29科48种，其中属国家一、二级重点保护的珍稀动物有白颈长尾雉、白鹇、鸳鸯、云豹、猕猴、水鹿、穿山甲等23种。

九龙森林公园

以大面积的常绿阔叶树著称

宜春万载县九龙垦殖场

九龙森林公园内千沟万壑，古木参天，山高林密，森林覆盖率高达92%，以大面积

三十把自然保护区

的常绿阔叶林著称。

林内动植物众多，木本植物有35科126种，属国家级和省级保护的有南方红豆杉等10余种，常见的乔木有杉木、马尾松、柏木、樟树等，灌木有杜鹃、胡枝子等；野生动物有68种，国家级保护动物有白鹇、苍鹰、鸳鸯等，省级保护动物有黄麂、花狐狸、红嘴相思鸟、画眉、环颈雉和王锦蛇等。

玩家攻略

游客可以在森林公园内的九龙食堂用餐，这里集餐饮、住宿、娱乐、避暑于一身。食品原材料以有机蔬菜、山珍野味为主，且均用山泉水烹制。

龙凤呈祥

龙凤呈祥位于九龙庙桥头，两山脊头颈相连，逶迤而下。山上松柏混杂，苍翠浓郁，微风起处，叶舞枝摇，似鳞甲翻飞。山谷内，清清细流左盘右旋，牵草擦石、依依而去。戏花的蜂蝶、闹林的鹊鸦给幽静的山林增添了几分雅趣。

玩家攻略

村民介绍，每当闰年闰月吉日的清晨，在九龙庙后山能看到龙凤飞舞、红霞满地，是可遇不可求的美景。

春满藏溪

藏溪河源自九龙森林公园的山沟壑谷中，股股清泉从众多的山间石隙中徐徐流出，迭迭潺潺，到涧底已是涓涓小溪，溪流绕麓穿峡、回流盘旋、缓急宽窄不一，其态多变。陡峭处悬空排注，飞泻为瀑，平缓处蓄泓成湖，水平如镜。

龙潭飞瀑

从九龙森林公园高石坑村往西，沿河沟前行1千米，龙潭飞瀑便映入眼帘。此处乃锦河源头，重峦叠嶂中孕育着丰富的清泉，千呼万唤始从石涧中涌出，在高石坑汇合成河。高

九龙森林公园

石坑地势险峻，落差达数十米，河水似悬空白练，沿峭壁飘然而下。盛水季节，河水倾泻，如珠飞玉溅，注入潭中，腾起袅袅白烟，其声如雷，轰鸣不绝，真可谓未见其形、先闻其声，惊心动魄，扣人心弦。

玩家攻略

从高石坑村出发，攀山越岭，经过数小时跋涉，即可到达九龙山主峰黄竹尖。凌晨登山，可见一团火球越过远处山顶腾空而起，将天空染成火红，喷薄而出的红日，射出万道金光，将整个世界抹成金黄，刹那间变化万端，美不胜收。

神仙留迹

在九龙庙通往长形岭的山道上，坚硬的花岗岩路面上清晰地呈现出一只长26厘米、深15厘米的足迹。足趾朝上，足跟朝下，足底右侧微弯。据传，此为八仙人之一的铁拐李留下的足迹。

九龙漂流

九龙漂流全程8千米，漂流时间达3小时，沿途风光秀美，树木成荫，是夏日避暑休闲的好去处。在漂流的过程中，既能享受漂流带来的刺激和清凉，又能在船上悠闲地近距离观赏近似于原始森林的山景，还能静听两岸泉水涓涓，不时地深吸几口山林间的清新空气，体会船在水上行、景在眼前飘的闲情和逸趣。

景点推荐 宜春北部景点

九仙温泉
历史悠久

宜春市奉新县澡溪九仙村

九仙温泉历史悠久，可追溯至1200年前，后几经战火，于清代道光年间重建，至今重建时的捐资碑文尚在。九仙温泉有一阴一阳之分，阴泉水温为26℃，阳泉水温为57℃，主要含有硫黄等矿物质。

景区内及附近有多处自然景观和人文景观。五座温泉宾馆、一座中心康复疗养院、一座休闲度假村分布在景区，还有将军洞、天鹅石、文昌阁、神龟偷蛋、仙人旧馆、漂流六大自然景观。

江西省国家体育健身运动中心
天然的健身休闲地

宜春市奉新县境内越王山下

江西省国家体育健身运动中心占地面积10平方千米。这里集灵山秀水于一身，空气清鲜、气候宜人，同时融休闲、娱乐、餐饮、住宿、健身、体育为一体，形成系统化的一条龙服务，是既有自然风光又有现代特色的天然健身休闲胜地。

中心运动项目有沙滩汽车、沙滩摩托、骑马、射箭、漂流、踏水车、水上快艇、橡皮艇、情侣艇、垂钓、登山、高尔夫球、浑水摸鱼等。观光项目有荷兰风车、田园木屋、田园风光、观光农业、绿色长廊、亚热带树木。

八仙飞瀑潭景区
江南第一瀑布群

宜春市奉新县罗市镇南店前村 8:30~17:00

景区内共有八潭八瀑。瀑布飞泻而下，或宽或窄，宽如玉带垂地，窄似碧柱顶天，声震如雷，轰鸣作响；或雨或雾，雨为水石相激而溅，雾是水珠随风而荡。潭水澄澈如镜，两岸青山倒映水中，云雾绕崖，气象万千，雨后日出时，瀑布水雾现彩虹，甚为奇妙，令人赞不绝口。

玩家解说

从第一潭到第八潭直线距离约500米。八个潭形状各异，或深或浅，或圆或扁，四季碧水蔚蓝，鱼虾嬉戏；最大的潭潭面700余平方米；八瀑各有不同，或飞流直下，或涓涓细流，最大的瀑布横面约12米，落差约15米。瀑布口如骆驼锁喉，水从驼谷流出，进入石底平涧，前有二石耸立，一方一尖。方如玉皇大印，又似玉环沐浴之礅；尖如飞来金塔，又似西施浣纱之石，鬼斧神工，妙趣莫名。八潭之间岩石多奇，似人似物，天雕地造，形态逼真，或如大象饮水，或如水牛戏波，或如鼋鱼钻沙，或如群蛙齐鸣。石下有草，石顶有棘，石涧两边山峦巍峨，满目葱茏，杉林处处，楠竹片片，古松点点，花树丛丛，奇花清香扑鼻，异树虎踞龙盘，令人回归自然，心旷神怡。无论站在哪个潭边，都如进入仙境一般，令人陶醉，久久不愿离去。

百丈山
有“小庐山”之称

宜春市奉新县百丈村

百丈山海拔1200米，俗称百丈。因其峥嵘挺拔，气势雄伟，又称大雄山。百丈山是中国佛教“禅林清规”发祥地，中国佛教十大古寺庙之一的百丈禅寺就坐落于此。景区山清水秀，毓秀天然，年平均气温12.9℃，有“小庐山”之称。

百丈寺

百丈寺迄今已有1200年历史，背山面田，占地80万平方米，原有七进殿堂，掩映在苍山翠竹之中，在中外佛教界享有盛名。百丈寺是中国佛教“禅林清规”发祥地，是中国佛教禅宗古寺庙之一。

寺内北门大殿，规模宏伟，有凌云亭、

萝卜潭瀑布群

百丈寺

师表阁、大雄宝殿等主体建筑物。后来几经兴废，寺院几乎倾塌殆尽，现仅大雄宝殿与僧寮二栋尚存。大雄宝殿是同治六年（1867年）修建的，长10米，宽12米，高4米，是寺院中的正殿。

越王山
山势峻拔峭绝

宜春市奉新县境内

越王山海拔1478米，山势峻拔峭绝。相传公元前473年越王勾践灭吴后乘胜伐楚，曾屯兵于此山。山上古迹甚多，山顶有越王城、点军坪、走马仑、踢球场、宝莲院，山东有石佛墓，山西南有邹公洞，是登山游览的好去处。

云岭门楼
附有精美浮雕

宜春市靖安县仁首棠港村

云岭门楼，建于明代万历年间，距今已有400多年的历史。门楼高7米，宽15米，呈“八”字形。“八”字两翼上，各在墙中间镶嵌一块约2平方米的红石块，红石上满是精美浮雕。门楼上部由青石、麻石、红石等镶嵌而成，下部用青砖砌成。

门楣有四层，第一层刻有“恩荣”二字，是恩泽荣耀之意，指臣民得到了皇帝或官吏给予的恩惠，十分荣耀；第二层刻有花、鸟、草、马等，一幅田园风光；第三层是四个身着明代服装的古代雕像，分布在两边，一边两个；第四层横梁上，两头刻的是龙头，中间是花草植物以及鹿、麒麟、凤凰等吉兽。

三爪仑国家森林公园 AAAA

绿色宝库，天然氧吧

宜春市靖安县内　从靖安汽车站乘至三爪仑景区的班车可直达　免费，小景点单独收费（白水洞80元；观音岩80元）　9:00~17:00

三爪仑国家森林公园是江西省唯一的国家级示范森林公园。三爪仑地处九岭山脉东麓，因其三条支脉呈“爪”字形走向而得名。三爪仑森林覆盖率为95.7%，有“绿色宝库”“天然氧吧”之称；年平均气温13.7℃~17.5℃，舒适宜人，更有“休闲胜地”之称。

三爪仑国家森林公园由北河、宝峰寺、盘龙湖、骆家坪、虎啸峡、观音岩、白水洞、金罗湾八大景区，以及况钟园林、雷家古村两个独立景点组成。其中北河园内有紫薇花、海棠花、茶花、红枫等近百种花卉；金锣湾景区内的罗湾地下电厂是中国仅有的两个地下发电厂之一；雷家古村的古建筑已至少有300多年的建筑历史了。

玩家攻略

1.景区内的盘龙湖可供游人垂钓、游泳、泛舟、登岛览胜、避暑度假，游人还可坐上风驰电掣的快艇去体会那种步移景异的绝妙感受，是进行自然山水观光游、水上休闲娱乐游的好场所。

2.景区内有度假山庄，价格合理，房间类型齐全。原始森林腹地也有避暑山庄。游客也可以在当地老乡家住宿用餐。

观音岩风景区

观音岩风景区，总面积12.13平方千米，是三爪仑风景区内的精品旅游景区，是一个山水生态优美、禅宗文化浓厚的旅游区。

景区内悬崖峭壁景致奇绝、流泉飞瀑层叠千丈、二十四桥风格各异、佛家福地仙踪隐隐、原始森林遮天蔽日、古木参天巨藤摇曳。景区内平均气温在13.7℃~17℃。除天下奇观仙女浴瀑布外，景区内还有观音岩、剑门峰、迎宾松等景点，是赏桥戏水、吸氧洗肺、清凉消夏、参禅礼佛的理想去处。

玩家攻略

沿登山步道拾级而上，可见二十四桥如二十四童子娇戏于观音之怀，桥下或溪流湛湛，或白练垂空，尽皆依水而修，傍林而建，尽显深山桥景之妙趣。游客若一路前行，走过功德圆满之桥，不仅可于观音岩下踏访神仙踪迹，更可窥得仙女沐浴之天下奇观。

北河景区

北河漂流是三爪仑国家森林公园首批开发的经典旅游项目。漂流上起千年古刹宝峰寺边缘的太平洲旁，下至风景秀丽的大梓河。乘筏漂流而下，惊险刺激，其乐无穷，同时可尽览四季如画、童话森林般的北河风光。

玩家攻略

漂流全程12千米，落差近100米，乘筏漂流而下，历时4小时，亦可漂半程，在直河古渡口上岸，历时2小时。既可选择精致安全的皮筏进行探险漂流，也可选择古村原始的竹筏进行漂流。其配套旅游项目还有直河帐篷旅社、烧烤露营、篝火晚会、登山探险、天然泳池、沙滩排球、户外训练营地。

宝峰寺景区

宝峰寺初名泐潭寺，又名法林寺，因其盘踞在石门山内，故又名“石门古刹”。宝峰寺为江南著名古刹，在东南亚、日本等地享有盛名。古寺周围层峦叠嶂，危岩壁立，树木葱茏，山川回合，背靠宝珠峰，面临北河水，左右两山环抱，正面七岭奔来，俗称九龙聚会之地，气势灵奇。

大雄宝殿是宝峰寺的主体建筑，坐北朝南，占地约1100平方米。大殿内有立柱42根，双檐双斗拱，三大门七开。大殿之前有四株

宝峰寺

千年古柏，大殿之后又有两株千年古柏，枝繁叶茂。殿内十分宽敞，可容数百僧众同时诵经礼佛。

白水洞景区

白水洞景区位于林海漂流、虎啸峡漂流、大洞山漂流之间，方圆10平方千米，过去是红十六、十七师浴血奋战的地方，附近的中国工农红军湘鄂赣边区犁壁山苏维埃政府遗址依然保存，现已成为三爪仑风景旅游区一个融原始森林景观、健身娱乐为一体的旅游景区，分为游客服务区、生态体验区和休闲度假区。有双蟒戏龟、千年连理树、鳄鱼啸天、青松岭、千松迎客、竹海、林海等景点60余处。

玩家攻略

景区内有一个天然的大型滑草场，游客可在广阔的高山草甸上尽情地体验滑草给你带来的刺激与快感；还可以坐在葡萄架下，观赏由飞龙高空艺术团为您表演的大型环球飞车节目，几个特技演员骑着摩托车在大铁球内环球飞车，让人叹为观止；如果有兴趣的话，还可以卷起裤腿，下到池中，在密集度非常高的冷水鱼池里亲手捕鱼。

雷家古村

雷家古村始建于南宋初期，迄今已有800多年的历史，为雷姓人家聚居之地。整个村落呈长方形，四面环山，村中街巷均用青石铺地，街巷两旁的古建筑淡雅朴素，错落有致。

雷家村现存明、清古民居12幢，接官厅1幢，包括“士大夫第”、“文林世第”、“儒林世第”、“保驾楼”、无字匾商贸世家楼，古建筑两边山子墙高耸，属典型徽派建筑之风格。

保驾楼位于村中东北角，建于明万历十年（1582年），高20米，共4层，底层全用青石砖垫底，距离地面4米，需用楼梯方能进入第二层，爬上四层，举目眺望，整个村落尽收眼底。保驾楼一直是雷氏家族的骄傲，现全国仅存有2幢。

官山自然保护区

山岳型风景旅游区

宜春市宜丰县的西北方向

官山自然保护区总面积115平方千米，森林覆盖率达93.8%，海拔千米以上的山峰有30多座，主峰麻姑尖海拔1480米，是融自然保护、自然景观和人文景观为一体的山岳型风景旅游区。

保护区内有两千多种高等植物，其中珍稀植物30多种，还有云豹、黑鹿、白颈长尾雉、猕猴等多种国家级和世界级珍稀动物。古代的官山是兵家争斗之地，现今官山还遗存有岳家军抗金的古战场遗迹和太平军与湘军抗衡的古城堡残垣，以及李母墓、麻姑庙、聚义厅、见证石、凯旋归、点将台、将军屯、结拜亭、烽火台等遗址及部分古代名人石刻遗迹。

玩家攻略

保护区内一年四季雨量充沛、空气清新、气温宜人，特别是夏秋炎热时节，区内浓荫遮日，凉爽怡人，是人们避暑消夏与度假休闲的好去处。

天宝古村

规模庞大的明清建筑群

宜春市宜丰县柳树街路天宝乡人民政府北侧120米处

从宜丰县汽车站坐到潭山的汽车，到天宝十字路口下车即到　免费

天宝古村有1800多年历史，文化底蕴深厚，曾以“东西南北门，前后两条街，四十八条巷，四十八口井，四周竹城墙，四季马蹄香”饮誉江南，有“小南京”之称，是江南历史文化名村。

天宝古村现有民居230余幢，明清古建筑170幢，其余为20世纪50年代的仿古民居。房屋坐北朝南，分排林立，规划完整合理。明清建筑分宗祠、亭阁、画锦堂、观音堂、官厅、民居、石碑坊、宝塔、庵观、寺庙十大类。建筑风格外观为风火山墙翻天井式，内为木结构，分穿斗式、抬梁式，也有穿斗与抬梁相结合的建筑。屋顶有硬山顶和歇山顶。这些建筑风格独特、典致高雅，有木雕、石刻、石雕、砖雕，以及各式花阁门、花窗、门楼、石墩、石础等，雕刻技艺高超。

千座僧释墓塔

千年禅宗圣地的历史见证

宜春市宜丰县境内

宜丰是中国佛教禅宗主流临济宗、曹洞宗的发祥地，黄檗寺、普利寺分别是临济宗和曹洞宗的祖庭，境内还有许多唐宋时期建造的寺庙，而且保存有包括临济宗希运祖师塔和曹洞宗良价祖师塔在内的近千座僧释墓塔。这些僧释墓塔是千年禅宗圣地的历史见证，一件件精雕细琢的石材实物，不仅展现了一幅幅宗教图案，更展示了一部从唐至清的雕刻艺术史，其造型之庄重、风格之变化、图像之生动，都具备相当高的艺术审美价值，是古人智慧的结晶，是人类的艺术宝库。

洞山 AAAA

佛教曹洞宗祖庭

宜春市宜丰县同安乡 8:30～17:00

洞山是中国佛教曹洞宗祖庭，为创始人良价大师驻锡之地。是一处融佛教文化、自然生态为一体的旅游胜地。

景区内古木参天、藤蔓环绕、飞瀑流泉、鸟翔兽走，景致美不胜收。景区有普利寺、价祖塔、苏辙诗石刻、木鱼石、七仙桥、千年罗汉松、石上楠、逢渠桥及夜舍山、红木埚、牛头山、经坑等景点20余处。

天柱峰森林公园 AAAA

生态环境良好

宜春市铜鼓县大塅镇 90元 8:00～17:00

天柱峰国家森林公园总面积105平方千米，森林覆盖率高达95%。境内山青水绿，丹霞红岩、流泉飞瀑点缀其间，生态环境良好。景区分天柱峰、铜鼓石、龙门崖、大沩山、花山红豆杉五个景区。主要景观资源有：天柱峰、九龙湖、南方红豆杉群落、九龙瀑布、铜鼓石、万笏朝天、灵石庵、双驼诉情、观音晒鞋、阅兵广场、肖家祠和毛泽东化险福地，等等。

玩家攻略

在天柱峰景区，游客可以买到当地的土特产品，如沩山竹笋、宁红保健茶、铜鼓包圆、“干子”茶等。

秋收起义铜鼓纪念馆

再现秋收起义恢宏历史

宜春市铜鼓县定江东路489号 免费

8:30～18:00（每周一下午闭馆）

秋收起义铜鼓纪念馆建筑面积3300多平方米，是纪念毛泽东同志亲自领导的湘赣边界秋收起义的专题陈列馆。

馆内陈列共分为五个部分：第一部分为军旗猎猎；第二部分为沙洲阅兵；第三部分为排埠思索；第四部分为引兵井冈；第五部分为星火燎原。陈列展出了部分珍贵文物，并通过现代先进的声、光、电等场景再现和写实雕塑，生动地再现了毛泽东同志当年在铜鼓率领秋收起义部队开展革命活动的恢宏历史。

秋收起义铜鼓纪念馆

景点推荐

宜春南部景点

大桥公园

依山傍水，绿树成荫

宜春市丰城市高丰路

大桥公园总面积3.43万平方米。园林依山傍水，绿树成荫，环境优美，它与雄伟的赣江大桥、规模宏大的丰城电厂，连成一片壮丽的自然景区，是盛夏避暑、游览观光的旅游胜地。

玩家解说

园林布局分以下几部分建筑群体：大桥建筑纪念堂，内分锦绣厅，展示丰城基本市情；纪念厅，展示大桥建筑史记及批文；资助厅，展示丰城籍人为建桥捐资百元以上名单碑刻；展览厅，展示大桥建筑过程中，中央及省、地方主要领导亲临视察图照等。

在园林山麓，建有高明殿和三清殿，两殿建筑面积达800余平方米。殿宇高大肃穆，典雅庄重。殿堂内塑有许真君、观世音、元始天尊（天宝君）、灵宝天尊（太上真君）、道德天尊（太上老君）等神像数十尊。塑像神态威严，栩栩如生。

厚板塘古村

古建筑保存完整

宜春市丰城市东北部筱塘乡　免费

厚板塘古村始建于明宣德年间（1426—1435年），为涂姓一支聚族而居，是一个历史悠久的文化古村。

这里古建筑之多、保存之完整、雕刻工艺之精湛，在江西首屈一指。古村与周围环境完美结合，堪称中国古建筑艺术与风水思想高度统一的典范。厚板塘“大夫第”，不仅建筑组群结构复杂，规模宏大，有大小三十六天井，巷道平整，山墙坚固，而且展现了完美的木雕技艺，木雕精美绝伦，花鸟虫鱼、宫殿舟车及人物形象栩栩如生，是中国木雕技艺的集大成者。

洪州窑遗址
全国闻名的六大青瓷名窑之一

宜春市丰城市东北部6千米曲江镇罗湖村

洪州窑为当时全国闻名的六大青瓷名窑之一，创建于东汉晚期，盛期为初唐、盛唐阶段，停产于五代。窑址主要分布在罗湖寺前斜坡山、象山、管家、狮山、文龙包、南坪、下坊、对门山、鹅公包、尚山、北沿至龙雾洲红壤丘陵地。总面积3万余平方米，地面堆积物达4～5米厚。现有发掘的龙窑遗址两座，长35米。曾在此出土国家一、二、三级文物137件，参考标本2132件，品种繁多，造型美观，反映了汉唐时代高超的制瓷技艺。

白马寨古村
有700多年历史

宜春市丰城市张巷镇南部，丰抚公路中段

白马寨建村于南宋咸淳年间，距今有700多年历史。白马寨村主要象征和标志性建筑为父子符卿坊。父子符卿坊是明代崇祯年间为尚宝司卿杨应祥建的功名坊。白马寨村古建筑群以父子符卿坊中垂线为主轴，错落有致地对称分布着民宅89栋。民宅分布较为集中，保存也较为完整。其建筑时间自明代末年起，跨越整个清代，前后延续达267年之久。白马寨村古建筑群是江西本土文化的产物，是赣派民居的代表作。

龙光书院
建筑布局严谨规范

宜春市丰城市荣塘

龙光书院具有四合院式布局的特点，院落坐北朝南，分前后两进。在中轴线上，首为大门，门上石匾嵌有“龙光书院”四个黑色字，长2米，宽0.5米，今仍存。

书院中间是大殿，置先师孔子圣像；后为六经楼，藏经书三千余册；之后为仰止堂。院内东西两翼，前有左右庑；中两侧为讲堂、设衣亭、客馆、花台、读书室、会膳堂、心广堂（文明堂）等建筑物，均属砖木结构。

书院四周红墙环抱。院外附属建筑有山寺、望光亭、剑光祠、晚晴斋、仓廒等。书院建筑布局严谨规范，造型雅致、奇丽，具有地方特色。

吴城遗址
江西第一个农村考古站

宜春市樟树市城区西南44千米的山前乡吴城村

吴城遗址是江南首次发现的大规模人类居住的商代遗址，遗址经过六次科学发掘，共揭露面积2000余平方米，文化堆积厚2～3米不等，划为七层，分三期文化。共清理房基2座，窑址12座，灰坑55个，基葬16座。出土较完整的石器、陶器、青铜器、玉器、牙雕等900余件，特别是陶文、原始瓷、铸铜工具的出土，是江西考古新的重大发现。

玩家解说

该遗址的发现具有重大历史意义和科学价值，否定了“商文化不过长江”的论断。吴城商

吴城遗址出土的陶器

代遗址已成为北京大学、厦门大学、中山大学等大学考古专业的实习基地，江西省博物馆已在吴城建立江西第一个农村考古站。

筑卫城遗址

早期文明时期大型土城之一

宜春市樟树市城区西南44千米的山前乡吴城村

筑卫城遗址包括新石器时代、夏代、商代、西周、春秋、战国六个时期的文化堆积，上限距今约4500年。该遗址是迄今为止发现的中国保存最完整的早期文明时期大型土城之一。

遗址区有一座大型土城，总面积达147 600平方米。土城内保存有房屋建筑基础、人工修整较平的大场地以及厚达3~4米的文化堆积。出土的文物，石器有斧、刀、砺石等，陶器有豆、碗、壶、缸等。这些器物的出土标志着筑卫城居民当时尚处于刀耕火种的原始农业阶段。

玉华山景区

集奇、幽、秀、险于一身

宜春市樟树市店下镇

玉华山海拔1169.1米，是樟树市最高的山峰之一。玉华山集奇、幽、秀、险于一身，特别是以千奇百怪、惟妙惟肖的奇石闻名于世，堪称“奇石博物馆”。官印石、月亮石、佛掌峰、鳌头石、鸳鸯床等分布其间，形态各异。

玉华山还是一处得天独厚的避暑胜地，千岁丘有“清凉世界”之称。1931年左右，17位英、法、德、奥等国的传教士在此营建别墅，至今遗址犹存。玉华山龙涵瀑布群由大小五级瀑布组成，飞珠溅玉的水花从30米高处喷泻而下，气势十分壮观。景区还有“落雨奇树”红豆杉、明代御史李稠原墓、高山湖泊、高山草甸等景观。

玩家 攻略

玉华山景区山泉众多，其中瀑布泉号称“天下第三泉”，水流清冽甘甜，流泉飞瀑如帘。享有盛誉的九龙泉是酿造国优“四特酒”的源泉水。

阁皂山 AAAA

曾以道医著世

宜春市樟树市601县道　60元

0795-7833833　8:00~17:00

道教圣地阁皂山因其“形如阁，色如皂”而得名。阁皂山是一座寓道教文化和中药史文化为一体的名山。东汉建安七年（202年），著名的道士葛玄在此悟道修真。葛玄既是灵宝道派的始祖，又是樟树医药业的奠基人，阁皂山也因此成为樟树药帮的“祖山”。

阁皂山不仅曾以道医著世，而且以其山川之秀、宫观之丽、古迹之异、峰岩之奇、传说之神成为闻名遐迩的旅游胜地。已开发的景点有接仙桥、山门、一天门、瀑布泉、鸣水桥、大万寿崇真宫、紫阳书院、石门石、风门、丹井、照门松、引路松等。

玩家 解说

葛仙名玄，字孝先，祖籍琅琊，后迁丹阳名容，出身于世家名门望族。葛玄从小酷爱老庄之学，十五六岁就名震江左。建安七年（202年），三十八岁的葛玄来到了阁皂山，在东峰之下结庐“卧云庵”，广收门徒，宣扬灵宝道义。葛玄在阁皂山修道四十二年，在吴赤乌七年（244年）八月十五日，在卧云庵“白日飞升”，成为神仙，后世道徒尊其为“葛仙翁”及“太极仙翁”。于是，阁皂山名扬天下，唐高宗仪凤年间被御封为“天下第三十三福地”，宋时与南京茅山、贵溪（今鹰潭）龙虎山并称为江南三大道教传箓圣地。元代与庐山齐名。阁皂山自古就以其山川之秀、宫观之丽、峰岩之奇、古迹之异、传说之神、药源之富吸引墨客文人争相游览、道家羽士归隐修真。张天师、文天祥、朱熹、解缙等都曾躬临其盛，其中朱熹两次来此山的紫阳书院讲学。

链接

阁皂山传说

传说王母娘娘在瑶池举行蟠桃会，喝得微醉的善思菩萨坐在瑶池边缘，醉眼蒙眬地看着众仙女

大观楼夜景

歌舞。突然，司药仙子舞到其旁边身子一歪，似要跌倒，善思菩萨赶忙起身相扶，将座椅撞落到樟树东南18千米处，成为阁皂山，而且他触犯了“男女授受不亲”之大忌，被贬往人间投生在葛尚书家。这就是阁皂山和葛仙的来历。

毛泽东高安旧居
砖木结构

宜春市高安市城北解放路

毛泽东高安旧居坐北面南，砖木结构，重檐滴水，正双开门，左右两侧门，一进两厢，有四耳房，前后两厅堂，门窗皆雕刻山水月色、梅兰竹菊，整座建筑200平方米。1983年公布为高安县（今高安市）文物保护单位。

玩家解说

1930年7月下旬，毛泽东、朱德率领中国工农红军第一军团在从汀州向长沙的转战途中，来到高安县城，居住在胡氏宗祠。毛泽东在此召开了连以上干部会议，部署“推进西山，游行示威”的军事行动。祠建于清光绪年间，1942年9月被日本军队炮火烧毁。新中国成立后，为纪念毛泽东同志在高安的革命活动，于1977年12月26日举行了旧居重建奠基仪式，1978年10月按原貌重建，现为毛泽东旧居陈列室。

高安大观楼
高安市的标志性建筑物

宜春市高安市人民政府正前方

高安大观楼初为府城谯楼，明万历年中期更名为锦水奇观楼，清嘉庆二十年（1815年）重修后，更名为大观楼。千百年来，大观楼经过了多次重建、维修、修复。现楼高21.99米，宽16米，长65米，改原来的木质结构为现在的钢筋混凝土仿木结构。整幢楼由60根朱色的大柱支撑起流光溢彩的歇山顶和飞挑的楼檐，上面雕刻的龙凤纹、松竹梅纹、花鸟草木等栩栩如生。重修后的大观楼为高安市的标志性建筑物。

吴有训纪念馆
为纪念吴有训先生而建

宜春市高安市西320国道旁的瑞州公园内

吴有训纪念馆占地3万余平方米，是为纪念闻名中外的科学家、教育家、康普顿效应的突出贡献者、中国近代物理学奠基人之一的吴有训先生而建。纪念馆为绿色琉璃瓦仿古建筑风格，古朴典雅，雄伟壮观，四周松柏环绕，翠竹簇拥，湖水相映，环境幽雅。

纪念馆由大厅、正厅和东西两厅组成。大厅为上下两层；正厅为吴有训生平事迹展厅，厅内另有三间木质房，为吴有训生前故居陈列；东厅为名人题词展厅；西厅为高安百名名人展厅，内设原子弹模型小展厅。各厅之间有环形长廊相通。

玩家解说

吴有训（1897—1977年），江西高安人。物

丰水湖

理学家。毕业于南京高等师范学校。曾在美国芝加哥大学留学，1926年获美国芝加哥大学物理学博士学位，后任该大学物理研究室助手和讲师。与康普顿合作对康普顿效应进行系统研究。1930年在英国《自然》杂志发表论文《经单原子气体全散射的X射线的强度》，这是中国物理学家在国内的研究成果载于国外科学学报的第一篇文章。

曾任中国科学院研究员、副院长，中国物理学会理事长。主要从事近代物理学特别是X射线散射光谱方面的研究工作，是中国开展近代物理学实验研究的先驱者之一。

丰水湖公园

圆形人工湖

宜春市丰城市

丰水湖公园集丰城历史、文化与风景旅游于一身。该公园内，以新城大道为轴心，两侧各开挖一个半月形人工湖，两个半月形人工湖合成一个圆形人工湖。在人工湖中心点上（新城大道中心线上），有一座半径106米的圆形丰水湖广场，广场内分别有对称的展馆、双剑墙、丰水平台等建筑。丰水湖外围有和合塔、唯美龙窑、博物馆、丰阁、和顺水、枫林桥、景观小品等建筑和休闲运动场所。和合塔，塔高13层，126.8米，挺拔壮观、雄浑大气。

华林山

江西历史名山

宜春市高安市城西北方向，距高安市区50千米

华林山是江西历史名山，方圆五十里，山峰秀拔，环境幽静。闻名于世的古学堂华林书院建于此地；山腰有李八百石室，山南有浮云宫，东南有元秀峰。八百洞天、毓秀天然、九龙剑池、丫口石尖、投龙石洞、浮云雄狮、浮云丹井、万年宫牌坊、仙坛月佩、浮云倩影构成华林十景。

华林寨

华林寨为华林山最高峰，海拔816.4米，山上植被多为杉、松、毛竹以及其他珍贵树种。其地形险峻，易守难攻，历来为兵家必争之地。有史记载，自隋末至明中叶，华林寨先后有四次屯兵，人数达八万多人次。明正德年间爆发的华林寨农民起义，历时四年之久，曾撼动了明王朝，在中国农民战争史上写下了悲壮的一页。

丫口石

丫口石位于华林寨东边，顶端海拔624米，矗立在高安市与奉新县交界的山脊上，

石身高64米，石座直径103米，由八块巨石自然叠成。南北方向看，似张嘴呼啸的猛虎盘踞在山巅之上。东西向看，犹如友谊的双手把奉新与高安紧紧联结在一起。石群底座，石缝巷道纵横交错，宽者一米，窄处不足一尺，但能侧身仰头而过，饱览石缝中一线天的风光。壮年者可拾级而上，登峰眺望高奉两县市，美景尽收眼底，大有“丫口石峰下，万岭不思游”之感。

玩家 攻略

伫立在高大的主坝上，极目远望，但见：青山衔绿水，蓝天飞白云，碧波万顷轻拍岸，白鹭点点掠波光。在这簇簇青峰之间，盈盈碧水之上，或垂钓汀渚，或冲浪飞舟，或放歌蓼丛，或休憩水岸，总能兴起成趣，尽寄其情。还有那富有特色的烹鲢蓬鱼头，让人口齿留香，回味无穷。

高安博物馆

了解高安历史文化的好去处

宜春市高安市瑞阳大道674号　免费

9:00~17:00

高安市博物馆始建于1974年，面积约1300平方米。该馆馆藏历史文物、革命文物、自然标本共计10 000余件。后发掘出土的元代青花、釉里红等瓷器窖藏更是绝无仅有，其数量多、质量精、组合全，为研究我国陶瓷史和陶瓷贸易增添了极为宝贵的实物资料。

博物馆现有13个展厅，举办了7个基本陈列展览，有“元代青花、釉里红等珍贵文物展览”“历史文物展览”“战国木棺墓出土文物展览”“周德清纪念展览”“胡镇夫妻合葬墓出土文物展览”“革命文物展览”“革命烈士纪念展览”等，用大量的实物和图片详尽地介绍了高安悠久的历史文化和驰名中外的元代釉里红稀世珍宝。

高安博物馆藏品

团山寺大惨案纪念墓

为纪念受难的同胞而建立

宜春市高安市北面18千米的汪家圩乡团山坡上

团山寺大惨案纪念墓呈圆形，占地30平方米，墓高2.5米，墓前建有纪念碑，通高4米、宽1.6米，碑额墨书“团山寺大惨案纪念墓”，中间为墨书碑文，记载了团山寺大惨案的发生始末。

玩家 解说

1939年8月18日，日军把团山附近的600多名群众围入团山寺内，用火活活烧死，制造了震惊全省的“团山寺大惨案”。1940年春，团山附近的两位农民把受难同胞的尸骨收起来，集中埋葬在一处。1970年12月，高安县革命委员会批准在原埋葬处修建了一座“团山寺大惨案纪念墓”，并在团山寺遗址上兴建了高安县团山阶级斗争教育展览馆，占地600平方米。

九峰山森林公园

天然氧吧

宜春市上高县徐家渡镇九峰林场

九峰山景区因有香炉、天竺、芙蓉、云末、峨嵋、清流、翠霞、苍玉、飞云九座奇特峻拔的山峰，故取名九峰山。景区内，古木参天，秀竹摇曳，奇花异草，林荫蔽日，池清溪碧，石怪洞奇，禅林古刹，香火缭绕。景区内森林覆盖率高达96%以上，年平均气温16.7℃。由于气候适宜，动植物资源极为丰富，据1993年统计，植物种类有2000余种，其中木本植物700余种，动物资源也十分丰富，是上高县动植物资源天然基因库和天然氧吧。

景点推荐

武功山风景区 AAAAA

武功山属罗霄山脉北段，是国家地质公园。武功山主峰白鹤峰海拔1918.3米，为江西第一高峰。整个风景区分为金顶观光休闲区、羊狮幕观光游览区、九龙山宗教文化区、发云界游憩娱乐区、大王庙原始生态区五个核心景区。其中，峰顶的古祭坛群距今已有1700多年的历史。景区有气势恢宏的高山瀑布群、云海日出、穿云石笋，奇特的怪石古松、巨型活体灵芝、峰林地貌和保存完好的原始森林，还有位于海拔1600米的亚高山草甸等景观，令人叹为观止。

萍乡市芦溪县东南边境　萍乡火车站有直达武功山的旅游专线

70元　0799—7636666　全天开放

玩家攻略

1.玩：进入武功山，全程大约需要步行4小时，内设多条步行路径；乘索道到达终点后还要步行2小时左右才可抵达山顶。

2.住：山顶有简易棚可住，半山腰观音庙有房可住。

金顶景区

登高峰，览万千风景

金顶又称白鹤峰，为江西省境内第一高峰。峰顶地势平坦，夏季气候凉爽，是观赏日出、高山草甸、迷幻云海的最佳景点。

除了美丽的自然风光，这里还有被称为“华夏一绝”的武功山三大绝景之一“江南祭坛群”，距今有1700多年的历史；还能看到明代建筑九龙十八塔中现存的十座古塔，堪称全省唯一的古塔群。

武功山徒步线路

武功山是正在开发中的一座山，如今是热门的“驴友”徒步之地。

●武功山山脊线路

下九龙—上九龙—白鹤峰（金顶）—白云客栈—发云界—羊狮幕。

1.下九龙—上九龙。此段全程约7千米，沿途全部为草甸，无水源，海拔起伏约300米，线路以上升为主，徒步时间约3小时，带500毫升水足够应对本段线路。

2.上九龙—白鹤峰（金顶）。此段全程约7千米，全线草甸，无水源，海拔起伏不大，线路以上升为主，徒步时间约3小时，带500毫升水足够应对本段线路。

3.白鹤峰（金顶）—白云客栈。此段全程约2.9千米，有近1千米的游道，还有约2千米的简易便道（以松木为台阶边缘，以大石头和泥土混合压平成台阶形状，以楠竹做护栏）。从金顶至吊马桩全程游道，吊马桩口有岔路，沿游道下至中庵，沿简易便道可到达白云客栈。岔路口有小卖部，凉皮每碗3元，味道不错，吊马桩至白云客栈沿途有几处溪水，水量较小。海拔起伏不大，徒步时间约1小时。

4.白云客栈—发云界。此段全程耗时4~8小时，共3座1700米左右的大山。从发云界穿金顶则为4座大山（金顶算一座）。全线除这3座大山外还有很多小山。金顶至发云界全线仅一处水源，不在山脊线路上，如无当地向导带路无法找到。全线起伏大（每座大山距山谷海拔落差约200米），耗水量较大，需做充分准备。2升水足够。全线基本无危险地段，到发云界地区后有岔路，不过此时距云甸客栈及法云寺、发云界招待所均不超过1000米。

武功山徒步

5.发云界—羊狮幕。此段全程约9.5千米，下坡居多，虽起伏较大，但基本无危险地段。全线在灌木丛中穿越。进入灌木林后无岔路，至羊狮幕附近才有岔路，但有指示牌，仔细看清就不会走错。走本段路强烈建议戴手套，便于下坡时抓树枝借力。登山杖在本路段基本无作用（依个人喜好来定）。徒步耗时4~5小时。全程无水源，1.5升水足够。进入羊狮幕附近，在离沈家大院10分钟路程处有水补充。

●武功山上山线路

1.麻田乡十八湾村—下九龙。通往十八湾村的水泥公路道路狭窄。水泥公路的尽头离十八湾村登下九龙的起点还有1200米，负重徒步约15分钟。水泥公路的尽头海拔868米，十八湾村登下九龙的起点海拔919米。从十八湾到下九龙徒步约2.4千米，耗时1~2小时，在灌木丛及竹林中穿行，垂直爬升快，岔路多，雨天路滑，线路中段有一处补水点，带500毫升水足够。

2.麻田乡沈子村—上九龙。通往沈子村的水泥道路宽阔。全程徒步时间2~3个小时，以爬坡为主，岔路较多。沿途水源丰富，在靠近上九龙处还有一个补水点，带500毫升水足够。

3.武功山景区正门—白鹤峰。通往武功山景区正门的道路较好。正门到白鹤峰全程有麻石游道，徒步上山需3~4小时，全程有指示牌，有卖水的摊位，溪水不可饮用。正门至半山的中庵有索道。从索道上站中庵至白鹤峰（金顶）徒步约2个小时。

4.麻田乡黄狗冲村（红岩谷景区正门）—白云客栈。通往红岩谷景区正门的道路条件较好。红岩谷正门海拔667米，距山顶白云客栈约1000米的海拔落差，徒步长度为5千米，上山约4小时，下山约2小时。全程有溪水，但不可饮用，只有靠近正门处有一家饭店。全程为麻石台阶，无岔路，坡度较陡，特别是一线天景区附近。

5.华云乡龙山村—发云界。从龙山村上到发云界耗时3~4小时，全程有水源，爬坡线路居多，岔路多。

6.万龙山乡曹下村—羊狮幕。从曹下村到沈家大院耗时4~5小时，从沈家大院到羊狮幕景区耗时半个小时。沿途有岔路，靠近沈家大院处有麻石游道，全程无危险路段，有水源。

●武功山相关线路

1.羊狮幕—明月山。到明月山索道上站全程约8千米，耗时约2小时。全程为土路，无坡度，无难度，无危险，基本无岔路。

2.明月山—明月山大门。明月山顶至大门为盘山公路或石台阶，风景较少，建议乘索道下山。走游道徒步下山2~3小时，乘索道下山约40分钟。明月山大门的停车场边有家夏云姑农家乐，饭菜口味不错，价格适中。

3.明月山大门—温汤镇—宜春。明月山大门距温汤镇约15千米，全线沥青路面，有公共汽车可直达。温汤镇距宜春市约18千米，有116、118两路公交车到宜春。

4.泸溪县万龙山乡曹下村—骆驼峰—羊狮幕。此段路程全程15千米，耗时7~9小时，很不错的线路，无危险，有五分之四的线路有水源，带1升水足够，岔路较多。

玩家 攻略

广阔平坦的高山草原为游客提供了天然的帐篷营地，晚上在这里搭帐篷过夜也是一个不错的选择。到了晚上，如果天晴，抬头就能看到满天繁星，仿佛一伸手就能触碰到北斗七星，璀璨的星空绝对会给你带来一个难忘的露营之夜。

九龙山景区

山色辽远的清幽世界

九龙山位于金顶西北10千米处的九龙界上，山峰平旷，草原辽阔，面积达1万余亩，为武功山面积第二的草原，主要景点有蛤蟆爬石、老虎进洞、九龙寺遗址、天心簸水岩、九龙山瀑布、铁蹄峰等。

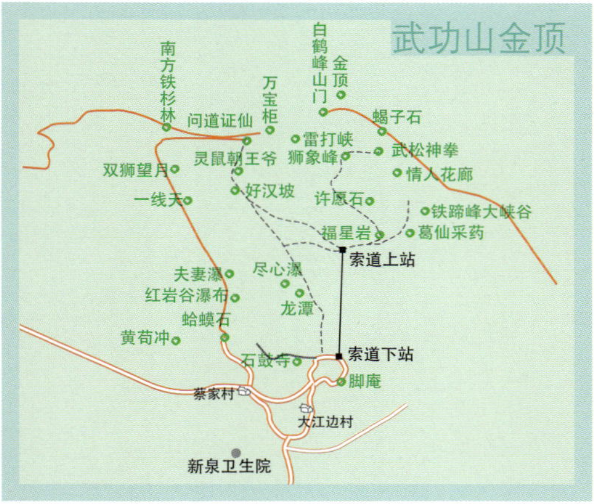

发云界景区

云蒸霞蔚的绝色风光

发云界因其在天欲雨时有云雾腾空而起而得名。景区沿途许多地方是悬崖峭壁，山岩奇形怪状，瀑布逶迤，气势惊人，风景绚丽。山顶分布着大片禾草草丛和蕨菜草丛，地势较为平缓，类似北方视野开阔而豪放的草原。

高山草甸

一望无际的万里碧翠

武功山的独特在于它的高山草甸，从景色最美的发云界到最高峰金顶，连绵不断20余千米，面积达70余平方千米。春翠、夏绿、秋黄是高山草甸的一大奇观，不同的季节，甚至不同的时辰去武功山都能领略到不同的景致，让人流连忘返。据庐山植物园林业专家考证，在如此高的海拔，生长着如此大面积的高山草甸，不仅在中国，乃至整个亚洲都是罕见的。这是江西的一块绿色宝地，也是户外旅游和摄影的天堂。

武功山

景点推荐

萍乡旅游区

安源锦绣城

江西省最大的影视拍摄基地

萍乡市安源区萍安南大道

安源锦绣城又名安源古城，是江西省最大的影视拍摄基地。该影视城拥有40多套房子，建筑面积达1万平方米，浓缩了老安源的建筑，有茶楼、烟馆、祠堂、工人俱乐部等50多处景观，旨在重现20世纪二三十年代的安源老街景色。影视城还展示了早期在萍乡拍摄过的矿井、道具、演出剧照、名人题词。

安源路矿工人运动纪念馆 AAAA

系统介绍了安源路矿工人运动

萍乡市安源区安源镇，距萍乡市城区6千米

安源路矿工人运动纪念馆前身是创办于1956年的安源路矿工人俱乐部遗址陈列室。1963年12月，更名为安源路矿工人运动纪念馆。该馆坐北朝南，占地面积约13万平方米，建筑面积3245平方米。

纪念馆分8个展室，系统地介绍了1921—1930年，中国共产党领导安源路矿工人，开展罢工斗争、农民运动和武装斗争，反对帝国主义、封建主义的历史。除了文字图片和实物，还有《矿工苦》《毛泽东去安源》《大罢工》《工农联盟》《奔向井冈山》等大型雕塑。

牛角坡52号

牛角坡52号是安源路矿工人俱乐部成立时的旧址。1921年冬，毛泽东来安源考察时，提议以解除工人所受压迫与痛苦为宗

旨，将路矿工人组成一个团体，叫作“安源路矿工人俱乐部”。

旧址为五栋四间砖木结构平房，面积266平方米，最初是“湖北同乡会”会址，后由俱乐部购买。1922年年底俱乐部搬迁后，这里改为工人补习学校第二校校址。新中国成立后，这一旧址基本保持原貌。

安源路矿工人补习学校旧址

安源路矿工人补习学校旧址为一座两层四栋三间的砖木结构的楼房，楼房上下对称，四周均为宽1.3米的走廊。1921年冬，李立三奉中共湖南党组织委派，来安源开展工人运动。他当时以教师的合法身份，由湖南平民教育促进会介绍来安源推广平民教育。李立三租借了这里三间房，首先开办平民小学，免费招收工人子弟入学。然后以访问学生家长名义，广泛接触工人，了解各方面情形，宣传工人阶级团结奋斗、自己解放自己的道理。经过思想教育和实践考察，李立三于1922年1月在安源创办了第一所工人补习学校，即工人夜校。白天小学生在这里上课，晚上工人在这里上课。

安源盛公祠

有一定的建筑艺术价值

萍乡市安源区安源镇

安源盛公祠为原萍乡煤矿总局旧址，1898年煤矿开办时建造。初为矿局总公事房，后为矿局所聘德国工程技术人员住房。1916年，汉冶萍公司总经理盛宣怀去世后，矿局为纪念盛宣怀，将此屋命名为盛公祠。该建筑物为德国样式，因建立在山坡顶部，显得雄伟挺拔，三层砖木结构，有一定的建筑艺术价值。现为江西省重点文物保护单位。

玩家解说

盛宣怀为江苏武进人，字杏荪，号愚斋。1896年4月，他以商人身份接任汉阳铁厂督办的同时，被任命为清廷铁路总公司督办。盛宣怀凭借朝廷给予的特权，以安源为中心，圈定120多平方千米的范围为矿区，向德国礼和洋行借款400万马克，聘请德国工程技术人员，购买德国机器，于1898年3月在安源创设萍乡煤矿局。1908年3月，升任清廷邮传部右侍郎的盛宣怀将汉阳铁厂、大冶铁矿和萍乡煤矿合并，组成汉冶萍煤铁厂矿有限股份公司（简称汉冶萍公司），自任总经理。

毛泽东来安源住处

萍乡红色旅游景点

📍 萍乡市安源区安源镇

毛泽东来安源住处有两处。毛泽东1921年秋来安源住处位于安源八方井44号，普通平房，原为私宅，1921年10月毛泽东来安源住在这里。毛泽东、李立三1921年冬来安源住处原为老后街的一家饭店，1921年12月中旬毛泽东、李立三等人来安源住在这里。

链接

毛泽东来安源住处

1921年秋，中共湖南支部书记毛泽东来安源开辟工人运动。毛泽东当时的公开身份是湖南第一师范学校教员、一师附小主事（相当于校长）。他利用这个公开身份，以走亲访友、参观访问、推广平民教育的名义，来安源考察，住在八方井44号。这栋房子是萍乡煤矿建矿初期由矿局建造的，是萍乡煤矿总平巷甲段段长毛紫云的住房。毛紫云是湖南湘潭人，曾和毛泽东的父亲一起在长沙做过生意。毛泽东就是利用这个同乡的关系住在这里。中间是堂屋，左边一间便是毛泽东的卧室。毛紫云还找来家中挑水的工人张竹林做向导，陪毛泽东四处走。

毛泽东在安源考察期间，深入矿井、锅炉房、餐宿处等工作处，广泛接触工人，从谈家常入手，了解工人的疾苦和安源的阶级状况，并对工人进行启发。

萍乡革命烈士陵园

吊唁革命烈士之地

📍 萍乡市安源区安源镇西侧山坡

萍乡革命烈士陵园占地面积1万多平方米，大门宽20米，为中国传统的牌坊风格，4根立柱上镌刻有毛泽东手迹条幅：“发扬革命传统，争取更大光荣”；“为有牺牲多壮志，敢教日月换新天”；内柱上端横梁阴刻有“烈士陵园”字样，两侧围墙装有漏孔式桃花、荷花、菊花、梅花图案。进门后为步阶吊唁场，可容纳500余人。墓室为圆形，安葬着部分烈士的遗骸。

陵园内烈士纪念碑高13米，碑座碑身为长方形，碑座正面为3个石雕花圈，背面为碑文。“萍乡革命烈士纪念碑”采用刘少奇手迹。碑头是由四组白水泥的群雕组成。

萍乡革命烈士陵园

秋收起义军事会议旧址

全国重点文物保护单位

📍 萍乡市安源区安源镇张家湾

秋收起义军事会议旧址为砖木结构，北端是二层楼，南端是平房，共15间，面积1000平方米。1927年9月初，毛泽东同志在这里主持召开了部署湘赣边界秋收起义的军事会议，成立了前敌委员会，确立了工农革命军第一军第一师的建制，宣布了起义的日期、进军路线和宣传口号。1978年12月，该旧址被江西省政府列为省级文物保护单位；后被国务院批准为全国重点文物保护单位。

总平巷

省重点文物保护单位

📍 萍乡市安源区安源镇

总平巷是安源总平巷煤矿开办时建造的矿井主要出入处。是一座砖砌门坊式建筑，背靠安源山，井口上方塑有铁锤岩尖图案和“总平巷”三个醒目的大字，中间半月形大拱门为出入总口，通往距地面近千米深处

总平巷

的井下，两侧建有附属建筑物。总平巷既是安源煤矿建矿史的重要文物，也是1922年9月工人罢工斗争的重要场所，毛泽东曾从这里下矿井考察，刘少奇、李立三也曾来此处了解工人的生产生活情形。总平巷现为全省重点文物保护单位。

安源路矿工人消费合作社旧址
萍乡红色旅游重要景点

萍乡市安源镇安源广场东侧

安源路矿工人消费合作社是中国工人阶级的第一个经济事业组织，其发行的纸币、铜圆票和股票，是中国共产党历史上最早的货币和对股份制最初的尝试。旧址为二层砖木结构楼房，是萍乡红色旅游的重要景点。

秋收起义广场
为纪念秋收起义而建

萍乡市建设路与萍水河交界地带

萍乡市秋收起义广场旅游景区是集纪念、集会、娱乐、休闲、展览等多功能于一身的综合性广场。它的建设旨在纪念秋收起义（发生于1927年秋）这一历史事件，并丰富市民的休闲娱乐生活。广场由中心广场、西北广场、东南广场、东北广场组合而成。在广场中央矗立着一座超过30米高的秋收起义纪念碑，纪念碑基座下建有秋收起义萍乡陈列馆。此外，广场还有音乐喷泉、水幕电影、大型户外电子彩屏、亭廊、花架、艺术雕塑等设施。

秋收起义纪念碑

碑高30.9米，占地面积151平方米，由“9”字、浮雕、题词、长城、安源路矿工人俱乐部徽标、碑柱、火焰（火炬）、五角星、碑文、红旗、山川、稻穗等图案组成，巍然屹立，气势宏伟。纪念碑基座内设有电控设备，长城堡四角和碑顶部装有活动彩色射灯；基座周围有绿化区域；纪念碑基座四周设有较大的平台，成为独具特色的一大景观。

秋收起义纪念碑

玩家解说

萍乡是秋收起义策源地。1927年初，毛泽东在安源主持召开秋收起义军事会议，并于9月9日亲自发动和领导了震撼全国的秋收起义，第一次高举起工农革命军的旗帜。为纪念这一在中国革命史上占有重要地位的伟大历史事件，1998年6月21日，中共中央办公厅、国务院办公厅批准在萍乡市建立秋收起义纪念碑。

鹅湖公园
健身、休闲的好去处

萍乡市区北桥外1千米的河洲上

鹅湖公园，占地面积近19万平方米。公园内树木葱茏，绿草茵茵，亭桥遍布，空气宜人，是市民健身、休闲的好去处。

公园内有人工湖、亭廊、水榭、翠竹园、昭萍艺苑、民族村、水上乐园、游乐场、海底世界、动物园、金螺峰休闲区、健身区等40多处景区，游乐场内有碰碰车、彩虹飞船、自控飞碟、鬼城、摩天轮、赛车等30多种游乐项目。

宝积寺
萍乡重要旅游景点

萍乡市城区南门外南环路与浙赣铁路线（老线）之间

宝积寺旧名星居寺，又名梵林寺，是五代时期后周广顺年间当地人李氏捐地所建，后周显德年间（954—960年）改名为宝积寺。

1990年政府开放宝积寺，由南岳山请来怀善法师任住持。1993年5月动工重建。重建后的宝积寺面积约7000平方米，有大雄宝殿、天王殿、伽蓝殿、客堂、东西配殿及寮房等建筑，如今的宝积寺巍峨庄严，布局严整，错落有致，气势雄伟。

横龙寺
历史悠久的寺庙

萍乡市安源

横龙寺是一座历史悠久的古寺，寺前有一泉，水从湖南长沙那边流过来，水质清纯，冰凉爽口，长流不懈。寺中有栩栩如生的观音雕像，有庄重威严的玉皇大帝，还有一个许愿池，里面有千年金龟及数尾金鲤。寺后有茂密的森林，景色宜人。寺庙被多次用作电视剧的拍摄场景，享有盛名。

孽龙洞 AAAA
被誉为"天下第一洞"

萍乡市上栗县福田镇清溪村 在安源汽车站乘萍乡到上栗或桐木的客车可到

68元 0799-3611080 8:30~16:30

孽龙洞是形成于1.8亿年前的天然溶洞，洞内的怪石、清风、流泉、飞瀑被称为洞中"四绝"。孽龙洞最大的洞庭高达30米，可容纳千人，洞内石笋、石花、石幔等玲珑剔透，被誉为"天下第一洞"和"地下艺术长廊"。此外，洞内的洞天石瀑高18米、宽5米至15米，是大自然的又一杰作。除了这些，洞内还有鲤鱼跃龙门、倒挂金猴、冰山雪莲、水上宫殿等众多景点。

链接

孽龙洞传说

传说古时候，许真君和孽龙是同学，一起学道。一日，孽龙拾得一颗宝珠，他把珠子吃了，可是不多时，孽龙全身就长出鳞片，原来那是一颗龙珠。孽龙长鳞后，全身发烫，于是他要把江西变成海，作为他的栖身地。为了拯救百姓，许真君要除掉孽龙，孽龙与之大战，功力不敌，想要逃跑，却遭许真君追赶。孽龙便化作白衣秀士，仓皇来到杨歧山普通寺避难。住持见此情景便允许他进来，孽龙变作小虫，藏在菩萨耳中，许真君赶来，不见其踪影，以为潜逃他处，便急忙往西追去。孽龙为报住持之恩，询问住持有何需求，住持说寺居深山，粮米维艰。孽龙于是在寺后山现出原形，翻滚甩腾，整山造田，峰岭崩坠，竟使寺庙亦遭震动，屋瓦震落。住持大惊，忙击鼓鸣钟，以求菩萨保佑。孽龙造田之际，正拟引来地下泉水灌溉，忽闻钟鼓之声响起，害怕引来许真君，慌忙停止造田。现今杨歧山有"千丘田"，虽可栽种，但经常缺水干旱。许真君忽闻杨歧山寺庙钟鼓之声大作，知孽龙滞留未逃，转身回返，仗剑来斩孽龙，摇空一剑，剁下了孽龙鳞甲48片，陷成洼地，至今杨歧山侧仍有"四十八窝"的地名。孽龙负伤潜藏地底，钻土隐穴，撞角引尾，挖出一洞，潜影藏身，养息巨创。此地成为今日旅游胜景"孽龙洞"。

一支枪纪念馆
介绍一支枪的光荣历史

萍乡莲花县解放路148号

莲花县一支枪纪念馆始建于1968年，原名为"莲花县革命历史纪念馆"，1983年定名为"莲花县一支枪纪念馆"。

馆址在县城南门，所在地原名为"宾兴馆"，始建于清道光五年（1825年）。纪念馆为二进式祠堂建筑，长34米、宽21米、高12米，整个建筑面积为713平方米，占地面积为3600平方米，是一座古色古香、环境幽雅的活动场所。该馆包括古代建筑实体和革命珍

孽龙洞

贵史料两部分：前者以明清时期江南建筑为展示内容，后者系统介绍了第二次国内革命战争时期地方革命武装的斗争经历和一支枪的光荣历史。

玉壶山

仙岩奇洞、青山碧水

萍乡莲花县琴亭镇

玉壶山风景名胜区总面积51.24平方千米，由玉壶山、垂花岩、石廊洞、龙山口和瑶口湖景区组成，是一处以溶洞、仙山、革命人文为主要特色的省级重点风景名胜区。

风景区内自然景观多样，有千姿百态的元阳洞和蕊珠洞；有凤凰台、真隐岩、潜龙露角、吴朱喘月等奇峰怪石；有天外飞泉、莲江、鸬鹚湖、玉带溪等秀丽水景。人文景观有元阳观、法藏寺、文峰塔、焕文阁、三相祠等道、佛、儒文化遗址，有姚崇洗墨池和读书台等遗址。宋左丞相周必大、民族英雄文天祥等都曾逗留于此，留下了不少诗文和遗迹。

玩家 解说

玉壶山山势雄奇峻拔，峰峦叠翠，是峰、石、瀑、洞、云、林兼胜，且以雄、奇、险、秀、幽著称的一座名山。玉壶山古称壶山，相传为齐天大圣孙悟空大闹蟠桃宴醉酒后抛下的一只仙家玉壶幻化而成，因整座山远看似酒壶而得名。《太平寰宇记》《江西通志》《庐陵府志》《永新县志》《安福县志》《厅志》等大量古籍文献对山中胜景、仙迹、名人传说有详细记载，更增添了它的神秘色彩，使它闻名遐迩。

麻山幸福自然村

农业旅游示范点

萍乡市湘东区麻山镇马鞍山下汶水河畔

麻山幸福自然村内，农家庭院花木飘香，红砖碧瓦，错落有致；四周苍山翠岭环绕，茂林修竹间溪水长流，清澈见底。清新与静谧、淡雅与安宁弥漫在乡村的每一个角落。

自然村现已建成“农家乐”休闲区、科技示范植物园、农业科技示范园、水上乐园、登山观景、园林景区、爱国主义教育基地等景点。

曹源洞

洞内遍布钟乳石

萍乡市湘东区北部，离湘东城区中心3千米

曹源洞因位于洞岭（古称金山）之下，洞中溪流源自曹家山，故称为金山曹源洞。洞内遍布钟乳石、石笋、石花、石幔，玲珑剔透，千姿百态。曹源洞分干洞和水洞两部分。

玩家 攻略

曹源洞外，金山的右侧有一处幽静的山谷，沿着山路两旁，有五座圆形的小山丘，是当年战备油库的五个巨大的储油罐，当地人称“蒙古包”。如今库已搬走，留下五个直径40多米、高20多米的圆形外壳，里面冬暖夏凉，喜爱户外野营的游客夜晚可露宿在此。

干洞

干洞长600~700米，高处达40米，最大

麻山幸福自然村

五峰山

的地方可容纳1000多人。入洞约行十来米，有一长15米、宽20米、高30米的大厅，四周石乳丛生，上下犬牙交错，中间是一个九品莲台，一形似观音的石人端坐于上，又有一小石人拜伏于前，宛若真人。

水洞

水洞蜿蜒曲折，时大时小，时高时矮，泉水自潭底涌出，从石缝中流出洞外，水中常可见鲤鱼游走。此水常年不绝，灌溉着千余亩良田。利用此泉水现已开发出一片水产科技场，放养珍稀鱼种，除进行科研外，还可供人们观赏、垂钓。

五峰山

罗霄山北的余脉

萍乡市湘东区东桥镇五峰村境内

五峰山系罗霄山北的余脉，主峰海拔644米，因此山有五个山峰而得名。景区内有山林面积35平方千米，森林覆盖率居全市前列。该景区不仅风光秀丽，民风淳朴，而且历史悠久，人文荟萃。山上茂林修竹，古木参天，犹如林海。每至春季，鲜艳的映山红满山遍野。

明月湖

萍乡的“北戴河”

萍乡市芦溪县南坑坪村

明月湖是一片人工湖，水面70万平方米。明月湖湖水明澈，湖面上的粼粼波光，像丝绸上的细纹一般。岸边树木繁茂，郁郁葱葱，山体青翠欲滴，水面波光倒影；湖因山色秀，山因湖水活；山环水绕，山水一色。人绕湖转，景随人移，处处是景，令人目不暇接。著名景观有瀑布群、婆婆岩和半原始森林、映山红王国。

玩家攻略

明月湖气温低，平常要比市区气温低8℃~9℃，是夏季避暑和休养的好场所，人称明月湖度假村是萍乡的“北戴河”。

在平静的、琉璃似的湖面上，有机帆船、快艇和小船，供游人们游览。可乘快艇在宽阔的水面上任意畅行，也可泛小舟于碧水之上潇洒慢驶，任清风吹过，要多惬意有多惬意。

婆婆岩

有“小武功”之称

萍乡芦溪县南坑镇

婆婆岩海拔1161.6米，属罗霄山北端余脉，登山俯瞰，可览赣湘两省风貌。山顶有近千亩中山草甸，有“小武功”之称。景区以石、树、林为主要特色。

看石，有婆倌石林，千姿百态，奇形怪状，将军石、一线天、猴子洞、乌龟石、天然石井、兄弟站岗等栩栩如生，活灵活现；还有150米高的狮子崖，风景壮观奇特。看树，有三人合围的迎客松和兄弟古柏，有树龄200年以上的红豆杉和古樟。看林，有封山30年的天然林、人造林，有直射云端、脸盆般粗大的天然竹木。

卢德铭烈士纪念碑

纪念秋收起义总指挥卢德铭

萍乡市芦溪县上埠镇山口岩的山坡上

卢德铭烈士纪念碑共分三层，即底座、中座、碑身，高约7米，上塑卢德铭全身像，占地面积45平方米。中座正面大理石上刻写着卢德铭烈士生平简介，碑身正面从上至下镌刻着杨得志题写的“卢德铭烈士纪念碑”。

玩家 解说

卢德铭（1905—1927年），自贡沿滩区仲权镇人，秋收起义的总指挥。南昌起义爆发后，卢德铭在武昌响应南昌起义，部队进入江西境内调整以待时机。毛泽东按“八七会议”精神组织发动秋收起义，毛泽东任前敌委员会书记，卢德铭任秋收起义总指挥。因敌军强大，加之叛军夹击，卢德铭撤到文家市与毛泽东会合，到文家市后坚决支持毛泽东“向罗霄山脉中段进军”的正确主张。1927年9月，毛泽东与卢德铭率领秋收起义部队向井冈山进发，在芦溪县上埠镇山口岩遭到国民党军队伏击，卢德铭指挥部队掩护毛泽东率部突围。卢德铭身先士卒，英勇杀敌，终因寡不敌众，最后壮烈牺牲，年仅22岁。为纪念卢德铭，中共萍乡市委、萍乡市人民政府于1983年9月23日建造了这座纪念碑。

杨岐山 AAAA

有著名的24景

萍乡上栗县境内，距市区23千米

杨岐山为武夷山余脉，总面积35平方千米，主峰张口狮子岭，海拔947.6米。主要景观有杨岐普通寺、何仙庙、寒婆石、千丘田、阴水洞、子午泉、棋盘石等24景。杨岐山以峰峦之旖旎，溪涧之蜿蜒，岩石之突兀，云雾之缠绕，成为古今游人的慕游之处。

杨岐普通寺

杨岐山唐碑

杨岐普通寺始建于唐开元年间，为我国佛教禅宗五家七宗之一的临济杨岐宗发祥地，寺内有唐碑、唐塔、唐柏，寺后有清末著名学者、词家、诗人文廷式之墓。

唐碑

唐碑位于杨岐寺正面墙壁上，是江西省仅有的全国著名的唐碑，1957年被江西省人民政府定为省级文物保护单位。

唐碑有两块，一块是唐代大诗人刘禹锡为杨岐寺乘广禅师撰写的碑文，此碑高2.8米，宽0.9米，1350个字；另一块是《甄叔禅师塔铭》，唐大和元年（827年）建，僧元幽书写，碑高2.8米，宽0.9米，527个字。前者为刘禹锡的得意之作，后者书法如行云流水，均属不可多得的艺术珍品。清道光十七年（1837年）住持将两块塔铭分别镶嵌在前殿正门左右墙上。

唐塔

唐塔有两座，一座是乘广禅师塔，位于普通寺的右侧，高2.35米，呈八角形，由花岗岩石垒成，具有古代建筑风格，塔身浮雕古朴雄浑。甄叔禅师塔在杨岐寺左侧，高1.78米，宽0.88米，形似方亭，又称油盐塔，已列入“江西省重点文物保护单位”。

唐柏

唐柏在杨岐寺大雄宝殿后山，是唐元和时甄叔禅师亲手种植的一株柏树，故称“甄叔柏”，此树高31米，围7米，直径2.33米，虽经千年风霜雨雪，仍然苍劲挺拔，枝繁叶茂，生机盎然。

杨岐普通寺

杨岐普通寺原名广利禅寺，始建于唐开元元年（713年），宋庆历元年（1041年）改名为普通寺。普通寺坐西北朝东南，原建筑面积2500多平方米，现存建筑面积1200多平方米，寺内现有如来佛、观音等大型塑像，还有护法韦驮、十八罗汉、二十四诸天等木雕神像，小门、院落、大雄宝殿、观音堂、住宅一应俱全。杨岐普通寺肃穆庄严，金碧辉煌，呈现出我国南方古刹独有的风格。

文廷式墓

文廷式墓位于杨岐山普通寺后50米处，面积50平方米，墓长4米，高1.1米，坐西朝东。墓前原有石碑坊，后有墓碑，高2米，宽1米，墓碑上用正楷字刻着“诰授中宪大夫晋封资政大夫日讲起居注官翰林侍读学士显考文公讳廷式府君之墓”，墓碑左右有石刻对联。墓碑左是文廷式后嗣的碑文，右为南昌知府沈增植作的墓表，墓表简述了文廷式的生卒年月日和他的博学多才、韬略满腹、为官清正以及逝前病况。

玩家解说

文廷式（1856—1904年），字芸阁，又字道希，江西萍乡人。光绪年间钦取内阁中书第一名，庚寅恩科进士，复试一等第一名，殿试一甲第二名，授翰林院编修，旋充国史馆协修会典馆纂修，江南乡试副主考官。甲午御试一等第一名，升授翰林院侍读学士兼日讲起居注官、大理寺正卿。文廷式协助光绪皇帝亲政，支持康有为发起强学会，为慈禧太后所嫉视，被革职。“百日维新”后流亡日本，后归国病逝于家。文廷式是晚清著名学者，著述丰富，著作有《补晋书艺文志》《云起轩词钞》《纯常子枝语》《知过轩文稿》等。

拱辰塔

上栗县境内最高塔

萍乡市上栗县赤山镇大宝山上

拱辰塔是上栗县境内最高塔，为九层八

拱辰塔

面。底层为花岗岩石砌成，以上为白砖平砌；层与层之间以长条形花岗石垒砌成檐；各层开有券顶窗孔四个。塔高28米，底层直径6.4米，底围21.28米。

古塔多次被雷击，但仅损其顶，亦曾遭日寇枪弹，弹痕累累。百余年来它稳如磐石，屹立在大宝山上，充分显示了我国劳动人民高超的建造水平。

瑶金山寺

赣西历史悠久的古寺之一

萍乡市上栗县金山镇

瑶金山寺始建于唐朝开元年间，至今已有1300多年历史，是赣西历史悠久的古寺之一。

瑶金山寺内现有保护完好的唐代栽植的罗汉松，树高8米余、直径约0.5米。后栽植的桂花树，生长茂盛，四季飘香。寺内建筑，除正殿、大雄宝殿以外，其他房屋几经焚毁，现重修了正殿、大雄宝殿、观音堂、地藏王殿、斋堂、僧侣宿舍等建筑，建筑面积2000余平方米。寺内又重塑了几十尊佛像。

景点推荐

新余旅游区

九龙山
星罗棋布的革命遗址

仙女湖东部的舞龙湖的南面

九龙山是中共赣西南苏区的重要活动区域。革命战争年代，这里烽火连天，留下的星罗棋布的革命遗址，不仅是进行革命传统教育的重要基地，也是游览观光的理想场所。

九龙山山高林密，层峦叠嶂，云蒸霞蔚，绿色似染，鸟语花香，山水兼胜；神话传说与革命遗址交相辉映，旅游休闲与漂流探险相得益彰。九龙山景区主要包括中共新余第一个党支部——花桥支部旧址、红军战壕遗址、革命烈士纪念碑、烈士陵墓、红军洞、观音洞、来雨庙、红宝树、仙姑潭（红军泉）、花桥暴动遗址、龙首石、龙潭虎穴、天峰观景台、九龙山十里漂流等景点。

玩家攻略

登上观景台，可眺望层峦叠翠的林海风光。新余与峡江、吉安、吉水、分宜等县市的山林分界线尽收眼底。登高望远，气势磅礴的九龙山脉，令人心旷神怡，赏心悦目。

红宝树

中央苏区第五次反“围剿”失败后，革命形势更加严峻。国民党反动武装向我九龙山苏区发起攻击，我军因寡不敌众，伤亡较重。被俘的10多名红军指战员和苏区干部被国民党押到此树下屠杀，革命烈士的鲜血浸染了这片土地。从此，这棵百年古树枝繁叶茂，呈双层蘑菇状，常青不衰，由此得名“红宝树”。

仙姑潭（红军泉）

传说，八仙之一的何仙姑途经此地，见此地大旱，人畜饮水困难，为拯救当地百姓，何仙姑便以荷花滴水成潭。故此潭名“仙姑潭”。潭水清澈透明，甘甜清凉。

土地革命时期，由于国民党对苏区进行严密封锁，我苏区严重缺医少药，加之红军战士长期风餐露宿，许多人染上了疥疮病，用此潭水清洗皮肤后，不久就可痊愈，故该潭又名“红军泉”。当地村民常用此潭水美容、御疾。

龙首石

据说，海龙王生有九子，九子分守世界各大湖泊、海洋，其中九太子镇守仙女湖。一日，七仙女下凡至湖中，九太子与其中一仙女一见钟情，欲结为情侣。因触犯天规，九太子被海龙王罚至湖畔一山潭中面壁思过（今龙潭）。之后，海龙王召九太子回宫，可九太子一直眷恋心爱的人，整日翘首企盼，不肯离去。天长日久，其龙身化为山脉（九龙山由此得名），龙头形成“龙首石”。他们忠贞不渝的爱情故事在当地广为传颂。后来，人们便在仙女湖龙王岛上修建了龙王庙，以表达人们对美好爱情的憧憬。

洪阳洞
洞内景色奇特

新余市区西南10千米

洪阳洞位于袁岭第七峰的山腰，因晋代大医学家、道教祖师之一葛洪以及娄阳在此修道炼丹，为民治病，故名“洪阳洞”。又因明代大学士严嵩青年时代曾在洞中勤学，又称“严嵩洞”。

洞口呈弧形，高、宽各20米，洞长达4千米。洞身蜿蜒曲折，忽而像市井小巷曲折幽深，仅容一人行走，忽而如穹形大厅，豁然开朗。洞中有洞，大洞套小洞，洞洞相通，宛若地下迷宫一般。洞内石笋、石钟乳、石幔、石柱、石花、石塔琳琅满目、美不胜收，让人不得不赞叹大自然的造化之功。

仙女湖风光

江口景区
有“江西千岛湖”之称

新余市袁河上游

江口景区原是1958年修建的一个水库，湖中岛屿众多，有“江西千岛湖”之称。景区共分三部分：下游三万亩库湾，港汊蜿蜒曲折，岛屿星罗棋布；中游有3千米长的高山峡谷，“两岸对峙倚霄汉，昂首只见一线天”是其真实写照，故有“小三峡”之称；上游水面达20平方千米，烟波浩渺，一望无际，渔帆点点。

玩家攻略

到了江口景区一定要尝一尝当地的特产，如清炖武山鸡、文山里脊丁、小乔炖白鸭、新余蜜橘等。

仙女湖 AAAA
新余人民的母亲湖

新余市渝水区西南郊16千米处

从新余市火车站坐503路公交车可到

69元　8:30~17:00

仙女湖是新余人民的母亲湖、“七仙女

下凡”的爱情湖，是中国七夕情人节的发祥地，兼具湖泊型和山岳型风景，森林覆盖率达97%以上，大气质量达国家一级标准、水质达二级标准，被誉为“天然氧吧”和“城市绿肺”，被誉为“中国最美丽的湖泊型景区”。在这片灵山秀水之间，点缀着千年水下古城——分宜古县城、万年桥、昌山庙、洪阳洞、圣集寺、习祖古墓、严嵩故里、天工遗址等无数名胜遗迹，孕育着仙女湖深厚的文化底蕴。

罗坊会议纪念馆 AAAA

陈列形式新颖大方

新余市东20千米的罗坊镇袁河之滨

罗坊会议纪念馆建于1973年，1976年国庆节开馆，建筑面积达2200平方米，是一组颇具民族风格的以四合院为主体的建筑群。纪念馆有罗坊会议陈列、新余地方革命史陈列，重点介绍了毛泽东、朱德、彭德怀等老一辈无产阶级革命家1930年10月在罗坊进行的伟大革命实践，以及新余地方几十年的革命斗争史。纪念馆陈列形式新颖大方，整体性、组合性兼而有之，色调既活泼明快又和谐统一，同时不失庄严肃穆。

仙女湖

仰天岗森林公园

群山起伏，重峦叠嶂

新余市渝水区城北办事处仰天岗

仰天岗森林公园，总面积6.7平方千米。这里群山起伏，重峦叠嶂，林木葱郁、翠竹如画，山谷幽幽，怪石嶙峋，有鸡冠岭、狮子流涎、一片门、写帽石等巧夺天工、神奇美妙的自然景观。

主峰梁山脑，海拔450米，相传扎过“梁山寨”。伫立峰顶，近瞰高楼林立、街道纵横的城市雄姿，远眺稻谷飘香、河溪如练的田园风光，顿有独生孤峰、静观万化之感。峰顶有始建于唐、重修于明的仰岗庙遗址。新修建的仰岗庙坐南朝北，气势恢宏，已成为仰天岗森林公园的一个重要旅游景点。

北湖公园

环境优美，空气清新

新余市渝水区科环西路

北湖公园是新余城北的一个环境优美、空气清新的自然公园。北湖公园因水而名。

北湖公园

抱石公园

这里湖水清澈见底，在风和日丽的春天，附近的高楼将倒影投向平静的湖面，与小山、绿树、红花、蓝天、白云的倒影叠在一起，将湖面渲染得多姿多彩，色彩斑斓。

昌坊农业旅游度假村 AAAA
新余市区后花园

新余市渝水区欧里镇昌坊村

昌坊农业旅游度假村森林覆盖率65%，是天然氧吧。其村山环水绕，柳暗花明，泉水叮咚，冬暖夏凉，空气清新，环境优美，历史文化深厚，旅游资源丰富。

度假村内建有旅客集散处、观赏游览、休闲度假三个功能区，具有观光农园、农业公园和森林公园综合一体的精品项目和特色果园、菜园、花圃、苗圃等。目前，度假村已成为新余市区后花园和生态农业观光旅游业的一颗明珠。

玩家解说

昌坊村曾有“江西小南京”之称，也有“上有天堂，下有苏杭，还有昌坊”之誉，更有“宝山荟萃地，山泉聚集地，夏布发祥地”之说。昌坊村开门见山，青山滴翠，环村大小山头36座且多为石灰岩山，岩石如天工斧凿，形状各异，妙趣横生；昌坊村出门即水，溪流吐玉，绕村大小泉孔32处，水流四季奔涌，是新余市母亲河孔目江源流。村内有古树、古洞、古庙遗迹、古窑遗迹、古戏台、古水井、古祠堂及新余地区第一家村级文化广场，形成了独具特色的山区文化。

抱石公园
纪念新余籍国画大师傅抱石

新余市渝水区建设路西端龙虎山

抱石公园是为纪念新余籍国画大师傅抱石所建，是中国首座以美术家名字命名的公园，是江西省重点文化设施之一。

公园的设计与布局，力求体现傅抱石先生“阳春白雪”类的艺术风格。公园内有傅抱石展览馆、钦风楼、醉笔楼、抱石湖、坚石关、三笑桥、红雨桥、儿童乐园、邀月亭、留芳亭、观鱼池、花圃房、听涛亭、对弈亭、艺峰塔等景点和5000米游步道。

新余文化健身广场
融多种功能为一体

新余市孔目江以西，南临仰天东大道

新余文化健身广场总面积约33万平方米，分为三个功能区，其中主功能区是场馆区，由“三场三馆”组成，即：体育场、游泳场、室外运动场、体育馆、训练馆、网球馆。其中体育场位于广场中心，是文化健身广场的主要体育场馆，设计观众座位20 240个，建筑面积为34 283平方米，可满足举行国际、国内的大型田径及足球比赛要求。训练馆与体育馆相配套，同处于广场西南侧，总建筑面积为4273.44平方米。训练馆为两层，底层为训练馆，二层为回廊，设计观众席400席。

魁星阁

四重檐歇山顶的山式建筑

新余市二中南侧

魁星阁是一座四重檐歇山顶的建筑，阁基由灰白色麻条石铺砌，四周高0.7米、宽1.8米。底层除四根大柱顶着柱础石外，还有八根檐柱与梁、枋穿插扣紧，围成方形里外“明间”“次间”。四围砌以青砖、砖墙表面粉以紫红，拱门西向，东、南、北三面各开琉璃九凤窗两扇，室内面积110.25平方米。

阁身包括第二至第四层，按相应比例依次缩小。阁身结构与底层稍异，为井框式木架结构，仅四柱与梁、枋相扣，起承重作用。楼梯、楼面采用杉木企口接缝，四面围以花格隔扇窗，窗外四檐皆覆以琉璃瓦，其中，每个翘起的角檐之下都垂悬铜铃，清风拂来，响铃阵阵，别有一番雅趣。阁盖飞檐凤吻，为饰有贴金图案的牡丹镶花屋脊，两端鳌鱼翘尾，中间耸立黄色瓷质葫芦宝瓶。

链接

魁星阁历史故事

古代有一个秀才，聪慧过人，才高八斗，过目成诵，出口成章，可就是长相奇丑无比，满脸麻子，一只脚瘸了，所以屡屡在面试时落第。秀才因为文章写得太好了，终于被乡试、会试步步录取，一次次高中榜首。到了殿试时，皇帝亲自面试文才，看到秀才容貌和瘸腿走路的姿势，心中不悦，就问其脸上是怎么回事，秀才回答是“麻面映天象，捧摘星斗”，皇帝觉得此人有趣，又问其瘸腿，又回答是“一脚跳龙门，独占鳌头”。皇帝很高兴，又问：“那朕问一个问题，要如实回答：如今天下谁的文章写得最好？”他想了想说：“天下文章属吾县，吾县文章属吾乡，吾乡文章属舍弟，舍弟请我改文章。”皇帝大喜，阅读完文章后，更是拍案叫绝：“不愧天下第一！”于是钦点他为状元。

此人凭借才学、智慧和发奋，后来升天成为魁星——北斗七星前四颗的总称，主管功名禄位。“魁”字拆开来，一半是“鬼”，应魁星的面目丑陋，一半是“斗”，应魁星才高八斗，也应北斗星座。据说魁星手中的朱笔批你是什么你就是什么，“任你文章高八斗，就怕朱笔不点头”的说法就来源于此。

孔目江湿地公园

新余的“绿色之肾”

新余市渝水区

孔目江湿地公园是江西第一个国家湿地公园，公园内湿地生物多样、湿地景观丰富，是由河流、湖泊、库塘、泉眼和水田构成的复合湿地生态系统，堪称我国南方乡村湿地组合的代表和乡村湿地文化的典型。被誉为新余的“绿色之肾”。

公园以孔目江和白云水库多姿多彩的水文景观为主体，以绿荫盈野、阡陌纵

孔目江湿地公园

大岗山

横的田园风光和大气磅礴、独具特色的地文景观为辅，以丰富的生物景观和人文景观镶嵌互补的风景资源体系，充分展示出水灵秀、林蓊郁、天碧蓝、境清幽的特点。

大岗山

有江西罕见的大型瀑布群

新余市分宜县境内，仙女湖西南

大岗山景区面积35平方千米，最高峰二仰峰海拔1091.8米。大岗山俊朗秀逸，风光优美，气候宜人，素有“小庐山”之誉。这里可观赏的瀑布有40多处，形状不一、气势各异，是江西罕见的大型瀑布群。其中最赏心悦目的要数黄毛洞瀑布了。

黄毛洞瀑布坐落于香樟翠竹之间，青石夹岸，兰草相映，瀑流激越，珠玉四溅，水流湍急，积瀑成潭，潭水清幽。整个瀑布落差80余米，气势非凡，蔚为壮观。

神牛洞

我国罕见的峡谷型溶洞

新余市分宜县洞村乡南村

神牛洞因洞口有一横卧巨石神似水牛而得名，是我国已发现的罕见峡谷型溶洞。入洞沿溪行，两侧峭壁陡立，气势磅礴，中间河谷深切，令人目眩。酷似实物的石床、石桌遍布，石戏台硕大无比，岩顶“天幕”波澜起伏，钟乳石千姿百态，出神入化。置身其间，神清气爽，感慨万千。

链接

神牛洞传说

相传，盘古开天辟地时，人间本没有“五谷”，人们吃的是树皮、野草，天上的金牛星见人间太苦了，便瞒着玉皇大帝，偷偷地将“五谷”种撒向人间，因此惹怒了玉帝，将他踢下天庭。为了进一步惩罚犯天律的金牛星，玉帝又命令王母娘娘将他变成了一头石牛，拴在一溶洞里，为了阻止人们救他，又在方圆几千米的地方安藏大大小小的溶洞四十多个，以迷惑人们，使人难以找到他，让他永不得上天庭。金牛星为了人间偷撒五谷的美德从此永远留在人间，人们为了纪念他，将此洞称为神牛洞，在洞口建了一座神牛庙，朝拜祭祀。

邓家老屋

具有地域性特点的大型古民居

新余市分宜县

邓家老屋又名邓家围屋，原名立三堂。邓家老屋是具有200多年历史的清朝古建筑群，其独特的建筑风格、宏伟的规模、保存完整的艺术雕刻品，显示了较高的文化、历史和艺术研究价值，是一幢具有地域性特点的大型古民居。老屋占地约16亩，四周以砖墙围绕，整个建筑结构呈典型的广东客家土楼风格，与当地传统风格的建筑完美地融合在一起。

攻略资讯

- 交通
- 住宿
- 美食
- 购物
- 娱乐

交通

飞机

宜春明月山机场位于江西省宜春市袁州区锦绣大道1888号，于2013年6月26日建成通航，为国内支线机场，占地128万平方米。现已开通至上海、昆明、北京、深圳的往返航班。

机场大巴：机场有大巴往返于宜春、萍乡、新余市区与机场之间。

火车

宜春市有两个火车站，分别是宜春站和宜春西站。宜春站位于宜春市袁州区宜浦路，是高铁站、普铁站、长途汽车站、公交车站、出租车站等“五站一体”的综合性交通枢纽工程。宜春西站位于宜春市平安路与东风路交会处，现车次较少，为普通车站。

新余有两个火车站，分别是新余站和新余北站。新余站位于新余市渝水区，是普通车站，从市内乘402、403等路公交车可达。新余北站为新建高铁站，位于新余市下村工业平台西北面，从市内乘403路公交车可达。

萍乡有两个火车站，分别是萍乡站和萍乡北站。萍乡站位于萍乡市安源区站前路，为普通列车停靠站，从市内乘5、25等路公交车可达。萍乡北站位于萍乡市彭高镇，是新建高铁站，从市内乘29路公交车可达。

傅抱石纪念馆

汽车

宜春有多个汽车站，其中较大的是宜春汽车总站，位于宜春市袁州区锦绣大道168号。该汽车站担负着全市至周边鄂、粤、浙、闽、湘五省和南昌、九江、抚州、上饶、赣州、吉安、新余、萍乡八个地市及袁州区城乡班线的旅客运输任务。电话：0795-3272159

新余汽车客运站：是国家一级汽车客运站，也是新余市最大的国有公路客运站，位于新余市渝水区新欣北大道交通驾校附近，发车方向辐射全省各市、县及邻省地区。电话： 0790-6444990

萍乡长途汽车站：位于江西省萍乡市安源区跃进北路6号，毗邻萍乡火车站，是萍乡市唯一的一级汽车客运站。电话：0799-6334844

宜春火车站

新余城市风光

住宿

赣西北住宿方便，星级酒店和适合大众消费的招待所遍布各地，其中以宜春、新余、萍乡市中心繁华路段最为集中。这些酒店环境幽雅，服务设施完善，可以满足各地游客的住宿需求，游客可根据行程的实际需要自由选择安排。

●永生璞琚概念酒店

一家倡导个性化的主题酒店，有漂亮的壁画，有温馨的小贴士，有美丽的葡萄架，还有安静的休息区，更有合理利用的空间，住宿还送牛奶和面包，前台和服务员都非常礼貌、耐心，价格实惠，值得推荐。宜春北路375号 0795-3599999

●宜春迎宾馆

宜春迎宾馆坐落于宜春市中心城区东北部，与宜春市行政中心临街相望。宜春迎宾馆环境优美，格调雅致，拥有罕见的超大型稀有生态花园。宜春迎宾馆把湖、石、亭、台等园林景观融入规划建筑设计上，绿化覆盖率达到80%，自然水域生态环境的利用与宾馆人文雅居紧紧融为一体，让人在自然中感受返璞归真的意境，在人文里体味生命与绿色的和谐。宜春市泸州北路669号 0795-3688888

●宜春安缦文华宾馆

宾馆地处宜春市政治、商业、文化中心地带，位置优越，交通方便，停车也十分方便。宾馆房间宽敞舒适，设施先进。宜春市袁州区宜阳大道19号 0795-3631111

●维也纳酒店新余凯光店

酒店位于新余市地标凯光国际，依袁河而建，毗邻龙池墅公园，景色宜人，极具园林特色。酒店距市中心仅5分钟车程，距火车站约10分钟车程，交通便利。该酒店是维也纳

宜春城市风光

酒店集团在新余的首家分店。✉ 新余市渝水区渝州大道969号凯光国际 ☎ 0790-6318888

●萍乡雅致精选酒店

雅致精选酒店倡导生态休闲概念，设计时尚大方，装修典雅豪华；酒店内中西餐厅提供琳琅满目的美食及各式早点佳肴。此外，酒店设施齐全、干净卫生，距离火车站、市中心步行街都不远。✉ 萍乡市萍安北大道 ☎ 0799-6859999

●萍乡七星国际商务酒店

萍乡七星国际商务酒店是一家豪华商务酒店，位于秋收起义广场北侧，有便利的地理位置，是商务客人的首选。酒店融客房、餐饮、娱乐为一体。酒店拥有各种客房和齐全的餐饮设施以及完善的娱乐设施。✉ 萍乡安源区建设路78号 ☎ 0799-6626666

美食

赣西北菜肴既具有浓郁的湘菜风味，又融合了些许少数民族菜肴的特色。赣西北特色名菜有粉蒸肉、袁州双烤、小乔炖白鸭、文山里脊丁、麻辣鱼等。此外，还有炒米粉、铜鼓包圆、宜丰烧卖等特色小吃。

美食小吃

●宜丰烧卖

烧卖为江西宜丰传统名点，具有备料特殊、成型别致、香甜酥烂、入口消融、甜

宜丰烧卖

而不腻、四季适宜等特点。烧卖以猪肉、面粉、白糖、胡椒粉、芝麻粉为材料，制作方法是：将猪肉煮熟剁烂成细末，与白糖、胡椒粉、芝麻粉拌匀；另将上等面粉和水搓成湿面团，压成直径10厘米的圆形薄皮；将配好的料包入面皮中，捏成鸡蛋大小、石榴头的圆柱体，上笼蒸熟即成。

●宜春扎粉

说起扎粉，许多去过宜春的人都吃过，南方富庶的鱼米之乡，自古以来就有将富余的米做成米粉的传统。晒干后的米粉捆扎成一扎一扎，故称扎粉。炒扎粉最为风行，炒法虽然简单，但其水土所孕育出的独特的韧性和香气，却是其他的米粉所没有的。扎粉已经成了宜春小吃的一部分。

宜春扎粉

●小乔炖白鸭

小乔炖白鸭，据传，始于三国时期。东吴都督周瑜率军驻扎在柴桑，其妻小乔曾用冬虫夏草、泽兰同白鸭炖制滋补菜肴，供周瑜食用。当时称为“柴桑鸭”，后来又称“小乔炖白鸭”，成为九江的传统名菜。

●文山里脊丁

相传此菜最早是由对烹调素有研究的南宋丞相文天祥创制的。文天祥喜欢食用嫩猪肉，在赣州任知府时，自己下厨制作了“炒里脊肉丁”一菜。后来人们为纪念他，取用他的号“文山”，称此菜为“文山里脊丁”，沿传至今。

●萍乡腊肉

萍乡的腊肉、腊味堪称一绝。熏制时用文火慢熏，半月后取下洗去烟垢，晾晒干爽，色泽金红。如浸在茶油缸里，可经年不坏。腊肉腊味可蒸可炒，萍乡的“蒸五花腊肉”“冬笋炒腊驴肉”等，令人大快朵颐，食后难忘。

●麻辣鱼

萍乡麻辣鱼包括草鱼、鲢鱼、小毛鱼系列。原料均采用农户养殖的鲜鱼。麻辣鱼味道独特，口感细腻，回味悠长，香辣鲜味皆有。在不失鱼原营养价值的基础上又能生津开胃，并且物美价廉，还可制作成方便携带的旅游食品。

麻辣鱼

美食去处

宜春市的美食主要集中在宜春北路、袁山中路、朝阳路等市区中心地带。

新余市美食集中地主要在市中心区，如北湖中心路和西路、站前东路、解放东路、西路等附近，有赣西民俗风情街、恒太城、新钢美食步行街等。

萍乡市的美食聚集区大多在市中心区，如公园中的口味多美食城、八一东路附近的聚春园美食城、金陵路的金陵美食城等。在这些地方都能品尝到萍乡市独具一格的风味佳肴。

购物

赣西北物产丰富，主要特产有万载夏布、脱胎漆器、高安腐竹、仙女湖名茶、新余夏布、新余蜜橘、安源火腿、海潭翡翠绿茶等。

赣西特产

●万载夏布

万载夏布可追踪溯源至东晋后期，至今已有1600多年的历史，在唐代曾被列为贡品。这种布的质地既刚又柔，纱质细腻，“嫩白匀净，通行四方”，是一种纯手工的环保产品。

万载夏布

●脱胎漆器

宜春脱胎漆器的生产纯属手工操作，先制作成模型，再用棉布、绸布、夏布裱在模型上，涂上调配好的液漆，待阴干后脱下内胎，然后填灰、上漆，再进行打磨、推光、装饰，前后要经过数十道工序才能制成，其制作工艺已被列入第一批省级非物质文化遗产名录。

脱胎漆器

●仙女湖名茶

仙女湖名茶选用仙女湖一带优质嫩芽

为原料，采用传统工艺揉制而成，具有条索纤细、卷曲成螺、白毫显露、香气浓郁、滋味鲜醇甘厚、汤色碧绿清澈等特点，历来被饮者视为茶中佳品。本品具有消暑解渴、清热解毒、醒神益思、保肝明目、除臭防龃、减肥健身等功效。

●新余夏布

新余夏布主要产地在分宜县，由苎麻韧皮纤维经过刮麻、沤麻、绩纱、织布四道纯手工工序制成。新余夏布吸水性好，透气性强，穿着舒适凉爽，越穿越柔软、舒适，是我国的民间传统纺织品。分宜县的夏布产量大，品质优，使分宜县得名“夏布之乡”。

●安源火腿

安源火腿选用肉质鲜嫩的羊肉、猪肉做原料，以农村的传统工艺结合现代科学的方法进行加工，通过腌、熏、烤三个主要加工环节，不含防腐剂和色素。其色、香、味、形俱佳，肉色红润、香味独特。

●海潭翡翠绿茶

海潭翡翠绿茶，产于巍峨雄丽的罗霄山脉中段（萍乡市莲花县）。海潭翡翠绿茶是高档手工名茶，品质优良，素有“高山云雾茶”的美誉，属无公害天然有机茶。海潭翡翠绿茶品质堪与西湖龙井相媲美，祖籍莲花县的“末代帝师”朱益藩曾作联曰：“虎跑泉龙井茶，海潭水翡翠茗。”

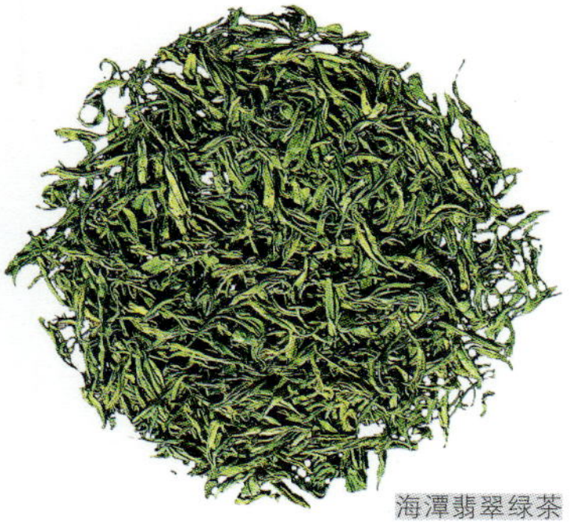

海潭翡翠绿茶

购物场所

宜春的购物去处基本集中在宜春北路、中山路、袁山中路、朝阳路等市区中心。

新余主要的商业街分布在中心区和胜利南路、北路附近。游客可以去洪客隆商场、步步高百货、四季购物中心、新天地购物中心。

萍乡市购物主要集中在广场路、公园南路等市中心区。主要的购物广场有心连心购物广场、萍乡购物中心、萍乡天虹购物中心、润达国际等。

娱乐

萍乡傩戏：萍乡是“中国傩文化之乡”，萍乡不但保存了完整的傩庙50多处，傩面具500多具，还有全面表现傩文化深刻内涵的傩舞及其服装、傩兵器、傩轿、傩荷、傩签、傩卦，等等，以及一脉秘传的口诀、歌词、法水、起师等。

泡温泉：宜春温泉资源十分丰富，全市十个县市区均有温泉，十大特色温泉是：明月山富硒温泉、明月山硒温泉康疗中心、明月山国际禅修温泉、樟树易达盐温泉、铜鼓福润温泉、铜鼓汤里温泉、奉新九仙温泉、靖安江钨温泉、靖安恒茂森林温泉、袁州梅花温泉。

仙女湖情人节：仙女湖每年在七夕情人节到来之际都会举办仙女湖情人节，活动内容有：举行仙女湖“情山爱水”水上集体婚礼盛典；情人节系列娱乐活动项目，如：“永结同心”游泳赛、黎族情人舞、傣族情人泼水节等；仙女湖情人节“狂欢之夜”大型文艺晚会。

芦溪缩龙：芦溪缩龙是萍乡市芦溪县独有的一种表演，参与表演人数众多，阵势恢宏，声势浩大，华美壮观。由众人所舞的缩龙伸缩自如，游刃有余的表演让人惊叹不已；二龙抢珠、翻江倒海、望龙缠腰等一个个高难度的动作，使长龙如真龙般现于众人眼前。

发现者
旅行指南

抚州

概览

亮点

大觉山

大觉山野生动植物资源丰富，分布广，被专家誉为“天然氧吧”“全国罕见的动植物基因库”。

流坑古村

我国古代民居建筑中的明珠，更是世界建筑文化瑰宝中的杰出代表，被文物专家誉称为“千古第一村”。

棠阴古镇

宜黄县境内唯一一座明清古建筑群保存完好的千年古镇，现古镇内明清时期的古街、古巷、古祠、古庙、古塔、古桥、古牌坊等共计100多处，建筑艺术韵味无穷。

流坑古村

抚州名人雕塑园

以抚州历代66位名人雕塑为主题的城市公园。公园内建有广场游步道、石山瀑布、建筑小品等自然和人文景观，是休闲的好去处。

必逛街道

丹亭步行街：位于抚州市赣东大道的丹亭步行街是一个货品丰富的购物点，有很多具有当地特色的纪念品，还可在此品尝到当地的特色美食。

线路

抚州经典两日游

第一天上午先游览江西十大历史名人纪念馆——王安石纪念馆，之后前往汤显祖纪念馆，了解这位被称为“东方的莎士比亚”的戏剧大师的一生。下午前往资溪县大觉山景区，晚宿资溪县城。

王安石纪念馆

第二天开始游览大觉山旅游风景区，先到大觉岩寺游览，后前往原始森林大峡谷探险漂流，最后到大觉山影视城，重温七仙女与董永的爱情故事。

为何去

国宝公祠

抚州人杰地灵，素有“才子之乡”“文化之邦”的美誉。抚州大地上大量文化遗存和壮美的自然风光有机结合，使这里成为海内外旅游者青睐的具有潜力的旅游胜地。

此外，南丰的橘园风情、广昌的百里莲乡同样令人神往。抚州采茶戏、宜黄的海盐腔、南丰的傩舞、广昌的孟戏、东乡的狮子舞等，传唱不衰，观之使人留下终生难忘的印象。

何时去

抚州秋景

到抚州游玩最好的季节是秋季。9月、10月到抚州来，秋高气爽，气候宜人，雨水少，不会因为长期的降雨而延误出游。

抚州市

区域解读

区号：0794

面积：约18 817km²

人口：357.9万人

地理 GEOGRAPHY

区划

抚州下辖2个市辖区（临川区、东乡区），9个县（南城县、黎川县、南丰县、崇仁县、乐安县、宜黄县、金溪县、资溪县、广昌县），以及抚州国家级高新技术开发区、东临新区两个重点开发区。

地形

抚州东南西三面环山，武夷山脉逶迤东南，雩山山脉绵延西南，地势南高北低，渐次向鄱阳湖平原地区倾斜。境内地形以丘陵山地为主，岗地、谷地广布。

全市河流分抚河、信江、赣江三支水系，有大小河流470条。抚河是江西省第二大河流，干流总长350千米，流经境内广昌、南丰、南城、金溪、临川5县区。信江支流泸阳河、白塔河分布于资溪、金溪、东乡3县区。市内赣江水系主要河流在乐安县境内，有青田水、南村水等。

气候

抚州市属中亚热带季风型气候，该气候四季分明，具有"寒冬日出则暖，盛夏雨过便凉"的特点。冬季日照充足，雨雪较少；春季温暖湿润；夏季炎热酷暑，雨量充沛；秋季凉爽少雨。

历史 HISTORY

历史大事记

三国吴太平二年（257年），建临川郡，郡治设在临汝县。这是抚州地区郡一级的最早建制。

隋开皇九年（589年），废临川郡并巴山郡置抚州，隶属洪州总管府。抚州从此定名，并沿用至今。

明成化六年（1470年），明代史学家、教育家饶秉鉴（号雯峰）于抚州广昌县甘竹镇

名单 抚州历史名人

- 北宋著名词人晏殊、晏几道父子
- 北宋政治家、思想家、文学家王安石
- 北宋文学家、唐宋八大家之一曾巩
- 北宋思想家李觏
- 南宋抗金名臣聂昌
- 南宋著名哲学家、教育家陆九渊
- 明代抗倭名将谭纶
- 明代农民起义领袖、"铲平王"邓茂七
- 明代杰出戏剧家汤显祖

临川金山寺

龙溪村饶家堡建立雯峰书院，为明代江西最有影响的书院之一。

1933年3月下旬，中央苏区进行第四次反“围剿”，在抚州境内发生了著名的东陂战役、黄陂战役，取得反“围剿”胜利。

文化 CULTURE

临川文化

所谓“临川文化”，作为一个特定的文化概念，是指以临川古治属为核心，辐射而涵盖现今抚州市十余县（区）的区域性文化。它生成于秦汉，兴盛于两宋，延绵于明清，影响于当今，涵盖人文、风物、哲学、教育、文学、艺术、科学、技术、医理、学术、宗教、民俗、体育、语言、建筑、美食等各个方面，辐射邵武、南岭、庐陵、洪都和浙皖、瓯闽部分地区，形成独具特色、承上启下的区域文化。

抚州历经千年岁月孕育而生的“临川文化”，是江西历史上两大支柱文化之一。初唐诗人王勃作《滕王阁序》，以“光照临川之笔”的佳句将临川文化描述得贴切生动，可以说是“滕王阁序中一句传千秋”。至宋，临川又因科举连捷，流光溢彩，被著名学者董震誉为“人才之乡”“才子之乡”。王安石、曾巩、陆象山、晏殊、晏几道、汤显祖、李绂、纪大奎等名儒巨公，是抚州历史上辈出的贤才。

新中国成立以来，抚州秉承光大“临川文化”崇文好学的优良传统，成为教书育人的一块沃土。随着社会的发展，临川人才结构渐趋合理，出现后浪推前浪、持续发展的良好势头。

临川人文雕塑

景点推荐 抚州北部景点

圣若瑟天主教堂

全国三大天主教堂之一

抚州市临川区文昌桥东，灵山路24号

圣若瑟天主教堂高30米，占地面积3850平方米，为清代末年的哥特式建筑，是全国三大天主教堂之一。

教堂外形以尖拱、圆拱、尖顶为合成要素，用特制青砖和精工红石、白麻石相嵌而成。教堂顶端矗立着金色的十字架，其正面两侧各建有一座钟楼和塔楼。教堂内矗立着58根用天然红石精雕而成的科林斯柱，绿色的筋条从柱子顶端呈抛物线散射而上，与堂内的白色穹顶连为一体，给人以宽阔高远之感。教堂前端正中祭台神龛内供有耶稣、圣母和若瑟的雕像。四壁多达14 200块的彩色窗户玻璃折射出五彩缤纷的颜色，更加烘托出教堂的神秘氛围。

临川金山寺

规模宏大，道场庄严

抚州市临川区云山镇金山岭上　从南昌乘坐到抚州的长途班车在金山寺下车即可　免费

8:00~18:00

金山寺始建于唐，之后自宋以来，金山寺几次被毁，明末时期又遭官兵烧毁，三百余年间，无人问津。现存金山寺是1936年在住持印空老法师及当地百姓努力下重建的。

重建后的金山寺，香火日盛。寺庙规模宏大，道场庄严，有大雄宝殿、毗庐殿、金刚殿、观音殿、地藏殿、韦驮殿、伽蓝殿、钟楼、鼓楼、齐堂、禅堂、客堂、图书馆、藏经楼、教学大楼等。寺庙图书馆藏书丰富，佛学院还拥有一系列现代化的电子化教学设备。1994年时创办了江西尼众佛学院。

玩家攻略

1.春夏两季前往金山寺旅游较好，金山寺建在山顶上，地势较高，天气好的时候能见到广阔的田野，风景美不胜收。

2.常设旅游活动：每年农历正月初一，举行新年祈福法会；农历二月十九，举办观音菩萨圣诞；农历四月初八，举办盂兰盆会；农历四月初八，举行释迦牟尼圣诞。

汤显祖纪念馆

纪念伟大戏剧家汤显祖

抚州市临川区却家山，文昌大道1325号　抚州市内乘坐11、21、22路公交车可达

汤显祖纪念馆是为了纪念“东方的莎士比亚”汤显祖而建立的名人纪念馆。纪念馆由四梦村、娱乐村、度假村三部分组成。

四梦村是以纪念性设施为主的风景游览区，占地面积5万平方米，由主展厅清远楼、半亭、牡丹亭、毛泽东手碑、梅花庵观、瑶台、四梦广场等景点组成，配以壁画雕塑，诗书楹联，再现了汤显祖巨著“临川四梦”的情韵意境。迎宾村、度假村则以休闲、娱乐为主。

链接

汤显祖小传

汤显祖（1550—1616年），字义仍，号若士，自署清远道人，江西临川人。汤显祖少年颖异，弱冠有文名，明隆庆四年（1570年）乡试中举，万历五年（1577年）赴京会试，因不附权势，忤逆首辅张居正而屡试落第。万历十一年（1583年）中进士，历任南京太常寺博士、詹事府主簿、礼部主事。万历十九年（1591年），为揭露时弊上《论辅臣科臣疏》，遭贬。第二年任浙江遂昌知县，任职五年，政声远播，但终因朝政败坏，素志难伸，于1598年弃官还乡。辞官后，汤显祖移情词曲，著有《牡丹亭》《南柯记》《邯郸记》，这三部剧作和南京任上完成的《紫钗记》被合称为“临川四梦”。“四梦”抨击封建礼教，深揭明代政弊，加以情节曲折，人物生动，四百年来盛演不衰，扬名海外。

抚州名人雕塑园 AAAA

有66位名人雕塑

抚州市临川区行政中心南广场正对面

乘高铁1路公交车到名人雕塑园站下

免费　0794-8257219

抚州名人雕塑园是以抚州历代66位名人的雕塑为主题的城市公园。公园内建有广场游步道、石山瀑布、建筑小品等自然和人

圣若瑟天主教堂

大型尖顶上设有白玫瑰花窗，上面矗立着金色十字架。

塔楼楼身设有石刻神龛，神龛中分别挂有耶稣、圣母玛利亚、天使塑像，庄严肃穆。

正面两侧各有一座钟楼和一座塔楼，钟楼高达28.4米。中间则有一大门、两小门。

整个教堂占地面积3850平方米，建筑面积2109平方米，为全国大型教堂之一。

墙面上镶嵌着各色的玻璃花窗，最高花窗为13.5米。

教堂风格典雅，雄伟壮观，内部中央的神台上，悬挂着约瑟、耶稣、圣母玛利亚3座塑像。

文景观，是休闲的好去处。

园中的雕塑按照人物的身份分为宰相园、状元园、英烈园等几部分，有“中国十一世纪的改革家”王安石、“东方的莎士比亚”汤显祖、理学大师陆九渊、古文大家曾巩等，还有一批政界要员、科技名流、文坛巨匠、音乐明星、留学博士，更有宦游至此的历代贤达，如东晋王羲之、南朝谢灵运、唐朝颜真卿、南宋陆游等。

王安石纪念馆

了解王安石生平事迹的好去处

抚州市临川区赣东大道1085号　乘坐公交1、33路至王安石纪念馆

免费　0794-8222249　9:00~17:00

王安石纪念馆占地1万平方米，建筑面积1560平方米，是一座仿宋园林式建筑。馆内门楼、隐壁、水榭、游廊、碑廊、亭台、荷池、曲桥与主楼相得益彰，浑然一体。

主楼为两层陈列厅，介绍王安石生平事迹。一楼陈列“故里情深”“治善州邑”“荆公新学”“熙宁变法”四部分。二楼陈列“文学造诣”“人文品格”“终老金陵”“千秋评说”四部分。整个展厅通过照片、图表、国画、雕塑、实物展示了王安石一生的业绩和其改革家的胆魄、文学家的风貌。

玩家 攻略

最佳旅游时间：春天纪念馆内百花齐放，如果只为王安石纪念馆而来，那春天是最佳的时间了。如果想到抚州资溪大觉山漂流就夏天来，如果想吃南丰蜜橘就12月份左右来。

链接

王安石小传

王安石（1021—1086年），北宋临川人（今江西省抚州市区荆公路邓家巷人），字介甫，晚号半山。北宋杰出的政治家、思想家、文学家、改革家，“唐宋八大家”之一。王安石在文学方面具有突出成就。其诗“学杜得其瘦硬”，擅长于说理与修辞，善于用典故，风格遒劲有力，警辟精绝，也有情韵深婉的作品。著有《临川先生文集》。

王安石纪念馆

王安石出生在一个小官吏家庭。父名益，字损之，曾为临江军判官，一生在南北各地做了几任州县官。安石少好读书，记忆力强，受到较好的教育。庆历二年（1042年）登杨镇榜进士第四名，先后任淮南判官、鄞县知县、舒州通判、常州知州、提点江东刑狱等地方的官吏。治平四年（1067年）神宗初即位，诏安石知江宁府，旋召为翰林学士。熙宁二年（1069年）提为参知政事，从熙宁三年（1070年）起，两度任同中书门下平章事，推行新法。熙宁九年（1076年）罢相后，隐居，病死于江宁（今江苏南京市）钟山，谥号“文”，又称王文公。其政治变法对北宋后期社会经济具有很深的影响，已具备近代变革的特点，故王安石被列宁誉为“中国十一世纪伟大的改革家”。王安石与韩愈、柳宗元、欧阳修、苏洵、苏轼、苏辙、曾巩并称为“唐宋八大家”。

临川温泉风景区

城市依托型温泉景区

抚州市临川区温泉镇。距抚州市区15千米

临川温泉风景区是江西乃至全国少有的城市依托型温泉景区。风景区中部有一个东西向宽达400米的地热带。有日泉、月泉两处名泉，两泉之间有数条温泉水从断层通过，水温自南向北为40℃~60℃。温泉水中对人体有益的锶、硫、偏硅酸等含量较高，对关节炎、皮肤病、血液系统、动脉系统、神经系统以及肥胖症均有着极佳疗效。

玩家 攻略

最佳旅游时间：秋冬季节是泡温泉的最佳时间，这两个季节比较干燥，泡一泡温泉可以活血化瘀，滋润皮肤。

玩家 解说

临川温泉历史悠久，文化内涵非常丰富，早在宋代临川温泉就得到开发。北宋著名文学家

苏东坡曾评价临川温泉“天下温泉有七，汝水其一也”。20世纪30年代，蒋介石、宋美龄等曾到温泉沐浴过，新中国成立后，邓小平、李井泉等中央领导也到此沐浴疗养，并留下诸多人文景观。

沸珠泉

水质甘美，清似琼浆

抚州市南城县上唐镇东湖村

沸珠泉又名天下第三泉，因水珠喷吐犹如珍珠而得名。水珠似通人意，每当人声喧哗时，越发喷珠吐玉，整个泉池如汤沸，游人叹为奇观。泉水水质甘美，清似琼浆，含有多种微量元素，常年饮用有防癌、抗癌和治疗心血管病之功效。泉池上建有亭阁，四壁刻有诗文，并嵌有由曾国藩手书的“天下第三泉”石匾，气派非凡。

梦湖景区 AAAA

洋溢着浓厚的临川文化气息

抚州市临川区梦湖西路

乘68路公交车至梦湖堤东路站下车即到

免费 0794-8257177

梦湖占地面积200万平方米，之所以取名“梦湖”，是取抚州名人汤显祖“临川四梦”之誉，以梦抒情，以梦生景。如今这里被辟为优美的城市公园，沿湖修建了梦石、梦桥、梦岛、牡丹亭等10多处景观，其中最大的为梦湖广场，占地近9万平方米，以弘扬“临川文化”为主，安装了329盏景观灯，其中文化景观灯34盏。文化景观灯内镶嵌了历代先贤赞咏抚州的诗句佳作，洋溢着浓厚的临川文化气息。

梦湖景区

疏山寺

江西省重点开放的寺院

抚州市金溪县浒湾镇4千米处　从抚州市内乘坐长途汽车前往

疏山寺原名白云寺，建于唐中和二年（882年），南唐升元元年（937年）改称疏山寺。寺门横匾上书刻“疏山古寺”几个大字。寺内正面是雄伟庄严的大雄宝殿，内有如来佛祖、阿弥陀佛、药王佛及十八罗汉的塑像。大殿后有神仙岩、讲经传教的禅堂、方丈室、藏经阁。寺庙的膳堂和厨房都在大殿东侧。旁有一井，井中竖一长木。前有石塔，高7级。西边是一排禅房，50余间。

疏山寺四周五峰错落，风景优美，还有不少胜迹，如一览亭、放生亭、搴旗岭等。历代名人学士，如王安石、陆象山、曾巩、陆游、汤显祖等都来此登临，并泼墨留念。

白马寺

寺中大殿金碧辉煌

抚州市金溪县黄通乡黄通村东南5千米的白马峰上

白马寺，始建于北宋初年。“文革”期间，白马寺被毁，后于1978年重建。新建的白马寺古色古香，寺中大雄宝殿金碧辉煌。寺后有一棋盘井，终年清泉潺潺，供寺庙烧香待客、僧侣沐浴之用。寺左石砌“古城”形象逼真。寺东数百步有一悬崖石壁，高达数10米，俗称“仙女照镜”。

玩家解说

相传本地一江姓进士隐居后，在山顶盖起一屋，取名“玉马祠”，后一吴僧在屋旁建起一幢寺庙。一日，吴僧迎来一位身骑白马的道长，二人对话片刻之后，拴在寺外的白马腾空而起，

道长也随之无踪无影。于是，吴僧便将此寺命名为“白马寺”。

翠云山
山中翠云寺为金溪第一名胜

抚州市金溪县城南2千米

翠云山海拔498.2米，一年四季山峦苍郁峻拔，云烟缭绕，冈峦回合，瀑布悬流。山中有桂花岩、罗汉洞、月石、跃马泉、鸣玉泉、试茗泉诸胜景，王安石、陆九韶等先后作诗吟咏此山。山中的翠云寺旧为金溪第一名胜，今寺已废，仅存一角。1956年，翠云山下兴修了马尾泉水库，水库春夏水满，清澈如镜，给秀丽山峦增添了异彩，令不少游人陶醉其中。

高坊水库
金溪水利骨干工程

抚州市金溪县陆坊乡高坊村　从抚州市区乘坐班车至金溪县，县内有公交车到高坊水库

高坊水库建于黄通港上，集雨面积102平方千米，是金溪水利骨干工程。水库于1958年动工兴建，次年春大坝基本落成。1990年又动工扩建，加高堤坝5米，蓄水量提高了79.5%。建立了一、二级电站各一座，承担着陆坊、珊城等乡10万亩农田的灌溉任务。

高坊水库形似绶带，蜿蜒曲折，水清如镜，两侧青山相伴，珍禽成群，四季景色如画。

陆九渊之墓
江西省保护文物

抚州市金溪县陆坊乡青田村东山上

陆九渊之墓，1957年被列为江西省省级保护文物。近年来，金溪县人民政府及海内外专家学者多次举资捐款修葺，使墓体雄伟庄重，墓旁花树掩映，吸引了大量海内外专家、学者、知名人士前往瞻仰礼拜。

链接

陆九渊小传

陆九渊，字子静，号象山，陆坊乡青田人，是南宋时与朱熹双峰对峙的理学大师、哲学家、教育家，在历史上有深远影响。其理学又称“心学”，提出“心即理”“宇宙便是吾心，吾心便是宇宙”之说。后为明代王阳明继承发展，形成了哲学史上著名的“陆王学派”。陆九渊一生为官清廉，为学精深，不尚空谈，乐于务实。1193年逝世后葬于家乡青田村。

大觉山 AAAAA
天然氧吧

抚州市资溪县建设路60号　从抚州坐巴士到资溪，资溪有到大觉山的公交车　60元

8:30～17:00

大觉山风景区野生动植物资源丰富，分布广，被专家誉为“天然氧吧”“全国罕见的动植物基因库”。

景区内山清水秀，山峦苍郁峻拔、溪流清澈萦回，自然风貌原始，空气新鲜、气候舒爽宜人，以全国罕见、江西第一的绿色植被引起国内外专家关注，被誉为“生态王国”“华夏翡翠”。大觉山风景区成功入选“新赣鄱十景”，可见其魅力所在。

玩家攻略

1.吃：景区内有斋苑，是一个供游客休息与

进餐的场所，游客经过天街就可以到达斋苑。斋苑的饮食为纯天然绿色素食，在这里可以品尝到大自然带给人们的各种绿色食品。斋苑内还有一间大觉山面包房，游人也可在此购买几种口味进行品尝。此外，到了资溪一定要品尝一下当地有名的“资溪卤酒鸡”，在资溪县城可以买到。

2.娱乐：景区内的“太空步廊”挑战游玩项目在国内是独一无二的，垂直高度100多米，桥面都是由全透明的玻璃组成，犹如在悬崖峭壁上悬空通过，挑战者可站在“太空”上，极目眺望武夷山脉逶迤的山峰景色，俯视下面的万丈深渊，在惊险刺激中挑战极限。置身于太空云海之中，感受大自然神奇魅力，体验人生百味，虽说惊险，却是别有一番风味。

3.拍照：景区内有名的石塔和不老松是游客拍照留念不可多得的佳景。

大觉寺

大觉寺为大觉山的重要景点之一，坐落在海拔1118米高的莲花峰的一个天然岩洞内，该洞深12米，宽60米，高6米，洞之深廓，世所罕见。

天桥·天廊

天桥位于天岩以东大觉寺主峰下的仙女石地段，此处山高岩峭，山上可听古寺钟声，山下可听溪流哗声。

在天桥东边大觉寺主峰悬崖绝壁处，建造有长100米的太空步廊，称为天廊。太空步廊是全透明的栈道，走在上面似在悬崖峭壁上悬空通过，下面是万丈深渊，让游客在惊险刺激中欣赏武夷山脉优美的自然风光。

朱崖峰

朱崖峰，又称猪牙石，因此山耸兀如野猪獠牙而得名。王安石到大觉山游览后，将此山雅化为“朱崖”。明正德年间的《建昌府志》则曰“石笋山”，有石尖锐如笋，上耸天际，把朱崖的景观写成如雨后春笋。北宋年间饶子尚曾有诗云：“云根盘地三千丈，石笋参天第一峰”。清乾隆年间旧记上载，朱崖峰石如擎天，苔藓斑驳，映日鲜明，遂题以“朱崖扶日”，为泸溪八景之一。

百景观

百景观是指大觉山上的一百处自然景观，有“如来十大弟子”“观音七十三变身”等。各处景观点缀在大觉山山涧奇谷的各个角落，它们千姿百态，各具特色，在这众多景观的衬托下，大觉山如同一朵含苞待放的莲花，楚楚动人，使游人流连忘返。

大觉山大峡谷漂流

大觉山原始森林大峡谷探险漂流总里程3.6千米，高低落差达188米。漂流河道分为A、B两段类型截然不同的流程，体现着动与静、狂野与柔情的结合。A段从起点上码头到天福驿站，平缓悠闲，B段是从天福驿站到下码头，惊险刺激。途中经过一谷、三弯、六潭和九瀑，其中最大的一个坡落差有13米，大小弯道共86个。

大觉山大峡谷漂流

大觉山影视城

大觉山影视城总占地面积11平方千米，集旅游、观光、休闲、影视拍摄多种功能于一身，已成为大觉山景区的又一个新亮点。

影视城内建有一河、三街、六巷，衙门、商店、包子铺、茶楼、集市、客栈等在此都能看到。整体建筑采用仿宋风格，沿街道两边布置，砖木结构，1~2层。墙体采用立砖斗砌，檐椽、飞椽、望板均用老杉木制作，刷栗壳色油漆。

新月畲族民俗文化村

具有浓郁的民族文化韵味

抚州市资溪县乌石镇新月村

新月畲族民俗文化村，是江西省为数不多的少数民族居住地之一，是具有浓郁民族文化韵味的景区。游客在这里可品畲族美食、看畲族绝技、赏特色农业，别有一番情趣。

畲族文化主要表现在服装、美食文化和独特竞技表演等方面。其舞蹈、射弩、武术和板凳功夫等传统技艺具有鲜明的民族特色。“女儿红”、千层糕、仙筒煲、三鲜粽子、南瓜饼是畲族美食文化的代表。

玩家解说

畲族是我国人口较少的民族之一，也是我国典型的散居民族之一。他们自称“山哈”，但这个名称史书中没有记载。唐代，畲族主要居住在福建、广东、江西三省交界地区。

南宋末年，史书上开始出现“畲民”和“拳民”的族称。“畲”（she），意为刀耕火种。新中国成立后，将民族名称确定为“畲族”。根据2000年第五次全国人口普查统计，畲族人口数为709 592人。畲族极少部分人使用畲语，属汉藏语系苗瑶语族。90%的畲族操接近于汉语客家方言的语言，但在语音上与客家话稍有差别，有少数语词跟客家语完全不同，也有部分操闽南语。畲族无本民族文字，通用汉文。

目前，全国只有一个畲族自治县——景宁畲族自治县，位于浙南山区。景宁畲族源于唐朝，唐永泰二年（766年），畲族从闽迁居浙西南时落户景宁，距今已有1200多年历史。因此，景宁又称为中国畲乡。

马头山自然保护区

森林生态系统类型自然保护区

抚州市资溪县境内

马头山自然保护区属中亚热带常绿阔叶林区，保存了较为完整的自然森林生态类型和各种各样的自然景观，森林覆盖率达97.43%。保护区总面积196平方千米，其中核

大觉山缆车

心区24平方千米，是江西省面积最大的森林生态系统类型省级自然保护区。

保护区内会集了各类植物2483种，并有40余种一、二级国家珍稀保护动植物，被专家誉为“天然氧吧”“动植物基因库”。蜿蜒的小溪、古朴的小桥、轻纱千丈的云海、飞流直泻的银河瀑布，展现给人们一幅幅原生态画卷。

玩家 攻略

1.马头山自然保护区内还没有完全开放，很多地方还保持着原始状态，喜欢探险的游客最好在当地咨询相关人员后再进入景区进行探险

畲族风俗、节日

●生活

历史上畲族人民辗转迁徙，物质生活尤为简朴。他们“结庐山谷，诛茅为瓦，编竹为篱，伐荻为户牖”，聚族而居，一般住茅草房和木结构瓦房。现在随着畲族人民生活水平的改善，修小楼房的人越来越多。火笼、火塘是畲族人民家庭生活所不可缺少的。由于山区气候寒冷，在寒冬腊月，一家人都围坐在火塘边烤火取暖。畲族山区水田少，旱地多，水稻种植较少，杂粮较多。他们普遍以地瓜米掺上稻米为主食，纯米饭只是宴请贵宾时才用，喜食虾皮、海带、豆腐等，尤喜饮“米酒”和“麦酒”。

●服饰

畲族的传统服饰斑斓绚丽，丰富多彩。畲族服装崇尚青蓝色，衣料多为自织的麻布。现在畲族男子服装与汉族无异，而闽东、浙南的部分畲族妇女，服饰仍具有鲜明的民族风格。衣领、袖口和右襟多镶花边，有穿短裤裹绑腿的习惯。尤其是妇女的发式与汉族不同。少女喜用红色绒线与头发缠在一起，编成一条长辫子，盘在头上。已婚妇女一般都头戴“凤冠”：即用一根细小精制的竹管，外包红布帕，下悬一条一尺长、一寸宽的红绫；老、中、青不同年龄的妇女，发间还分别环束黑色、蓝色或红色绒线；冠上饰有一块圆银牌，牌上悬着三块小银牌，垂在额前，畲族称它为龙髻，表示是“三公主”戴的凤冠（传说中，高辛帝把自己的三公主许配给斩犬戎番王有功的盘瓠）；冠上还插一根银簪。再佩戴上银项圈、银链、银手镯和耳环，显得格外艳丽夺目。

●传统节日

畲族节日主要有农历的三月三、农历四月的分龙节、七月初七、立秋日、中秋节、重阳节、春节等。另外，每年农历二月十五、七月十五、八月十五都是畲族的祭祖日。

畲族乌饭

畲族很重视传统节日，重视祖先崇拜，每年二、七、八月的十五日为祭祖日。祭品有两杯酒、一杯茶、三荤三素六碗菜，加上不同时节的粿。在节日期间除酒肉必不可少外，每个节日吃什么都有一定的传统习惯。但不论过什么节日都要做糍粑。成年人过生日除杀鸡、宰鸭外，也要做糍粑。

“三月三”是畲族传统节日，每年农历三月初三举行，其主要活动是去野外踏青，吃乌米饭，以缅怀祖先，亦称“乌饭节”。乌米饭是用一种植物的汁液把糯米饭染成乌色。相传在唐代，畲族首领雷万兴和蓝奉高，领导着畲族人民反抗当时的统治阶级，被朝廷军队围困在山上。将士们靠吃一种叫“乌饭”的野果充饥度过年关，第二年三月三日冲出包围，取得胜利。为纪念他们，人们将三月三日作为节日，吃“乌米饭”表示纪念。节日期间，附近几十里同宗祠的畲族云集歌场，自晨至暮，对歌盘歌，内容为歌颂盘瓠，怀念始祖。整个畲山，沉浸在一片歌的海洋之中。晚上，各家吃“乌米饭”。深夜，进行祭祖活动。

此外，畲族也过春节。过春节时除宰鸡杀猪外，还要做糍粑，祝愿在新年里有好时运，日子年年（黏黏）甜。初一早上，全家叩拜“盘古祖先”，老人讲祖先创业的艰难，过后举家团聚，唱山歌，送贺礼。青年男女则走乡串寨，以歌传情，互叙友情。

活动。

2.前往景区游玩，防水措施一定要做好，因为是溯溪而上，有兴趣的不妨带上泳衣，到时候可下水嬉戏。

3.原始森林观光区设有独轨车可进行全景观光，单轨缆车道由单根成型钢轨连续架空（依山就势）铺设，缆车设计为全封闭式电瓶动力缆车，保证游客在原始森林中观光时的安全。

清凉山国家森林公园

以森林与溪流景观为主体

抚州市资溪县株溪采育林场，距县城30千米

清凉山国家森林公园，总面积33平方千米，属武夷山脉中段支脉。以雄、奇、秀、美的武夷山脉为骨架，以变化多样的森林与溪流景观为主体，再加上乡风民俗等人文景观的点缀，形成了动静景观融合、自然景观和人文景观浑然一体的独特风貌，是我国罕见的、特色突出的山、水、林、人文景观元素组合区。

王安石故里

存十多处和王安石有关的遗迹

抚州市东乡区上池村

王安石故里位于东乡区上池村，该村始建于北宋，迄今已逾千年，保存下来的建筑主要是明清以来修建的。该村是展示中国明清建筑艺术及其发展历史的文物保护区，现存有100余栋古代建筑和十多处有关王安石的遗迹。1985年江西省人民政府将上池村王安石故里列入第一批省级风景名胜点。主要景点有世官祠、西引寺、龙安殿、荆公桥、荆公陂、荆公别墅、荆国世第门楼等。

清凉山国家森林公园

景点推荐

抚州南部景点

麻姑山 AAAA

既有洞天，又有福地

✉ 抚州市南城县建昌镇4千米处

麻姑山山势秀丽，万木葱茏，山上不仅有奇特壮观的飞瀑“玉练双飞”，还有千古流芳的鲁公碑、著名的半山亭、仙都观、神功泉、龙门桥、丹霞洞。故《名山志》上说“中国有三十六洞天，七十二福地，分布在九州四海，唯独麻姑山，既有洞天，又有福地，秀出东南”。

玩家攻略

1.麻姑山最佳旅游时间：秋季。

2.麻姑山所属的南城县有很多独具特色的土特产，其中有名的麻姑酒、麻姑米粉曾为皇室贡品。麻姑酒香气浓郁、味美甘甜；麻姑米粉吃起来很有劲道，游客到此可选购一些回去。

聚星塔

百年斜塔

✉ 抚州市南城县北武岗山上

聚星塔为省级重点保护文物，始建于明

万历四十二年（1614年），重修于清乾隆十九年（1754年）。塔高30米，共7层，呈八角形，塔檐锯齿形，塔身自下而上逐层内收，叠托而上，基部砖石皆用糯米汁浇浆垒砌而成，塔梯在内外塔身夹墙之中，分左右盘旋而上。全塔根据地势、风向、风力设计成略向北倾斜的斜塔，虽经200多年风雨侵蚀，仍巍然屹立。

玩家 解说

塔梯在内外塔身夹墙之中，梯宽0.6米，分左右盘旋而上，左梯可以上七级，右梯只能上至五级，两人如同时从左右梯上，不会相碰。江西省古塔很多，但像聚星塔这样工奇艺巧、分两边迂折而上的石梯，甚为稀有。

相传，始建此塔时，有人见掌墨师（即设计师）这样造塔，担心塔会倒塌。掌墨师笑着回答："桥万年，塔千岁，斜塔脚稳如铁铸，北风越大塔越直，任凭千年狂风吹。"聚星塔东临武夷山脉，北朝赣抚平原和盱江水系，整个地形如一道长廊，故四季多北风，为江西省一大风口。当时建塔人能根据地势、风向、风力，把此塔设计成向北倾斜状，十分科学，显示了我国古代劳动人民在建筑艺术上的聪明才智。

万年桥

"南城八景"之首

抚州市南城县城东北五里的武岗山

万年桥始建于明崇祯八年（1635年），竣工于清顺治四年（1647年），迄今已有近400年历史，是江西省最长的一座古代石拱桥。

万年桥横跨在盱江上，下临武岗潭，全长411米，桥高10米，桥面宽6.3米，拱圈跨度14米，共有23孔，24墩。万年桥建筑艺术精美，雄伟坚固，被誉为"南城八景"之首。

万年桥

宝方寺

江西省重点寺庙之一

抚州市南城县严和乡上蓝村

宝方寺占地总面积为4681平方米，该寺坐北朝南。寺前翠竹掩映，溪水潺潺；寺后松林葱郁，古树参天，云雾缭绕。寺后侧有保留完整的化身窑、佛塔林，其中有清康熙年间所建的云净禅寺塔、母女塔。

整个寺院建筑雄伟，工艺精巧，其中的法堂、禅堂、斋堂、观音殿、大雄宝殿等建筑均红墙绿瓦，雕梁画栋，是南城、黎川两县修复比较完整的一座古佛寺，被列为省重点寺庙之一。

紫霄观漂流风景区

被誉为"江南第一漂"

抚州市南丰县紫霄镇

紫霄观漂流风景区共有人文景观13处，自然景观24处，尤其是被誉为"江南第一漂"的紫霄溪漂流，在抚州市乃至全省范围内独一无二，古人留下了"九曲寒溪绕树流，岩前纤月照人游"的千古佳句。紫霄溪漂流风景区主要分为水上和岸上两大景区。

玩家 攻略

1.春天来紫霄观旅游，可看见满山盛开的鲜花，特别是映山红，是一道非常美丽的风景。

2.景区内可乘竹排或游艇漂流，纵览李家寨、猪心石等一系列景点。

潭湖风景区

素有"小庐山"之美誉

抚州市南丰县城东南部，距县城18千米

潭湖风景区内自然生态环境优美，气候宜人，空气清新，水质清澈无污染，冬暖夏凉，素有“小庐山”之美称。

潭湖风景区湖面宽阔，汉湾众多，湖面面积4平方千米，湖内野鸭、野鹅、白鹭、野鸬鹚成群，湖水碧蓝，美不胜收。山林面积11平方千米，山上林木茂盛，覆盖率达98%，形成了一个天然氧吧。

玩家 攻略

景区内有南宋高宗祖母孟太后墓葬，留有“宋孟后千秋懿位”石碑。目前，潭湖旅游风景区已建设了培训中心、政府第二招待所、邮电疗养所、别墅、小竹楼、休闲小木屋、凉亭、长廊、射箭场、码头、喷水池等一大批旅游基础设施，开发了农家乐、幸运岛探宝、观鱼、垂钓、游船、水上娱乐、游泳、射箭等项目。

广昌县革命烈士纪念馆

纪念为革命战争牺牲的烈士

抚州市广昌县中心大街的盱江河畔

广昌县革命烈士纪念馆是为了纪念广昌县在第二次国内革命战争时期牺牲的烈士。于1956年11月兴建，1958年落成。馆院内建有红军塑像、烈士公墓，总占地面积27万平方米，共展列了八十多名著名烈士的事迹。

纪念馆迎门廊横梁红色大匾上刻着“广昌县革命烈士纪念馆”十个金光闪闪的大字。大门两边镌刻着毛泽东同志的题词“生的伟大，死的光荣”。馆前两边各有四季如春的小型花园。馆内由五个部分组成，即正厅和左右四个展室。正厅中央是前言，简述广昌革命斗争史及该馆沿革及更新陈列的概况，两边展出苏区时期使用过的票证、武器等文物51件。

河东雁塔

仿宋营造楼阁式佛塔

抚州市广昌县东沿河路荷源公园

河东雁塔又称慈生寺塔，始建于南宋绍兴八年（1138年）广昌建县之时，仿唐朝长安雁塔模式建造，饱经风霜，几经兴废。现存河东雁塔为1998年兴建河东森林公园时重建，为公园主体建筑。

广昌县革命烈士纪念馆

雁塔按原貌设计，外观8面7层，高约52米，底层直径22.08米。塔有明层7个，暗层6个，砖木结构，风格、材料、色调均为仿宋营造楼阁式佛塔，造型优美，端庄古朴。

龙凤岩

广昌历史悠久的佛教寺院

抚州市广昌县城西偏南16千米的东华山下

龙凤岩是广昌历史悠久的佛教寺院，又是闻名遐迩的风景旅游胜地。龙凤岩分为前岩（普陀岩）、中岩（罗汉岩）、后岩（青雨岩）和岩上岩（七星岩）。

前岩洞穴内有一所庙宇，是龙凤岩的“大门”，沿着小径和溪流可进入中岩。中岩洞内可容纳上百人。岩洞高处飞泉飘洒，如云似烟，十分迷人，经过一段林荫山道，在右面的山崖上，矗立着古老的关松，叫“古松关”，过此关便到了后岩。后岩是龙凤岩寺院的正殿，门楼上“龙凤岩”三字为赵朴初所题。

青雨古寺

青雨古寺为龙凤岩寺庙主体建筑，始建于明弘治年间（1488—1505年），清初毁于兵乱，后复遭火焚而几经修缮，1934年重修。

三层佛殿随洞而设，以岩壁为殿顶。前殿以砖砌墙，砖木飞檐，二楼为梵宫，分正偏两殿，有禅房100间，三楼殿内三尊大佛和十八罗汉雕塑精美。

链接

龙凤岩民间传说

关于龙凤岩的由来，在民间有一个美妙动人的传说。相传很久很久以前，有一个云游僧人路过大凌，在群山环绕、绿树成荫的峡谷里，发现一个能容纳千余人的岩洞，这里四周古树参天，环境幽静，正是修身养性之处。僧人遂结草为庐，驻足山岩。次年春天，他在荒野的水草地上撒出圣果——莲子。不久，这莲子便发芽、生根、长叶、开花。荷叶青翠，荷花亭亭，芳香四溢，吸引众多乡民前来观看。被吸引来的还有一条青龙和一只金凤，面对碧波荡漾，彩霞飞流，它们如痴如醉，青龙在岩洞的左边卧下，金凤在岩石右边栖立。

附近山民得知僧人结庐岩洞，潜心佛事，遂纷纷捐助银两，兴建佛宇。僧人感龙、凤之真情，遂将岩洞取名为“龙凤岩”。

定心寺

广昌保存的千年古寺之一

抚州市广昌县赤水镇大禾村

定心寺始建于唐咸通五年（864年），曾几经兴废，重建于清光绪二年（1876年）。房屋面积1000余平方米，至今保留唐宋建筑风格，是广昌保存下来的千年古寺之一。主殿堂为定心寺主要建筑，分上、中、下三殿，上殿有藏经楼，侧殿有观音堂、僧舍、客房等。

寺内藏有明代《重修定心寺记》碑刻，由吏部尚书何文渊撰文，兵部左侍郎揭稽篆额，贡生黄鉴书丹。中国佛教协会会长赵朴初为该寺题书匾“定心禅寺”“万德庄严”。寺内还有古桂两株，民间传为“一开黄花为金桂，一开白花为银桂，一年四度开花”。

玩家 攻略

定心寺内的藏经阁楼景观奇特。内有“飞白体”一笔三字的珍贵墨宝，悬挂在藏经阁墙面上的四幅一笔三字条幅，有兴趣的游客可前往一看。此外，殿内还有许多不可多见的名人字画等。

驿前明清古建筑群

江南明清建筑的上乘佳作

抚州市广昌县驿前镇

驿前镇是一个有着悠久历史的文明古镇，在明代中期和清代尤为鼎盛。据史料统计，当时的驿前镇内有36座祠堂、24座庙宇、200多幢商宅民居，呈现出一派车水马龙的闹市景象。

现保存的明清古建筑主要集中于驿前

驿前明清古建筑群

街道东面一线，由40余处单栋建筑构成。建筑群以清代建筑风格为主，其中有姓氏家族的公祠、家庙，有达官显贵的官邸、别墅，有商贾店铺、生产作坊，其间的木雕、砖雕、石雕古朴典雅，栩栩如生，堪称江南明清建筑的上乘佳作。这些古建筑群文化底蕴深厚，为研究明清社会的思想文化、民俗风情等提供了实物资料。

玩家 解说

“奎壁联辉”又名七幢厅堂，清代民居。有大小庭院两处，天井11个，房间32间，进深七进，占地面积1582平方米。石雕、木雕有荷花、古钱、凤凰、文房四宝等图案，雕刻精美。

“清吸盱源”，相传为明代云南按察使赖巽探亲别墅。别墅依水而建，坐北朝南，酷似一艘逆水而上的官船，占地面积540平方米。房屋为穿斗式结构，有大小厅堂、厢房30余间。藻井绘有缠枝牡丹图案，其他檐板刻有流云、花卉、人物图案。

“石屋里”民居，始建于明宣德三年（1428年），门槛、神龛、房柱、照壁、屋檐、门楼以及地面等，都采用光滑细腻的四方石块磨光而成，故名石屋里。进深三进，占地1075平方米。石门楼上刻有“双凤朝阳”“龙凤呈祥”“福禄寿喜”等图案，石柱座上也刻有狮、象、鹿、鹤、莲花等吉祥图案和文房四宝。其建筑工艺精湛，风格独特，堪称一绝。

驿前镇“清吸盱源”

“进士第”官宅，为清代滨州知府赖晋的府第。坐西朝东，占地面积449.5平方米，门楼匾额刻“进士第”三个大字。

雯峰书院

明代江西有影响的书院之一

抚州市广昌县甘竹镇龙溪村饶家堡

雯峰书院建于明成化六年（1470年），为明代史学家、教育家饶秉鉴（号雯峰）所建，是明代江西有影响的书院之一。明代教育家、状元罗伦经常寓居于此，授课讲学，并撰有《雯峰书院记》。抗战时期，陈鹤琴率国立幼稚师范学校迁此办学。

雯峰书院占地5032平方米，分上、中、下三厅，有读书房56间，大小庭院三处。书院内院中有院，园中有园，有池有楼。建筑古朴典雅，山水楼轩相映。

玩家 攻略

来抚州雯峰书院的游客不可不细细品尝一下当地的特产，否则将是一大憾事。其中农家豆豉甲鱼、麻鸡绿蛋、“贵仁”牌五香麻鸡都是当地的有名小吃。

到书院游玩最好的季节是秋季，9、10月份秋高气爽，气候宜人，雨水少，灾害天气少，不会因为长期的降雨而延误出游。

“广昌路上”主题公园

全国一流红色城市群雕

抚州市广昌县城北

“广昌路上”城市群雕主体由8.08米高的毛泽东骑马像，以及4.3米高的红军战士青铜组像、约18米高的不锈钢红旗雕塑组成。雕塑群围绕毛泽东、朱德、彭德怀等老一辈革命家在广昌的革命实践和红军战士鏖战广昌的主题，以毛泽东《减字木兰花·广昌路上》诗词彰显的内容为背景，是展示“中国白莲之乡广昌”风貌、弘扬革命红色遗存、宣传广昌的标志性雕塑。

中国莲花景区 AAAA
中国莲花第一村

抚州市广昌县驿前镇西南抚河源头

中国莲花景区位于姚西村，是全国莲花种植面积最大、观赏性最强的莲花第一村，是全国乃至全世界观莲、赏莲的绝佳地。姚西以独特的莲花美、田园美、绿色美、生态美吸引着各地游客。

在远山如黛的夏日清晨，古木参天，旰水清泉，川流不息，万亩白莲，万花齐开，“接天莲叶无穷碧，映日荷花别样红”，使这里成了绿色的海洋、莲花的世界。

玩家 攻略

1.吃：景区设有很多家农家特产饭馆，这里主要的饮食特色就是以莲花为原料，制作出各种精美的食物。游客在任何一家农家饭馆都可品尝到。

2.玩：莲海竹林旁边有一片野生池塘，可供游客垂钓。

3.购物：在景区附近，爱美的女士可在农家小摊上购买到通心白莲、莲花蜜、莲花粉、莲芯等系列特产。

4.摄影：站在莲花观赏亭内，可观赏大片莲花胜景，也是拍摄莲花艳态的最佳地。

岩泉自然保护区
动植物资源十分丰富

抚州市黎川县国有岩泉林场境内

岩泉自然保护区地处武夷山脉中段，总面积约25平方千米。保护区内森林覆盖率达97.8%，动植物资源十分丰富。

该区拥有高等植物2000余种，其中木本植物661种，国家级、省级保护树种54种；鸟类、兽类和两栖爬行动物186种，其中云豹、黑熊、猕猴、苏门羚、大猫、山猫等28种为国家级、省级保护动物。还有十余种稀有昆虫类保护动物。

玩家 攻略

岩泉林中，两条支流汇成岩泉河，流水潺潺，清澈见底。流水时而平缓，时而湍急，跌落数米，其曲、其险，实为勇士漂流探奇的好去处。

姚西村

景点推荐

抚州西部景点

太极岩景区

江西独一无二的丹霞地貌景区

抚州市宜黄县二都镇西北2千米处

太极岩是江西独一无二的丹霞地貌风景区。太极岩风景区共分为三大景区：一是以雄踞中央的太极岩石巩为中心，四周拥有18座山峰，各具形态，形成18罗汉拜观音的典型大自然景观区；二是以石巩义泉寺，简称石巩寺为中心的佛教文化寺庙景观区；三是由观音坐莲、铁牛推磨等景观组成的佛教园林景观区。

太极岩石巩

太极岩石巩一山飞跨东西，跨径为40多米，东壁高15米，西壁高40多米，如同一座宏大石桥，气势恢宏，东西横架，形成一半月形两层石巩，犹如太极图，故得名太极岩。

石巩寺

在太极岩下有一千年古寺——石巩寺。此寺建于唐代肃宗年间。由被佛教誉为"马八祖"的马祖禅师创立。寺庙因坐落在太极岩石巩下，故得名"石巩寺"，也称"马祖第一道场"，被唐肃宗敕封为"石巩义泉寺"。

玩家解说

千年古寺——石巩寺，因历经朝代繁多，曾多次被毁、重建。后唐时被毁，宋元祐二年（1087年）重建。1934年，国民党孙连仲部队为

宜黄华南虎自然保护区

修碉堡围剿红军，拆毁下殿40多间。1966年寺内二殿被拆，佛像被毁，改为农业中学。1985年寺庙开始重建，随后恢复了正常的佛事活动。现古寺内修建了景区游步道、防护栏等景点基础设施，已对外开放。

宜黄华南虎自然保护区

省级华南虎保护区

抚州市宜黄县域东南部神岗乡鱼牙嶂驻地西3千米处

华南虎自然保护区面积为5.83万公顷，其中核心区为1.4公顷。是目前我国唯一发现有野生华南虎繁殖的地方，于2001年3月被江西省政府批准为省级华南虎保护区。

保护区内野生动物种类繁多，爬行类和鸟类动物550种，其中国家一、二级保护动物30余种，省级保护动物57种。国家一级保护动物有华南虎、云豹、黑鹿、白颈长尾雉、黄腹角雉等；国家二级保护动物有水鹿、苏门羚、金猫、大灵猫、小灵猫、豺、穿山甲、鸳鸯、大鲵、虎纹蛙等。

玩家 解说

鱼牙嶂是宜黄267座山中以奇特怪离而著名的一座山，属雩山山脉，属宜黄三大山脉之一。因山峰一个挨一个如鱼牙，以此而名。主峰海拔1467.9米，周围山峦连绵、森林茂密，共有300多平方千米的天然阔叶林、竹林、芭茅、山洞、河流等。

谭纶墓

江西第一古墓

抚州市宜黄县二都镇帘前村鹿塘以北山上

谭纶墓建于明朝万历七年（1579年），坐北朝南，由祭道、神道、墓体三部分组成。其中，墓体部分长30米，宽20米，沿山坡砌傍三层，每层高1.2米，左右两侧砌红石阶梯至墓顶。墓分两层，下层为墓碑；上层建有圆形雕花照壁，照壁正中为宽1米、高1.4米的石刻“奉天诰命”御制碑。

碑身仿牌楼式歇山顶，碑旁各有50厘米宽的石雕板。碑前封土上为圆形墓顶石。墓顶石整体两层，通高80厘米，下层为扁圆形石座，周长2.58米，上层为一球形，周长2.1米，雕二龙戏珠图案，云彩填贯其间。

链接

谭纶小传

谭纶（1520—1577年），明朝江西宜黄人，字子理，嘉靖年间进士。初任台州（今浙江临海）知府，嘉靖四十二年（1563年）任福建巡抚，率戚继光、俞大猷等平定境内倭寇。隆庆元年（1567年）总督蓟辽，与戚继光训练军队，加强北方防务。官至兵部尚书、太子太保。他主持兵事三十年，与戚继光共事齐名，号称“谭戚”。谭纶戎马生涯几十年，南征北战，抗倭有功，他安邦报国的民族精神和爱国热情一直受到人们的颂扬。

棠阴古镇

千年古镇

抚州市宜黄县城东部的宜水河畔，距县城14千米

棠阴古镇是宜黄县境内唯一一座明清古建筑群保存最完好的千年古镇，现为棠阴镇人民政府所在地。镇四周青山环抱，碧水环绕。镇中镇头镇尾，桥塔相映成趣，古宅鳞次栉比；镇内大街小巷、祠堂各具特色，宅院错落有致。

棠阴古镇现今依然保存完好的古建筑群主要是明清时期的古街、古巷、古祠、古庙、古塔、古桥、古牌坊等共计100多处，其建筑古色古香，建筑艺术韵味无穷。由于其独特的艺术魅力，2003年7月，棠阴古镇被江西省政府立为首批省级历史名镇，古建筑群为省级文物保护单位。

玩家 攻略

每年的正月初到正月十五，棠阴古镇都会举办最具民俗文化特色的承恩花灯会，当地居民各自制作出造型各异的花灯，组成承恩、冠棠、带桥、天麟、天马、天鹰、长虹、十字、西巷、东巷、塔背、月池、均坪、昼锦、上仪、中秋等17路花灯。在锣鼓、唢呐和其他乐器的伴奏下，游街比美，热闹非凡。

军峰山
抚州第一峰

抚州市宜黄县神岗乡东南部

军峰山主峰海拔1760.9米，为抚州第一高峰。因汉代长沙王吴芮为讨伐南粤在此驻军，以此得名。军峰山自古有“山高万仞，翠压五嵩，三更抚州第一高峰可观日出”之称，兼有“庐山之美、黄山之秀、华山之险、泰山之雄”。

军峰山地质地貌奇特，景区的山峦地质构造形成于7000万年之前的中生界白垩纪，多为花岗岩、变质岩和混合岩组成。由于长期的地质作用，地壳上升强烈，侵蚀切割剧烈，山势破碎褶皱，形成了拥有众多悬崖峭壁、岩洞群落、峰峦连亘的丹霞地貌，瑰丽多彩，千姿百态。

玩家 行程

宜黄县登军峰山的道路：

从宜黄县出发，坐到神岗（党口）的班车至党口下，可以在此采购一些食物，再往上3千米有一个叫军溪的村庄，是最靠近军峰山的村庄，再往上5千米有一个道观，游客可在此休息，一般是休息到凌晨两点左右再往上爬5千米（估计两小时）就到了峰顶。在天气晴朗、无雾的情况下，游客有机会欣赏到壮丽的日出景象。

南丰县登军峰山的5条登山路：

1.从市山镇的丹坛村过乱石桥，经半观至炼丹观登山顶，是一条最主要的登山路。旧时，人们从山顶接送三仙真君神像下山游村时，都是从这条路上下山。该条登山路，有乱石修筑的台阶。

2.从市山镇的头陀村走6~7千米抵达军山殿后，便与从丹坛村登山的路会合了。

3.从三溪乡的兔岭村经炼丹观或经老观登上山顶。

4.从三溪乡的坪上村经村头村至老观（军峰古寺），抵华玉亭登上山顶。这条路筑有简易泥沙公路，从三溪乡政府至老观可通汽车。

5.从市山镇的进贤村经邱山村或与宜黄的军溪观的登山路合并登上山顶。

此外，从紫霄镇的宝石村，由西面也可登上军峰山顶。

玩家 解说

军峰山700米以下为薪柴区，700米以上至1200米为原始森林区，1200米至1500米为芭茅区，1500米以上为怪石嶙峋区。军峰山绝顶处有约80平方米的平地，有石殿石屋，始建于宋代。山腰以上常年云雾弥漫，四季难见山顶。冬季多有白雪覆盖，雨季飞瀑多处，飞流千丈如悬河。山腰上有一古庙，建有大殿堂、佛堂和客房，供游人休息。北宋王安石、明代汤显祖、徐霞客等都在此留下了他们的踪迹。军峰山上还留传下只有上联而缺下联的半联绝对，上联为“军峰对南丰，风吹枫叶封峰洞”，下联至今无人对出。

山前竹海
以“天然氧吧”著称

抚州市宜黄县二都镇山前村

山前的生态资源十分优越，仅毛竹面积就达23平方千米，以“天然氧吧”著称；竹海内还有3千米长的河流，具有“水清、竹多、落差大”的自然优势。河道一年四季水源充足，顺流而下，急流不断，惊险刺激。

玩家 攻略

游客可以尽情地在这里品尝农家菜。这里也是人们周末休闲度假的首选。自古以来，山前人就有栽竹、爱竹、护竹、编竹的嗜好和超凡手艺，

山前竹海

游客可以在这里买到做工精致的竹制手工艺品。

曹山寺

曹洞宗的祖庭

抚州市宜黄县城南乡陈坊村

曹山寺始建于唐咸通年间，已有1200多年的历史，是中国佛教禅宗五大派系之一曹洞宗的祖庭。曹洞宗由佛教禅宗、南岳清源法系弟子本寂禅师所创。

曹山原名荷玉山，四周的山就像一朵朵的莲花瓣，曹山寺便坐落在莲花瓣当中，犹如一颗莲心。正对着寺庙的山叫供养山，它的形状就像一碗盛满的斋饭，供奉着菩萨。与供养山相对的是虎山，虎山的右边是龙山，它与虎山形成了龙虎之势，与四周的莲花瓣围抱着曹山寺，让曹山寺院端正坐落在正中广阔的空间，面对供养山，形成一个天然的大法坛。

曹山寺

玩家解说

本寂禅师俗姓黄，名元证，法号本寂，福建莆田人，19岁在福建灵山出家，25岁受戒，得到江西宜丰洞山高僧良介禅师真传，来到宜黄弘扬宗法。本寂禅师在曹山“法席大兴，学者云萃，洞山之宗，至即为盛”，名扬四海，其创立的宗派被称为“曹洞宗”，为中国佛教禅宗五大派系之

宜黄红色遗址

●黄陂战役纪念亭

黄陂战役纪念亭位于宜黄县黄陂镇集镇入口处公路旁，于1986年10月落成。纪念亭占地面积400平方米，为两层六角结构，亭高11.6米。亭外正上方挂有当年参加过黄陂战役的老红军、原民政部副部长袁血卒亲笔题书的“黄陂战役纪念亭”黑底金字横匾；亭内正中央立着一块宽1米、高1.8米的汉白玉纪念碑，正面刻“黄陂大捷示意图”，反面刻“黄陂大捷简介”金字隶书碑文。亭内雕梁画栋，图画精美，内顶中央铸有一个大红星，象征着伟大的中国共产党的光辉岁月。黄陂战役纪念亭现已被抚州市委、市政府批准为爱国主义教育基地。

●黄陂战役战场遗址

黄陂战役战场遗址是第二次国内革命战争时期中央苏区第四次反“围剿”的主战场之一。地域包括黄陂、霍源、大龙坪、蛟湖、拿山、大圆、安槎、塘圩及二都乡的佛岭、太源、新村与乐安县的登仙桥、小龙坪等地带。

●东陂战役战场遗址

东陂战役战场遗址位于东陂乡西南部的东陂、草鞋岗、黄柏岭、层源、江背、河溪、三溪和新丰乡候坊村，是第四次反“围剿”的主战场之一。至今，在东陂镇黄柏岭村民房墙上，还存有草鞋岗战役中的56条红军标语。这些标语用白色石灰打底，毛笔书写，字迹清晰，保存完好。

●中共宜黄县委机关旧址

中共宜黄县委机关旧址位于东陂上街。1932年7月，中共宜黄县委机关设在河东黄氏祠内，县苏维埃政府设在“化坛”内。

●宜黄革命烈士纪念碑

出宜黄县城往南300米处，有一松柏簇拥、四季叠翠的小山冈，雄伟庄严的革命烈士纪念碑就巍然耸立在山冈上。碑塔正面8个正楷镏金大字赫然醒目：革命烈士永垂不朽！

此碑塔基长44米，宽24米，山下入口处建有长10.5米、高5米的钢筋混凝土牌坊。进门铺有宽4.2米的四层百级水泥石阶通道，两旁植有整齐的柏树，尽头处便是纪念碑。塔座正北碑文记叙了宜黄人民自1926—1949年在中国共产党的组织和领导下，进行的艰苦卓绝的革命斗争史实，号召全县人民继承和发扬先烈的革命传统。

一，故曹山寺被称为“曹洞宗”祖庭。

红一方面军作战总指挥部旧址
保留有众多红军文物

抚州市宜黄县东陂镇黄柏岭村村口

1933年3月下旬，中央苏区第四次反“围剿”的东陂战役红一方面军作战总指挥部设于此，在这里召开了有高级干部参加的军事会议，朱德同志出席会议。为了纪念东陂战役，宜黄县乡两级政府对红一方面军作战总指挥部旧址进行了全面维修。2006年初，红一方面军作战总指挥部旧址被中共抚州市委、市人民政府批准为爱国主义教育基地。

红一方面军作战总指挥部旧址占地面积1000多平方米，分上下两个厅堂，厅堂内保留着大量的红军文物、红军遗迹。

虎毛山水库
水质清澈

抚州市崇仁县，距崇仁县城7千米

虎毛山水库区水域最深处有14米，水源充足，水质清澈，一年四季可蓄水行船、垂钓，冬日时有野鸭子、白鹭、天鹅在此栖息。库区岛屿众多，山高林茂，周边景色十分迷人，主要景点有大石楼、磨盘山、一线天（狮子岭）、仙人泉、大小三峡、天桥、观音印等。

流坑古村 AAAA
被文物专家誉为“千古第一村”

抚州市乐安县牛田镇流坑村

乐安新车站每天有班车发往流坑村

100元 9:00～20:30

流坑古村是我国古典民居建筑中的明珠，更是世界建筑文化瑰宝中的杰出代表，有“千古第一村”之称。2001年流坑村古建筑群被公布为全国重点文物保护单位，2003年，流坑村被列入国家首批历史文化名村。

流坑古村

流坑古村是一个有着悠久历史和高度发达文明的古村落。现在村中仍完整地保存了明清传统建筑及遗址260余处，匾额楹联682方，家藏文物321件。融于自然的山村环境，别具一格的村落布局，精美绝伦的建筑装饰，积厚流广的宗族遗存，古朴纯美的民俗风情，多姿多彩的乡土文化，展现了流坑村深厚的历史文化和丰富的艺术内涵。

玩家攻略

1.玩：去流坑旅游一般要一两天，最好在农历正月初至正月十五之间过去，会看到具有流坑特色的民俗活动。如傩舞、何杨灯会，等等，而且在正月初八至正月十一之间的活动最多，不容错过。

2.住：流坑村口开了很多农家旅馆，价钱也相对便宜，卫生环境较好，但是最好还是自备一个睡袋比较好。

3.吃：流坑的特产有流坑红鱼、流坑豆腐乳、小竹笋、山峰土蜜等。可以在当地的餐馆品尝一下，再到小店里买一些特产。

老虎脑自然保护区
华南虎的最佳栖息地之一

抚州市乐安县金竹乡、谷岗乡

老虎脑自然保护区位于乐安县东南部与宜黄、宁都交界的低山山顶灌草丛和天然阔叶林区，总面积为2.2万公顷，跨金竹、谷岗、招携、南村四个乡镇，是华南虎的最佳栖息地之一。该保护区内保存了较为完整的自然森林生态类型和多样的自然景观，有红豆杉、榧树、玉兰、红花油茶等珍贵植物及云豹、苏门羚、果子狸等珍稀动物。

老虎脑自然保护区的建立，对拯救华南虎、云豹等濒危物种，增长生物资源，改善自然环境，保存生物种源，都有着极为重要的意义。

攻略资讯

- 交通
- 住宿
- 美食
- 购物
- 娱乐

交通

火车

抚州有四个火车站，分别是：抚州站、抚州东站、东乡站、抚州北站。

抚州站：动车站，位于抚州市国家高新区揭暄大道，距离市区直线距离约7千米，是向莆铁路江西段唯一的地级市火车站。从市内乘坐67、68路公交车可达。

抚州东站：位于抚州市东乡区城北新区，距离抚州市中心38千米，是为沪昆客运专线杭长段在江西省抚州市境内设立的唯一的高铁站点。

东乡站：位于东乡区迎宾大道，是沪昆铁路浙赣线的一个车站，可通达北京、河北、山东、河南、陕西、安徽、湖北等多个省市。抚州东站和东乡站是不同的两个站，都位于东乡境内。抚州东站跑高铁动车，东乡站跑普通列车，两车站有公交车直达。

抚州北站：位于抚州市临川区，从市内乘坐3路公交车可达。

汽车

抚州市内的主要汽车站是抚州长运客运总站。抚州长运客运总站位于临川区环城南路306号，是抚州最大的汽车客运站。从市内乘坐67、B9等路公交车可达。

抚州火车站

抚州城市风光

住宿

抚州作为一个现代化的城市，服务设施完备，宾馆住宿方面也极为方便。抚州市内的临川区为抚州的繁华地段，宾馆酒店多聚集于此，为游客出行游玩提供了很多的方便条件。

●抚州君悦皇冠国际酒店

酒店毗邻抚州市体育广场，距长途汽车站、沃尔玛超市、火车站和高速口约10分钟的车程，交通便利，环境幽雅。酒店房间装饰和装修不错，床铺宽敞舒适；值得一提的是，无线网络速度很快。✉ 抚州赣东大道101号 ✆ 0794-8301888

抚州君悦皇冠国际酒店

●永生未来连锁宾馆抚州店

宾馆位于王安石纪念馆斜对面，是购物、商务、休闲、娱乐的集中地带。免费早餐味道不错，宾馆还有中西自助餐厅，就餐很方便。✉ 抚州赣东大道1098号 ✆ 0794-8307777

永生现代连锁宾馆抚州店

●抚州东乡千子湖精品民宿

千子湖青年旅舍是家庭模式的青年旅舍，二楼是标准宾馆房型，四楼是床位房，有大阳台和公共活动区域，可以玩游戏、聊天、看书、晒太阳。旅舍有浓厚的文艺气息，温馨舒适，愿意结交天南地北朋友的游客可以选择入住。 抚州东乡区大富大道99号东乡三中校门正对面 18813172027

●更多住宿去处

金溪国际大酒店/抚州市金溪县府前路县政府旁/0794-7935555

抚州星程酒店/抚州市临川区玉茗大道1号/0794-8252666

抚州南丰国安假日酒店/抚州市南丰县国安路/0794-7666666

抚州才子国际大酒店/抚州临川区财政局旁/0794-8826888

美食

抚州人杰地灵，聪明的抚州人做出的食物同样令人垂涎不已。抚州美食味偏辣，乍看之下很朴实，品尝之后，味道却美得令你难忘。

抚州有很多名吃，如炒麦鸡、冻米肉丸、墨鱼粉皮、银鱼炒藕丝、豆豉甲鱼、麻鸡绿蛋、五香麻鸡等。

●农家豆豉甲鱼

此菜用上等原料精制而成。首先准备0.5千克左右的淡水甲鱼，再用菜根香特有原配料进行腌制，然后佐以豆豉、辣椒加细火焖烧而成。

●麻鸡绿蛋

麻鸡绿蛋口感好，甜、嫩，营养丰富，特别是含有丰富的微量元素，富含人体需要的锌、碘、铁、硒等有机成分。常食用麻鸡绿蛋，能明显改善少儿的偏食、挑食、厌食现象，能增强人体的记忆力，调节免疫功能。

农家豆豉甲鱼

●五香麻鸡

五香麻鸡以崇仁麻鸡为主要原料，配以蜂蜜、砂仁、丁香、玉果等多种名贵作料，利用传统制作工艺与现代科学技术精制而成。五香麻鸡具有浓厚的地方风味，形美色鲜，肉嫩味美，五香透骨，是老幼皆宜的营养熟食品。

●冻米肉丸

冻米肉丸为粉蒸食品口味，冻米松软，肉丸鲜嫩，白红相间，十分美观。经常食用有治疗贫血、改善消化不良、补虚养身、调理滋阴之功效。

冻米肉丸

购物

抚州自古为农桑富庶之地，孕育着众多的名优土特产品。广昌的通心白莲使广昌得到“中国白莲之乡”的美称；临川的贡酒，自王安石将其进贡给宋神宗时就已证明了其上乘的品质；第二瓷都黎川出产的陶瓷花色、品种多样，广受好评；宜黄红薯粉丝开胃生津，营养丰富；莲乡藕粉速溶即食，方便快捷，老少皆宜。此外，金溪的藕丝糖、南城的麻姑茶、浒湾油面、疏山金橘饼、崇仁麻鸡、东乡绿壳神蛋等，各臻其妙，在省内外均享有一定的声誉。

在抚州，有很多购物场所可供游客选择，如华章保利拾光荟、万象新城天幕广场等，都是很不错的选择。

●广昌白莲

白莲全身都是宝，用途广泛，其主要产品——莲子是一种高级食品，又是良好的滋补药物；莲藕可作为蔬菜食用，经加工而成的藕粉含有丰富的淀粉、脂肪、糖类、维生素及无机盐，容易消化，是老幼皆宜的良好滋补食品；而莲叶则是常见的包裹食品的材料，包裹熟食和酱、卤菜，既干净又具清香味，别有风味。

广昌白莲

●黎川陶瓷

黎川以江西"第二瓷都"名声远扬。到过黎川县的外乡人都不忘带些当地的杯杯碟碟回去。这里的日用瓷不仅洁白光亮，器形优美，且品种花色特多，中档茶杯的数量更是占据全国市场的半壁江山，杯碟也大批出口欧美和中东。

●宜黄粉丝

宜黄粉丝在历史上极为有名，曾设有薯粉行向全国销售。所产薯粉及粉丝晶莹透亮、美味可口，富含蛋白质、氨基酸、维生素、胡萝卜素、铁、钙、磷、锌、硒，是一种全新的低热能、低脂肪、高膳食纤维食品。

●宜黄豆豉娘

豆豉娘是宜黄县传统的调味佳品，它以大豆（乌豆最佳）为原料，经洗净、蒸焖、发酵、浸泡、过滤、煮熬等工序而成。用其作调料入菜，色泽酱红，香气浓郁，味道鲜美，营养丰富，是调味佳品。

●南丰蜜橘

南丰蜜橘为我国古老柑橘的优良品种之一，是江西省的名贵特产之一。南丰蜜橘历史上就以果色金黄、皮薄肉嫩、食不存渣、风味浓甜、芳香扑鼻而闻名中外。早在两千多年之前，南丰一带所产的柑橘就已经被列为"贡品"。

南丰蜜橘

娱乐

抚州市内的大街上，分布着许多现代休闲娱乐的场所，有酒吧、茶秀、健身以及一些综合性的娱乐场所，但是古老的传统休闲娱乐方式仍然没有被人们遗忘，南丰傩戏、抚州采茶戏、跳花灯等传统艺术表演方式依然受到广大人民群众的喜爱。

广昌孟戏：一种以孟姜女哭长城为题材的戏曲，流行于江西省广昌县境内，俗称孟戏，又名"盱河戏"。孟戏约起源于明初，至今已传承演出了600多年。孟戏用高腔演唱，经专家考证，其唱腔是明代四大声腔之首的海盐腔遗响。

南丰傩舞：俗称跳傩，是一种沿袭古代驱鬼逐疫的仪式"驱傩"，历经漫长岁月，不断改革、创新，逐渐演变而成的汉族民俗舞蹈。南丰傩舞因其动作简朴、刚劲，保留较多的原始风格，故被《中国民族民间舞蹈集成·江西卷》誉为"中国古代舞蹈活化石"。

发现者旅行指南

吉安

概览

亮点

井冈山

星火燎原的革命圣地，举世闻名的中国革命摇篮，中华文明史上一座辉煌的精神圣殿。红色革命遗迹与绿色自然风光交相辉映。

青原山

江西文化名山，被南宋著名诗人杨万里誉为“山川第一江西景”。全国重点保护寺庙之一的净居寺坐落山中。

武功山

奇峰罗列、怪石林立，形态诡异，处处深壑幽谷，大有“万进而云山齐到眼，九霄日月可摩肩”之意境。

渼陂村文昌阁

渼陂古村

中国历史文化名村、红色革命圣地，被历史学家誉为“庐陵文化第一村”。

钓源古村

中国历史文化名村，在该村的古建筑中，幢幢皆可看到八卦的痕迹，甚至连古民居的排列也依足了八卦之形，是独具江南特色的八卦造型古村。

线路

吉安市区经典两日游

第一天早餐后去渼陂古村，随后去青原山，看历经历史风云的净居寺。下午去白鹭洲书院，感受浓浓的书香气息。

第二天上午去文天祥纪念馆，观看文天祥生平介绍及其遗物、手迹、著作等，随后去钓源古村游览。

红色井冈山一日游

早上前往黄洋界山顶黄洋界哨口处，之后游览井冈山造币厂、百竹园等相距较近的景点。下午先去参观大井的毛泽东旧居，然后赴茨坪镇，井冈山烈士陵园、井冈山革命博物馆、茨坪革命旧址群都在镇上。

钓源古村

吉水经典一日游

早起来到燕坊古村，中午品尝小村美食，下午去毛泽东祖籍游览苑，在民族民俗风情区体验浓浓的民俗情。参观毛泽东纪念馆，缅怀伟人的丰功伟绩。

为何去

吉安市旅游景点独具风姿，文化古迹众多，革命遗迹聚集，自然风光和人文景观融为一体，是文化的家园，红色的摇篮，以及绿色的宝库。庐陵文化旅游、井冈山旅游和绿色生态旅游构成了吉安旅游观光的独特魅力。

武功山

何时去

吉安属中亚热带季风湿润气候，冬春阴冷，夏热秋燥，初夏多雨，伏秋干旱，无霜期长。春秋季为到吉安旅游的最佳时间。

井冈山瀑布

吉安市油菜花海

区域解读

区号：0796

面积：约25 283km²

人口：约442万人

地理 GEOGRAPHY

区划

吉安下辖两个市辖区（吉州区、青原区），1个县级市（井冈山市），10个县（新干县、峡江县、吉水县、吉安县、永丰县、安福县、永新县、泰和县、万安县、遂川县）。

地形

吉安市城区地势西高东低，以山地、丘陵为主，可概括为“七山半水两分田，半分道路和庄园”。属罗霄山脉中段，扼湖南、江西省咽喉通道，地势极为险要。

吉安城区最高点在阳明西路与新村粮站附近，最低点位于白鹭洲。境内有真君山、石虎岭、螺子山、青原山、天玉山等。吉安境内河流众多，以赣江为中轴，有28条大小支流汇入，水量充盈。赣江流经吉安境内的部分长达289千米。

气候

吉安属亚热带季风气候，有降水丰富、四季分明、雨热同季等特点。冬季寒冷干燥、雨雪稀少；春季冷暖多变、潮湿阴冷；夏季酷暑炎热，雨量集中；秋季干旱多风、凉爽少雨。

历史 HISTORY

历史大事记

●远古时期

吉安市河东镇案山古文化遗址证明，早在5000多年前的新石器时期，就有先民在吉安这片肥沃的土地上繁衍生息。

●秦至宋

秦始皇二十六年（前221年），始设庐陵县（今吉安地区），隶属九江郡，县治在今泰和县。

唐代，名相张九龄奉命开凿梅岭驿道，把崎岖的山路修成可并行5部车子的坦途。

元至元十四年（1277年），忽必烈设立江西宣慰司，改原吉州为吉州路。元代元贞元年（1295年），改吉州路为吉安路，取吉州和安福州首字为名，赋“吉泰平安”之义，吉安名字由此沿用至今。

●近现代

1927年9月9日，湘赣边界秋收起义爆发。秋收起义首次打出工农革命军的旗帜，称为中国工农革命军第一军第一师。9月29日，秋收起义部队进行了“三湾改编”，为建立新型的人民军队奠定了基础。

1927年10月，毛泽东率领工农革命军上

井冈山风光

了井冈山，创建了以宁冈为中心的井冈山革命根据地。这是党领导下的第一个农村革命根据地。

1928年，毛泽东率领的秋收起义部队与朱德、陈毅领导的部分南昌起义部队在井冈山的胜利会师，成为中国人民解放军建军史上的重要历史事件。

1930年，毛泽东、朱德等老一辈无产阶级革命家在渼陂古村召开了中国革命史上著名的“二七会议”，会后建立了赣西南苏维埃政府。

红色井冈山

1927年10月，毛泽东、朱德、陈毅、彭德怀、滕代远等老一辈无产阶级革命家率领中国工农红军来到宁冈井冈山，创建了以宁冈县（位于今井冈山市）为中心的中国第一个农村革命根据地，建立兰花坪，开辟了“农村包围城市、武装夺取政权”的具有中国特色的革命道路。从此，鲜为人知的井冈山被载入

名单 吉安历史名人

“唐宋八大家”之一欧阳修

宋代大文豪杨万里

民族英雄文天祥

《永乐大典》主纂解缙

中国革命历史的光荣史册，被誉为“中国革命的摇篮”和“中华人民共和国的奠基石”。

如今，革命遗址遍布井冈山市，全市拥有保存完好的革命旧址、遗址425处，近千个景点。与其他地区红色旅游资源相比，革命摇篮井冈山以“历史红，山林好”蜚声中外。

文化 CULTURE

庐陵文化

庐陵，吉安市的古称，是古代著名的

井冈山南山火炬广场

“江南望郡”和“文章节义之邦”。吉安历史悠久，在漫长的历史长河中，孕育了悠久的“庐陵文化”。

庐陵文化是指以庐陵古治属为核心，辐射并涵盖了吉安市各地的区域性文化。这块历史文化底蕴深厚的土壤，既有可与中原文化媲美的以新干商代墓葬遗址为代表的青铜文化，又有以青原山佛教禅宗青原派系为主体的宗教文化；既有以吉州窑黑釉天目瓷为标志的陶瓷文化，又有以人才辈出的白鹭洲书院为代表的书院文化；既有钓源、渼陂、卢家洲等众多古韵犹存的古民居文化，又有节庆、灯彩、饮食等多种风情独特的民俗文化。

新干商代墓葬遗址出土的青铜器，数量之多，品种之全，为江南出土青铜器之最。其中的青铜大钺为至今全国出土同类青铜器中最大的一只，青铜犁和镰也属首次发现。吉安县永和吉州窑遗址24处，是全国目前保存最多、最完整的古名窑遗址。流传至今的吉州窑产品十分珍贵，英国收藏的凤首瓷瓶被视为世界级珍品，日本收藏的几件瓷器被当作国宝。吉州窑集南北名窑之大成，在我国陶瓷史上具有重要地位。历史上有“先有永和镇，后有景德镇”的说法。据《景德镇陶瓷录》记载：景德镇自元朝以来所创的青花瓷，是从吉州窑彩绘中脱颖而出的。

庐陵历代更是文人辈出，如文宗欧阳修、民族英雄文天祥、独树一帜的大诗人杨万里等。从唐宋至明清，吉安先后出了18位状元（仅次于苏州）、16位榜眼、14位探花、2823位进士（全国之冠），仅明朝一代就出进士993位，特别是明代建文二年（1400年）的庚辰科和永乐二年（1404年）的甲申科，鼎甲3人均为吉安人，这在中国科举史上绝无仅有。因而吉安有“隔河两宰相，五里三状元”的美誉。

链接

庐陵文化衰退之谜

进入清代，庐陵文化慢慢衰退，到了民国以后，更是落后于文化发达的地区。昔日灿烂的庐陵文化为何会迅速衰退呢？

一是战乱。革命战乱不断，人口大量流失，生产受到巨大影响。二是交通地位发生变化，从开放转入封闭。清代中叶后，中国被迫开放通商口岸，千年来连接祖国南北交通的赣江水道和大庾岭商路逐步被冷落。京广铁路的修建，使赣江的交通地位再次下降，庐陵地区失去了便利的交通条件，变成了三面高山阻塞之地。

欧阳修石刻像

景点推荐 井冈山风景区 AAAAA

井冈山是著名的“中国革命的摇篮”，有很多革命人文景观，是土地革命初期中国工农红军革命遗址最集中的地方。保存完好的革命旧居旧址有几十处，其中国家级重点文物保护单位10处，省级重点文物保护单位2处，市级重点文物保护单位17处。

除了红色革命遗迹，这里的绿色自然风光亦十分养眼。景区内层峦叠嶂，峪壑幽深，溪流澄碧，林木蓊郁。主要景观的类型有峰峦、山石、瀑布、溶洞、气象、高山田园风光、次原始森林和珍稀动植物、温泉八类。井冈山具有“雄、险、秀、幽、奇”的特色，尤以雄险的山势、奇特的飞瀑、磅礴的云海、瑰丽的日出、烂漫的杜鹃花而蜚声中外，是可以春赏杜鹃、夏观云海、秋眺秀色、冬看雪景的好地方。

吉安市井冈山市茨坪镇

井冈山火车站有发往茨坪的班车

150元　0796-6569326　8:00~17:00

玩家攻略

1.玩：井冈山的最佳旅游时间为每年的4~10月。而最精彩的莫过于每年的4月、5月，此时正值十里杜鹃傲然开放的时节，井冈山风光绝佳。杜鹃已被评为井冈山市的市花。

2.购：井冈山的特产有猕猴桃、金桂、山梨、杨梅、石耳、木耳、香菇、玉兰片、玉溪茶、黄连、边山七、屏风、玩具、首饰盒等。

3.住：井冈山住宿方便，有快捷酒店、宾馆，还有一些小旅馆。另外，当地老乡家也是可以住宿的，价格可以商议，一般价格在每晚20~30元。

4.食：井冈山菜肴属于庐陵菜系，其主要特色是讲究刀工，以酸辣味居多，在口感上讲究酥、脆、嫩，原料也都选用当地的土特产。推荐菜品有全副銮驾、永新狗肉、家乡炒血鸭、玻璃鱼、炒石鸡、干煸橘丝等。游客们来到井冈山，除了品尝井冈山地区的特色菜肴外，不妨再尝尝风味独特的井冈红米饭。

茨坪景区

井冈山风景区的中心景区

茨坪景区为井冈山的中心景区，也是井冈山市的政治、经济、文化和旅游接待中心。主要景点有井冈山革命博物馆、井冈山革命烈士陵园、井冈山碑林、井冈山革命斗争旧址群、挹翠湖公园、茨坪毛泽东旧居、南

山公园、红军谷（五马朝天）等。

井冈山革命博物馆

井冈山革命博物馆是为纪念中国共产党创建的第一个农村革命根据地井冈山而建立的中国遗址性革命史类博物馆。该博物馆为江西省文化厅四大直属馆之一，2008年被评为全国首批国家一级博物馆。

井冈山革命博物馆

博物馆于1959年建成开放，馆名由朱德同志题写。该馆馆藏文物近3000件，其中原件860件，复制品2000多件。珍贵文物有当年毛泽东撰写《中国的红色政权为什么能够存在》和《井冈山的斗争》时用过的油灯、砚台，以及朱德在井冈山挑粮用过的扁担等。馆内基本陈列反映了井冈山革命斗争的历史。

井冈山碑林

井冈山碑林由碑亭、碑廊、自然碑型等部分组成，碑林因势而构，曲折回环，别具一番情趣。“井冈山碑林”五个大字为书法家舒同题写。碑文有参加过井冈山斗争的老红军的题词，有党和国家领导人的手书，也有部分知名人士和书法家的墨迹。这些碑文思想内容丰富，书法艺术精湛，使整个碑林成为茨坪景区一处新的游览点。

挹翠湖公园

挹翠湖公园四周为茨坪的林荫大道所环绕，环境十分幽静。园内有水面5万多平方米，著名书法家陆俨少为之题写了“挹翠映波”四个字，因而被命名为挹翠湖。公园是来金刚山憩息和玩赏的极好场所。

公园占地面积约8万平方米，园内有挹翠湖、茶室、亭榭、盆趣园等游览景点。公园北端建有中国优秀旅游城“马踏飞燕”的雕

井冈山革命烈士陵园

塑标志。公园内湖心岛上山岩谲奇，蕙兰争艳。在湖边倚栏小憩，颇有唐代诗人所描绘的“闲云潭影日悠悠”之趣。

井冈山革命烈士陵园

井冈山革命烈士陵园位于茨坪北面的北岩峰上，是茨坪中心景区的主要革命人文景观。陵园于1987年建成开放。1997年，由邓小平题字的“井冈山革命烈士纪念碑”落成剪彩。陵园依山就势而建，占地面积27万平方米，整体建筑包括陵园门庭、纪念堂、碑林、雕像园、纪念碑五大部分。

黄洋界景区

井冈山的五大哨口之一

黄洋界海拔1343米，是井冈山的五大哨口之一，有“一夫当关，万夫莫开”之险。其北部多峭壁深渊，长满松竹杜鹃；气候则四季变化多端，云雾弥漫，故又称“汪洋界”。景区内有黄洋界荷树、哨口工事旧址、百竹园、荆竹山、领袖峰等景点。

领袖峰

领袖峰占地近万亩，是井冈山的标志性景点之一。领袖峰主要由四个部分组成：一是以目前全国最大的浮雕领袖头像为主体的雕塑群领袖峰景点；二是能充分展现井冈山人民积极投身革命、开展武装斗争、支援根据地发展精神的井冈传奇人物王佐墓地及其传奇展览；三是以原生态的沼泽与湿地、数十万株映山红、海棠、樱花等珍稀植物构成的翡翠谷；四是充分展示当地客家民俗风情的井冈人家。

井冈山领袖峰

大井

井冈山的五井，是指五个位于群山环绕之中、宛若井状的山间盆地村庄，即大井、小井、中井、上井和下井。大井是其中最大的村庄，是当年毛泽东、朱德、陈毅、彭德怀等同志带领红军开展革命活动的重要场地之一。

玩家攻略

1.在景区内的表演区域可以看到融红色革命精神与民俗风情为一体的歌舞演出。出自名师、专业打造的歌舞内容丰富，具有井冈山地方特色，是井冈山唯一的景区歌舞。歌舞采用循环演出模式，演出时间为8:30~17:30。一边品尝井冈山的茶，一边欣赏井冈山的歌舞，其乐无穷。

2.满山遍野的红杜鹃，堪称江西省最为艳丽的自然景观。在这里还可以通过重走红军路体验当年红军经历的艰苦岁月。

3.夜游领袖峰，观山水夜景、看民俗歌舞。

井冈山五指峰

夜景开放时间为每晚19:30，晚上歌舞开始时间为20:30。

4.黄洋界是井冈山观日出的极佳地点。这里的日出景象极其壮观。

玩家 解说

1927年10月24日，毛泽东率领部队上井冈山首次抵达大井，此后这里便成为红军常驻之地，毛泽东、朱德、陈毅等同志多次在这里部署战斗，粉碎湘赣敌军的多次军事“进剿”。

五指峰景区

井冈山的主峰

五指峰位于茨坪西南，是井冈山的主峰，海拔1586米，因为五座山峰状如握拳的右手五指而得名。现已成为井冈山的象征，也是井冈山自然保护区的核心地带。

五指峰瀑布是井冈山落差最大的瀑布。五指峰脚下有一处群峦湖，湖泊犹如一轮明月映照在茫茫云海之中，为主峰景区增添了迷人色彩。四季如春的气候条件和风景如画的高山流水，为避暑和旅游观光提供了天然场所。值得一提的是，旧版一百元面额人民币的背景图就是井冈山主峰五指峰。

玩家 攻略

游客游览景区有两条路可以选择：一条是穿过716米长的隧洞到一百元人民币背面图案观景处。二是先从入口登上集景峰游览后，再到一百元人民币背面图案观景处。

笔架山景区

井冈山著名的杜鹃山

茨坪西南20千米处

笔架山景区由13座山峰连绵组成，因为山峰起伏犹如笔架，所以得名。笔架山是井冈山著名的杜鹃山，海拔1357米，每当4、5月份，山上杜鹃怒放，美不胜收。景区有七大山

笔架山

井冈山龙潭瀑布

峰、大小松岛、朱砂冲哨口工事旧址、黄坳毛泽东同志旧居等景点。

笔架山的杜鹃独具特色，全部是大树，一般都有六七米高，最高的有10多米，最粗的直径达1.2米；而且杜鹃品种众多，有猴头杜鹃、云绵杜鹃、井冈杜鹃、鹿角杜鹃、红毛杜鹃、小叶杜鹃、江西杜鹃等26种。

玩家 攻略

1.受高山气候影响，加上杜鹃品种繁多，笔架山杜鹃林盛花期较长，从每年4月上旬一直到5月底，花开一个半月，盛花时节笔架山便成了一望无涯的花海，红花、紫花、黄花、白花，还有三色相间的花，竞相怒放。暮春初夏时节，是赏杜鹃的最好季节。

2.到笔架山漂流是一种享受，可以充分享受嬉水、斗水的乐趣。漂流全程5千米，漂流时间为50~60分钟，夏秋两季是漂流的最佳时段。

龙潭景区

以群瀑集聚为显著特色

井冈山茨坪北面7千米处

龙潭是一个以群瀑集聚为显著特色的景区，境内瀑布数量多、落差大、形态美，素有“五潭十八瀑”之称。龙潭谷幽林深、瀑布成群，更兼奇峰奇石造型别致、形神兼备，让人不禁赞叹这大自然的鬼斧神工。

景区主要景点有小井红军医院、红军洞、长虹瀑、水帘瀑、金狮面、金龟击鼓等。

桐木岭景区

人文与自然景观相结合的景区

桐木岭位于茨坪北面，是人文与自然景观相结合的景区。这里遍山桐树，春夏桐花盛开，煞是好看，故有“桐木岭”之称。主要景观有水库、石燕洞、诗词碑、旗罗坳战斗遗址等。

玩家 解说

桐木岭与山下相差500米，高耸兀立、巍峨挺拔，有“鹤立鸡群”之势，当年这里设有一个总哨口和三个哨口。曾有一首歌谣形容这个哨口：“高山峻岭紧相连，桐木岭头尖又尖，红军哨口守山顶，好比铁寨牢又坚。”

石燕洞

石燕洞属大型熔岩石洞，洞内扑朔迷离、曲折幽深。洞内洞中有洞，岩上洞下复有洞。有七个相连的大洞，还有些小洞，最大的一个洞像是可容纳千人的地下大礼堂。洞内钟乳石发育完善、玲珑剔透、造型优美、形象逼真，各种石林、石柱、石笋、石乳、石花千姿百态，“双坐莲下”“三娘教子”“幼鹿吮乳”“天鹅曲颈”“擎天立柱”等景观尤其绝妙。

景点推荐

吉安市区景点

白鹭洲

洲上鸟类繁多，古迹众多

吉安市吉州区沿江路

吉安白鹭洲，长1.5千米，宽0.5千米，为一梭形绿洲，由江水挟带泥沙沉积而成，形似白鹭。洲上茂林修竹，绿荫如盖，江中碧水滔滔，鱼虾漫游。大量的鱼虾给鸟类提供了丰富的食料，因而洲上鸟类繁多，白鹭成群。

洲上现存大量古建筑，包括著名的白鹭洲书院、吉安钟鼓楼，其他还有泮月池、状元桥、古吉台等书院遗址。

白鹭洲书院

白鹭洲书院，由南宋知吉州军江万里创建于南宋淳祐元年（1241年），它和庐山的白鹿洞书院、铅山的鹅湖书院、南昌的豫章书院齐名，合称为古代江西四大书院。白鹭洲既以白鹭为名，所以宋代在洲上创建书院时，也就依洲名而称之为“白鹭洲书院”。书院内建有云章阁、道心堂、万竹堂、六君子祠、三贤祠、古心祠、风月楼等。

钟鼓楼

钟鼓楼，建于北宋政和元年（1111年），原名古青原台。清雍正元年（1723年），增修钟楼为3层。钟楼雄伟壮观，如城阙状，下有底座，上为重檐四落水式，下檐滴水垂落底座之外；檐之四角飞翘凌空，檐下有铁马风铃，迎风鸣响，其声清脆。

白鹭洲

钟鼓楼古色古香，四周林木簇拥，景美境佳。楼上悬有大钟一口，重逾千斤，击之声如雷鸣，远播全城。历代均有修葺，仅1949年至今，便修缮3次。今以雄姿伟貌，屹立江边。

卢家洲古村

以玉祠、斜塔、罗汉松而闻名

吉安市吉州区曲濑乡

卢家洲村以玉祠、斜塔、罗汉松“三宝”而远近闻名。村内现存民居103栋中有明清建筑63栋，分为祠堂5座、书院4座、庙宇4座、古民居50栋。这些建筑均为江南硬山式建筑风格，防火墙高耸，马头墙起翘。村中尚有锣井、鼓井两口古井，井口均为抹角四边形，由大青石板竖砌而成。

白鹭洲钟鼓楼

卢氏玉祠

卢氏玉祠建于清嘉庆十年（1805年），坐北朝南，歇山顶，飞檐翘角，斗拱间饰以圆形细雕图案70幅。门楼下，板书“科第征贡”4个大字，以示祠主人乃元代开基祖先卢仲文为乡举进士、官入朝廷的显赫身份。

罗汉松

罗汉松位于卢家洲村西的古代水运码头，树高28米，围径5.2米，据园林学者考证，树龄在1500年以上。罗汉松至今仍苍劲挺拔，枝繁叶茂。

钓源古村 AAAA

八卦造型古村

吉安市吉州区兴桥镇

从吉安市乘103路公交车可直达钓源古村

28元　8:00~17:00

钓源古村是中国历史文化名村，该村的古建筑中，幢幢可看到八卦的痕迹，甚至连古民居的排列，也依足了八卦之形，是独具江南特色的八卦造型古村。但是奇怪的是，村内青石板所铺就的巷子前窄后宽，150余幢至今犹存的古建筑的屋角也皆为弧形，且大门斜立，被戏称为“歪门邪道”，别有趣味。除此之外，村内还保有钓源欧阳氏总祠、明善祖祠、文章世家古牌坊、八老爷别墅、文忠公祠、礼派宗祠等著名景点。

庐陵文化生态园 AAAA

大型城市生态公园

吉安市吉州区卧北段　市内可乘坐3、15、16、61路公交车至庐陵生态园（或庐陵生态园路口）站，下车即到

庐陵文化生态园是一个展示吉安城市

形象、反映庐陵人文精神、为市民提供休闲娱乐的大型城市生态公园，是吉安城区最引人入胜的景观，也是吉安最亮丽的一张名片。

公园以“庐陵文化”为贯穿全园的精神主线，以绿色为基调，以红色和古色为骨架，形成庐陵文化展示区、庐陵湖景观区、生态景观区、综合休闲娱乐区、滨江景观区、商务度假区。园内奇石古树交相辉映，红花绿草争奇斗艳，湖光桥影、白鹭翩飞、鲤鱼嬉戏，别有一派生态美景。

渼陂古村 AAAA

千年古村、红色革命圣地

吉安市青原区文陂乡　市内乘坐701、702等路公交车可到

60元　0796-8484613

渼陂古村开基至今，已有近千年的历史，是中国历史文化名村。古村现有明清建筑367栋，且类型较全，包含了民居、祠堂、书院、义仓、牌坊、楼阁、店铺、码头、教堂、名人旧居等众多形式，是一座融书院文化、祠堂文化、宗教文化和明清雕刻艺术为一体的江南古村，被誉为“庐陵文化第一村”和“民间艺术博物馆”。此外，村边有一株古樟，参天立地，被雷劈成两半后，落地生根，根又长出新枝，堪称天下一奇。

永慕堂

宗祠是渼陂古村全村建筑的精华所在，分为宗祠、房祠、家祠。永慕堂是渼陂村祠堂建筑中最宏伟的一座梁氏宗祠。这幢建筑最早建于宋代，古朴而壮丽，是个二层三进的砖木结构建筑。其中大堂墙壁的两侧，写有“忠、信、笃、敬”四个大字，每个大字都有两个人之高，气势撼人。

陂头街

陂头街位于渼陂古村北面，因为它沿着富水河而建，像流水那般柔美地微弯过去再折过来，所以从外形上看，约呈“S”形，是古村最繁华的商业街。古街的路面以鹅卵石铺成，中间有一条纵向排列的青石板，这是古代考虑到行车（马车、手推车）

的方便而特意设计的。古街两旁排列着众多保存完好的商铺，有着浓郁的儒商文化风格。

青原山 AAAA

山川第一江西景

吉安市青原区河东镇　免费　0796-8120545

青原山为江西文化名山，是集佛教文化、名人文化和秀丽风景于一身的省重点风景名胜区之一，被南宋著名诗人杨万里誉为"山川第一江西景"。

自唐代起，青原山就是佛教圣地。全国重点保护寺庙之一的净居寺坐落山中。与净居寺并立的青原会馆，是吉州郡最早的书院之一，一度是全国著名的理学讲坛。除此之外，青原山还有七祖塔、飞来塔、祖关、待月桥、迎风桥、龙潭、虎跑泉、试剑石等名胜古迹供人游览。

净居寺

青原山净居寺，始建于唐神龙元年（705年）。该寺主体建筑有天王殿、大雄宝殿、观音阁，整座寺院巍峨雄伟，金碧辉煌，布局合理，小巧精致，是独具江南建筑特色的古寺。其中大雄宝殿三面环水、三桥拱立，有如碧波万顷之中托出一座琼楼玉阁；此种风格建筑在全国寺庙建筑史上，仅此一例，人称"得风又得水"。

古南塔

像一个用篾缆系紧木排的桩子

吉安市古南镇四龙桥以西

古南塔原名"南塔"，又因吉安城形似

渼陂古村永慕堂

长长的木排，这座塔像一个用篾缆系紧木排的桩子，人们习惯叫它“马缆塔”。塔高28米，9层6面，塔内每层有神龛，龛内有佛像，2~5层有石梯相连，可盘旋登临。

玩家 解说

古南塔经过多次修复，但没有改变原形。据《庐陵县志》记载：在城南水府庙有座南塔寺，寺边有塔，塔顶石碑有赤乌纪年，砌塔砖上也有“赤乌二年（239年）建”字样。三国时，吉州属吴国管辖，这样推算，古南塔有近1800年的历史。传说当年孙权雄踞东南，大都督周瑜曾在巴邱（今峡江）操练水军。一日，他和大夫鲁肃沿赣江一路巡视庐陵防务，来到古南镇附近江面时，远远望见古南塔，一时兴起，即张弓搭箭，对准塔顶连发3支，箭箭中的，成为镇塔之宝。

燕坊古村 AAAA

明清建筑群保存完好

吉安市吉水县金滩镇燕坊古村景区管理中心

燕坊古村是一个明清建筑群保存完好的历史文化名村，现存明清建筑160余处，包括宗祠、学堂、牌坊、民宅、古井、古塘、古墓等建筑。古村房屋规划有序，各巷道均为青石板、红石板或鹅卵石铺成，屋内描金绘凤，精雕细刻，字画满堂。目前，村内有保存完好的古牌坊13座、古民宅100余栋、古书院2所、古街1条、古池塘6口、古井10余口，明清古家具、古雕刻等文物非常丰富。

燕坊古村

毛泽东祖籍渊源展示馆

爱国主义教育基地

吉水县城北文化公园西北角

展览馆内划分三个展区，包括中央瞻仰大厅、吉水龙城历史文化展示区以及“毛泽东的光辉一生”展示区。展览内容覆盖序厅、龙城九派、祖籍龙城、毛家骄子、寻根问祖五个主题部分，全面展现毛泽东的卓越成就，赞誉一代伟人的光辉事迹。

在元末明初的动荡时期，红巾军起义引发吉水地区频繁遭受武装势力侵扰。约30年后，正值朝廷筹划从邻县迁移人口以充实湖南，毛太华因此离弃原先的寓所，凭借军功得以进驻楚地，成为韶山毛氏的始祖。至第20代孙，诞生了伟人毛泽东。

后来在八都镇东南的龙城遗址上，挖掘出印有“毛氏祖基”楷体字样的古砖。事后，湘潭毛氏特地前来八都认祖归宗。

三国东吴古墓遗址

江南第一墓

吉安市吉水县郊的三碗斋

三国东吴古墓遗址于1991年被发现，考古专家称之为“江南第一墓”。古墓呈凸字形，由墓门、甬道、前室、左右耳室、左右藻井、后室及正方形回廊组成。墓葬出土了120余件随葬品，有铜、铁、陶、瓷、石质器皿。随葬品大都为死者生前所用的日常用品，其中极为珍贵的有附有人物、神兽的青铜座灯，造型优美的青铜朱雀、青铜白虎，这些在江西均属首次发现。另外，出土的青瓷茶具也属全国发现最早的一套。

玩家 解说

据考证，墓主为吉水县城郊谭埠村人谭绍。谭绍是三国时期吴王孙权夫人的姐夫，早年读书中举，外出做官，官至骑都尉，后因宫廷权位

文天祥纪念馆

之争失势，携家人回到故乡定居。死后葬于城郊张家屋下东侧，共3家，品字形排列，封土高8~9米，状似3碗大斋饭，人称“三碗斋”。

天祥景区 AAAA

爱国主义教育园区

吉安市吉安县城庐陵大道51号

乘61路、62路公交车至文天祥纪念馆站下车即是

免费　0795-8442575

天祥景区分为文天祥纪念馆、天祥公园和将军公园三部分，是为了纪念南宋民族英雄文天祥和46位江西吉安籍的中华人民共和国开国将军而兴建的景区。其中，文天祥纪念馆分为生平展览区和历程再现区，馆内建筑采取中轴对称的宫殿式布局，是一组以正气堂为主体的仿古建筑群。与其一路相隔的将军公园是在原有的景山公园基础上改建而成，其核心部分是以46位江西吉安籍的中华人民共和国开国将军半身铜像为主体的塑像园。而天祥公园则围绕将军湖分成农耕、手工、民俗、书院和正气五大文化板块，集中展示了庐陵的传统文化。

文天祥纪念馆

文天祥纪念馆是江西省最大的一所历史名人专题纪念馆。纪念馆占地面积32万平方米，坐北朝南，依山就势，采取中国宫殿建筑形式，由一组中轴对称的仿古建筑群组成。纪念馆分为六大部分，完整地介绍了民族英雄文天祥的生平事迹。纪念馆包括山门、石拱桥、石级、平台、主殿、厢房、原房、电教厅、贵宾休息厅、内花园等。纪念馆陈列了文天祥生平事迹、遗物、手迹、著作、碑刻等，可谓文天祥史迹荟萃一堂，其所展现的民族气节和爱国主义精神，感人至深，永彪史册。

玩家解说

文天祥（1236—1283年），字履善、宋瑞，号文山，庐陵人。南宋大臣，文学家，民族英雄。20岁中状元，39岁奉诏勤王卫国，40岁任右丞相兼枢密使，督诸路军马抗元，兵败被俘，于1283年1月9日英勇就义。留下《指南录》和《指南后录》等诗作，记载了他奋勇抗争的光辉历程，堪称“诗史”。狱中所作《正气歌》，尤为世人所传颂。

吉州古窑址

我国现存完好的古窑址之一

吉安市吉安县永和镇西侧赣江江畔

吉州窑创烧于隋唐时期，鼎盛于南宋，距今有1500多年的历史。其遗址范围内至今仍然保留着当时烧制瓷器的古窑包24座，是目前世界上规模最大、保存最完整的古窑遗址群之一。如今这里成为融文化、旅游、休闲、考古科研为一体的综合性旅游景区，包含了吉州窑遗址博物馆、东坡井、清都观、苏黄台、古作坊、本觉寺龙窑遗址、本觉寺塔等著名景观。

景点推荐

吉安东北部景点

新干大洋洲商代青铜博物馆

出土文物十分丰富

吉安市新干县大洋洲乡程家村

新干大洋洲商代青铜博物馆即新干商代墓葬遗址。墓底距地面2.15米，为长方形土坑竖穴，墓葬内有一棺一椁，呈东西向。在这不足30平方米的地方，随葬品十分丰富，其中青铜器475件，玉器100多件，陶器300多件，此外，还有骨镞5枚，生砂660克。

新干商代青铜器群的考古发现，是江南考古的一次重大突破，是"七五"期间国内十大考古新发现之一，不但为我国青铜文化的研究揭开了新篇章，而且对我国考古学、历史学、民族学乃至整个中国古代文明的研究有着深远的意义。

玉笥山 AAAA

道教圣地

吉安市峡江县境内

玉笥山，原名群玉山，东汉安帝南巡至此，见玉箱如笥，置之祭坛，忽而不见，遂改称此山为玉笥山。玉笥山连绵起伏，根蟠百里，自古以峰奇、石怪、洞异、水佳四大特点而著称于世。清幽的环境使它成为道教圣地，道家称之为"第十七洞天""第八福地"。玉笥山还有著名山峰32座，人称"三十

玉笥山

二奇峰”，峰峰苍翠欲滴，浮青拂绿。

西阳宫

欧阳修读书、讲学、祀父的地方

吉安市永丰县沙溪镇欧阳修中学内

西阳宫是北宋文学家欧阳修读书、讲学、祀父的地方。西阳宫，原名西阳观。后欧阳修为避父欧阳观之讳，故改西阳观为西阳宫。西阳宫是一座三殿并列的古建筑群，前面有一座高大的圆形拱门，门顶上方书有赫然醒目的“西阳宫”三个大字。右侧是泷冈书院，左侧是欧阳文忠公祠以及《泷冈阡表》碑亭。碑文为欧阳修亲自撰文手书，内容精湛，文笔华丽，书法遒劲有力，是件珍贵的艺术作品。

欧阳修纪念馆

古典园林式的名人纪念馆

吉安市永丰县永叔路永叔公园内

旺季60元；淡季50元

2511392　8:00～18:00

欧阳修纪念馆全面介绍了欧阳修的生平、政绩以及文学、史学等方面的贡献。馆内自然景观和人文景观十分丰富，有醉翁亭、六一亭、至喜亭、泷冈阡表碑亭等建筑；5000多平方米的湖；雄伟高大的欧阳修石刻像；古今闻名的欧阳修亲自撰书的泷冈阡表碑；占地近200平方米的假山；近千米的石径古道等。这些使纪念馆形成了古典园林式的格局。

玩家解说

欧阳修（1007—1072年），吉州永丰（今江西吉安）人。字永叔，号醉翁，晚年又号六一居士。四岁丧父，一贫如洗。母郑氏以沙地当纸，芦荻代笔，教子习文，此即“画荻教子”的故事。宋天圣八年（1030年）登进士。入朝为馆阁校勘，后官至翰林学士、枢密副使、参知政事。因不满王安石变法，于熙宁四年（1071年）以太子少师致仕，次年病卒，赐谥“文忠”。工诗善文，为北宋文学革新运动领袖，“唐宋八大家”之一。所著《六一诗话》为我国第一部以诗话名义论诗的著作。

欧阳修纪念馆

景点推荐

吉安南部景点

白鹭湖国家森林公园

具有“小九寨沟”的美誉

吉安市泰和县桥头镇东南

白鹭湖国家森林公园被称为“小九寨沟”“井冈瑶池”“度假天堂”，是国家级森林公园。南车水库是公园的主体景观，水库坐落在源于井冈山的六八河上，水库因时有白鹭栖息而取名为白鹭湖。湖面碧波万顷，空中白鹭飞翔，令人心旷神怡，流连忘返。

园内的王龙山山势挺拔陡峭，峰峦林立，峰脊尖锐，山顶有清代古刹遗迹，山腰有“蝙蝠洞”，内栖蝙蝠无数。此外，公园内人文旅游资源丰富，如高紫名山、朝仙崖、楠木林休闲度假村、井冈第一漂流等。

玩家解说

公园内植物种类丰富，共有高等植物211科935属2500种，包括沉水樟、青钱柳、细叶香桂、楠木、长柄双花木、天日紫茎、罗木石楠等珍稀树种，还有唐樟、宋樟、宋柏、明柏等古树。野生动物种类达二三十种。

快阁

全国闻名的古阁楼建筑之一

吉安市泰和县城东侧的泰和中学校园内

快阁是全国闻名的古阁楼建筑之一。它以独特的建筑风格、悠久的历史和灿烂的文化而闻名。

快阁始建于唐代乾符元年（874年），距今已有1100多年的历史。快阁初为奉祀西方慈氏（俗称观音大士）之所，名“慈氏阁”。宋初太常博士沈遵任泰和县令期间，因政通人和、百姓安居乐业，常登阁远眺，心旷神怡，遂易其名为“快阁”。史称：“阁曰快，自得之谓也。”

麻州古樟林金滩古林
摄影天堂

📍 吉安市泰和县塘洲镇朱家村金滩自然村南面的赣江河畔

江西史称“樟木之乡”，保留有大面积的古樟群及全国少见的古樟树，其中又以泰和樟树最为奇秀。泰和麻州有古樟林13万平方米，樟林有800余年历史，其中很多樟树高大粗壮，四人难抱。

麻州是摄影爱好者的天堂。无论你站在麻州的哪一处，随手按下快门，即是一幅至美的风景油画。那满眼纯净的绿，奇形怪状的古树，让人忍不住想将这处处是景的风景画一一收纳心中，嵌入脑海。

白口城
保存较为完好的古城

📍 吉安市泰和县塘洲镇洲头村赣江南岸

白口城址总面积达23万平方米，形状呈倒梯形，分为内城和外城。外城全长1941米，大部分保存完好。内城呈方形，位于城内北侧，全长861米。现发现城门10处，其中内城西北门为“凹”形结构，似为瓮城。城墙为土筑，城外有护城河，由南往北流入赣江。白口城址至今保存较为完好，古城的布局、结构非常清晰。

白口城是江西省目前发现的保存最好、面积最大的汉晋时期城址。有考古学家认为，白口城是汉庐陵县的县治及庐陵郡和西昌县（今泰和县）建置前期的郡、县治，是庐陵文化的发源地。2006年被公布为全国重点文物保护单位。

麻州古樟林

泰和文庙
仅存残垣断壁

📍 吉安市泰和县人民法院

泰和文庙又称圣庙、孔子庙、学宫。自明嘉靖六年（1527年）至清道光十四（1834年），曾先后修缮十多次。主体建筑有棂星门、大成殿、崇圣祠（又名启圣祠）、学宫等，均坐北朝南。入戟门，过泮池，即棂星门。入门后通过一条长约40米、宽约2米的过道，登五级石阶，即到大成殿露台。殿内6根砖柱负栋而立，东、西、北三面为砖墙，南面有木质花格窗棂。殿厅东西宽约12米，南北长约8米。殿为二层重檐，四角翘起，角系铜铃，屋面用仿琉璃瓦覆盖。20世纪70年代初，破败的大成殿仍残存，后被拆除改建，现仅留泮池存在。

紫瑶山
泰和名胜之一

📍 吉安市泰和县苑前镇

紫瑶山原名义山，因传说西晋永嘉年间有王子瑶得仙于此而改名为王山，又称子瑶山，后改为紫瑶山，清代王融撰有《子瑶山记》。又因唐贞观初年匡智在此山修炼而得名匡山，主峰定光岩前有“匡山胜境”庙额。

紫瑶山海拔905.9米，紧傍洞口水库，山上森林茂密，鸟语花香，有罗汉寺、罗汉樟、定光寺、读书岩、罗汉泉、洞口水库、鹰嘴石、青蛙石、通天桥、双狮石等景观。

天湖山
泰和县第一个自然保护区

📍 吉安市泰和县水槎乡

天湖山海拔1152米，景区有著名的天湖山高山草甸、山顶千年古庙、碧绿湖水、西阳山次原始森林及少数民族古村西阳畲族村。距天湖山5千米处，有天然溶洞暗狮岩、光狮岩。天湖山山脚下的西阳河、东沔河，四季河水清澈，或平缓流淌，或迂回湍急。目前，天湖山已成为泰和县第一个自然保护区。

万安影视旅游城

古典雄厚与柔媚清新完美融合

吉安市万安县城凤凰路北侧

万安影视旅游城，占地面积270万平方米，整个景区以北京的圆明园为蓝本，按1:1的比例架屋构景。现已建成了正大光明、雷峰夕照、蓬岛瑶台、上下天光、慈云普护、平湖秋月、武陵春色、接秀山房、夹镜鸣琴、六角亭等景点。影视城将皇家建筑的古典雄厚与江南水乡的柔媚清新完美融合。

景区还建造了欧式风格古俄罗斯建筑——雅克萨城堡。整个建筑占地12 000平方米，包括总督府（主楼）、门楼、城墙、哨所四个部分，主楼高达48米，为万安亭台楼阁的标志性建筑。

白水仙·泉江风景区

以自然景观为主

距离吉安市遂川县城24千米的碧洲镇和泉江镇境内 40元 8:00~17:30

白水仙·泉江风景区总面积65平方千米，以自然景观为主，由白水仙景区、泉江景区、汤湖景区三部分组成。

万安影视旅游城

白水仙景区

景区总面积50平方千米，以山水翠竹为主要特色，分白水风情、飞瀑大观、竹海神韵等游览单元。景区有水口峰、白水仙瀑布、仙女浴盆、葛仙岩洞、蛇龟崖、浴女瀑、王溪宝塔等景观，有蛇龟、娃娃鱼等珍稀动物，同时能让游客领略到奇特的民族风情。

泉江景区

泉江景区以红色人文为主要特色，分革命胜迹、文化遗址、红色圩场、宗教圣地等四个游赏单元。其中人文名胜景观有苏东坡等人的宝贵遗墨、天子地古墓遗址、岳飞点将处、省第一个县工农兵政府旧址、毛泽东同志旧居等10余处。

汤湖温泉度假村

采用园林式建筑风格

吉安市遂川县汤湖镇圩镇旁 160元

8:00~23:00

汤湖温泉度假村采用园林式建筑风格，占地13万平方米。分设客房、餐饮、温泉、会议、康体娱乐等服务项目，综合功能完善，实现了现代文明与自然生态的完美结合。

汤湖温泉出水温度常年高达84℃，其温度、出水量及水质均居江西省温泉之首。温泉自然喷涌，无色透明，有着淡淡的硫黄气味，含多种微量元素，对亚健康人体调理效果显著。

白水仙瀑布

景点推荐

吉安西部景点

武功山风景区 AAAA

江西六大历史名山之一

吉安市安福县西北部，与萍乡市芦溪县相邻

100元

武功山是江西六大历史名山之一。主峰金顶，海拔1918.3米，是江西省境内最高峰（更高的黄岗山为界山）。武功山风景区地跨芦溪县和安福县，两边均有开发（如从芦溪方向登山请参阅本书萍乡市的介绍）。

安福县境内主要有金顶、三天门、温泉山庄、武功湖、九龙潭等景区。景区自然景观独特，拥有壮观的高山草甸风光、典型的森林植被。武功山的革命文物遗迹十分丰富，古今名人学士在此留下了珍贵的文化遗产，历史上的道教和佛教活动也在此留下了深深的印迹。

玩家 解说

武功山，江南名山。历史上曾与衡山、庐山齐名，并称江南三大名山，被冠以"衡首庐尾武功中"。武功山风景区山体博大，总面积360多平方千米，其山体系片麻岩和花岗岩质，山上弧形状的终碛垄和波状的冰碛丘陵等为武功山所独有。风景区以峰之奇、岩之险、石之危、松之怪、草之袤、云之魂、雾之逸、瀑之湍、潭之幽、洞之异、禽之珍而闻名。武功山的高山草甸、红岩谷瀑布群、金顶古祭坛群堪称江南三大绝景，令人神往。

武功山温泉山庄

武功山温泉山庄以"健康养生，休闲度假"为主题，遵循"工作休闲两不误"的商务旅游新理念，营造了一个完善的文化与自然

武功山风景区草甸

相结合的全新旅游环境，是一处融旅游、观光、疗养、休闲为一体的胜地。

武功山温泉四季恒温，水温高达80℃，其中富含硫、氟、锂、锌、碘、硒、偏硅酸等多种微量元素和矿物质。

武功湖

武功湖原名社上水库，是江西省二十四座大型水库之一，因坐落在江西省第一高山武功山下而得名，是武功山国家森林公园景区的重要组成部分。

武功湖景区自然资源丰富，森林覆盖率达95%，分布有红豆杉、罗汉松、银杏等十多种国家珍稀树种。由于多年来的有效保护，这里还是白鹭、野鸭、野猪、短尾猴等珍稀动物的栖息地。湖内岛屿星罗棋布，植被茂密，有天然“氧吧”之称。湖区周围无工业污染源，水质好，口感清纯甘洌，符合国家A类景观水标准；湖内鱼类丰富，种类达15种，尤其盛产鲇鱼、银鱼、青鱼、斑点叉鱼等。

武功山金顶

金顶是武功山的重要景区，有石鼓寺、夫妻瀑、吊马桩、武功山神、古祭坛群、金壶洒酒等多个景点，是看日出、云海、高山草甸的最佳地带。

古祭坛群由葛仙古坛、汪仙坛、冲应坛、求嗣坛四座古祭坛组成，建于东晋时期，距今已有1700多年的历史，被称为“华夏一绝”。古祭坛由花岗岩垒砌而成，是湘赣地区古代民间祭祀天地的场所，被国内专家誉为研究江南民间古祭祀文化的“活化石”。

武功山草甸在海拔一千六七百米处，绵延数十万亩，多在山顶平缓之处。春翠、夏绿、秋黄是高山草甸的特点，不同的季节，甚至不同的时辰去武功山，都能领略到不同的景致。

安福孔庙

江西省唯一一座保存较完整的孔庙

吉安市安福县县城

安福孔庙，当地人又叫它“学宫”，因为它既是祭祀孔子及名儒先贤的场所，又是该县历代官学所在地。安福孔庙至今已有近900年的历史，是江西省唯一一座保存较完整的孔庙，是江西省级重点文物保护单位。

安福孔庙现存主体建筑有灵星门遗址、下马碑、泮池、圆桥、大成门、名宦祠、乡贤祠、东庑、西庑、露台、大成殿、石雕陈列馆等。主要建筑分三进贯穿于一条南北中轴线上。

其中大成殿高14米，宽25米，采用台梁框架结构，台基拱柱，横梁穿方，8根合抱楠木大柱顶天立地支撑大屋架。殿内有木雕奇兽，梁枋彩画，红柱金匾，历代楹联，显得庄严堂皇。

三湾改编纪念馆

著名的“三湾改编”所在地

吉安市永新县三湾乡三湾村

三湾村是举世闻名的“三湾改编”所在地，是一块红色的革命土地。1927年9月29日，毛泽东率领湘赣边界秋收起义部队来到三湾村，进行了具有伟大历史意义的“三湾改编”。这是中国工农红军政治工作的开端，确立了党对军队的绝对领导，为从组织上、政治上和思想上建设一支全新型的人民军队奠定了牢固的基础。

玩家解说

三湾改编标志着毛泽东建设人民军队思想的开始形成，三湾改编初步解决了如何把以农民及旧军人为主要成分的革命军队建设成为一支无产阶级新型人民军队的问题，保证了党对军队的绝对领导，奠定了政治建军的基础。同时，三湾改编的三项重要内容之一——实行民主主义，也对团结广大士兵群众、瓦解敌军起到了巨大作用，从这个意义上说，三湾改编又丰富了我党早期的统一战线思想，从理论和实践上对统一战线工作做出了很大贡献。

龙源口

革命景观丰富

吉安市永新县南部，距县城20千米

龙源口，与“三湾改编”旧址和贺子珍故乡黄竹岭相邻。1928年，毛泽东、朱德、陈毅、何长工等领导红军在该地区取得举世闻名的“龙源口大捷”。现有毛泽东旧居、朱德亲笔题词的龙源口大捷纪念碑、清道光年间建造的龙源口大桥、毛泽东亲手创建的我国第一个农村党支部——秋溪乡党支部旧址等景观。此外，龙源口还有天然玉成的阿育塔、绥源山自然保护区等人文和自然景观。

禾山景区

怪石嶙峋，瀑布竞流

吉安市永新县境内

禾山为永新西北边陲，有71峰，最高峰秋山海拔1391米，为境内第一高峰。峰顶怪石嶙峋，瀑布竞流。徐霞客、欧阳修、梅尧臣、黄庭坚等人均上山游览过，并留下诗文。唐宰相姚崇曾寓于此，故筑有姚相台。石崖上刻“龙溪”二字，为唐书法家颜真卿手迹。唐宰相牛僧儒、宋宰相刘沆均曾于此山甘露寺就读。

三湾改编纪念馆

攻略资讯

- 交通
- 住宿
- 美食
- 购物
- 娱乐

交通

飞机

吉安境内有一个飞机场，即井冈山机场。井冈山机场位于吉安市泰和县螺溪镇井冈路，距井冈山65千米、距中心城市吉安市30千米。有直达西安、广州、成都、北京、上海、天津等城市的航班。

机场大巴：吉安市和井冈山市与机场之间都有大巴往返。

火车

吉安站：位于吉安市青原区正气路，途经线路有京九铁路、衡茶吉铁路、浩吉铁

吉安火车站

路。可乘坐301、501、601路等公交车前往。

吉安西站：位于吉安市吉州区阳明西路，是京港高速铁路上的重要车站。可乘坐101、1路等公交车前往。

井冈山火车站：位于吉安市井冈山市拿山乡迎宾大道。可乘坐98路、井冈山1路公交车前往。

汽车

吉安境内有105国道和319国道及“三南”公路穿越，赣粤高速纵贯全市。

吉安长途汽车站：位于吉州区井冈山大道中山西路2号。这里有主要发往广州、深圳、珠海及湖南省多个城市的长途班车，及江西省内其他市区的班车。车站也有很多短途班线，主要发往吉安市下辖各县、乡镇。

住宿

随着经济的快速发展，近年来，吉安的宾馆酒店等旅游服务业也有了长足的进步。各类宾馆，档次齐全，设施完备，还有许多旅馆、招待所，大都价格合理，服务周到，可满足不同层次人群的需求。

●吉安宾馆

江西重要的涉外旅游接待单位，曾经接

吉安庐陵公园风光

待过毛泽东、朱德、邓小平、江泽民、李鹏、曾庆红等党和国家领导人。大院内树木参天、鸟语花香，具有典型的江南园林特色。宾馆设施齐全，性价比较高。 吉安市吉州区沿江路99号 0796-8263537

●井冈山映象酒店

酒店离井冈山风景区售票点仅1千米，附近有很多当地特色餐厅，交通和吃饭极为便捷。酒店设计采用温馨的田园风格，有家的温馨和舒适，有不同色系的主题房间供选择，房间设施齐全。酒店公共区域有阅览室、喝茶区，整体带着浓浓的家庭气息。

井冈山市茨坪镇下草坪43号 18170635886

●吉安星程酒店

酒店采用欧式新古典风格装修，较有特色。房间设施齐全，干净卫生，性价比较高。

吉安市青原大道豪德星城B栋 0796-8508888

●更多住宿去处

吉安金锣湾大酒店/吉安市青原区青原大道410号/0796-2183888

吉安井冈大业酒店/吉安市青原区文天祥大道8号/0796-8833333

吉安欧亚时尚宾馆/吉安市青原区和济春天小区49栋/18675248921

美食

吉安的有名菜肴很有特色，红亮诱人的金副銮驾，味美肉嫩的炒石鸡仁，肉质细嫩的万安玻璃鱼等，都是吉安远近闻名的菜肴。

吉安市区建筑景观

除了可口喷香的招牌菜之外，吉安还有别致的小吃，如金柿饼、米粉等，老少皆宜，让人十分喜爱。

吉安市美食主要集中在井冈山大道、人民广场、中山西路附近。

●泰和萝卜

泰和萝卜配料独特，是泰和地方传统产品，它集甜、酸、辣、鲜、脆于一身，回味绵长，且有生津开胃、消积化食的功效，有“未吃先流涎，吃了还想吃”的吸引力。

●井冈山烟笋烧肉

八百里井冈山是竹的海洋，不同品种的竹笋易制成笋干。将煮过的笋用炭火焙烤干，因为呈黑褐色，所以叫乌烟笋。以其烧肉，肉味甘美，而笋味绵长。

●遂川板鸭

珠田板鸭系是遂川县特色传统产品，已有百余年的生产历史。珠田板鸭采用红毛土鸭为原料，以精湛的传统工艺为基础，结合现代制作方法精制而成。其外形如月琴，表面光滑黄润，肉嫩骨脆，香味诱人，素以“色、香、味、形”俱佳而著称。

遂川板鸭

●峡江米粉

峡江米粉的制作始于明朝嘉靖年间，距今已有近500年的历史。它以当地优质大米为原料，经浸米、磨浆、滤干、浆、揉团、蒸果、碾团、压丝、晾干、漂洗、烘干等十几道精细工序制作而成。它色白细嫩、久煮不烟、味道清香可口，是众多人喜食的佳品。

峡江米粉

●薄酥饼

薄酥饼始于元代末年，相传每逢农历八月十五日，庐陵的糕点师们齐聚“弥公祠”祭祀庐陵糕点鼻祖“弥公”时，薄酥饼为必备祀品之一。据说薄酥饼还是敬献皇帝的贡品。薄酥饼采用精面粉、食油、白糖、白芝麻、花椒、五香粉、香葱、细盐做原料，经过32道工序精制而成，以香甜薄脆、甜而不腻、酥而不散闻名遐迩。

薄酥饼

购物

乌鸡、金橘、狗牯脑茶叶是吉安三宝，自古以来被不少名人盛赞。遂川金橘享有“橘中之珍”美誉。安福火腿、遂川板鸭美名扬天下。另有吉州古瓷、吉安老冬酒等特产。

上述特产在吉安市内商业街或大型购物超市均可买到。不过，地方特产最好还是在产地购买。

发现者旅行指南

赣州

概览

亮点

赣州古城

目前全国保留的唯一一座宋代砖城，为国内孤品。被列为全国文物保护单位。

通天岩

我国南方古代石窟艺术宝库。这里有江西最大的石龛造像群，这些造像神态各异，精致俊美，是古代石雕艺术的瑰宝。

瑞金革命遗址群

瑞金是享誉中外的红色故都、共和国摇篮。瑞金革命旧址群是世人向往的神圣之地。

通天岩

三百山

国家级风景名胜区，由300多座山峰组成，山势奇异，多飞瀑、溪流。

梅关古驿道

历代兵家必争之地，又是古时赣粤相通、商贾南来北往的必经之路，有“南粤雄关”“岭南第一关”之盛名。

线路

赣州经典三日游

第一天游览共和国摇篮、红色故都、红军长征出发地——瑞金和沙洲坝革命旧址群。

第二天上午前往长征第一山——云石山，下午游览百年古街巷——灶儿巷。

第三天上午游览江南第一石窟——通天岩景区。下午游览中国八景文化发祥地——八境台。

八镜台

上犹陡水一日游

上午前往游览陡水湖，中午在景区水上人家品尝当地特色鱼宴。下午继续乘船游览湖光山色，体验陡水湖的秀与美。最后到托尔奇乐园体验鬼城的刺激表演。

为何去

赣州古城楼

赣州是中国优秀旅游城市、国家历史文化名城和国家园林城市。

赣州自然资源丰富，人文历史资源厚重，有以宋代“四古”为代表的宋城文化旅游区，还有被誉为“水上丝绸之路”的梅关古驿道旅游区；有道教第三十五福地翠微峰金精洞，还有传说中汉钟离得道成仙的汉仙岩等。目前，赣州形成了“红色故都”“客家摇篮”“中华绿谷”“江南宋城”四大旅游品牌和“堪舆圣地”“世界橙乡”等特色品牌。

何时去

齐云山云海

赣州地处中亚热带南缘，属典型的亚热带湿润季风气候。春秋两季较适合旅游，不但不会被高温严寒侵扰，更有着无限美景相伴。

赣州古城

区域解读

区号：0797
面积：39 379.64km²
人口：898.81万人

地理 GEOGRAPHY

区划

赣州市下辖3个区（章贡区、南康区、赣县区），13个县（信丰县、大余县、上犹县、崇义县、安远县、定南县、全南县、宁都县、于都县、兴国县、会昌县、寻乌县、石城县），代管2个县级市（瑞金市、龙南市）。

地形

赣州处于武夷山脉、南岭山脉与罗霄山脉的交会地带，以丘陵、山地为主，地势四周高，中间低。环绕赣州市四周的有武夷山、雩山、诸广山及南岭的九连山、大庾岭等，众多的山脉及其余脉，向中部及北部逶迤伸展，形成周高中低、南高北低的地势。崇义、上犹与湖南省桂东3县交界处的齐云山鼎锅寨海拔2061米，为最高峰。

赣州境内水资源丰富，大小河流1270条，主要的三条江河为赣江、章江、贡江。

气候

赣州市气候属典型的亚热带季风性湿润气候，主要特点为四季分明、冷暖变化显著、降水丰沛但分配不均等。

赣州春季天气变化无常，时冷时热，阴雨常现，还会出现雷雨大风、冰雹、强降水等恶劣天气；夏季较炎热，但少酷暑；秋季阴雨日少，温和干爽；冬季冷而不寒、少雨雪。

赣州古城墙

历史 HISTORY

历史大事记

●远古时期

早在新石器时代，赣州就有了人类活动。城区附近已发现通天岩广福禅林山顶遗址、湖边乡罗边村新岗窝遗址，采集有石铁、石锛、陶器等文物。

●秦至宋

公元前220年，秦朝经此修筑驰道，用兵百越，开通攀越五岭的新道。

秦始皇三十三年（前214年），将军屠睢“一军守南野之界”，经此平定岭南。同年，置南野县，隶九江郡，为赣南建置之始。

隋大业十二年（616年），林士弘随同乡操师乞率众起义，占据虔州（今赣州）后，林士弘称帝，国号“楚”，定都豫章，年号太平。其势力一度据有北起九江南达番禺（今广州）的广大地区，是隋末唐初群雄李密、窦建德、王世充等起义队伍中版图最大的一个。

唐僖宗光启元年（885年），卢光稠拥兵起义。卢光稠在虔州地区建造城池，将原赣州古城城池面积扩大至3平方千米。

宋绍兴二十三年（1153年），取章贡二水合流之义，改虔州为赣州。

●近现代

1931年10月，湘赣省苏维埃政府成立，

瑞金革命旧址

湘赣革命根据地形成。

名单 赣州历史名人

唐代著名书法家钟绍京

北宋文学家郑獬

南宋诗人曾原一

清初著名山水画家罗牧

清初散文家魏禧

文化 CULTURE

源远流长的东河戏

赣县东河戏于2014年被列入第四批国家级非物质文化遗产代表性项目名录。赣县东河戏是在赣州市东河片地区高腔的基础上，逐步融合了昆曲、宜黄调、桂剧、安庆剧、弋板、南北调、秧歌调等，发展成拥有高、昆、弹三大声腔，艺术形式较为完整的一种汉族戏曲剧种。因其形成于赣州东面贡水流域，故称东河戏。

作为一种古老的汉族民间艺术，东河戏经历了一个复杂的发展过程。

早在明嘉靖年间，东河流域赣县与兴国县交界的田村、白鹭等地流行一种戏班，该戏班以高腔曲牌清唱故事，每逢吉庆节日或酬神还愿时，戏班会演唱一种受弋阳腔影响的“道士腔”。这种戏班演唱时，演员不彩扮表演，而是围桌而坐，和琴而唱，形式较为简单灵活。戏班的这种演唱形式被历代艺人和戏曲研究家认定为东河戏的源起，并于万历年间搬上舞台。

自乾隆至同治的100多年是东河戏发展史上的高峰时段，期间流布最广。仅河东一带就有49个演出剧目，流行区域发展到赣南各县和吉安地区。东河戏此后又相继吸收了江西宜黄调、桂剧西皮戏、安庆调、弋板、兴国南北词等的曲调，成为影响赣州东河一带的“赣州第一剧种”。东河戏传统剧目在1950年以前保存有一千余种，代表剧目有《雷峰塔》《挽发记》《玉簪记》等。在中央苏区，还有不少改编的东河剧现代革命剧目，如《活捉张辉瓒》《送郎当红军》《木兰从军》等。

古老而独特的东河戏，以其丰富多彩、风格独特、可塑性强、乡土气息浓郁、立足农村的表演形式，赢得了不同层次观众的青睐。在赣州东河一带的乡村中，目前仍然保留着众多民间东河戏班，在传统节日和婚丧嫁娶时，人们都会邀请戏班唱上几台大戏。

东河戏配乐

东河戏

景点推荐

赣州周边景点

赣州古城

我国唯一一座保存下来的宋代砖城

赣州市章贡区八镜路　可乘K2、8路公交车到八境路口站下车

免费　全天开放

现存的赣州古城建于北宋，宋朝是我国古代经济繁盛的朝代，赣州在当时是全国36座名城之一。赣州古城历经千年后，依然屹立，成为我国唯一一座保存下来的宋代砖城，也是我国宋代文史古件中的孤品。

赣州古城墙

赣州古城墙始建于汉代，距今已有2000年的历史。现保存较完整的古城墙建于北宋嘉祐年间（1056—1063年），是江南现存规模最大的古城墙，也是全国屈指可数的北宋砖墙之一。其城墙平均高7米，从东门至西门长3.6千米，墙上垛墙、炮城、马面、城门都保存完好，是江西省唯一保存完整、有纪年铭文的宋代城墙，城墙上的各代纪年铭文数量和种类之多在中国都很罕见，被称为“宋城博物馆”。

赣州古城墙

□ 八镜台

八镜台依城墙建造，共三层，台高28.5米，总面积574平方米，朱楼碧瓦、雄丽壮观，屹立在古城墙上。登台远眺，但见碧波白帆、绿树红楼，江风迎面扑来，使人心旷神怡。

八镜台内设有赣州博物馆，展出的历史文物颇为丰富。台下辟为八境公园，园内绿树苍茫，碧水微荡，楼亭对峙，清新幽静，景色如画，历代文人题咏甚多。

峰山

山脉峰秀林郁

赣州市章贡区

峰山古名崆峒山，横亘于赣州城的南面。主峰宝盖峰海拔1016米，是整座山的最高点。峰山山脉峰秀林郁，风景优美，宝盖峰在清代曾为赣州八景之一，名曰“宝盖朝云”，宝盖峰下建有寺院“崆山精舍”，精舍前有宝镜池。峰山山北有滴水寨瀑布，山南有落差达60米的龙潭瀑布。在距峰山主峰约1200米的五爪龙山腰，还发现了奇特的“铜锣鼓”岩石。

郁孤台

城区的制高点

赣州市章贡区西津路　乘26路、580路公交车到郁孤台站下车即可

免费

赣州古城墙八镜台

郁孤台建在赣州市区北部的贺兰山顶，以地势高峻、郁然孤峙而得名，为省级重点风景名胜区。台有3层，高17米，是城区的制高点，占地面积300平方米。游人登上郁孤台，可远眺市区全景。

玩家 解说

历代文人墨客登临题咏甚多，李渤、苏东坡、辛弃疾、岳飞、文天祥、王阳明、郭沫若等历代名人都曾在这里留下过诗词。其中，与郁孤台渊源最深的，要数南宋著名词人辛弃疾，他在赣州任职时，留下千古名词《菩萨蛮·书江西造口壁》："郁孤台下清江水，中间多少行人泪。西北望长安，可怜无数山。青山遮不住，毕竟东流去。江晚正愁余，山深闻鹧鸪。"景因文传，郁孤台也随之名扬四海。

赣州方特东方欲晓主题公园

红色旅游新体验

江西省赣州市章贡区方特大道1号

市内乘18、109路公交车至方特站下车即到

¥ 280元

400-166-0006　10:00~17:00

赣州方特东方欲晓主题公园为华强方特集团投资兴建的大型高科技主题公园。该公园以百余年来中华民族的奋斗征程为背景策划，通过现代高科技创造沉浸式互动体验，精心打造出六大历史主题区域与众多大型红色文化主题项目。运用AR、VR、全息投影、高清巨幕、球幕、旋转平台、动感轨道船等先进技术，创新推出了大型多媒体表演剧《圆明园》、大型室内有轨漂流项目《铁道游击队》等方特独家打造的室内大型高科技主题项目，以及20余项室外游乐项目。此外，公园还设有香港街、上海街、北平街、瑞金街等多个主题街区，还原近现代中国不同时期的社会风貌与人文风情，配备数百项特色休闲景观、主题餐厅、商店等设施。

赣州文庙

古代县立校址

赣州市章贡区厚德路42号　0797-8238062

赣州文庙，在唐代时曾为紫极观，到宋代又改为大中祥符宫，于皇祐年间创立县学。建筑群整体布局和主要建筑均保存完好，是江西省现存的形制等级最高、规模最大、保存最完整的古代县立校址。

文庙原占地约10 000平方米，整个建筑群分三组，采用平行轴线方式布局。目前绝大部分建筑为清乾隆年间建造，均保存完好，主要有大成门、大成殿、崇圣祠、魁星阁、节孝祠等等，其中大成殿是文庙的主体建筑，高达15米，气势宏伟，带有显著的赣南特色。

灶儿巷

历史文化街巷

赣州市章贡区和平路　乘公交车19路到灶儿巷站下车即可　¥ 免费

灶儿巷是赣州保留下来的众多历史文化街巷的一个典型代表。灶儿巷全长227.3米，呈不规则路径。保留在这条巷子里的主要有店铺、作坊、宾馆、钱庄、衙署、民居等。建筑风格包括赣南客家建筑、赣中天井式建筑、徽州建筑以及西洋式建筑等流派，体现出城市建筑的多元性。

临街的牌坊古朴庄重，鹅卵石路面井然有序，风火山墙错落有致，灰塑门楼古香古色，传统门楼高大气派，深宅大院气势非凡，这些都展现了灶儿巷独特的风韵。

玩家 解说

灶儿巷明代称作姜家巷。清初时很多衙役住在这里，而衙役统一穿的服装是黑色服装，叫皂色，所以有人把他们叫作皂役，他们住的地方就叫作"皂儿巷"。后来因为谐音变成了"灶儿巷"。

五龙客家风情园 AAAA

客家文化主题风情园

赣州市章贡区沙河大道18号

乘19、127路公交车到沙河镇政府站下车

0797-8186669

五龙客家风情园是以生态为主题、客家为品牌、龙文化为底蕴的旅游风景区，主要有森林动物园、植物园、绿色蔬菜园、百果园、五龙湖度假村、健身中心、水上乐园、休闲垂钓区、五龙湖养殖区、五龙巅峰拓展训练营等多个功能区。

此外，五龙客家风情园还将最具代表性的四栋围屋按1∶1的比例仿建在此：福建永定振成楼（龙安围）、广东梅州棣华居（龙居围）、江西龙南的燕翼围（龙汇围）和江西龙南的关西新围（龙庆围），充分体现了客家建筑文化特色。

龙安围

“安居汇庆”是客家风情度假村的四座围屋宾馆取名的来源，龙安围乃围屋之首，自然有它不同寻常的地方。龙安围按1∶1比例仿福建永定振成楼兴建。该围按照中华传统文化中的八卦图设计，占地5000平方米，悬山顶抬梁式构架，分内外两圈，形成楼中有楼、楼外有楼的格局。

玩家解说

外楼圈4层，每层48间，每卦6间；每卦设一楼梯，为一单元；卦与卦之间以拱门相通。楼内有一厅、二井（暗合“八卦”中的阴阳两极）、三门（即正大门和两头边门，意合八卦中的天、地、人三才）和八个单元。卦与卦之间是隔火墙，一卦失火，不会殃及全楼；卦与卦之间还设卦门，关闭起来，自成一方，开启起来，各方都可以相通。

龙居围

龙居围是按1∶1比例仿广东梅州棣华居所建，该围外圆内方，用泥土、青瓦、木头为主要建筑材料，有冬暖夏凉的效果。围屋按客家风水术“前有照，后有靠”的建设理念修建，达到山水环抱、空气清新、环境幽雅之目的。该围屋融参观、考察、餐饮、住宿、娱乐等功能为一体，尽现客家建筑、饮食文

赣南围子

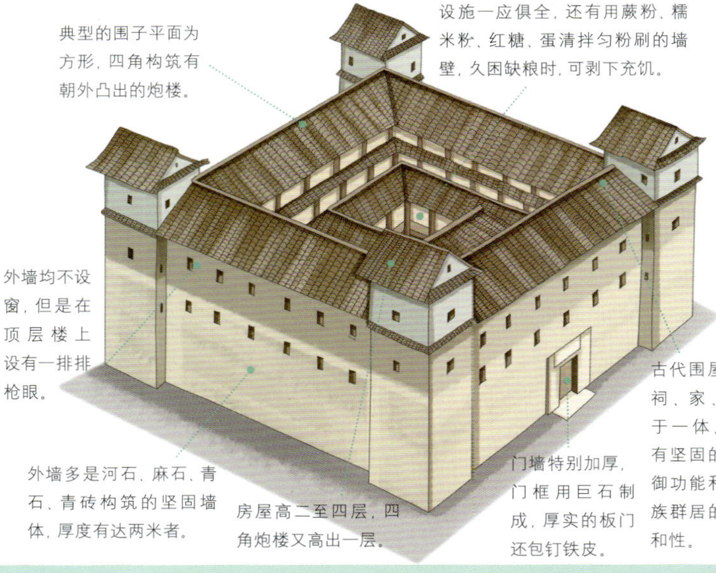

化、风土人情等特色。"龙游四海皆作客，居住五洲此为家"与龙居围相得益彰。

龙汇围

龙汇围按照1:1比例仿江西龙南杨村燕翼围兴建。龙汇围是一个正四面体建筑。每边长50米，高15米；每面墙的拐角处有一个凸出的碉堡式建筑，每面墙脚下有两个排污孔。

龙汇围与龙安围之间有一隧道相连，合二为一，将建成一座高档次、高品位、高标准的四星级旅游宾馆。龙汇围的主要配套设施有客房、会议室、咖啡厅、商场等。

龙庆围

龙庆围按照1:1比例仿江西龙南关西新围兴建，呈正方形，长宽均为88米，占地面积约1万平方米，整体结构如巨大的"回"字，围屋的核心建筑就在中间的"口"字部位，是在客家民居"三进三开"特征基础上扩大为"三进六开"，从而形成"九井十八厅"大型客家民居的典型建筑。

龙庆围是客家风情度假村的主要酒店之一，融休闲度假、科教会展、养身保健等为一体，同时还设有美容、美发、足疗、商务中心、商场等配套设施。作为现代宾馆，它既保持了原有建筑的特色，又符合现代人对宾馆的需求，将传统与现代相结合。

玩家解说

"三进"即从大门进来为下厅，往上走则依次为中厅、上厅，层层递进，层层增高；"六开"则是以正厅为中轴线往左右均衡延伸，两边院落房屋对称、门窗对称。以中轴线为中心往左右延伸的结构又使正厅成为整座围屋的核心，体现着一种极强的向心力和凝聚力。

七里窑遗址

宋代的四大窑场之一

赣州市章贡区水东镇七里村

七里窑是江西省境内宋代的四大窑场之一，也是赣南最大的一处古代窑场。新发掘出的七里镇宋元窑址，遗址总面积达2平方千米，共发掘出土了3条龙窑和近3万件各种釉色的宋元瓷器，其中周屋坞窑是目前全国所见窑室中最大的龙窑，具有非常重要的考古价值。

古浮桥

赣州"国宝"级文物

赣州市章贡区中山路建春门 乘公交车7路、8路到建春门站下车即可 免费

赣州市区三面环水，章江和贡江围绕其周边。从北宋以来，章江和贡江上先后铺了三座木浮桥，以方便百姓交通。现在说的古浮桥指的是仅存的东津桥。东津桥全长400米，是将100只木舟用铁索连环连接而成的，舟面上横铺着木板作为桥面。人走在上面摇摇晃晃，在颠簸中欣赏江景，别有趣味。每天早上9点，桥中的两组平台会开启一次，以便来往船只通过。

玩家解说

江西赣州城区三面环水，因为河面较宽，河两岸往来主要靠渡船。宋代赣州经济有了较大发展，为了方便与外面的沟通，先后在章、贡两河上建造铺就了东河、西河、南河三座浮桥以沟通城乡。新中国成立以后，西河、南河浮桥因修建公路大桥而被拆除，在20世纪80年代被现代公路桥梁所代替，只有这座东河浮桥，作为全国历史文化名城的历史文化景观，被特意保存了下来，并至今还在为赣州市民服务。东河浮桥也成为现今赣州市的"国宝"级文物。

通天岩 AAAA

江南地区最大的一座石窟

赣州市章贡区水西镇黄沙村

乘18路公交车直达通天岩景区

30元 0797-8334418 8:00~17:30

通天岩石窟开凿于唐朝，兴盛于北宋，石窟内至今保留着近400尊石龛造像及100多品摩崖题刻，是江南地区最大的一座石窟，

也是中国地理位置最南端的石窟。

通天岩代表性地貌景观有忘归岩、观心岩、龙虎岩、通天岩、翠微岩等。此外，通天岩还有石刻区、情苑、龙凤苑、十二生肖园、人生荟萃园和水上游乐园六大功能区，主要景点有丹崖卧佛、汉白玉滴水观音、赣州历代名人造像、千佛洞和财神庙等。

玩家攻略

1.食：景区内有很多特色饭馆，方便游客就餐。在这里可以品尝到当地的特色菜品，如炒东坡、土鸡汤、四星望月、酿豆腐、烩鱼丝等。

2.购物：在景区可购买到用通天岩的泉水制作成的矿泉水，以及通天岩旅游扑克等纪念品。

廉泉·夜话亭

赣州市著名的古迹

赣州市章贡区厚德路45号赣州第一中学校园内

廉泉和夜话亭为赣州市著名的古迹，廉泉有1500多年的历史。关于夜话亭的来历，有这样一个传说：据说在北宋绍圣年间，苏东坡因反对王安石变法而被贬到惠州。路过赣州时，苏东坡拜访了当时著名的隐士阳孝本。两人很是投机，一同遍访当地名胜，在廉泉水边通宵长谈，苏东坡还赋诗道："水性故自清，不清或挠之。君看此廉泉，五色烂摩尼。"后来人们在泉边建了夜话亭，在亭中竖了一块高2米多高的石碑，上刻"苏阳二公夜话图"。这块石碑如今为江西省省级保护文物。

慈云塔

赣南古塔中的佳作

赣州市厚德路东段的厚德小学院内

慈云塔又名舍利塔，是古代慈云寺的附属建筑物。建于北宋天圣年间，是赣南保存较好的有纪年铭文的珍贵古塔，为省级文物保护单位。

慈云塔是一座典型的楼阁式塔，塔身为

慈云塔

青砖构筑，平面为正六边形，立面为九级，各层之间用砖叠涩出檐，并用砖雕装饰梁柱和斗拱，塔身高度为42米，顶部安放有莲苞形塔刹，是赣南古塔中的佳作。

南山森林公园

以雄、奇、险、秀著称

赣州市南康区南部

南山森林公园总面积8050平方千米。园内主峰大南山海拔360米。南山奇树怪石多、瑶草仙洞多，是南康郊区峰、石、云、林兼胜，以雄、奇、险、秀著称的一座名山。南山既是科考、野营的重要场所，又是旅游观光、避暑度假的理想胜地。

景区内杜鹃映月、红颜醉秋、栎梣点景、松元梦泉等奇观为赣南地区所少见。景区内主要景观有大南山、小南山、生佛寺、园慧洞等。

客家文化城 AAAA

有丰富的客家元素

赣州市赣县区杨仙大道1号

从赣州市内乘坐139路直达

免费　0797-4431590　8:30～17:30

客家文化城是目前全国唯一一座全面反

客家文化

客家人富有团结合作精神，在我国多居于闽、粤、赣地区，故具有浓厚的山区文化特点，客家人因此也被称为“丘陵上的民族”。客家文化特点是耕读传家，保留古代汉民族的特点，有古汉文化活化石之誉。由于客家人行走天下，移民世界，且在海外商界不乏成功者，因此亦有“东方犹太人”之称。有人说：哪里有阳光，哪里就有客家人；哪里有一片土，客家人就在哪里聚族而居，艰苦创业，繁衍后代。

●客家饮食

客家人的饮食，与汉族其他地区有很多相同之处，同时又受其民系发展过程中独特的地理条件、历史背景等的影响，饮食文化别具特色。

客家菜特点的形成，与客家人的生活环境、生活水平有很大关系。客家人早期多聚居于山高水冷地区，地湿雾重，食物宜温热，忌寒凉，故多用煎炒，少吃生冷，在使用香辣方面更为突出，菜肴有“鲜润、浓香、醇厚”的特色。由于出门即须爬山，生产条件艰苦，劳动时间长、强度大，需要较多脂肪和盐分补充大量消耗的热能，所以饮食以烹调山珍野味见长，略偏“咸、油”。由于长期的迁徙流离及聚居地区经济发展滞后，客家人不得不艰苦度日，因此就地取材，制备咸菜、菜干、萝卜干等耐吃耐留的食物，家居可佐番薯饭并抑胀气，出门可配野菜充饥，这便形成了“咸、熟、陈”的特点。

●客家酒俗

客家人十分好客，每当亲戚朋友到来，他们都喜欢以家酿米酒相待，这种米酒又称“水酒”。如是初开坛提取的酒，则称之为“酒酿”。这种“酒酿”好喝，度数虽然不高，但后劲大，容易醉人。客家人在喝酒时，很注意礼节。

客家人喜欢使用四方桌，俗称“八仙桌”，是一种可供八个人同坐的木头桌。入座时，他们很重视席位的安排，一般按亲戚朋友的尊卑入席就座。宴席间的大小位，是这样安排的：如正厅只排有一张桌子，这时以面对大门的左侧为首位，右侧为第二位。然后从左到右，穿插论序，面对正厅的右侧为最小。如果安排两张桌子，这时候以左边桌为大，右边为小，席位大小也是穿插而行。如果安排三桌，称之为“一品席”，这种情况，以首席为尊。如果安排五桌，一般要排成“梅花席”。

宴席间第一回斟酒（亦称筛酒），是按尊卑长幼次序先后斟酒，最后再给自己斟酒。酒斟好后，酒壶嘴不能对着客人，要对着自己，否则就是失礼。敬酒时，敬酒者要站起来，左手摁胸（表示尊敬和诚意），右手举杯讲几句祝颂的吉祥语，并且要先喝表示敬意。有人迟到，视不同情况罚酒1~3杯，妇女半杯。如中途退席，要喝1~3杯，才能离席。

映客家文化、具有丰富的客家元素的景区，连接环境优美的客家名人公园、七里古镇、

客家文化城

文昌阁。整个文化城充分吸取客家文化的精华，浓缩了客家独特的人文特色，体现了客家传统建筑外方内圆的建筑理念。

城内包括客家宗祠、太极广场、艺术长廊、客家博物馆、风情街、九曲迎恩桥等主要景点。这些建筑都是按照客家传统修建的，里面设有文化展示，能让游人比较全面地了解客家文化。

玩家 解说

客家是一个具有显著特征的汉族分支族群，也是汉族在世界上分布范围广阔、影响深远的民系之一。从西晋永嘉之乱开始，中原汉族居民大举南迁，抵达粤赣闽三地交界处，与当地土

著居民杂处，互通婚姻，经过千年演化最终形成相对稳定的客家民系。此后，客家人又以梅州为基地，大量外迁到华南各省乃至世界各地。客家四州为梅州、赣州、汀州、惠州。福建省宁化县石壁是客家传说民系形成的中心地域，石壁被称为“客家祖地”。

白鹭古村

保存完好的客家古村落

赣州市赣县区白鹭乡 在赣州东汽车站有直达车可到村口

白鹭村是江西保存最完好、最集中的客家古村落，虽历经800多年的风吹雨打，至今保留着大量完整的明清古建筑，以及浓厚的客家文化。

白鹭古村有最著名的“白鹭十景”，分别为天一池、二义仓、三元官、四逸堂、五福第、六角亭、七姑庙、八角井、九成堂、十字街。白鹭民居以祠堂为主，分“专祀型”和“居祀型”两种，从建筑结构上看，大部分都是由精美的雕花门楼和建筑实体围绕中突的天井构成的“四水归堂”式。祠堂外围的墙高大挺直，外墙的每块砖都要有一道研磨的工序，在没有水泥的时代，人们便用糯米和水来代替，虽经近千年的风霜，依然坚牢如初。

玩家攻略

白鹭古村

1.住：在白鹭村可以很方便地找到住宿饭店，条件虽比不上城市大酒店，但也整洁干净。

2.食：赣县客家美食有白鹭芋包及芋子，芋包是客家有名的小吃，白鹭芋子外观奇特，肉质洁白无瑕。

3.民俗：白鹭村有许多独特的民风民俗流传至今，如每年正月初七的“打轿”、每年中秋佳节的“火烧瓦塔”等。

宝华寺

寺内有“江南第一塔”

赣州市赣县区田村镇东山村龚公山

宝华寺原名西堂宝华禅院，始建于唐玄宗天宝年间。该寺自唐朝以来就是颇有影响的江南名寺。寺内有十大宝：玉石塔、白果树、千年古柏、出木井、千人锅、万人床、古鼎钟、龙泉井、四方竹、倒栽松。

玉石塔

玉石塔又名为大宝光塔，因塔全用玉石雕琢而成，故称玉石塔。玉石塔系室内塔，塔高七层，4.5米高。塔的四面雕刻有动物、花纹等图案，雅致美观，巧夺天工，故有江南名塔之美称。玉石塔的塔形及建筑方法在我国现存的名塔中是独一无二的，故其被誉为“江南第一塔”。

储君庙

有“千里赣江第一庙”之美誉

赣州市赣县区储潭乡圩上

储君庙历史悠久，素有“千里赣江第一庙”之美誉。据《中国古今地名大辞典》载：晋刺史朱瑞置储君于此，故而得名。古庙占地2000多平方米，雕梁画栋，气势恢宏，庙前刻有《广济古庙》《唐朝勒封》等旨牌。储君庙不仅是道教圣地，而且是古建筑的杰出代表。其庙有一角倒塌，后经多次修补都自动倒掉，至今无法修回原貌，其中蕴含的建筑学原理值得探索。

景点推荐

兴国旅游区

兴国红军烈士陵园

纪念兴国23 179多位烈士

赣州市兴国县红军路16号

兴国革命烈士陵园始建于1950年，1977年迁于现址。陵园占地1401平方米，展出兴国23 179多位烈士的生平。展厅中，烈士照片和部分遗物整齐陈列。“革命先驱”“工农奋起”“马前托孤”“宁死不屈”“洗衣队员”“江善忠跳崖”“过雪山”等艺术雕塑坐落其中。革命烈士英名碑中间英烈群雕肃立，全县23 179名烈士英名铭刻于石，观之令人荡气回肠，肃然起敬。

宝石仙境

融人文景观和山水风光为一体

赣州市兴国县瑶冈东路

宝石仙境风景区，景区总面积约30平方千米，是融丹霞地貌、名胜古迹、人文景观和山水风光为一体的旅游风景区。

宝石仙境的许多景观都与文天祥有关。景区入口的腊石寨、景区东南面的乌仙寨、景区南面的坪峰寨、景区东面的中寨和文天祥亲驻的头寨都是文天祥山寨遗迹。景区内自然形成宝石寨、八仙岩、东（西）井、宝石仙境、世外桃源、梦幻西天、凤凰岭、天鹅湖八大景区120多个景点。

丹霞湖

赣江流域的大型湖泊之一

赣州市兴国县城东10千米处，距319国道2千米

丹霞湖是赣江流域的大型湖泊之一。相传，晋代时，孙权后裔孙法在此铸鼎炼丹，丹成而霞现，故名丹霞湖。丹霞湖风景区集人文历史和自然风光于一身。丹霞湖林木葱郁、碧波千顷，湖中有大小岛屿十余座。湖区

周围遍布人文景观，如丰城最早的县治“富城”遗址，同造、角陂、黄塘、雷坊等古村；道教第三十七福地始丰山和仙林观；汪家楠木林、成仁坊、柱史第、九贵牌坊等，众多的文物古迹和动人的传奇故事，为丹霞湖增添了一层神秘的色彩。

玩家 攻略

景区内有休闲茶庄可供游客休息纳凉，另外景区内还有水上酒吧、客家餐馆等休闲场所，在此可品味客家小吃，饱餐野蔬山肴。

在景区内还可观看民俗表演，如伊甸族小伙子上刀山下火海、傣族姑娘优美的歌舞、泰国“人妖”表演，如果感兴趣还可以感受一下与蛇共舞的刺激体验。

将军园

再现兴国将军们的英勇事迹

赣州市兴国县城南大门，将军大道南端

将军园主要由将军馆、将军广场、大型群雕等部分组成。将军馆建筑面积4200平方米，利用图片、实物、文字等形式，再现兴国籍将军们的英勇事迹。将军广场按长征路线进行规划，广场安放了毛泽东汉白玉雕像、朱德雕像、陈毅雕像以及兴国籍的54位共和国开国将军的雕像，还有雕刻了肖华上将所作的12组长征组歌的12块奇石。大型群雕正面是五次反“围剿”的战斗场面，背面是兴国人民在土地革命战争中母送子、妻送郎、兄弟争相上战场的动人场面。群雕长23.179米，象征兴国人民在革命战争中为国捐躯的有名有姓的烈士23 179名，群雕高8.5米，象征当年参军、参战的8.5万兴国人民。

丹霞湖溪流

三僚风水文化景区

中国风水文化第一村

赣州市兴国县东南60千米处的梅窖镇

三僚村始建于唐朝末年，距今已有1200余年历史，因其独树一帜的风水文化，被易学界誉为“中国风水文化第一村”“中国风水文化始祖地”。以三僚村为基础建立起来的三僚风水文化景区，文化遗产丰富，主要景观有包裹石、凉伞树、阴阳河、罗盘山、茅屋竹林等，能让游客亲身感受到中国风水文化中的内涵。

玩家 攻略

三僚豆腐宴是当地最有特色的宴席，很多人到了三僚都要品尝一下。其中有小吃焖豆腐、乳豆腐、油炸豆腐等。

三僚风水文化景区

景点推荐

瑞金周边景点

瑞金共和国摇篮景区 AAAAA
全国红色旅游经典景区

赣州市瑞金市壬田镇境内 瑞金市汽车站有班车可以到达景区 65元（联票，包含叶坪革命旧址群、红井景区、二苏大景区）

瑞金共和国摇篮景区位于江西赣州瑞金市，占地面积300万平方米，由叶坪景区、红井景区、二苏大景区、中华苏维埃纪念园景区（南园和北园）组成，是全国爱国主义教育示范基地，也是全国红色旅游经典景区之一。

叶坪景区

叶坪是中华苏维埃共和国的诞生地，是全国保存最为完好的革命旧址群之一。拥有革命旧址和纪念建筑物22处，其中全国重点文物保护单位16处。主要景点有“一苏大”旧址、中共苏区中央局旧址、红军烈士纪念亭、红军检阅台、红军烈士纪念塔、公略亭、博生堡等。参观这些具有深刻意义的革命景点，探寻当年的革命遗迹，能使年轻人了解那段红色历史，接受爱国主义教育。

玩家 解说

叶坪既是中国第一个全国性红色政权中华苏维埃共和国临时中央政府的诞生地，又是中共苏区中央局和临时中央政府机关在瑞金的第一个驻地。毛泽东、周恩来、朱德、任弼时、王稼祥等老一辈无产阶级革命家都在这里生活和工作过，“毛主席”的称呼就是从这里喊响的。

瑞金沙洲坝红井

红井景区

红井景区位于沙洲坝，这里背负青山、田畴拥翠，环境恬静质朴。主要景点有闻名海内外的红井、中央执行委员会旧址（毛主席旧居）、中央人民委员会旧址，以及中央各部委旧址等。红井是毛泽东主席当年亲自带领干部群众一起开挖的，来此参观，亲眼见证当时群众生活的艰辛，方能体会今日幸福生活的来之不易。

玩家解说

沙洲坝是一个干旱缺水的村庄。1933年9月，毛泽东带领几个红军战士在村前几十米的地方进行了水源的勘探，并破土动工。群众见毛主席亲自在开挖水井，也纷纷带着工具一起动手，在挖到5米深的时候，一股泉水喷涌而起。井挖好后用卵石砌成井台。此后，沙洲坝其他村的村民也纷纷开挖水井，村民们的吃水问题终于解决了。

二苏大景区

中华苏维埃临时中央政府从叶坪搬迁到沙洲坝后，在这里召开了第二次全国苏维埃代表大会，简称“二苏大会”。主要景点包括中央政府大礼堂、防空洞、诗山梅园、中央革命博物馆旧址、人民民主专政广场、人大旧址、人大陈列馆等。

中央政府大礼堂是二苏大景区最著名的景点，礼堂造型很特别，从高空俯视，就像一顶红军的八角帽。大礼堂的门首上方，有“中华苏维埃共和国临时中央政府”14个大字。大礼堂共有两层，楼面为回廊式，并有阶梯式楼座，楼下呈半圆形，整个礼堂可容纳2000多人。二苏大会便是在这里隆重召开的。

中央政府礼堂旧址

中华苏维埃纪念园景区

中华苏维埃纪念园景区分为南园和北园。南园主要分布着瑞金革命纪念馆、红军烈士亭、毛泽覃雕像、龙珠塔等景点。北园是一个融革命传统教育、情景体验为一体的大型红色旅游公园，有中央革命根据地历史博物馆、红五星音乐广场、“苏区精神”铜字、中华苏维埃纪念鼎等景点。

瑞金革命纪念馆是为纪念中国共产党及其领袖毛泽东、朱德等领导创建中央革命根据地和红一方面军而建立。该馆收藏文物10 265件，这些文物资料反映了毛泽东、朱德、周恩来、刘少奇等领导人在中央革命根据地从事革命活动的事迹，记载了中央革命根据地和红一方面军的斗争历史。

中华苏维埃纪念园

红军壁画群

苏区时期规模最大的红军壁画

赣州市瑞金市叶坪乡洋溪村

红军壁画群位于中华苏维埃共和国临时中央政府教育部旧址房内。在长4.2米、宽2.5米，用石灰粉刷的墙壁上，有10多幅内容丰富、图案各异的画，这些画构图精美，故事内容生动，其中的人物形象栩栩如生。墙壁四面还写有“无产阶级解放万岁”等20多条标语。如此规模宏大、内容丰富、图案清晰的红军壁画实属罕见，属目前发现的苏区时期规模最大的红军壁画。

罗汉岩风景区 AAAA

名山景区

赣州市瑞金市壬田镇 ¥50元

0797-2616888 8:30～17:30

罗汉岩是江西省十大名山之一。罗汉岩风景名胜区总规划面积为22平方千米，融湖、潭、谷、岩、峰为一体，以峰险、岩奇、洞幽、泉清、水秀著称。

景区内有奇峰怪石、峡谷深潭，有悬崖飞瀑、秘洞峭谷。这里山水相依、碧潭似镜、翠竹婆娑。冬春两季陈石湖面野鸭成群、白鹭翩翩。景区既有大多丹霞地貌奇、险、峻的一面，又具有妩媚婀娜、俊秀多姿的景观特征。

玩家解说

罗汉岩又名陈石山，相传南北朝陈武帝（陈霸先）曾率兵驻扎于此，凭借地势险要，以少胜多打败敌人，后人便将此山唤作“陈石山”。又传说神通广大的伏虎禅师在此经过，发现此地为绝妙的道家清修之地，遂在此筑舍布道，掘地得十八石罗汉，人们便将山岩唤作“罗汉岩”。由于罗汉岩集陈石山风光之大成，久而久之罗汉岩就成了陈石山的代名词。

罗汉岩风景区

云石山

云石山革命旧址群

江西省文物保护单位

赣州市瑞金市西19千米处

云石山是一座平地凸起的小山，高不过50米，方圆不足千米，但山四面悬崖峭壁，只有一条百级石砌小道可以弯曲通行，小道中途还有两道石门屏障，故具有“一夫当关，万夫莫开”的气势。山中怪石林立，形态各异，并有几百种植物点缀其间，景色宜人，四季如春，正如山头寺庙门联所言“云山日咏常如画，古寺林深不老春”。

1934年7月，中华苏维埃共和国中央政府从沙洲坝迁到云石山。在这里办公和居住的有中央执行委员会主席毛泽东，人民委员会主席张闻天和部分工作人员。1934年10月，中央领导机关编为中央纵队从这里开始长征，故此山被称为“长征第一山”。旧址原为“云山古寺”，于1960年维修并陈列开放，为江西省文物保护单位。

梅坑中央革命军事委员会遗址

该旧址是由六位梁姓有钱人士为造福子孙、光宗耀祖于1911年所建，占地面积约764平方米。房屋建成后在这里创办了私立崇本小学，第一任校长为梁德昭，1931年后曾一度停办，至1938年才继续由梁氏办学。由于学校地处岩背村，人们都称它为“岩背学堂”。新中国成立后，学堂一直为岩背小学，后改为梅坑初中。当年，中央革命军事委员会在这里做出了许多有关中央机关和红军主力战略转移的重大决策，发布了许多有关长征的文告。

马道口中国共产党中央政治局旧址

马道口村是中共中央局机关长征前的最后一个驻地。有关中央机关和红军主力战略大转移的许多决策都是在这里做出的。旧址为梁姓志茂于1844年所建，是土木结构的两层楼房，占地面积1340平方米。该房一直是当地梁氏群众的集体活动场所。

大柏地战斗旧址

战斗时留下的弹洞仍清晰可见

赣州市瑞金市北30千米的大柏地、杏坑村一带

大柏地战斗旧址包括红四军部署大柏地战斗的干部会议旧址，位于占地面积为620平方米的砖木结构的王氏宗祠大厅。毛泽东、朱德、陈毅等在这间大厅里主持召开军队干部会议，研究部署大柏地战斗。

大柏地战斗旧址有很多战争时期留下的房屋，房屋的墙壁上留下了很多弹痕。现存的弹洞壁，是有100余年历史的普通民房，当年战斗时留下的弹洞仍清晰可见。

玩家 解说

大柏地战斗是指1929年，毛泽东、朱德、陈毅部署和指挥红四军在大柏地、杏坑村歼灭进攻井冈山根据地的湘赣国民党军第十五旅大部的战斗。这一战斗的胜利，扭转了红四军的被动局面，扩大了红军的政治影响。

于都屏山

天然高山草原风光

赣州市于都县靖石乡

屏山旧名龙山，海拔1312米，为县内最高峰，山麓四周百余里，皆山石层垒而成，属典型的喀斯特地貌结构，山高如屏，有奇禽异兽，盛夏最高气温29℃。

屏山海拔900米以下悬崖壁立，奇石众多，原始森林郁郁葱葱，遮天蔽日；900米以上则是一片北国草原风光，山顶3000万平方米碧绿的高山草原连绵起伏，雄伟壮阔。屏山景区把南方的高山雄姿与北国的草原风光融为一体。

翠微峰国家森林公园 AAAA

赣南丹霞地貌区域之一

赣州市宁都县城西北3千米处　到宁都车站，坐801路到终点站，换乘去翠微峰的巴士即可

50元　0797-6807667　8:30~16:30

翠微峰国家森林公园属赣南丹霞地貌区域之一，地层多由坚硬、层厚的砂岩、含砂砾岩组成，经水流侵蚀、风化，形成峭壁丹崖林立、怪石嶙峋的地貌。

公园内核心旅游景点有翠微峰、金精洞、锦绣湖、八峰台等。其中，翠微峰山峰南端有一裂缝，垂直近百米，是唯一的登山之路，沿缝壁凿蹬而上，仅容一人攀爬。古时候因为山道艰险，让人望而生畏。如今已架设了登山铁梯、铁栏，游人可较为轻松地攀登巅峰了。

玩家 攻略

翠微峰所在地宁都有很多特色产品，连小吃也带有各乡镇特色，如著名的雷茶、肉撮、鲜美的脐橙、有特色的黄园等，真是不胜枚举！

石城通天寨 AAAA

典型的丹霞地貌

赣州市石城县琴江镇

50元　0797-5733177　8:30~17:30

通天寨是一处融观光、健身、科普、客家民俗展示和佛教寺庙为一体的丹霞地貌风景旅游区，素有“石怪、洞幽、泉美、茶香、佛盛”之美誉。此处清泉四季流淌，竹木

石城通天寨

青翠如海；寨下碧水环绕，土地肥沃，自然资源得天独厚。在核心区内，集中分布有大畲荷花观光园、古民居南屋、通天寨生态乐园、通天岩、玉盂寺、净土岩、试剑石、石笋干霄、仙人犁田、钟鼓石、生命之门、菩萨坐禅等自然和人文景观40余处。

玩家 攻略

若是七八月来到通天寨，山下的荷花盛开，在荷花园里以荷塘为前景拍通天寨丹霞山体的全景照，景致最佳。

羊角堡
明清时期军事城堡

赣州市会昌县筠门岭镇10多千米处，湘水上游

羊角堡旧名羊角水城堡，建于明嘉靖二十二年（1543年），城堡内遗存有大量的军事、民居建筑及其他公共设施。在历史上城堡对保护当地居民发挥了重要作用，被赣南客家人誉为“平安堡”。羊角堡是目前赣南仅存的一处规模宏大的明清时期军事城堡，为江西省重点文物保护单位。

现城堡内遗存有：明代城墙861米，东“通湘门”、南“向明门”、西“镇远门”3座城门，清代时期的民居与祠堂建筑，还有完整的古街道。

玩家 解说

羊角堡的奇特处在于独特的地理位置。羊角堡因为扼湘江守会昌，其东、西、南三面环水，北靠汉仙岩，地势险峻，易守难攻，又是明清时期江西东南地区通往闽粤之咽喉，所以其素以“一隅之地而遥制千里”著称，自古以来便是兵家重地。作为攻防要冲，西汉时，名将周亚夫就曾在这里驻军。至明、清进而设堡置营，成为军事重地。

汉仙岩 AAAA
大型丹霞地貌景区

赣州市会昌县筠门岭境内

60元　8:30～16:30

汉仙岩因相传八仙之一的汉钟离在此得道成仙而得名，是一个融碧水、丹山、古村、温泉、森林为一体，拥有典型江南风格的大型丹霞地貌景区。自古以来就有“赣南第一山”和“江南小蓬莱”的美誉。

境内生态环境优良，森林覆盖率超过85%，植物种类繁多，包含有江南罕见的珍稀黑竹，以及过江坪历史悠久的客家风水古松林等。此外，诸如汉仙岩摩崖石刻、羊角古城、会仙温泉等核心景点，更突出了汉仙岩景区深厚的八仙文化、盘古文化和客家文化底蕴。

寻乌革命历史纪念馆
中国革命红色政权基地之一

赣州寻乌县中山路136号

寻乌革命历史纪念馆占有面积8000平方米，主要有毛泽东同志旧居、寻乌调查陈列室、红军医院、红四军干部会议旧址等景点。该纪念馆收藏文物200多件，保留着当年革命先烈曾经住过的简单房屋，有毛泽东、朱德、古柏等老一辈革命家战斗过的痕迹。它是中国革命红色政权建立基地之一。

三百山森林公园 AAAAA
纯天然、高品位的风景名胜区

赣州安远县三百山镇符山村过桥垄

套票150元　0797-3708888　7:00～17:00

三百山国家森林公园属中山高丘地貌，是一处纯天然、高品位的风景名胜区。清澈

秀丽的东江源，壮观密集的瀑布群，保存完好的常绿阔叶林，无可挑剔的环境质量，堪称三百山“四绝”。此外，三百山是东江的发源地，是中国香港居民饮用水的源头。

三百山森林公园主要景点有东江第一瀑、九曲十八滩、三叠瑶池、知间泉、天印奇松、福鳌塘、高峡飞虹、将军椅、双乳峰等。山中有日流量达两千多吨的虎岗温泉，是全市最大的温泉泳池。

玩家 攻略

从公园西门可乘船前往钓钩潭景区，自下而上进行游览。但是这里路况不是很好，都是些当地人砍柴踩出的小路，地势非常险峻，最好请当地的导游或者当地人带领。

公园东门有供游人投宿的小木屋，每天50元。还开设有餐馆和食品店，因为在山上，价格较贵，建议自带一些方便食品。

永清岩阁楼

江南最小的“袖珍”阁楼

✉ 赣州市安远县三百山森林公园内

永清岩是高近百米、宽百余米的悬崖峭壁，永清岩阁楼就附着于这高百米的巨型岩石上。据史料记载，永清岩阁楼建于明万历三十四年（1606年），为三檐四楼楼阁式建筑，高15米，长2.7米，宽1.5米，占地面积仅4.05平方米。阁楼已有400余年历史，历来佛事兴盛。楼以奇著称，倚悬崖而建，从阁楼下可逐层沿木梯而上，但仅容单人上下，是江南最小的“袖珍”阁楼。

三百山国家森林公园

阁楼自下而上，依次为大殿、文昌阁、华严阁、观音阁。观音阁石壁有一深2米、高1米、宽2米的天然岩洞，悬有古吊顶，上面画有栩栩如生的古代人物画45幅，题有古诗10首。阁楼右下方有一高1.95米、宽0.7米、厚0.15米的石碑，碑上镌刻着明朝以及清康熙年间的重修碑文。

东生围 AAAA

赣南最大的客家方围

✉ 赣州市安远县城南20千米的镇岗乡老围村

东生围俗称老围，始建于清道光时期，至今已有200多年的历史，融防御、防火、防水、防盗为一体，是赣南最大的客家方围，江西重点文物保护单位。

东生围占地面积6891.2平方米。外大门设在围屋西北角，为四柱三间三楼牌坊式门楼。从外大门进入门坪，门坪东侧为围的主体建筑，七扇大门一字排开，正中大门门额镶嵌砖雕“东生围”三个字。入门直通三幢大厅，以三幢大厅为中轴线，两边对称建有三个果合心院，以暗巷相通。围内共有199间房屋（不含大厅），9个天井，十八个厅堂，七条街道在围内环绕相通，四通八达。整座围屋布局合理，美观坚固。

景点推荐 信丰周边景点

大圣寺塔

江南现存最高的北宋古塔

赣州市信丰县城

大圣寺塔，建于北宋时期，原残高51.78米，20世纪80年代重修后高66.45米，为江南现存最高的北宋古塔。大圣寺塔为九级六面楼阁式砖塔，穿壁平座，塔内楼共17层，有明暗层之分。每级设有平座、檐、廊、栏杆、砖叠涩出檐，檐下为砖砌额坊，各层辟有真假门各3个。塔身各角为八棱柱。塔内有藻井并绘有彩绘，塔顶为坊，塔刹由覆盆、相轮、宝珠等组成。

杨村燕翼围

世界民居建筑的奇迹

赣州市龙南市杨村镇 在龙南市乘坐班车或者打车前往

燕翼围建于清顺治年间，距今已有300多年，为杨村赖福之所建。整个建筑，以坚固、工整、高耸、实用而远近闻名，被公布为全国文物保护单位，堪称“世界民居建筑的奇迹”。

燕翼围高14.3米，墙厚1.45米，长41.5米，宽31.8米，外墙厚实坚固，墙上布满火枪眼，

杨村燕翼围

东南西北四座炮阁交相呼应，可形成无射击死角的火力网。进围内须经过唯一的围门，围门设有外铁门、中闸门和内木门，只要围门一关，外人莫想进来。燕翼围打起仗来是碉堡，放下土炮是居家的多功能建筑，充分体现了客家人为争夺生存空间不屈不挠的斗争意识，是客家人智慧和力量的结晶。

小武当山 AAAA

省级风景名胜区

赣州市龙南市武当镇 龙南市滨江广场有班车可达

龙南武当山，又称小武当山，面积为13.5平方千米，主峰海拔864米，属省级风景名胜区，是融丹霞石林风光和佛教文化为一体的风景名胜区。

小武当山景区内有天开一线、众僧朝圣、神猴亮相、定海神针、南天玉屏、寒谷飞虹、空中走廊等景点。景点繁多，景观奇特，犹如一幅壮丽的十里画卷，栩栩如生地展示着天地造物的玄妙。

关西新围 AAAA

赣南地区珍贵的客家围屋

赣州市龙南市关西镇新围村

关西新围占地总面积7700多平方米，始建于清嘉庆三年（1798年），于道光七年（1827年）完工，历时近30年，系关西名绅徐名钧所建。后人为与其居老围区别，故称之为“新围”。

关西新围依山傍水，绿竹、池塘、农田、蓝天交相辉映，是迄今国内发现的保存最为完整，结构、功能最为齐全的一处有代表性的赣南客家围屋。是赣、粤、闽围屋建筑中的一颗璀璨明珠。2001年被列为全国重点文物保护单位。

玩家 解说

关西新围平面为“国”字形，呈长方形，为三层土木结构，每层围屋共79间。二层外墙为带内壁柱厚50厘米的筑墙，三层用35厘米的厚青砖砌成。各层均布有火炮眼，屋顶为硬山搁檩小青瓦两波顶。炮角为两层的歇山式屋顶。整幢围屋有东门、西门两座大门。围屋中间套建一座前

围屋

围屋，顾名思义，即围起来的房屋。其外墙既是围屋的承重外墙，也是整座围屋的防卫围墙。其大门门额多有如“磐安围”“燕翼围”“龙光围”等题名。

赣南围屋产生于明末清初，大的占地面积万余平方米，最大的龙南栗园围竟达37 000平方米，小的仅有五六十平方米。从平面上可分“口”字形和“国”字形两大类。其形制多是方围，也有部分圆形、半圆形和不规则形的。结构形式则既有三合土、河卵石构筑的，也有青砖、条石砌垒的。尚存最具代表性的围屋有龙南关西的新围、杨村的燕翼围、桃江的龙光围、安远镇岗的东生围、定南鹅公的田心围等。

赣南围屋是古代融祠、家、堡为一体，具有鲜明防卫特征的坚固民居。围屋外墙厚1米（燕翼围墙厚1.45米），高三四层，四角构筑有朝外和往上凸出的多样的碉堡。为消灭死角，有的在碉堡上再抹角悬挑单体小碉堡。围屋顶层设置排排枪眼炮孔。门墙特别加厚，门框皆用巨石制成，厚实的板门还包钉铁皮。板门后多设有闸门，闸门后还设重便门。

门顶还设漏以防火攻。除少数大围外，一般围屋只设一孔围门。围屋顶屋多为战备之用，并取墙内侧2/3墙体做环形夹墙走廊贯通一气，方便战时人员机动。围屋内掘有水井，多辟有粮草储藏间，有的还用蕨粉，或用糯米粉、红糖、蛋清拌匀粉刷墙壁，久困缺粮时可剥下充饥。

赣南围屋绝大多数是方形，四角（少数在对称两角）都构筑坚固的碉楼。外墙为坚实的封闭体，遍布枪炮眼口。外形森严冷峻，固若金汤。很明显，它的形象与广州墓明器“坞堡”和鄂州出土的东吴“孙将军门楼”十分酷似。

赣南围屋不论是小到一边只有三开间的“猫柜”还是大至占地7000多平方米的关西“新围”，都具有坚固的防御功能和宗族群居的亲和性。方围四周都是简单的围屋，一般是两三层，也有多至四层者，为悬挑外廊结构。较大围屋内部还建有祖厅；更大的则是多层的套围。围屋外墙多是用河石、麻石、青石、青砖构筑的坚固墙体，厚度甚者可达两米。内部粮仓、水井、排污道等一应俱全。这种易守难攻的围楼简直就是一个独立王国，一座小小的城池。

后三进、五组并列、十四大天井的豪华大宅。与大宅配套的有花园、土屋、边房等建筑，其间以廊、墙、甬道连通屏障。此外，新围西门口另辟2000平方米供人游乐、憩息的“小花洲”和供人读书的梅花书院等建筑。

九连山自然保护区

素有“生物资源基因库”之称

赣州市龙南市境内

九连山自然保护区保存有较大面积的原生性常绿阔叶林，素有“生物资源基因库”“赣江源头”之称，为南岭东部的一座绿色宝库。

九连山自然保护区

保护区内动植物资源丰富，有高等植物2796种，鸟类226种，森林昆虫1404种。原生性的亚热带常绿阔叶林密布，古老孑遗植物繁多，既有与恐龙同年代的粗齿桫椤和被称作活化石的银杏，又有白垩纪孑遗植物南方红豆杉和竹柏。其自然环境和自然风景资源独具特色，自成一体。

龙头滩风景区

景致万千

赣州市龙南市桃江乡与全南县龙下乡相接处龙南境内

龙头滩风景区，两岸青山翠竹，奇峰绝

壁，景致万千，令游客陶醉。滩头登岸入，巨石壁立，江水从石峡中奔腾直起，卷起千堆白雪，蔚为壮观，人称“龙头雪浪”。

矗立岸头的龙王庙，始建于明朝万历年间，庙内的“龙王爷”和“风、雷、雨、电”四大护神神像，神情毕现，栩栩如生。过庙入阴阳峡谷，穿翠竹曲径，便见数十米高的泉水，凭依山势，飞泻而下，气势磅礴，汇集成百米的五级水帘瀑布，层层叠叠，相连无间，形成一个个深不可测的水潭，奇妙无穷，人称“龙潭”。

九曲度假村 AAAA

依山傍水

赣州市定南县天九镇

九曲度假村位于九曲河畔，依山傍水，景区占地面积近200万平方米，森林覆盖面积达80%，是天然的大“氧吧”。九曲度假村风景如画，设施齐全。有望江亭、同心树、养生湖、千米峡谷、东江飞瀑、河道漂流、钟楼、儿童娱乐城、小猪表演、九转相思径、客家围屋等主要景点，每个景点均融入生态保健的理念，既巧夺天工，又和谐自然。有别具一格的客家吊脚楼群，有提供无公害绿色食品的清风饭庄，有烧烤场、露天篝火会场、休闲保健娱乐中心、会议接待中心等，是休闲、保健、疗养、度假、办公的最佳场所。

玩家解说

古语云：“江西九十九条河，只有一条通博罗。”这条河就是定南县的九曲河。九曲河是定南县境内最大的河流，为东江之源，因为河道流经博罗湾时呈“九”字形，故名九曲河。

曾氏祠堂

典型的客家古祠

赣州市全南县城厢镇镇仔村

曾氏祠堂始建于明朝永乐二年（1404年），于永乐七年（1409年）落成，已有600多年的历史，是当地曾氏开基之祖为祭祀始祖曾子而修建的，是一座典型的客家古祠。

曾氏祠堂又叫宗圣公祠，长52.8米，宽18.5米，高9.7米，占地面积976.8平方米，规模宏大，气度不凡。祠堂的青砖、朱门、雕梁、画栋、飞檐，虽经岁月的洗礼已显斑驳，但其独特的客家元素却展现出了深厚的文化底蕴。

九曲度假村

景点推荐

赣州西部景点

阳明湖风景区 AAAA

赣州西部的大绿洲

赣州市上犹县陡水镇　¥120元（含船票）

0797-8591088　9:00～17:30

阳明湖风景区是省级风景名胜区，地跨上犹、崇义两县，是赣南最大的丰厚水资源区，水域面积达3100万平方米，森林面积200平方千米。湖岸四周有瀑布、铁扇关、狮象山、九曲览胜、美女峰、客家民俗等30余处景点。

湖中有形态各异的湖湾427个，湖心岛40余座。陡水湖风景区以水为主，以秀为特色，类型独特，山水秀美，环境清新，是自然的绿色宝库。

玩家攻略

除观赏山水风光外，游人还可欣赏到客家歌舞及苗族、瑶族歌舞等表演，品尝到各种鱼类及其他风味小吃。湖区内还盛产各种旅游产品，主要有各种名茶、蜜饯、笋茹以及小石鱼、石伏鱼等，还有传统风味食品包米果、九重皮、云片子、豆巴子等；景区内大量的盆景、根雕、木雕工艺品也为游客所喜爱。

赣南树木园

赣南树木园三面环水，建于1976年，占地面积580万平方米，由十二个半岛组成，是一所融引种、科研、教学和学术交流为一体的天然树种园，也是世界珍稀濒危保护植物的呵护岛。

阳明湖风景区

园内现已试种1700种木本植物，收集有一万多份腊叶标本，藏有1380多号树种，52种珍稀濒危保护植物，如秃杉、观光木、红豆杉等，被称为“江南植物基因库”，是我国南方树种向北移植的中转站。同时，园内还引进有美国、缅甸、墨西哥、日本以及欧洲诸国的许多珍贵品种。这些植物种类，既是国家宝贵的自然资源，又具有很高的科普观赏价值。

民俗风情岛·托尔奇乐园

民俗风情苑位居中心湖区的半岛上，占地20 000平方米。风情苑半岛上林木青翠，傣族民俗建筑掩映在密林丛中。风情苑共分民俗歌舞、绝技表演、红艺人献艺等三步曲。游人可在半岛上休闲自娱，欣赏湖中美景。

托尔奇乐园

托尔奇乐园位于中心湖区的岸山，建于2002年10月，占地30 000平方米，与树木园景区隔湖相望。山上设有下界地府观赏区、异国风情演艺区和百岛欣赏区。

太极八卦湾

太极八卦湾拥有车站博物馆，里面完整地保留了20世纪赣南森林铁路终点站的原始风貌。这条被称为“世界旅游珍品”的窄轨铁道，从赣州出发，穿过时光倒流的隧道，让旅游者优哉游哉地享受着蒸气和汽笛的抚摸，重拾已经流逝的岁月。

齐云山自然保护区

生物多样性保护的关键地区

赣州市崇义县思顺乡境内

齐云山国家级自然保护区总面积171平方千米，森林覆盖率高达97.6%，保存有南岭山地原生性南亚热带与中亚热带过渡的常绿阔叶林森林生态系统，是我国生物多样性保护的关键地区。

齐云山自然保护区生物种类繁多，保存

了较完好的自然生态系统，孕育了独特的生物群落，成为野生动植物理想的生长繁衍场所。齐云山保护区地理环境独特，最高峰齐云山海拔2061.3米。齐云山，其正北面为江西遂川的南风面（2120米），其正西面为湖南的八面山（2040米），三座高山之间有一条宽46千米的凹形通道经过齐云山自然保护区，是我国中部候鸟迁徙的重要通道之一。

上堡梯田 AAAA
中国三大梯田奇观之一

赣州市崇义县西部齐云山自然保护区内的上堡景区

上堡梯田是国内三大梯田奇观之一，是最大的客家梯田。梯田依山势开建，连绵数百亩，又有零星村落点缀其间。这是客家人长期在自然环境中求生存、求发展的历史见证。

上堡梯田位于面积148平方千米的上堡乡海拔1741米的华仙峰周围。上万亩梯田散落在华仙峰周围的南流、良和、赤水一带，梯田的垂直落差近千米，位置最高的田块在海拔1260米处。有的梯田从高到低不断延续，竟然达百层之多，就像一条条长梯，架在山间岭谷。特别是在南流村，周围的梯田，高高低低，层层叠叠，涌向天际，令人叹为观止。

玩家 攻略

1.观看梯田的最佳位置是在南流村的岭顶子，从上堡可以坐摩托车前往，南流村现在已经有不少农家乐，找个当地村民带路就很容易到岭顶子参观梯田。

上堡梯田

2.上堡梯田最美的季节是春播阶段，五月末，中稻栽种前，尚未插下秧的梯田里田水如镜，倒映着青山和蓝天，层次感最为丰富。插过秧后的梯田泛着绿色，不规则的田畴与规则的绿苗，生长着诗情与画意。九月底，梯田里的稻子已呈金黄色，在山里的劲风吹动下，呈现飘逸起伏的稻浪，奏出美妙的自然之音，悠扬而醉人。

3.上堡乡有上堡猎酒、红米粥、赤水仙茶等特产，闻名省内外。

4.上堡是湘赣边界的一个繁华的小镇，吃住均可以在镇里，现已开设农家乐休闲游，让游客吃农家饭、住农家屋、干农家趣味活，泡天然温泉，赏梯田奇观，还有独具客家风情的山歌对唱篝火晚会。

阳岭森林公园 AAAA
亚热带原始森林风貌

赣州市崇义县城南郊1千米处

从崇义县乘出租车前往

50元　0797-3814443　7:30～17:00

阳岭森林公园总面积1万公顷，秀峰三十六座。公园内峰峦叠嶂，古木参天，珍禽异兽咸集，飞流瀑布遍布，泉甘溪曲，藤古树珍，四时花木广布，亚热带原始森林风貌保存完好。是赣南面积最大、物种最多、保护最好、离城市最近、开发潜力最大的省级自然保护区。

在苍山翠竹间有云隐寺、半古旱寺、西汉墓地及明代理学家王阳明活动遗址等多处古迹。整个公园的自然景观和人文景观相得益彰。

聂都章源桥
石构拱桥

崇义县聂都乡聂都村东部夫人庙旁

聂都章源桥，始建于清朝乾隆十四年（1749年）。这是一座三孔石构拱桥，全长35.2米，宽4.3米，高5.4米。河中两金刚分水墩上各设有一长0.9米、宽0.3米的镇水兽。桥面两侧矗立着28根雕花石柱，柱间镶嵌着栏板，雕刻技艺精湛，花草、动物图案繁多。中拱内条石上刻有楷书“乾隆十四年罗若圣首事监造”字样。东侧桥头在乾隆初年建有夫人庙，庙门两侧外墙上嵌有道光七年（1827年）“重修章源桥护脚碑”、道光十九年（1839年）“三修章源桥护脚碑”、道光二十一年（1841年）“四修章源桥护脚碑”等七通石碑。

汉仙温泉度假区

全国十强人气温泉度假区

赣州市会昌县筠门岭镇

148元　0797-5055555

汉仙温泉度假区，得名源于传说中八仙之一的汉钟离在此地成仙的动人传说。此地不仅景色优美，而且具有深厚的文化内涵，融合了八仙文化、红色文化及客家文化。度假区绿化覆盖率高达85%，堪称天然大氧吧，空气中富含负氧离子。尤为引人注目的是，这里的温泉水为全国罕见的纯天然58℃偏硅酸氟型医疗热矿泉。这种温泉水具有极高的医疗价值，对多种疾病具有显著的治疗效果。

为确保满足各类游客的需要，汉仙温泉度假区精心推出了多样特色服务。这些服务包括特色酒店、中医养生、汤屋别院、水上乐园等。这些业态不仅提供了丰富的休闲娱乐项目，更能让游客在轻松的氛围中体验养生的乐趣。

瑞香花卉世界观赏园

金边瑞香繁育地

赣州市大余县梨花园路

瑞香花卉观赏园是一处融基地、市场、观赏花卉、园林建筑、农家乐等为一体的生态休闲观赏型景区，也是国内乡村旅游示范点之一。

瑞香花卉观赏园现有面积7.6万平方米，交叉的两条4米宽砂石路将花园分割成7大片。园内拥有苗株100万盆，分栽品种有宽金边瑞香、窄金边瑞香、毛瑞香等几十个品种。

玩家解说

大余栽培金边瑞香的历史已有千年，是目前全国最大的金边瑞香繁育地。金边瑞香是世界园艺三宝之一，花开时，花团锦簇、芳香四溢、瑞气盈门。金边瑞香历来被视为吉祥之花，如意之花，具有极高的观赏价值。同时瑞香花还是难得的好药材，是治疗胃腹痛、毒蛇咬伤、跌打损伤、咽喉肿痛、风湿、疮伤和无名肿毒等疾病的特效良药。

丫山风景区 AAAA

历史悠久

赣州市大余县黄龙镇大龙村　100元

0797-8731668　8:00~18:00

丫山风景区是一处由山、林、泉、湖、瀑、洞等自然景观和寺庙等人文景观共同构筑而成的综合性景区，因最高峰双秀峰呈

丫山风景区瀑布

“丫”形而得名。丫山历史悠久，古时即以佛教活动和游览胜地闻名遐迩。

景区最高峰丫山海拔906.2米，森林植被复杂，动植物种类繁多。景区森林呈原始状态，林深树密，山色绮丽，空气清新，四季景色各异，生态环境优越，是一处自然风光绝妙的风景名胜地。景区主要有丫山灵岩古寺、丫山龙山瀑布群、百亩高山茶园、客家村寨、石门湖水上乐园、原始次森林等景点。

灵岩寺

灵岩寺位于丫山腹地，距今已有1000多年历史，是“江西有数，赣南为甚”的寺院之一。古寺青砖绿瓦，殿宇连天，飞檐挑栋，楼阁高耸，寺院四周古木参天，怪石嶙峋；寺前流水淙淙，满地奇花异草。朝暮晨昏香光萦绕，云山雾海佛钟长鸣。古寺有飞云石、千年铁树、孽龙悟禅、巨人足迹等景点。

寺中大雄宝殿后面的东北角和西北角分别生长着两棵铁树，高约4米。东北角的铁树呈“丫”字形，树干向东南呈70°弯曲横长，长约1.8米；西北角的铁树长在石缝中间，中间的树干挺直，两边的树干微凹并向两边倾斜，树冠面积约10平方米，远远望去就像一个古意盎然的“山”字。两棵铁树合起来与当地山名“丫山”不谋而合，堪称镇山之宝。

三江口原始森林公园

三江口森林公园总面积1200万平方米，进入森林公园，可见古木参天，浓荫蔽日，沿途峰峦叠嶂，沟壑纵横，且多处瀑布错落其间，自然景观绚丽多彩，山上既有美丽的白鹇，也有珍贵的獐、鹿等。河谷多大青石，像牛、像猪，形态各异，千姿百态。公园内全年气候凉爽宜人，平均气温15.6℃，是天然的避暑胜地。

丫山龙山瀑布群

丫山龙山瀑布群，地处丫山腹地，景区长约4千米，呈阶梯状分布，有大小瀑布20余处。景区内沟壑纵横、悬崖峭壁林立，飞瀑悬挂其间，林幽泉清，气候宜人。

牡丹亭公园

《牡丹亭》故事发源地

赣州市大余县城东南山清水秀的东山之麓，章水之滨

牡丹亭公园占地面积15万平方米，一面靠山，三面环水，是一处以名胜古迹、地文景观、风土人情为主的融文化、古迹、建筑、娱乐为一体的文化主题公园景区。

公园内花草丛簇，秀木参天，亭阁雅致，景色宜人。牡丹亭公园分入口区、纪念区、后花园、山林幽谷、艳园、生产管理区六大块，牡丹亭、芍药栏、绿荫亭、舒啸阁、蕉龙亭、梳妆台、丽娘冢、吟风弄丹台、梅花观、玉池精舍等景观相映成趣，构成花园十景。公园以历史文化为背景，用传统的造园手法，再现了明代园林建筑的面貌。

玩家解说

牡丹亭公园是著名的戏剧《牡丹亭》故事的发源之地，还是古代南安府的后花园。花园分为五个游览区，以右花园游览区景致最佳。园内有牡丹亭、芍药栏、绿荫亭、舒啸阁、蕉龙亭、梳妆台、玉池、玉池精舍、梅花观、丽娘冢十大景观，其中牡丹亭为园中十景之最。这些仿古建筑，构建精巧，错落有致，相映成趣，再现了“东方的莎士比亚”汤显祖名剧《牡丹亭》中的人文景观和自然景观，处处显示出浓厚的民族文化底蕴。

梅关古驿道

历经两千余年沧桑的古驿道

赣州市大余县城南10千米处的梅岭山麓　到达大余县城后，再乘9路电瓶公交车到梅关古道北门即可　40元

梅关古驿道始筑于唐开元年间，是江西保留最完整的、历经两千余年沧桑的古驿道。古驿道现存历史遗迹有“十马齐轮”的

梅关古驿道

宽敞驿道和梅关关楼、接岭桥、广大桥、望梅阁、半山亭、红梅铺、古驿站、安码头和部分碑刻。梅关"庚岭红梅"闻名于世，有南枝花落、北枝始开的特有自然景观。

玩家 解说

梅关是横跨赣粤两省的天然屏障，关口海拔440米，山势险峻，峰峦对峙，为历代兵家必争之地，又是古时赣粤相通、商贾南来北往的必经之路，盛负"南粤雄关""岭南第一关"之赞誉。唐开元年间开始修筑梅关驿道，沟通了内陆与海上丝绸之路，对于促进赣粤经济有着重要的历史意义。

陈毅同志曾在这里打过三年的游击战，并留下《梅关三章》的著名诗篇。

嘉祐寺塔

大余县历史最悠久的古塔

赣州市大余县水口寺路南安历史文化园

嘉祐寺塔始建于宋代嘉祐元年（1056年），原塔下建有嘉祐寺，现已荡然无存，该塔是大余县城历史最悠久的一座古塔。

塔为五层六边形楼阁式砖塔，仿木结构，底层边长1.9米，塔高17.5米，塔身各层均设有巷门、柱、枋、斗拱。此塔有唐代风格，是不成熟的宋塔，其梁枋头拱，与天籁阁所藏王勃《滕王阁对客挥毫图》中的描绘相同，是江西省乃至江南的唐宋塔中的精品。整座塔造型美观、建造精细，至今仍基本完好，巍然屹立。

大余钨都矿物晶体博物馆

世界钨都的展示窗口

江西省赣州市大余县丫山大道丫山旅游集散中心旁

大余县城车站乘坐3路公交车前往丫山游客中心

0797-8773066　免费

周二至周日，冬季：9:00~17:00；夏季：9:00~17:30，周一闭馆

大余钨都矿物晶体博物馆，是江西省首家民办矿物晶体博物馆。该馆主要分为三个展区：矿物晶体陈列展区、恐龙化石陈列展区和开矿场景模拟区。

在矿物晶体陈列展区，展示着赣南及南方地区常见的数十种矿物晶体标本，共计2000余件。这些珍贵的矿物晶体，色彩斑斓、形态奇特，充分展示了大自然的神奇与美丽。

恐龙化石陈列展区则展出了大余县池江盆地出土的部分恐龙骨骼化石和恐龙蛋化石。

开矿场景模拟区复原了一百多年来钨矿开采的历史。在这里，游客可以看到大余四大矿山（荡萍、下垄、漂塘、西华山）的辉煌历史，感受钨矿开采的艰辛与荣耀。

攻略资讯

- 交通
- 住宿
- 美食
- 购物
- 娱乐

赣州风光

交通

飞机

赣州黄金机场位于南康区凤岗镇峨眉村一带，距赣州市中心城区16千米。已开通至南昌、广州、厦门、深圳、南京、珠海等地的航班。

机场大巴：D4公交快线，运营时间为5：00~22：20，每20分钟一班，售价6元。途经赣州西站、赣州理工大学等地。

公交：市内可乘坐K6路公交车往返，运营时间为6：30~21：00，售价1元。

出租车：市内乘出租车约30分钟可到达机场。

火车

赣州站：位于赣州市章贡区五洲大道31号，是普通列车和动车共用的火车站。途经路线为京九铁路、赣瑞龙铁路、赣韶铁路、赣龙铁路，是江西重要的铁路枢纽站。市内可乘坐32、37路公交车往返。

赣州西站：位于赣州市南康区飞翔大道北侧，是京港高速铁路的中间站，可乘坐31、321路公交车前往。

汽车

赣州有多个汽车站，以赣州汽车客运站、赣州汽车南站为主。

赣州火车站广场

赣州汽车客运站：位于赣州市章贡区八一四大道25号，是赣南十八个县市（区）道路运输的一级中心站，客车通达闽、鄂、湘、浙、赣等省区的70多个县市。

赣州汽车南站：位于赣州市章贡区客家大道与105国道交会处，按交通部门规定的二级汽车客运站的标准建设。赣州汽车南站已开通至于都、营前、五指峰、万安、遂昌、上犹、盘古山、惠阳、河源等多个地区的汽车班次。

住宿

赣州市住宿方便，星级酒店和适合大众消费的宾馆遍布市区各地，其中以市中心繁华路段最为集中，章贡区、红旗大道、八一四大道都是不错的住宿区。这些酒店环境优美，服务设施完善，可以满足各地游客的住宿需求，游客可根据行程的实际需要自由选择安排。

●赣州逸豪酒店

酒店坐落在江西赣州市最繁华的文清路，豪华典雅的装修，独具匠心的艺术氛围，令人耳目一新。从酒店门口一直往前走就可以到蒋经国故居、古城墙、御孤台这些景点。附近还有小吃一条街，酒店的设施也非常齐全。✉ 赣州市章贡区文清路29号 ☎ 0797-8281588

●沃尔顿城市酒店

位于赣州市赣江源大道，酒店为全新时尚的日式装修设计，酒店地理位置极为优越，交通便利，紧邻章江、火车站、宝能中心购物广场、九方巨亿、赣州娱乐城。这里更是都市生活的社交空间，住在这里，晨曦晚霞之中，触目皆风景，夜晚可欣赏动人江边夜景。得天独厚的地理位置使得酒店周边文化，餐饮、会务、商业、交通设施一应俱全，是尽情放松自己、尽享生活乐趣的好地方。

✉ 赣州章贡区赣江源大道2号 ☎ 0797-8101111

●赣州锦江国际酒店

赣州豪华酒店的首选，酒店设计独特，为西班牙风格，美观大方。酒店环境和卫生都很好，房间布置很温馨，而且各项设施都很人性化，提供充足插座供客人使用。✉ 赣州章贡区金东北路88号 ☎ 0797-8333333

●更多住宿去处

南康大酒店/南康区天马山大道9号/0797-6677888

赣州可家青年太空舱公寓/赣州章贡区火车站对面丽晶国际酒店旁/17770137213

虔美国际酒店/赣州章贡区814大道66号/0797-8139999

赣州康莱博精品酒店/赣州市赣江源大道15号/0797-8889777

赣州锦江国际酒店

美食

赣州菜用以入馔的副食品都是家养禽畜和山间野味，海产品较少，有“无鸡不清，无肉不鲜，无鸭不香，无肘不浓”的说法，偏重“肥、咸、熟”。

赣州当地的名菜有四星望月、荷包肉、赣州小炒鱼、三杯鸡、流浪鸡、炒东坡等。另外还有“沙地牌”板鸭、江口倒菜、阳埠腐竹、红瓜子等地方特色食品，风味独具。

赣州美食主要集中在章江北大道、渡口路、黄屋坪路、阳明路、红旗大道附近。

●赣州小炒鱼

赣南小炒鱼是很有特色的江西菜肴，首创于明代。该菜肴选用新鲜草鱼，去掉鱼头鱼尾，切成块状，加以生姜、四季葱、红椒、醋、酱油、水酒等作料烹饪而成。其特点是色泽金黄、味鲜嫩滑、略带醋香。

赣州小炒鱼

●赣州麻通

赣州麻通又称麻枣，已有近百年的历史。它的主要原料为上等糯米、白糖、芝麻、茶油、饴糖。质量好的麻通全体肥大，皮薄如纸，内空似瓜瓤，腹中为白丝，吃起来，“落口溶”，无渣，香酥可口，是人们欢度春节之佳品，同时也可馈赠亲友。

赣州麻通

●黄元米果

黄元米果一般在春节前加工制作，是赣县客家传统风味食品，相传明代时曾被列为地方土贡。黄元米果原用大禾米加工而成，气香质软。现各地均改为机器制作，每年腊月均有黄元米果上市。

●信丰萝卜饺

信丰萝卜饺是一种独特的风味食品，以白萝卜、薯粉、猪肉、鲜鱼为主料，做法讲究。煮好的饺子可佐以调好的麻油、酱油、辣椒蘸食。饺子皮透明滑润，饺子馅香辣味鲜。

●荷包肉

赣南的荷包肉是用荷叶垫笼底，大块肉

信丰萝卜饺

蘸香料、米粉后放在叶上蒸熟，之后，用一片荷叶包一块肉回笼再蒸，最后整笼连叶上桌。现在赣州做荷叶排骨，用香料米粉包排骨，也是一排一叶，蒸熟即上。用荷叶裹蒸的菜肴，清香四溢，别有风味。

●兴国米粉鱼

兴国米粉鱼是江西省兴国县传统风味菜肴，历史悠久。早在土地革命时期，陈奇涵同志曾以此菜和其他四个小菜招待毛泽东主席，毛主席称其为“四星望月”，流传至今。

兴国米粉鱼

购物

赣州的特产有崇义毛竹、龙南板栗、上犹玉兰片、宁都小布岩茶、信丰脐橙等。

赣州百货大楼位于赣州市文清路，是赣州购物中心之所在，由此而发展起来的赣州购物闹市区，店铺鳞次栉比，商品琳琅满目。有当地特色的大部分产品在此都可以购买到，且品质与价格皆有保证。

●崇义毛竹

毛竹株型刚直挺秀，圆通有节，枝叶翠丽，生长快，产量高。用这种毛竹制作的各种农具、日用篾器、篾席、乐器和工艺品深受欢迎。

崇义毛竹笔筒

●龙南板栗

龙南板栗个大饱满，栗肉脆嫩香甜，含有丰富的营养，生吃熟食都可以，还能制成各种美味可口的糕点，具有补肝益脾、健胃生津的功能。

龙南板栗

●上犹玉兰片

上犹玉兰片是用冬笋尖制成的，色如象牙，通明如玉，质地脆嫩，味鲜美而清香。它营养丰富，是一种纤维素含量丰富而脂肪和淀粉含量极低的保健食品。

●宁都小布岩茶

宁都小布岩茶产于宁都县小布垦殖场。

信丰脐橙

这种茶外形弯曲如秀眉，白毫显露，条索秀丽，嫩香持久，还伴有一种花的清香。泡出来的茶汤黄绿明亮，滋味醇厚，冲泡三四次滋味仍然不减。

●信丰脐橙

信丰脐橙果实呈球形，表皮橙黄，大而无核，肉厚汁多，甜酸清香，人称“脐橙进房香满堂”。

●江口倒菜

江口倒菜，又名江口腌菜，历史悠久，相传自明朝初期赣县江口就有生产。江口倒菜主要原料是大莞菜，做的时候要用坛子倒置进行腌制，再进行成品加工。菜中含有氨基酸、维生素C等多种营养成分，具有开胃健脾、促进食欲之功效。

娱乐

马灯舞：刘坑、会同、湛田、安福、竹笮、田埠等乡的马灯舞独具特色。马灯舞亦名“竹马灯”，又叫“跑竹马”。竹马一般用竹篾扎成竹架，外面用布蒙好，分前后两截，系在舞者腰上，如骑马状。舞时表现骑马徐行或疾驰跳跃，动作轻松活泼，情绪热烈奔放。

田村中秋花灯节：赣县田村素称“灯彩之乡”。田村花灯源于唐代，盛于宋朝，迄今已有1300多年历史了。明代后期逐渐形成三年一届的中秋花灯节，每逢子、午、卯、酉年的农历八月初一出灯，至十五日晚送灯。

田村中秋花灯

景点索引

A

B

C

D

E

F

G

Z

我们的理念

做发现者，才能走得更远。发现秀美景色、探寻历史痕迹、体验文化脉络、寻找地理起源等深层次的旅行知识，是我们不停脚步的动力。我们不仅是在做一本旅行指南，能为旅途中的行者编写一部内容丰富、态度严谨、值得边走边读的行囊书，是我们永恒不变的追求。

《发现者旅行指南》编辑部

总 策 划 丁海秀
执行策划 李荣强

项目统筹 周国宝 龚道军
内容编辑 刘 挺 王叶青 方明杨
刘秀红 丁天丰 张文齐
商子微 张亚飞 苏雪莹
沈 皓 魏建飞 张灵燕
许晨晨 杨康健 张 鑫
刘晓璐 刘慧慧 王春雪
刘智勇 李荣强 刘雁琪
陈昱霖 贾 宁
美术总监 左小文
美术编辑 侯心如 王春晓
图片编辑 朱盼盼 马志鹏
插图绘制 尚祖山 李秋红
排 版 闫 旭 田雪子
北京旅教文化传播有限公司
图片提供 微图网 汇图网 图虫创意
中国图库网 全景网
锐景创意 集成图像
站酷海洛 shutterstock
fotoe dreamstime
孙西国 马林宏 徐 行
高应胜 薛 冬
西部老马 钱多多

出炉过程

在编辑部成员的共同努力下，这套旅行指南终得以付梓。其间，我们亲历景点，翻遍资料，只为确保撰写的内容准确有效；我们实地考察，联系景区，只求绘得一幅精美的景区图；我们花尽心思，几易版式，只为呈现出前所未有的阅读体验。如今，这套精心打造的旅行指南，能放到您的行囊或书架，我们深感荣幸。我们期待与您一起走向远方，重新发现旅行的价值。

联系我们

我们的成长需要您的支持。您对本书的每一条意见我们都会珍视。同时也欢迎您与我们一起分享旅游体验，稿件一旦被采用，您将会获取相应稿酬。您可以将意见和稿件投递到我们的邮箱（975179855@qq.com）。

总 策 划 丁海秀
责任编辑 贾东丽

图书在版编目（CIP）数据

江西 / 《发现者旅行指南》编辑部编. -- 3版. -- 北京 : 旅游教育出版社, 2025.1
（发现者旅行指南）
ISBN 978-7-5637-4690-3

Ⅰ. ①江… Ⅱ. ①发… Ⅲ. ①旅游指南一江西 Ⅳ. ①K928.956

中国国家版本馆CIP数据核字(2024)第029347号

江　西（第3版）
《发现者旅行指南》编辑部 / 编

出版单位	旅游教育出版社
地　　址	北京市朝阳区定福庄南里1号
邮　　编	100024
发行电话	（010）65778403　65728372　65767462（传真）
本社网址	www.tepcb.com
E-mail	tepfx@163.com
印刷单位	文畅阁印刷有限公司
经销单位	新华书店
开　　本	889毫米×1070毫米　1/32
印　　张	12.125
字　　数	430千字
版　　次	2025年1月第3版
印　　次	2025年1月第1次印刷
定　　价	79.80元

特别提醒

本书信息在出版前已经认真核实过。但由于现实发展太快，旅游信息随时可能发生变化，我们无法承诺保证本书信息的准确性和完整性，并只能在法律规定范围内承担责任。如因此给读者带来不便，我们深表遗憾。